Stephan Ernst
Grundfragen theologischer Ethik

Stephan Ernst

GRUNDFRAGEN *theologischer Ethik*

Eine Einführung

Kösel

Umschlag: Elisabeth Petersen, München
Umschlagmotiv: Stockbyte/gettyimages
Printed in Germany
ISBN 978-3-466-36809-9

Weitere Informationen zu diesem Buch und unserem gesamten lieferbaren Programm finden Sie unter www.koesel.de

INHALT

VORWORT

»Die Renovierungsarbeiten am Gebäude der Moraltheologie nehmen offensichtlich kein Ende«, so beschrieb 1977 Franz Böckle zu Beginn seiner wegweisenden »Fundamentalmoral« die Situation der theologischen Ethik. An dieser Situation hat sich heute nach gut 30 Jahren nichts geändert. Im Gegenteil: Das Tempo, mit dem die Erneuerungsarbeiten notwendig werden, scheint sich eher zu erhöhen als zu verlangsamen. Diejenigen, die in den Schulen, in den Gemeinden, in klinischen Einrichtungen, Gremien, Unternehmen oder in anderen Zusammenhängen christliche Ethik zur Sprache bringen, weitergeben und vermitteln wollen, haben den Eindruck, dass der Graben, den sie dabei überbrücken müssen, immer tiefer und breiter wird.

So ist christliche Ethik einerseits bleibend der biblischen und moraltheologischen Tradition sowie der lehramtlichen Verkündigung verpflichtet. Andererseits wächst in unserer Gesellschaft, in der christliche Ethik ins Spiel gebracht werden soll, nicht nur die Pluralität der Überzeugungen, worin verantwortliches Handeln besteht, sondern zugleich auch die Überzeugung, dass Werte und Normen nicht objektiv feststehen, sondern wandelbar, relativ und plural sind. So sehr deshalb angesichts der Risiken des technischen Fortschritts und angesichts der Veränderungen unseres Zusammenlebens der Ruf nach Ethik und Verantwortung zunimmt, so sehr wächst zugleich die Vorstellung, dass sich in den entscheidenden Fragen nach dem, was verantwortlicherweise zu tun ist, kein Konsens erzielen lässt. Lediglich einige wenige Grundnormen, die letztlich im aufgeklärten Eigeninteresse der Mehrheit liegen, hätten noch die Chance, allgemeinverbindlich zu gelten und anerkannt zu sein. Alles andere wird in den Bereich der subjektiven Überzeugungen und der individuellen Lebensgestaltung verwiesen.

Theologische Ethik muss hier einen enormen Spagat leisten. Einerseits versteht sie sich nicht als ein nur für wenige einsichtiges und lebbares Sonder- oder Eliteethos im Konzert einer Vielfalt von Moralangeboten. Nach wie vor geht es ihr vielmehr um die universale Kommunikabilität und Verbindlichkeit ihrer Bewertungen und Handlungsoptionen nach außen. Andererseits sieht sie sich im Bereich der philosophischen Ethik einer Situation gegenüber, in der sie nicht nur zentrale Prinzipien der Tradition – etwa dass der gute Zweck nicht das ethisch schlechte Mittel heiligt – nicht mehr wahren kann, sondern in der überhaupt jede Vorgegebenheit und Erkennbarkeit des ethisch Richtigen und Falschen, des Erlaubten und Unerlaubten bestritten und Moralnormen lediglich auf einen faktischen Konsens der Gesellschaft zurückgeführt werden.

Innerhalb der theologischen Ethik wächst dabei zugleich das Unbehagen, dass sie sich selbst seit dem Zweiten Vatikanum immer mehr in philosophische oder säkulare Ethik aufgelöst und im Zuge dieser Selbstsäkularisierung ihr theologisches Profil verloren hat. Um dem entgegenzuwirken, wird versucht, den prophetischen Anspruch oder das spirituelle Fundament christlicher Ethik stärker zu betonen und herauszustellen. Allerdings gilt es – um der Kommunikabilität und damit um der Akzeptanz willen – sauber zu unterscheiden, worin der Beitrag des Glaubens zum verantwortlichen Handeln genau liegt, damit es nicht zu fundamentalistischen Schieflagen in der Begründung konkreter Normen oder zu einer rhetorisch aufgeladenen »Feuerwerkstheologie« kommt.

Der vorliegende Versuch einer theologischen Fundamentalethik möchte im Blick auf diese Situation einige Unterscheidungen hervorheben, die den notwendigen Brückenschlag zwischen Tradition und Gegenwart, Kirche und Gesellschaft, Theologie und Philosophie erleichtern können. Vieles darin verdankt sich der inspirierenden Theologie und Ethik meines Lehrers, Peter Knauer SJ.

Das Buch soll einen Leitfaden durch die zentralen Themen der theologischen Fundamentalethik an die Hand geben, der sich vor allem an Studierende, Lehrerinnen und Lehrer sowie hauptamtliche Mitarbeiterinnen und Mitarbeiter in der Pastoral, aber auch an alle an theologischer Ethik Interessierten wendet. Es bietet einen Grundriss, der selbstverständlich unvollständig bleiben muss und der Ergänzung und weiteren Vertiefung bedarf. Dazu werden im Anhang wenige, aber wichtige Hinweise auf weiterführende Literatur gegeben. Darüber hinaus wurde versucht, den Text verständlich und gut lesbar zu gestalten und von allzu vielen Fußnoten und Anmerkungen zu entlasten. Jedes Kapitel schließt mit zusammenfassenden Thesen, mit deren Hilfe man versuchen kann, das Gelesene noch einmal zu rekapitulieren. – Herrn Thomas Brandecker danke ich für viele fruchtbare und bereichernde Gespräche und seine Mitarbeit bei der Ausformulierung des Textes.

Stephan Ernst

EINLEITUNG

Aufgabe und Vorgehen der theologischen Fundamentalethik

Stellen Sie sich vor, Ihr Freund erzählt Ihnen, dass er kürzlich auf der Straße ein Portemonnaie mit 500 Euro, zwei Scheckkarten und einem Personalausweis gefunden habe. Er erzählt Ihnen weiter, er habe das Geld eingesteckt und den Rest am Fundort liegen gelassen. Von dem plötzlichen unerwarteten Reichtum wolle er sich einen lang gehegten Wunsch erfüllen, nämlich ein neues Fahrrad kaufen. Was werden Sie Ihrem Freund sagen? …

Möglicherweise billigen Sie sein Verhalten und denken, dass wahrscheinlich jeder andere – und wohl auch Sie selbst – genauso gehandelt hätte. Alles andere wäre dumm gewesen. Möglicherweise aber erinnern Sie Ihren Freund auch an die Existenz eines Fundbüros, an Fairness und Ehrlichkeit und daran, dass er selbst im umgekehrten Fall, wenn er also das Geld verloren hätte, wahrscheinlich auch froh wäre, wenn jemand ihm sein Portemonnaie zurückgeben würde. – Was auch immer Sie Ihrem Freund sagen werden, in jedem Fall wird deutlich: Wir Menschen *handeln* nicht nur; wir *wissen* auch um unser Handeln und *bewerten* es. Wir bewerten es als clever oder naiv, nützlich oder schädlich, erfolgreich oder erfolglos. Wir bewerten es aber auch nach den ethischen Kategorien von gut und böse, richtig und falsch, verantwortlich und unverantwortlich, erlaubt und unerlaubt. Viele Menschen bemühen sich auch bewusst, in ihrem Handeln nicht nur ausschließlich die eigenen Interessen und den eigenen Vorteil – auch auf Kosten anderer – zu verfolgen, sondern Solidarität, Fairness und Mitmenschlichkeit zu praktizieren, also verantwortlich und zum Wohl der Gemeinschaft zu handeln.

1. Der Ausgangspunkt: Moralische Überzeugungen und Normen

Moral/Ethos – faktisch gelebte Wertvorstellungen

Im Hintergrund solcher Bewertungen stehen meist bestimmte mehr oder weniger bewusste *Wertvorstellungen* und *Überzeugungen*, Ideale und Intuitionen von dem, was gut und verantwortlich ist, etwa: Ehrlichkeit, Fairness, Solidarität etc. Diese und viele andere Wertvorstellungen haben sich durch unsere Erziehung und Vorbilder, durch das gesellschaftliche Umfeld, durch Traditionen, Erfahrungen und Konventionen herausgebildet und sind damit beeinflusst von der jeweiligen gesellschaftlichen, kulturellen und geschichtlichen Situation, in der wir leben. Im Blick auf solche selbstverständlichen Wertvorstellungen, Überzeugungen und Intuitionen sprechen wir auch von *Sitten*, von der *Moral* oder auch vom *Ethos*, das jemanden in seinem alltäglichen Handeln leitet oder das in einer Gruppe oder auch in einer Gesellschaft herrscht. Von ihrer Wortbedeutung her jedenfalls meinen das griechische »éthos« und das lateinische »mos« (davon abgeleitet »Moral«) im Wesentlichen dasselbe, nämlich: Herkommen, Gewohnheit, Brauch, Sitte, Lebensart oder auch die gewohnte Denk- und Handlungsweise.[1]

Moralische Normen und ihre Funktion

Sitte, Moral und Ethos bestimmen aber nicht nur als selbstverständliche und unausgesprochene Überzeugungen faktisch unser Handeln, sie artikulieren sich auch ausdrücklich in bestimmten verpflichtenden *Regeln*. In dieser Form werden sie weitergegeben und für unser Handeln leitend. Sie äußern sich als Gebote und Verbote, Gesetze und Weisungen, Ratschläge und Empfehlungen. Sie äußern sich als Klugheitsregeln (»eine Hand wäscht die andere«, »Lügen haben kurze Beine«) oder als unbedingte Verpflichtungen (»Du sollst nicht stehlen!«, »Du sollst nicht lügen!«), als

1 Vgl. Historisches Wörterbuch der Philosophie, hg. von J. Ritter, Bd. 2, Darmstadt 1972, 812. – Vgl. weiterhin: Matthias Kettner, Art. »Moral«, in: Handbuch Ethik, hg. von M. Düwell/Chr. Hübenthal/M. H. Werner, Stuttgart/Weimar 2002, 410.

Konventionen (»Versprechen muss man halten!«, »Älteren Menschen muss man seinen Platz anbieten!«) oder auch als ausdrücklich formulierte Selbstverpflichtung z.B. im Standesethos der Ärzte (»keinen Schaden zufügen«; »kein tödliches Gift geben«) oder in den Moral-Codices von Ingenieuren und Technikern (»Sicherheit und Gesundheit nicht gefährden«; »nicht unwirtschaftlich handeln«). Generell lassen sich solche Regeln auch als *moralische Normen* bezeichnen. Es handelt sich um Sätze, die ein bestimmtes Handeln als gut und gesollt *vorschreiben*, um *präskriptive* Sätze also, an denen sich das Handeln der Menschen ausrichten *soll*.[2] Sie erfüllen verschiedene wichtige Funktionen für den Menschen. Zum einen tragen sie dazu bei, das Zusammenleben der Menschen in einer Gesellschaft zu *stabilisieren*, indem sie das Verhalten der Einzelnen – im Sinne generalisierter Erwartungsmuster – vorhersehbar und beurteilbar machen.[3] Zum anderen haben sie für den Einzelnen, weil sein Verhalten gesellschaftlich stabilisiert ist, *identitätsfördernde* und, weil er nicht mehr in jeder Lebenssituation neu entscheiden muss, was er tun soll, *entlastende* Bedeutung.[4]

2. Aufgabe der Ethik: Überprüfung und Begründung moralischer Überzeugungen und Normen

Wandel und Konkurrenz von Wertvorstellungen

Immer wieder aber kommt es vor, dass solche gemeinsamen moralischen Überzeugungen und Normen in Frage gestellt werden und zerbrechen. Andere, möglicherweise sogar entgegengesetzte Überzeugungen tauchen auf, lösen die bisherigen Wertvorstellungen ab oder treten in Konkurrenz zu ihnen und führen Konflikte herbei. Ein bekanntes Beispiel dafür ist etwa der Wandel, der sich seit der Mitte des 20. Jahrhunderts in der Bewertung der Ehescheidung, des vorehelichen Sexualverkehrs, der Empfängnisverhütung und der Homosexualität vollzogen hat. Solche Veränderungen der bisher geltenden Moral- und Wertvorstellungen können ihren Grund im Wandel der gesellschaftlichen

2 Vgl. dazu weiter: Werner Wolbert, Art. »Norm«, in: Neues Lexikon der christlichen Moral, Innsbruck/Wien 1990, 563f.

3 Vgl. Historisches Wörterbuch der Philosophie, hg. von J. Ritter, Bd. 6, Darmstadt 1984, 919.

4 Vgl. Konrad Ott, Art. »Prinzip/Maxime/Norm/Regel«, in: Handbuch Ethik, a. a.O., 458.

oder kulturellen Wirklichkeit haben, etwa im Wandel der Situation von Familien im Erwerbsleben. Aber auch neue wissenschaftliche Erkenntnisse oder technische Möglichkeiten können bisher anerkannte Wertungen in Frage stellen. So hat der Fortschritt in der Intensivmedizin, durch die man das Leben auch von schwerstkranken Patienten über das Maß des anscheinend Sinnvollen hinaus verlängern kann, dazu geführt, dass die Frage, ob Ärzte den Sterbewunsch solcher Patienten auch durch aktive Tötung erfüllen dürfen, kontrovers diskutiert wird. Im Blick auf die Embryonenforschung stoßen die Überzeugung von der unbedingten Schutzwürdigkeit des frühen menschlichen Embryos einerseits und die Intuition einer Ethik des Heilens, die aber dazu frühe Embryonen zerstören muss, andererseits aufeinander. Dazu kommt die *Pluralität* von moralischen Wertvorstellungen und Überzeugungen, die mit der Globalisierung, mit dem Zusammenwachsen der Kulturen und mit der Begegnung der Religionen zunehmend aufeinander treffen und jeweils mit deutlichen Geltungsansprüchen auftreten.

Frage nach der Gültigkeit moralischer Überzeugungen

In solchen Situationen, in denen unterschiedliche moralische Überzeugungen aufeinandertreffen und bisher geltende Normen in Frage gestellt werden, in denen Zweifel auftauchen, was *wirklich* gut und verantwortlich ist, ist *Ethik* gefragt. In der Ethik nämlich geht es darum zu klären, welche Handlungsmöglichkeiten *zu Recht* und *begründet* und somit *in Wahrheit* als ethisch gut und verantwortlich gelten können. Darin unterscheidet sich die Ethik von bloßer Sittengeschichte oder auch von soziologischen Untersuchungen und Statistiken, die lediglich die faktisch gelebte Moral in einer Gesellschaft oder Kultur empirisch erheben und beschreiben, ohne aber zu einer wertenden oder vorschreibenden Aussage zu kommen.
Andererseits beansprucht die Ethik nicht, die ursprüngliche Quelle ethischer Erkenntnis und Handlungsorientierung zu sein. Sie erfindet nicht erst ethische Wertungen und Normen, sondern geht gerade davon aus, dass wir Menschen immer schon unser Handeln ethisch bewerten. Ihre Aufgabe besteht darin, die tatsächlich bereits vorhandenen moralischen Überzeugungen und Handlungsnormen sowie ihre Begründungen systematisch zu erheben und die Begründungen methodisch auf ihre Stichhaltigkeit und Tragfähigkeit hin zu überprüfen. Ethik hat so die Aufgabe der *Reflexion* dessen, was wir in der Praxis immer schon tun, um diese Praxis bewusster und besser gestalten zu können. Sie ist die Theorie moralischen Urteilens und Handelns.[5] Ethik verhält sich

5 Vgl. Lexikon der Ethik, hg. von J.-P. Wils/Chr. Hübenthal, Paderborn 2006, 85.

zur faktisch gelebten Moral ungefähr so wie die Grammatik zur gesprochenen Sprache.[6]

3. Normative Ethik und Fundamentalethik: Begründung von Normen und von Normbegründungsverfahren

Frage nach der Angemessenheit von Normbegründungsverfahren

Die Überprüfung konkreter Handlungsnormen der gelebten Moral auf die Tragfähigkeit ihrer Begründung hin führt in vielen Fällen jedoch zu keinem Konsens. Es bleibt Uneinigkeit darüber bestehen, welche Handlungsoptionen wirklich begründeterweise als gut und verantwortlich gelten können. So scheint weder in Bezug auf die Embryonenforschung noch in der Frage der aktiven Sterbehilfe ein Konsens in der ethischen Bewertung absehbar zu sein. Ist dies aber der Fall, dann reicht es nicht mehr, die Begründungen für bestimmte Handlungsoptionen zu wiederholen oder zu verschärfen. Vielmehr stellt sich die Frage, wie man Handlungsnormen überhaupt als richtig erweisen kann. Soll man sich etwa allein an den Folgen des Handelns für das Allgemeinwohl orientieren oder an festen Prinzipien, soll man sich auf sein eigenes Gefühl verlassen oder auf eine fremde Autorität? Der Diskurs bezieht sich dann nicht mehr darauf, ob sich bestimmte Handlungsnormen als begründet erweisen lassen, sondern auf die methodische Frage, *wie man überhaupt ethische Normen begründen kann.* Nicht mehr die *Begründung konkreter Einzelnormen* steht zur Debatte, sondern die Begründung des jeweiligen *Normbegründungsverfahrens.* Es ist zu klären, welches Verfahren das angemessene und richtige ist.

Auch dies zu klären ist Aufgabe der Ethik. Die Aufgabe, einzelne konkrete Handlungsnormen zu erarbeiten und zu begründen, lässt sich der *normativen Ethik* bzw. der *Speziellen* oder *Angewandten Ethik* zuweisen.

6 Auch wenn in der Alltagssprache die Ausdrücke »Ethik« und »Moral« und vor allem »ethisch« und »moralisch« oft unterschiedslos synonym verwendet werden, wird innerhalb der Philosophie doch gewöhnlich die Ethik als die Moral reflektierende Wissenschaft einerseits und die lebensweltlich vermittelte Moral bzw. das Ethos andererseits terminologisch klar auseinander gehalten. Vgl. dazu etwa: Eberhard Schockenhoff, Grundlegung der Ethik. Ein theologischer Entwurf, Freiburg/Basel/Wien 2007, 19. Ebenso: Dieter Birnbacher, Analytische Einführung in die Ethik, Berlin 2003, 1–3.

Die Aufgabe der Diskussion und Begründung des angemessenen Normbegründungsverfahrens ist dagegen Aufgabe der *Fundamentalethik* bzw. der *Allgemeinen Ethik*.

Fundamentalethik Allgemeine Ethik	Begründung des Normbegründungsverfahren
	↓
Normative Ethik Spezielle/angewandte Ethik	Begründung konkreter Handlungsnormen
	↓
Sitte/Moral/Ethos	Faktische Normen

Kognitivismus/
Non-Kognitivismus

Zu den Aufgaben der Fundamentalethik bzw. der Allgemeinen Ethik gehört zunächst grundlegend die Klärung der Frage, ob sich ethische Urteile – etwa »Du sollst nicht stehlen« oder »Aktive Sterbehilfe zu leisten, ist falsch« – überhaupt begründen lassen.[7] Es ist zu klären, ob ethische Normen – wie es *kognitivistische* Ansätze behaupten – als objektiv vorgegebene und begründete und damit auch als allgemein gültige und verbindliche Weisungen erkennbar sind oder ob sie – so die Auffassung *non-kognitivistischer* Positionen – nicht objektiv vorgegeben und begründet und damit auch nicht erkennbar sind, sondern entweder lediglich pragmatische Konventionen zur Wahrung unserer subjektiven Wünsche und Interessen darstellen (*Kontraktualismus*) oder einer bloßen Entscheidung zur Übernahme eines ethischen Standpunkts bzw. bestimmter ethischer Prinzipien entspringen (*Dezisionismus*) oder die Äußerung eines rein subjektiven Gefühls – ähnlich wie »schön« und »hässlich« – darstellen (*Emotivismus*). Damit hängt die Frage zusammen, ob es universal gültige und für alle Menschen verbindliche ethische Normen gibt (*Universalismus*) oder ob ihre Gültigkeit kultur- und geschichtsabhängig ist und deshalb für Menschen unterschiedlicher Gesellschaften und Gruppen auch unterschiedliche Normen verpflichtend sind (*Partikularismus/Kommunitarismus*).

Innerhalb des Kognitivismus wiederum stellt sich die weitere Frage, *wie* die objektive Gültigkeit ethischer Normen erkannt und begründet werden kann. Lässt sie sich etwa dadurch erweisen, dass man auf einen moralisch verpflichtenden Willen Gottes zurückgreift (*Theonomie*)? Kann sie durch

---

7 Vgl. dazu Friedo Ricken, Allgemeine Ethik, Stuttgart [4]2003, und die hier nachgezeichnete Diskussion der genannten Theorien.

eine besondere, unmittelbare Einsicht begründet werden (*Intuitionismus*) oder dadurch, dass man auf verbindliche Vorgaben innerhalb der menschlichen und außermenschlichen Natur rekurriert (*Naturrecht*)? Lässt sich die objektive Gültigkeit ethischer Normen dadurch erkennen, dass man sie aus einem der menschlichen Vernunft innewohnenden Moralprinzip (*Kategorischer Imperativ*) herleitet, oder eher dadurch, dass man auf ihre Nützlichkeit für das Allgemeinwohl verweist (*Utilitarismus*)?

Ansätze der Fundamentalethik
Verschiedene Normbegründungstheorien

Kognitivismus	**Non-Kognitivismus**
Theonomie	Kontraktualismus
Intuitionismus	Dezisionismus
Naturrecht	Emotivismus
Prinzipienethik (Kategorischer Imperativ)	
Utilitarismus	

Grundlegende Bedeutung für die Diskussion all dieser Ansätze kommt der Analyse der Sprache der Ethik zu. Zentrale Ausdrücke wie »gut« und »schlecht« im moralischen Sinne, das »Gute«, das »Böse«, »sollen«, »Pflicht« etc. müssen in ihrer Bedeutung geklärt und erläutert werden. Innerhalb der Fundamentalethik ist dies Aufgabe der *Metaethik* bzw. der *Analytischen Ethik.*

Freiheit und Schuld

Zu den Aufgaben der Fundamentalethik gehört aber nicht nur, die Frage nach einem angemessenen Normbegründungsverfahren zu beantworten, sondern auch die Aufgabe zu klären, ob wir Menschen überhaupt nach ethischen Normen handeln *können.* Können wir uns wirklich *frei* für eine bestimmte Handlungsalternative entscheiden oder ist unser Handeln vollständig von äußeren Bedingungen, Vorgaben und Zwängen determiniert? An der Beantwortung dieser Frage entscheidet sich, welche Handlungsweisen man vom Menschen überhaupt erwarten kann, ob der Anspruch, gut und verantwortlich zu handeln, überhaupt sinnvoll ist oder ob er sich als bloße Fiktion erweist. Zugleich hängen damit die Fragen zusammen, ob der Mensch den ethischen Anspruch verfehlen und *schuldig* werden kann und was es dem Menschen überhaupt *möglich* macht, seine Freiheit wahrzunehmen und verantwortlich zu handeln.

4. Theologische Fundamentalethik: Die Bedeutung des Glaubens für das ethische Handeln

Die Aufgaben, die sich der Ethik allgemein stellen, gelten grundsätzlich auch für die theologische Ethik bzw. die Moraltheologie.

Theologische Ethik/ Moraltheologie

Im Folgenden wird die Bezeichnung »Theologische Ethik«, die sich außer in der protestantischen Theologie in den letzten Jahrzehnten auch im katholischen Raum eingebürgert hat, der traditionellen Bezeichnung des Fachs als »Moraltheologie« vorgezogen. Die unterschiedliche Benennung deutet eine verschiedene Akzentuierung an: Während der Ausdruck »Moraltheologie« einen speziellen Bereich innerhalb der Theologie als Ganzer oder auch eine spezielle Ausprägung der Theologie bezeichnet, »Moral« also als Spezifizierung der Theologie dient, deutet der Ausdruck »Theologische Ethik« an, dass es primär um die allgemeine Aufgabe ethischer Reflexion innerhalb der Gesellschaft – etwa im Rahmen der medizinischen Ethik, der Wirtschaftsethik, der Umweltethik etc. – geht, die hier allerdings theologisch, auf der Grundlage des christlichen Glaubens, erfolgt. »Theologisch« ist hier die Spezifizierung der Ethik. Während der Bezeichnung »Moraltheologie« also die Vorstellung zugrunde liegt, dass aus der theologischen Reflexion des christlichen Glaubens moralische Normen entwickelt und begründet werden, besteht bei der Bezeichnung »Theologische Ethik« das primäre Ziel in der Beteiligung des Christen am allgemeinen ethischen Diskurs innerhalb der Gesellschaft, in den sich der Christ einbringt.

Quellen theologischer Ethik

Wie die Ethik allgemein bezieht sich auch die theologische Ethik zunächst als *spezielle* oder *angewandte normative Ethik* auf die faktisch gelebte Moral der Menschen und unternimmt es, bestimmte Handlungsweisen als gut und richtig bzw. als schlecht und unverantwortlich aufzuweisen. Allerdings unterscheidet sich die *theologische* Ethik von philosophischer Ethik dadurch, dass sie ihre normativen Aussagen vor dem Hintergrund des christlichen Glaubens an Gott als den Schöpfer, Erlöser und Vollender der Welt entwickelt. Sie kommt zu ihren normativen Aussagen unter Einbeziehung der ethischen Weisungen, die – als Gesetze, Verbote oder Ratschläge – in der Heiligen Schrift durchgängig zu finden sind und ein Ethos aus dem jüdisch-christlichen Glauben begründen, das sich in der geschichtlichen Praxis des Christentums weiter entfaltet hat. Und sie kommt schließlich zu ihren Handlungsoptionen vor dem Hintergrund der normativen Aussagen zum moralischen Handeln des Christen, die in der gesamten Tradition der Kirche immer wieder durch das Lehramt und die Theologie geäußert wurden.

Gibt es spezifisch christliche Normen?

Dabei stellt sich für die theologische Ethik insbesondere die Frage, ob es aufgrund der Offenbarung in der Heiligen Schrift und aufgrund des christlichen Glaubens ein spezifisch christliches Ethos mit *spezifisch christlichen Normen* gibt, Normen also, deren Gültigkeit außerhalb des Glaubens nicht erkannt werden kann und für deren Akzeptanz der Glaube notwendige Voraussetzung ist. Gibt es – so lässt sich fragen – ein *Proprium* christlicher Ethik?

- *Dafür* scheint zu sprechen, dass ethisches Handeln und die darauf bezogenen Normen und Weisungen – legt man die Heilige Schrift und die kirchliche Tradition zugrunde – zur Offenbarung und zum christlichen Glauben unverzichtbar mit hinzuzugehören scheinen. Der Glaube betrifft nicht einen vom menschlichen Handeln völlig getrennten Bereich, sondern umfasst auch die mitmenschliche und soziale Praxis und bestimmt sie. Entsprechend hat sich in der Geschichte des Christentums von Anfang an immer auch eine christliche Morallehre herausgebildet. Weiter lässt sich auf die charakteristischen Forderungen des Christentums verweisen: auf das Doppelgebot der Gottes- und Nächstenliebe, auf die Forderung der Feindesliebe und des Gewaltverzichts sowie auf bestimmte Grundhaltungen wie etwa die – dem antiken Denken sonst fremde – Haltung der Demut.
- Andererseits stellt sich die Frage, wie sich unter solchen Voraussetzungen die theologische Ethik zum allgemeinen säkularen und philosophischen Diskurs über die ethischen Herausforderungen unserer Gesellschaft verhält. Handelt es sich bei der christlichen Ethik lediglich um ein gruppenspezifisches elitäres Hochethos, das für Nichtgläubige weder nachvollziehbar noch verbindlich ist? Oder lassen sich ihre Handlungsoptionen nicht doch mit allgemein einsichtigen Vernunftargumenten begründen und in den gesellschaftlichen Diskurs einbringen? Dafür, dass sich die christliche Ethik allgemein nachvollziehbar begründen lässt, spricht jedenfalls, dass in der Geschichte des Christentums von Anfang an Normen und Argumente aus der philosophischen, also nicht-religiösen, rein vernunftbasierten Ethik aufgegriffen und schließlich die antike Lehre vom natürlichen Sittengesetz übernommen und in die Glaubenslehre integriert wurde. Dann aber stellt sich wiederum die Frage, worin dann noch das spezifisch christliche Profil besteht.

Zentrale Aufgabe der theologischen Fundamentalethik

Genau diese Fragen zu klären, ist die Aufgabe der *theologischen Fundamentalethik*. In der Reflexion über das rechte Verständnis von Offenbarung und Glaube, über das angemessene Begründungsverfahren moralischer Normen sowie über die Grundlagen des menschlichen Handelns muss sie klären, worin genau *die Bedeutung des christlichen Glaubens für das ethische Handeln* besteht. Sie muss klären, welche Rolle Gott, die Heilige Schrift des Alten und Neuen Testaments, das kirchliche Lehramt und welche Rolle schließlich auch das Gewissen, die Natur und die Vernunft des Menschen bei der Begründung ethischer Normen und des ethischen Handelns spielen können und müssen.

5. Modelle theologischer Fundamentalethik: Autonome Moral und Glaubensethik

In der Tradition der theologischen Ethik ist diese Grundfrage immer wieder durch unterschiedliche Modelle der Zuordnung von Glaube und ethischem Handeln beantwortet worden. Zum Teil haben diese Modelle mehr die Eigenständigkeit der menschlichen Vernunft betont, zum Teil haben sie mehr die konstitutive Bedeutung der Offenbarung und des Glaubens für die ethische Einsicht herausgestellt. Auch die Entwicklung der Moraltheologie nach dem Zweiten Vatikanischen Konzil hat mit den Konzepten der *Autonomen Moral* und der *Glaubensethik* zwei kontroverse Positionen hervorgebracht, wie das Verhältnis von Glaube und ethischem Handeln zu bestimmen sei:

Autonome Moral

(1) Freigesetzt durch den Aufbruch des Konzils und in Absetzung gegen die seit dem Ende des 19. bis in die Mitte des 20. Jahrhunderts hinein dominierende neuscholastische Naturrechtsethik (vgl. 4. Kapitel) hat sich eine Konzeption theologischer Ethik herausgebildet, die ausdrücklich die Autonomie der praktischen Vernunft in der Begründung ethischer Normen herausgestellt hat.

So betonte Alfons Auer[8] – um der Wahrung der Universalität und Kommunikabilität christlicher Ethik in der modernen Welt willen – die Eigenständigkeit und *Autonomie* des Sittlichen und der ethischen Erkenntnis gegenüber der Naturordnung, gegenüber der Metaphysik und gegenüber

8 Vgl. Alfons Auer, Autonome Moral und christlicher Glaube, Düsseldorf 1971/^{2}1984; ders., Die Autonomie des Sittlichen nach Thomas von Aquin, in: K. Demmer/B. Schüller (Hgg.), Christlich glauben und handeln. Fragen einer fundamentalen Moraltheologie in der Diskussion, Düsseldorf 1977, 31–54.

dem Glauben und dem kirchlichen Lehramt. Mit dieser Konzeption sollte theologisch-ethische Erkenntnis herausgenommen werden aus einer durch die lehramtliche Autorität vorgegebenen und auferlegten Morallehre, die sich – vor allem nach der Enzyklika »Humanae vitae« – mehr und mehr als ein auch für viele Christen kaum noch nachvollziehbares katholisches Sonderethos darstellte. Theologisch-ethische Erkenntnis sollte demgegenüber an die eigenständige, allgemein zugängliche Rationalität der Wirklichkeit zurückgebunden werden. Die Bedeutung des Glaubens und des Lehramts für das ethische Handeln sah Auer dagegen in ihrer stimulierenden, integrierenden und kritisierenden Funktion für das ethische Handeln (vgl. 9. Kapitel, 3.2), nicht aber darin, ethische Erkenntnis zu begründen.

Während Auer dabei den ethischen Anspruch – in einer Aktualisierung der Seinsethik des Thomas von Aquin – in der Wirklichkeit der Welt als Schöpfung Gottes begründet sah[9], versuchte Franz Böckle[10] – im Rückgriff auf den Deutschen Idealismus und die Transzendentalpragmatik – aufzuweisen, dass der rein formale Anspruch des sittlichen Sollens im Subjekt selbst als unhintergehbare Voraussetzung seiner Freiheit begründet ist. Theologisch gedeutet führte dies zur Konzeption einer *theonom begründeten Autonomie* ethischer Erkenntnis: Gerade der auf Gott zurückführbare formale Sollensanspruch setzt die praktische Vernunft hinsichtlich der Begründung inhaltlich konkreter ethischer Normen frei.

Glaubensethik

(2) Gegen diesen Neuansatz in der theologischen Ethik wurde vor allem von Bernhard Stoeckle[11] geltend gemacht, dass sich unter Berufung auf die Vernunftautonomie allein entscheidende Begründungsfragen der Ethik nicht lösen ließen. So könne der Mensch sich selbst, sein eigenes Sein und seinen Sinn, allein aus sich heraus, aufgrund autonomer Vernunft also, nicht vollständig durchschauen. Genau dies sei aber notwendig, um zu erkennen, was der Mensch in Wahrheit tun soll. Deshalb sei er auf Offenbarung angewiesen. Weiterhin könne die Ethik eine unbedingte Gewissheit und Verbindlichkeit, wie sie die christliche Ethik kennzeichne, nur aus dem

9 Zur Kritik an den metaphysischen und religiösen Prämissen dieses Ansatzes vgl. Hans Hirschi, Autonome Moral und christliche Anthropologie, in: W. Lesch/A. Bondolfi (Hgg.), Theologische Ethik im Diskurs, Tübingen/Basel 1995, 97–105. – Ausführlicher in: ders., Moralbegründung und christlicher Sinnhorizont. Eine Auseinandersetzung mit Alfons Auers moraltheologischem Konzept (Studien zur theologischen Ethik, 45), Freiburg (Schweiz) 1992.

10 Vgl. Franz Böckle, Fundamentalmoral, München 1977, vor allem 48–92.

11 Vgl. Bernhard Stoeckle, Grenzen der Autonomen Moral, München 1974, vor allem 86; 95.

Ganzen des Daseinsverständnisses gewinnen, das sich aber nicht der Vernunft allein erschließe, sondern erst durch die Wirklichkeit Gottes und seiner Offenbarung zugänglich werde. Insgesamt ging es Stoeckle darum, gegen ein überzogenes Vertrauen des modernen Menschen auf seine eigene Vernunft deren geschichtliche Bedingtheit, Begrenztheit und interessegeleitete Voreingenommenheit in Erinnerung zu halten.

6. Ansatz der vorliegenden theologischen Fundamentalethik

Wie lässt sich nun angesichts dieser einander widerstreitenden Modelle die Frage nach der Bedeutung des Glaubens für das ethische Handeln beantworten?

Um die eigentliche Bedeutung des christlichen Glaubens für das ethische Handeln herauszustellen, geht die vorliegende theologische Fundamentalethik von einem Offenbarungsverständnis aus, wie es das Zweite Vatikanische Konzil maßgeblich entfaltet hat.

6.1 Ausgangspunkt: Das Offenbarungsverständnis des Zweiten Vatikanums

Grundlegend für das Offenbarungsverständnis des Zweiten Vatikanischen Konzils heißt es in der Dogmatischen Konstitution über die göttliche Offenbarung »Dei Verbum« folgendermaßen:

> »Gott hat in seiner Güte und Weisheit beschlossen, sich selbst zu offenbaren und das Geheimnis seines Willens kundzutun (vgl. Eph 1,9): dass die Menschen durch Christus, das fleischgewordene Wort, im Heiligen Geist Zugang zum Vater haben und teilhaftig werden der göttlichen Natur (vgl. Eph 2,18; 2 Petr 1,4). In dieser Offenbarung redet der unsichtbare Gott (vgl. Kol 1,15; 1 Tim 1,17) aus überströmender Liebe die Menschen an wie Freunde (vgl. Ex 33,11; Joh 15,14–15) und verkehrt mit ihnen (vgl. Bar 3,38), um sie in seine Gemeinschaft einzuladen und aufzunehmen.« (DV 2)

Offenbarung als Selbstmitteilung Gottes

Die entscheidende Aussage in diesem Text besteht darin, dass Offenbarung als *Selbstoffenbarung* bzw. als *Selbstmitteilung* Gottes zu verstehen ist. Offenbarung besteht also nicht – so wird damit deutlich – in der direkten Mitteilung vieler einzelner Sätze und Aussagen über die Wirklichkeit Gottes, der Welt und des Menschen, deren Wahrheit der Mensch aus sich selbst heraus und aufgrund seiner Vernunft nicht erkennen kann und die er deshalb aufgrund der Autorität Gottes glauben, d.h. für wahr halten muss (instruktionstheoretisches Offenbarungsmodell). Offenbarung bedeutet nach dem Text des Zweiten Vatikanums vielmehr, dass Gott uns Menschen lebendige Gemeinschaft mit sich selbst eröffnet hat (kommunikationstheoretisches Offenbarungsmodell).[12] In seinem Wort, Jesus Christus, teilt Gott nicht etwas von ihm selbst Verschiedenes mit, sondern *sich selbst*: Er lässt uns Menschen teilhaben an der innergöttlichen Liebe zwischen Vater und Sohn, die der Heilige Geist ist. Offenbarung besteht in der Zusage, dass wir von Gott mit derselben unbedingten und verlässlichen Liebe angenommen sind, mit der er von Ewigkeit her seinem eigenen Sohn zugewandt ist.[13]

Diese Gemeinschaft mit Gott ist aus der Wirklichkeit der Welt und des Menschen als solcher nicht ableitbar und erkennbar, sondern verborgen. Sie muss zur Welt und zum Menschen als deren umfassendere Wirklichkeit in einem eigentlichen *Wort Gottes* hinzugesagt und offenbar gemacht werden. Aber auch dann ist die Wahrheit dieser Verkündigung nicht an der Wirklichkeit der Welt und des Menschen messbar. Sie kann sich vielmehr erst in einem solchen *Glauben* in ihrer Wahrheit erweisen, der nicht als distanzierter intellektueller Akt des Für-wahr-Haltens einzelner Sätze zu verstehen ist, sondern als ein von Gottes Geist selbst getragener und die gesamte Existenz des Menschen umfassender Akt des Vertrauens auf Gottes Zuwendung. Allein in diesem glaubenden Vertrauen kann die Gewissheit gegeben sein, dass wir im Vorhinein zu all unserem Tun und Handeln von Gott unbedingt angenommen und gehalten sind. Damit ist das Selbstverständnis des Menschen und sein gesamter Lebensvollzug grundlegend verwandelt. Nicht mehr die Endlichkeit und Verletzbarkeit des Menschen haben das letzte Wort und müssen sein Leben beherrschen. Vielmehr kann er daraus leben, immer und in allen Situa-

---

12 Zur Abgrenzung des Offenbarungsverständnisses als Selbstmitteilung Gottes sowohl von einem »epiphanischen« als auch von einem »instruktionstheoretischen« Offenbarungsverständnis vgl.: Max Seckler, Der Begriff der Offenbarung, in: Handbuch der Fundamentaltheologie, hg. von W. Kern/H. J. Pottmeyer/M. Seckler, Bd. 2: Traktat Offenbarung, Tübingen/Basel ²2000, 45–48. Seckler spricht im Blick auf das Konzept der Selbstmitteilung Gottes auch von einem »kommunikationstheoretisch-partizipativen« Offenbarungsverständnis. Vgl. weiterhin: Max Seckler, Aufklärung und Offenbarung, in: Christlicher Glaube in moderner Gesellschaft, Bd. 21, Freiburg/Basel/Wien 1980, 5–78, hier bes. 54–59.

13 Vgl. hierzu und zur folgenden Erläuterung von Offenbarung in der Korrelation von Wort Gottes und Glaube: Peter Knauer, Der Glaube kommt vom Hören. Ökumenische Fundamentaltheologie, Freiburg/Basel/Wien ⁶1991.

tionen des Lebens und Sterbens von Gott gehalten und in Gottes Hand geborgen zu sein.

6.2 Konsequenz: Offenbarung begründet nicht den ethischen Anspruch, sondern befreit dazu, ihm zu entsprechen

Offenbarung teilt keine konkreten ethischen Normen mit …

Ausgehend von dieser Konzeption des Zweiten Vatikanums ist es einsichtig, dass es in der Offenbarung nicht darum geht, dem Menschen konkrete einzelne Handlungsnormen mitzuteilen, die er aus sich allein heraus prinzipiell nicht erkennen und begründen könnte, die er vielmehr befolgen soll, weil Gott sie geboten und in Kraft gesetzt hat. Die Erkenntnis und Begründung ethischer Normen ist vielmehr *allein Sache der menschlichen Vernunft und der Erfahrung* mit der Wirklichkeit dieser Welt. Glaube und Offenbarung fügen zu den bereits bestehenden, der Vernunft einsichtigen ethischen Normen nicht noch weitere Gebote und Verbote hinzu. Ebenso wenig erhöhen oder verschärfen sie den Verpflichtungsanspruch, der mit ethischen Normen verbunden ist, etwa dadurch, dass die Autorität Gottes oder ewiger Lohn bzw. Strafe vor Augen gestellt werden, auch wenn dies in der Geschichte des Christentums immer wieder so aufgefasst und gepredigt wurde.

… sondern befreit zur Erfüllung des ethischen Anspruchs

In der Offenbarung – verstanden als Selbstmitteilung Gottes – ist dem Menschen vielmehr eine neue Grundlage seines Lebens und ein neues Selbstverständnis eröffnet, das es ihm möglich macht, nicht mehr egoistisch zu handeln, sondern das, was er von sich her bereits als ethischen Anspruch erkannt hat, auch zu erfüllen. In der existentiellen Gewissheit des Glaubens nämlich, von Gott unbedingt gehalten und angenommen zu sein, kann der Mensch die Angst überwinden, die aus der Erfahrung seiner Endlichkeit, Verletzbarkeit und Todesverfallenheit resultiert und die ihn dazu bringt, dass es ihm letztlich nur um sich selbst geht. Er kann sich vorbehaltlos dem Anspruch seiner Vernunft stellen und das, was er aufgrund der Vernunft als ethisch richtig und verantwortlich erkannt hat, in seinem Handeln auch verwirklichen.

Ethischer Anspruch als Anknüpfungspunkt der Offenbarung

Offenbarung begründet also nicht erst den ethischen Anspruch, sondern setzt ihn bereits als gültig und begründet voraus. Sie knüpft an diesem Anspruch an und eröffnet dem Menschen angesichts dieses Anspruchs einen Weg, wie er ihn auch *wollen* und *erfüllen* kann.[14] Das Verhältnis von

14 Vgl. dazu auch: Peter Knauer, Handlungsnetze. Über das Grundprinzip der Ethik, Frankfurt am Main 2002, 17f.

Offenbarung und Ethik lässt sich also nicht so bestimmen, dass aus dem Zuspruch der Gnade Gottes ein Anspruch erwächst, nun auch Gottes Gebot zu befolgen. Vielmehr besteht der Anspruch bereits immer schon, während der Zuspruch Gottes es möglich macht, diesen Anspruch zu erfüllen. Gerade so erweisen Offenbarung und Glaube ihre Relevanz für den Menschen und sein Handeln. Ohne die Grundlage des bereits im Voraus zu Offenbarung und Glaube bestehenden ethischen Anspruchs würden sie den Bezugspunkt und damit ihre Bedeutung für den Menschen und seine Existenz verlieren.

Notwendiger Aufweis einer universalen und objektiven Ethik

Das bedeutet aber auch, dass – ausgehend vom Anspruch des Glaubens, die umfassende und letzte Wahrheit über die Welt und den Menschen, nämlich ihr Geborgensein in Gott, zu verkünden – von Seiten der theologischen Ethik der ethische Anspruch, an dem dieser Glaube anknüpft, *als universaler und objektiv gültiger Anspruch aufgewiesen werden muss.* Sonst wird dem Glauben zusammen mit seinem Anknüpfungspunkt der Boden entzogen. Entsprechend hat man sich in der Tradition der theologischen Ethik auch von Anfang an um eine universalistische und objektiv begründete Ethik, etwa in der Aufnahme der Lehre vom natürlichen Sittengesetz aus der antiken Philosophie, bemüht.

6.3 Weiterführung: Unterscheidung zwischen Erkennbarkeit und Erkennen-Wollen

Mit diesen Überlegungen ist zunächst das Anliegen der Autonomen Moral aufgegriffen und bestätigt worden. Auch im Rahmen einer *theologischen* Ethik lassen sich ethische Normen allein aufgrund der autonomen Vernunft des Menschen erkennen und begründen. Wie aber steht es mit den Einwänden der Glaubensethik? Hat der Glaube nicht doch auch eine wesentliche Bedeutung für die Erkenntnis ethischer Normen? Reicht die menschliche Vernunft und Erfahrung allein wirklich aus, um eine sichere Leitlinie dafür abzugeben, was ethisch richtig und falsch ist und was den Menschen erfüllt? Ist es der Vernunft nicht doch nur mit Hilfe der Offenbarung und des Glaubens möglich, die volle Wahrheit im Bereich des ethischen Handelns zu erkennen?

Wechselseitige Beeinflussung von Erkennen und Wollen

Angesichts dieser Anfragen, die die unzureichende Fähigkeit der menschlichen Vernunft zu ethischer Erkenntnis hervorheben, gilt es sorgfältig zu klären, *worin genau* dieser Mangel der Vernunft und die Hilfe des Glaubens bestehen. Erschließend kann dabei die Einsicht in die wechselseitige Beeinflussung von Erkennen und Wollen sein. Danach gilt, dass nicht nur das

Wollen durch die Erkenntnis bestimmt wird, sondern auch das Erkennen unter dem Einfluss des Wollens steht. Von daher lässt sich sagen, dass die mangelnde Erkenntnisfähigkeit der Vernunft, die die Glaubensethik beklagt, nicht *prinzipieller* Art und in der Vernunft selbst begründet ist, sondern allenfalls *faktisch* gegeben ist und ihren Grund im Wollen hat.

Gebrauch der autonomen Vernunft – Autonomer Gebrauch der Vernunft

Das eigentliche Problem nämlich scheint darin zu bestehen, dass Menschen sich aufgrund ihrer Fixiertheit auf sich selbst und ihre eigenen Interessen erst gar nicht auf die Vernunft und deren eigenes inneres Gesetz einlassen wollen. Sie wollen vielmehr der eigenen Willkür folgen und ihre Vernunft für ihre eigenen Zwecke und Interessen instrumentalisieren. Sie wollen *nicht der Autonomie ihrer Vernunft folgen*, sondern *ihre Vernunft autonom gebrauchen.*[15] Die Selbstbezogenheit des Menschen führt nicht nur dazu, dass man das Richtige nicht tut, sondern auch dazu, dass man sich der Vernunft und damit der Einsicht in das Richtige verweigert.

Die Hilfe des Glaubens für die Vernunft besteht dann aber nicht darin, das Richtige überhaupt erst mitzuteilen oder zusätzliche Möglichkeiten der Erkenntnis und Begründung ethischer Normen bereitzustellen, sondern darin, eine Gewissheit zu schenken, aufgrund derer man bereit wird, sich der Wirklichkeit der Welt und dem Anspruch der Vernunft zu stellen. Durch den Glauben wird der Mensch bereit, Vernunfteinsicht zuzulassen. Durch den Glauben wird er bereit, den ethischen Anspruch sehen und sich ihm stellen zu wollen. In diesem Sinne heißt es in der Enzyklika »Deus caritas est« (2005) von Papst Benedikt XVI:[16]

> »Der Glaube hat gewiss sein eigenes Wesen als Begegnung mit dem lebendigen Gott – eine Begegnung, die uns neue Horizonte weit über den eigenen Bereich der Vernunft hinaus öffnet. Aber er ist zugleich auch eine reinigende Kraft für die Vernunft selbst. Er befreit sie von der Perspektive Gottes her von ihren Verblendungen und hilft ihr deshalb, besser sie selbst zu sein. Er ermöglicht der Vernunft, ihr eigenes Werk besser zu tun und das Eigene besser zu sehen.« (n. 28a)

Im Blick auf die Frage der Erkenntnis ethischer Normen ist also noch einmal zu unterscheiden zwischen ihrer *prinzipiellen* Erkennbarkeit allein aufgrund menschlicher Vernunft und Erfahrung einerseits und der

---

15 Vgl. dazu: Gerhard Ebeling, Die »nicht-religiöse Interpretation biblischer Begriffe«, in: ders., Wort und Glaube, Bd. 1, Tübingen ³1967, 107.

16 Enzyklika »Deus caritas est« von Papst Benedikt XVI. an die Bischöfe, an die Priester und Diakone, an die gottgeweihten Personen und an alle Christgläubigen über die christliche Liebe, 25. Dezember 2005 (Verlautbarungen des Apostolischen Stuhls, Nr. 71, hg. vom Sekretariat der deutschen Bischofskonferenz, Bonn 2006).

faktischen, in der Willkür des Menschen begründeten Unzulänglichkeit seiner Erkenntnis andererseits.

Geschichtlicher Erkenntnisprozess – Grund der Gültigkeit

Parallel dazu lässt sich auch unterscheiden zwischen dem *geschichtlich vermittelten Prozess der Erkenntnis* ethischer Normen und Prinzipien, für die der christliche Glaube in der Geschichte des Abendlands eine konstitutive Bedeutung hatte und hat, und dem *Grund ihrer Gültigkeit*, der durch die Vernunft allein eingesehen werden kann. Dies gilt etwa für den Gedanken einer jedem Menschen unverlierbar zukommenden unbedingten Würde, die u.a. für die Abschaffung der Sklaverei entscheidende Bedeutung hatte. Auch wenn dieser Gedanke sicher durch den jüdisch-christlichen Glauben mit seiner Vorstellung vom Menschen als Ebenbild Gottes (christliches Menschenbild) in seiner Einsichtigkeit und Akzeptanz gefördert und ins Bewusstsein gebracht worden ist, so lässt sich, nachdem er sich erst einmal im Bewusstsein durchgesetzt hat, seine Gültigkeit auch ohne Rückgriff auf den Glauben, allein mit der Vernunft begründen.

Christologische Struktur

In dieser angedeuteten Zuordnung von Vernunft und christlichem Glauben sind beide in ein Verhältnis gesetzt, in dem sowohl der Autonomie ethischer Erkenntnis als auch der konstitutiven Bedeutung von Offenbarung und Glaube für die ethische Erkenntnis und das ethische Handeln Rechnung getragen ist. Beides wird – entsprechend dem christologischen Prinzip – *nicht getrennt*, wohl aber auseinander gehalten, und *nicht vermischt*, sondern in eine sachgemäße Beziehung gesetzt. In diesem Sinne kann der Entwurf der vorliegenden Fundamentalethik als Grundlegung einer *christlichen*, an Jesus Christus orientierten und *ihm entsprechend strukturierten* Ethik verstanden werden.

7. Aufbau der vorliegenden theologischen Fundamentalethik

Zwei Grundfragen der theologischen Fundamentalethik

Ausgehend von den bisherigen systematischen Überlegungen zum Offenbarungsverständnis und der Bedeutung des Glaubens für das ethische Handeln soll für den Aufbau der vorliegenden theologischen Fundamentalethik die Unterscheidung von zwei Grundfragen leitend sein:

1) Wie kann man *erkennen*, worin das ethisch richtige und verantwortliche Handeln konkret besteht?
2) Wie kann man das ethisch richtige und verantwortliche Handeln auch *wollen*?

Die erste Frage bezieht sich auf die grundsätzliche *Erkennbarkeit* und *Begründbarkeit* ethischer Normen, die zweite Frage bezieht sich auf die Ermöglichung des entsprechenden Erkennen- und Handeln-*Wollens.* Im Blick auf diese beiden Grundfragen geht die vorliegende theologische Fundamentalethik davon aus, dass die *eigentliche* Bedeutung des christlichen Glaubens für das ethische Handeln nicht darin liegt, dem Menschen mitzuteilen, worin das richtige und verantwortliche Handeln besteht, sondern darin, ihn zum Wollen und Tun des Richtigen und Guten zu befreien. Damit ergeben sich für die theologische Fundamentalethik zwei grundlegende Aufgaben:

- Im *Ersten Teil* ist zu klären, wie man erkennen kann, welche Handlungen ethisch gut und verantwortlich sind und wie sich die Gültigkeit entsprechender ethischer Normen begründen lässt. Näherhin geht es um die Frage nach deren prinzipieller Erkennbarkeit und Begründbarkeit. Im Blick auf diese Frage ist zum einen – im Rahmen *theologischer* Überlegungen – zu zeigen, dass der ethische Anspruch und die ethischen Normen sich nicht erst aus der Offenbarung und aus dem Glauben ableiten, sondern bereits als Voraussetzung und Anknüpfungspunkt von Offenbarung und Glaube gegeben sind. Zum anderen aber ist – in der Auseinandersetzung mit der *philosophischen* Ethik, insbesondere mit dem Non-Kognitivismus und dem Partikularismus – zu zeigen, dass der ethische Anspruch *objektiv* und *universal* besteht und ethische Normen nicht einfach auf einem bloßen Gefühl, auf bloßer Konvention oder auf bloßer subjektiver Festlegung beruhen bzw. lediglich für eine bestimmte Gemeinschaft Gültigkeit beanspruchen können.

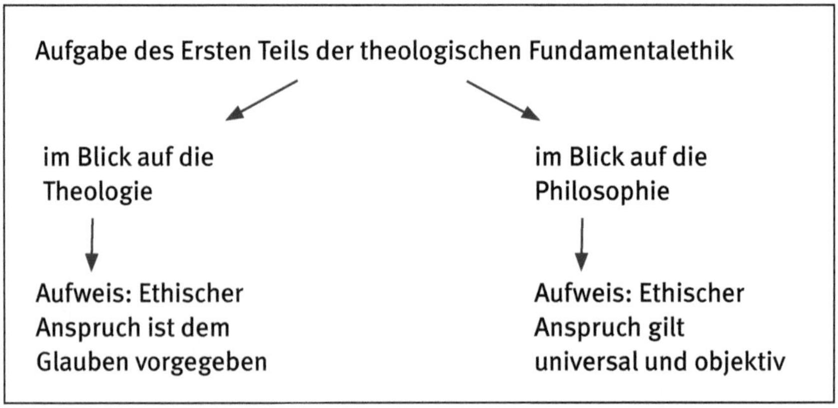

Im Einzelnen sind dazu die verschiedenen Quellen ethischer Erkenntnis, die aus der Sicht theologischer Fundamentalethik in den Blick kommen, zu prüfen:

1) Lassen sich ethische Normen unter Berufung auf den *Willen Gottes* begründen? Welche Bedeutung kann die Rede vom Willen Gottes theologisch gesehen überhaupt haben?
2) Lässt sich aus der *Bibel* als dem Dokument der jüdisch-christlichen Offenbarung eine auch heute noch verbindliche Orientierung für das ethische Handeln gewinnen? Welche Bedeutung haben ethische Weisungen innerhalb der Heiligen Schrift?
3) Welche Bedeutung hat das *Gewissen* des Einzelnen, das in der theologischen Tradition immer auch als Stimme Gottes gedeutet wurde, für die Begründung ethischen Handelns?
4) Welche Bedeutung hat die *Natur* und deren Eigengesetzlichkeit für die Begründung ethischer Normen? Welche Plausibilität kommt der traditionellen Lehre vom natürlichen Sittengesetz zu?
5) Welche Bedeutung hat die seit der Aufklärung gängige Berufung auf die *autonome Vernunft* und das ihr immer schon innewohnende (apriorische) Gesetz als Erkenntnisquelle des ethisch guten und richtigen Handelns?
6) Die Erörterung der Autonomie der praktischen Vernunft wird schließlich zur Begründung ethischer Normen unter Beachtung der *Verhältnismäßigkeit der Mittel* hinführen.

● Auf dieser Basis muss im *Zweiten Teil* nach der Möglichkeit gefragt werden, wie wir dem, was sich aufgrund der Vernunft prinzipiell als das ethisch Richtige und Verantwortliche erkennen und begründen lässt, auch tatsächlich in unserem Wollen und Handeln entsprechen und gerecht werden können. Dazu ist zunächst aufzuweisen, dass der Mensch trotz vielfältiger äußerer Einflüsse, die sein Wollen und Handeln bestimmen, ein grundsätzlich freies Wesen ist, sowie – als eigentliche Aufgabe der theologischen Fundamentalethik – die befreiende Bedeutung des christlichen Glaubens zu entfalten:

7) Ist der Mensch *überhaupt frei* und damit zu ethisch gutem und verantwortlichem Handeln fähig? Wie lässt sich angesichts der nachweisbaren Determination des Menschen durch biologische, psychologische und gesellschaftliche Vorgaben und Zwänge die Behauptung der Freiheit aufrechterhalten?
8) Lässt sich Freiheit begründen, stellt sich die Frage nach dem Wesen und der Wirklichkeit menschlicher Verfehlung und *Schuld*, die ihrerseits theologisch als Knechtschaft des Menschen unter der Macht der Sünde und damit als Unfreiheit gedeutet wird.
9) Vor diesem Hintergrund ist zu fragen, was den Menschen wieder *zu seiner Freiheit befreien* kann und so die Verwirklichung seiner Freiheit und Verantwortung ermöglicht. Hier wird die spezifische

Bedeutung des Glaubens für das ethische Handeln herausgestellt werden.

10) Schließlich ist nach *konkreten Wegen* zu fragen, wie der christliche Glaube freies und gutes Handeln ermöglicht. Welche Bedeutung haben christliche Spiritualität und Mystik, Gebet, Sakramente und die kirchliche Gemeinschaft für das ethische Handeln?

Bereits in diesem Überblick zeigt sich eine Bewegung, in der zunächst im Ersten Teil die Bedeutung des Glaubens für das ethische Handeln zugunsten der Vernunft zurückgenommen wird, während im Zweiten Teil die Bedeutung des Glaubens erst eigentlich hervortritt und zur Geltung kommt.

ERSTER TEIL

Wie sich ethisch gutes und schlechtes Handeln erkennen lässt

Die erste Grundfrage unserer theologischen Fundamentalethik lautet, wie wir in einer Entscheidungssituation erkennen und begründen können, was das ethisch Richtige und Verantwortliche ist. Nur allzu oft finden wir uns in einem *Dilemma* wieder, in dem wir nicht genau wissen, was wir tun sollen. Auch wenn wir feste ethische Grundsätze haben, so wissen wir im konkreten Einzelfall oft nicht immer genau, welche der verschiedenen sich bietenden Handlungsmöglichkeiten wir wählen sollen. Nur allzu oft befinden wir uns in einer Situation, in der es keine *nur* gute Lösung gibt, in der vielmehr jeder Weg mit Nachteilen und Übeln verbunden ist. Eine Beispielerzählung aus der Zeit nach der »Wende« kann dies verdeutlichen:

Karin L. (23) aus Erfurt, allein erziehende Mutter von Kevin (3) ist »schwer vermittelbare Arbeitslose«, seit ihr Betrieb und der Kinderhort zugemacht haben. Als gelernte Zerspanungstechnikerin findet sie keine Anstellung mehr. Ihre Schwester, die seit zwei Jahren in Westdeutschland lebt, vermittelt ihr eine Stelle als Zahntechnikerin in Köln. Karins Eltern bieten ihr an, Kevin während der zweijährigen Umschulung zu sich zu nehmen, da in Köln weder eine Wohnung noch ein Kindergartenplatz in Aussicht sind. Karin findet ein Zimmer, zögert aber schließlich doch, die Lehrstelle anzutreten. Sie kann

Kevin nur am Wochenende nach vier Stunden Autofahrt sehen. Durch ein Gespräch mit der Schwester erhofft sie sich Klärung.

Was in diesem Fall richtig und verantwortlich ist, ist keineswegs eindeutig. Einerseits ist die Beziehung von Mutter und Kind gerade in den ersten Jahren entscheidend für die kindliche Entwicklung. Andererseits scheint es gerade um einer gemeinsamen Zukunft von Mutter und Kind willen erforderlich zu sein, die vorübergehende Trennung in Kauf zu nehmen. Möglicherweise gibt es aber auch einen Kompromiss oder einen dritten Weg, der sich erst eröffnet, wenn Karin L. erst einmal in Köln Fuß gefasst hat. Oder es findet sich doch noch ein Ausbildungsplatz in der Nähe von Erfurt. Auch weiß man nicht, wie sich die Beziehung zwischen den Großeltern und Kevin entwickelt.

Wie also lässt sich in diesen oder ähnlichen Situationen zu einer Entscheidung finden, die wir als ethisch richtig und verantwortlich bezeichnen würden? Woran kann man sich orientieren? Wie kann man die jeweilige Entscheidung als verantwortliche Entscheidung begründen? Im Rahmen der theologischen Ethik wird dazu auf verschiedene mögliche Quellen ethischer Erkenntnis verwiesen: auf den Willen Gottes, auf die Heilige Schrift, auf das eigene Gewissen, auf die Natur oder auch auf die Vernunft des Menschen. Im Folgenden sollen diese verschiedenen ethischen Erkenntnisquellen erläutert und auf ihre Leistungsfähigkeit geprüft werden.

1. KAPITEL

Orientierung am Willen Gottes

Eine erste mögliche Antwort theologischer Ethik auf die Frage, woran wir uns orientieren können, wenn wir ethisch handeln wollen, lautet, es müsse dem Christen vorrangig darum gehen, den Willen Gottes zu erkennen und zu erfüllen. Schließlich lehrt Jesus selbst im Rahmen der Bergpredigt:

> »Nicht jeder, der zu mir sagt: Herr! Herr!, wird in das Himmelreich kommen, sondern nur, wer den Willen meines Vaters im Himmel erfüllt.« (Mt 7,21; vgl. 1 Joh 2,17)

Entsprechend beten wir im Vaterunser: »Dein Wille geschehe!« (Mt 6,10). Jesus selbst geht es in vorbildlicher Weise ganz und gar um die Erfüllung des Willens Gottes. Im Johannes-Evangelium spricht Jesus davon, er sei nicht gekommen, seinen Willen zu tun, sondern den Willen dessen, der ihn gesandt hat (vgl. Joh 5,30; 6,38). Dass Jesus dabei die Erfüllung des Willens Gottes als seine »Speise« bezeichnet (Joh 4,34), zeigt, dass es ihm mit seiner ganzen Existenz um nichts anderes als um die Erfüllung dieses Willens geht. Diese Hingabe an Gott bewährt sich dort, wo Jesus auch im Angesicht des Leidens und Todes am Ölberg daran festhält, dass nicht sein Wille, sondern der Wille des Vaters geschieht (Mk 14,36; vgl. Hebr 5,7f).

Auch Paulus verweist immer wieder auf den Willen Gottes als Maßstab für das Handeln des Christen. Dabei antwortet er auf die Frage, worin der Wille Gottes inhaltlich besteht, mit sehr konkreten Angaben:

> »Das ist es, was Gott will: eure Heiligung. Das bedeutet, dass ihr die Unzucht meidet, dass jeder von euch lernt, mit seiner Frau in heiliger und achtungsvoller Weise zu verkehren, nicht in leidenschaftlicher Begierde wie die Heiden, die Gott nicht kennen, und dass keiner seine Rechte überschreitet und seinen Bruder bei Geschäften betrügt«. (1 Thess 4,3–6)

Andererseits mahnt Paulus ausdrücklich, in der Kraft Christi jeweils genau zu prüfen, worin dieser Wille besteht (vgl. Röm 12,2).

Doch nicht nur in der Bibel, auch in der moraltheologischen und spirituellen Literatur spielt für das rechte Handeln des Christen die Erfüllung des Willens Gottes eine zentrale Rolle. So heißt es in dem klassischen Handbuch der Moraltheologie von Josef Mausbach und Gustav Ermecke[1], dass nach theistischer und christlicher Weltanschauung »die letzte und eigentliche Regel der Sittlichkeit Gott selbst als höchste Weisheit, als heiliger Wille und als wesenhafte, unendliche Gutheit und Vollkommenheit« ist. Auch Ignatius von Loyola versteht seine *Geistlichen Übungen* ausdrücklich als einen Weg, in einer Situation der Entscheidung den Willen Gottes zu finden. Geistliche Übungen sind für ihn.

> »... jede Weise, die Seele darauf vorzubereiten und einzustellen, alle ungeordneten Anhänglichkeiten von sich zu entfernen und, nachdem sie entfernt sind, den göttlichen Willen in der Einstellung des eigenen Lebens zum Heil der Seele zu suchen und zu finden«.[2]

Begründungen für konkrete ethische Normen unter Berufung auf den Willen Gottes finden sich schließlich auch in der lehramtlichen Moralverkündigung der Kirche. So beruft sich die Enzyklika »Humanae vitae« zur Begründung des Verbots der künstlichen Empfängnisverhütung auf eine von Gott bestimmte unlösbare Verknüpfung der beiden Sinngehalte der liebenden Vereinigung und der Fortpflanzung, die der Mensch nicht eigenmächtig auflösen dürfe. Werden beide Sinngehalte dennoch getrennt, so widerspreche dies dem göttlichen Plan und dem Willen des Schöpfers.[3]

So verbreitet aber die Berufung auf den Willen Gottes im Raum der christlichen Ethik auch ist, so missverständlich und problematisch ist sie

---

1 Vgl. Josef Mausbach/Gustav Ermecke, Katholische Moraltheologie, Bd. I: Die allgemeine Moral, Münster [8]1954, 68.

2 Ignatius von Loyola, Geistliche Übungen und erläuternde Texte, übers. und erklärt von P. Knauer, Leipzig 1978, Nr. 1.

3 Vgl. Enzyklika »Humanae vitae« über die rechte Ordnung der Weitergabe menschlichen Lebens, lateinisch – deutsch (Nachkonziliare Dokumentation Bd. 14), Trier 1968, Nr. 11–13. »Diese vom kirchlichen Lehramt oft dargelegte Lehre gründet in einer von Gott bestimmten (a Deo statuto) unlösbaren Verknüpfung der beiden Sinngehalte – liebende Vereinigung und Fortpflanzung –, die beide dem ehelichen Akt innewohnen.« (Nr. 12) – »Ein Akt gegenseitiger Liebe widerspricht dem göttlichen Plan, nach dem die Ehe entworfen ist, und dem Willen des ersten Urhebers menschlichen Lebens, wenn er der vom Schöpfergott in ihn nach besonderen Gesetzen hineingelegten Eignung, zur Weckung neuen Lebens beizutragen, abträglich ist. Wenn jemand daher einerseits Gottes Gabe genießt und andererseits – wenn auch nur teilweise – Sinn und Ziel dieser Gabe ausschließt, handelt er somit im Widerspruch zur Natur des Mannes und der Frau, und deren inniger Verbundenheit; er stellt sich damit gegen Gottes Plan und heiligen Willen (Dei consilio sanctaeque eius voluntati obnititur)« (Nr. 13).

zugleich. Von Kritikern einer christlichen bzw. kirchlichen Ethik jedenfalls wird die Berufung auf den Willen Gottes bereitwillig aufgegriffen, um sie dann als nicht tragfähig aufzuweisen und die jeweiligen Handlungsoptionen christlicher Ethik, wenn nicht sogar eine christliche Ethik überhaupt, als inakzeptabel abzulehnen.

Zu klären ist daher, wie es um die argumentative Kraft der Berufung auf den Willen Gottes steht, wenn es um die Begründung verantwortlicher Entscheidungen geht. Die Beantwortung dieser Frage ist für die theologische Fundamentalethik von entscheidender Bedeutung, weil dazu grundlegende hermeneutische Überlegungen zum Verhältnis von Gott und Welt, Schöpfer und Schöpfung notwendig sind, die die Basis für eine angemessene Verhältnisbestimmung zwischen christlichem Glauben und ethischem Handeln bilden.

1. Beispiele für eine Orientierung am Willen Gottes und Einwände der säkularen Vernunft

Die zentrale Frage, die sich bei der Begründung ethischer Handlungsoptionen unter Rückgriff auf den Willen Gottes stellt, besteht darin, woher man weiß, worin der Wille Gottes inhaltlich besteht. Hierzu lassen sich verschiedene Antwortmodelle und Erkenntnisquellen anführen.

Dabei reicht es nicht, auf die Heilige Schrift als Erkenntnisquelle für den Willen Gottes zu verweisen. Dann nämlich würde sich sofort die weitere Frage stellen: Woher haben die biblischen Mittlergestalten – Mose, die Propheten, Jesus – und woher haben die biblischen Schriftsteller – Evangelisten oder der hl. Paulus – um den Willen Gottes gewusst?

Einsicht in den Willen Gottes durch Inspiration

(1) Ein erstes und naheliegendes Modell besteht darum in der Auffassung, worin der Wille Gottes besteht, könne durch *unmittelbare Inspiration* erfasst werden. So wird etwa im Rahmen einer bestimmten Form von Spiritualität – etwa von Seiten charismatisch-evangelikaler Kreise – immer wieder die Orientierung am Willen Gottes bei wichtigen Entscheidungen so verstanden, dass man die problematische Situation im Gebet vor Gott bringt und dann durch göttliche Erleuchtung oder Eingebung erfährt, was zu tun ist.

Bei diesem Modell ist allerdings zu fragen, wodurch genau sich ein solches Vorgehen davon unterscheidet, dass man sein Handeln dem Zufall, einer momentanen Stimmung oder einer spontanen Intuition überlässt. Müsste man nicht doch ein *rationales* Kriterium angeben können, anhand dessen erkennbar ist, dass die getroffene Entscheidung nicht einfach willkürlich, sondern verantwortlich ist? Wirklich verantwortliches Handeln verlangt doch, dass man anderen gegenüber seine jeweiligen Entscheidungen mit nachvollziehbaren Gründen rechtfertigen kann. Wenn dies aber möglich ist, wenn sich also als Folge des Gebets tatsächlich rationale Gründe für die eigene Entscheidung benennen lassen, dann ist zu fragen, ob in diesem Fall tatsächlich noch eine Orientierung am Willen Gottes vorliegt oder sich die Entscheidung nicht doch eher an der eigenen Vernunft und an allgemein einsichtigen Erwägungen ausrichtet.

Zu welchen Schwierigkeiten es führen kann, wenn man eigene Entscheidungen und Handlungen oder auch diejenigen anderer als Realisierung unmittelbarer göttlicher Willensäußerungen versteht, wird deutlich, wenn etwa Gegner in einem Krieg jeweils ihr Handeln als Umsetzung des Willens Gottes deklarieren. Hier werden offensichtlich die eigenen Ansprüche und Interessen oder auch die jeweiligen subjektiven Überzeugungen als Wille Gottes ausgegeben. Sie werden in ihrem Geltungsanspruch verabsolutiert und damit zugleich gegen jede Kritik immun gemacht.

Ordnung der Natur als Ausdruck des Willens Gottes

(2) Eine zweite mögliche Antwort auf die Frage, woher man weiß, worin der Wille Gottes besteht, geht davon aus, dass sich der Wille Gottes aus der *Ordnung der Natur* und dem darin liegenden Plan ablesen lässt. Ein Beispiel bietet die Debatte um gentechnische Eingriffe in das Erbgut von Menschen, Tieren und Pflanzen. Das Argument lautet dann, solche manipulativen Eingriffe in das Erbgut seien nicht erlaubt, weil der Mensch mit der Veränderung der genetischen Struktur von Lebewesen den von Gott vorgegebenen Bauplan der Schöpfung verändere. Er verstoße damit gegen den Plan des Schöpfers, der die Welt, die Lebewesen und auch den Menschen in ganz bestimmter Weise gewollt und geschaffen habe. In diesem Sinne äußerte 1998 der Prince of Wales im Blick auf genmanipulierte Lebensmittel:

> »I happen to believe that this kind of genetic modification takes mankind into realms that belong to God, and to God alone.«[4]

Indem der Mensch aber – so die weitere Konsequenz dieser Argumentation – *die von Gott vorgegebene Identität der Natur des Menschen* verände-

4 Daily Telegraph (8. Juni 1998).

re, überschreite er in anmaßender Weise die von Gott gesetzten Grenzen menschlichen Handelns.[5] Er maße sich eine neue Schöpferrolle an[6] und versuche, in großer Selbstüberschätzung eine gerechtere Schöpfungsordnung in Angriff zu nehmen.[7]

Gegen solche Begründungen des Verbots gentechnischer Eingriffe wird jedoch eingewendet, dass das Christentum andere Formen der Technik wie etwa die Spaltung von Atomkernen zur Energiegewinnung oder die Herstellung synthetischer Stoffe keineswegs abgelehnt habe, obwohl sie ebenfalls einen massiven Eingriff in natürliche Vorgegebenheiten bedeuten.[8] Es wird demnach offenbar unterschieden zwischen Fakten der Natur, die verändert werden dürfen, und Fakten der Natur, die nicht verändert werden dürfen. Ein nachvollziehbares Kriterium für diese Unterscheidung wird jedoch nicht angegeben. Weiterhin wird darauf verwiesen, dass herkömmliche Formen der Pflanzen- und Tierzucht in der Regel nicht als Verstoß gegen die göttliche Schöpfungsordnung und damit gegen den Willen Gottes aufgefasst werden, die aber letztlich auch eine Manipulation des Erbguts – wenn auch nicht eine so direkte – darstellen. Wenn demgegenüber gentechnische Eingriffe abgelehnt werden, werde ein Unterschied zwischen verschiedenen Methoden des Eingriffs in das Erbgut vorausgesetzt, ohne wiederum ein Kriterium angeben zu können, warum die eine Methode ethisch erlaubt sein soll, die andere dagegen nicht. Solchen Unterscheidungen liegt demnach eine willkürliche und damit ideologische Festlegung von ethischen Grenzen der Technik zugrunde.

Begründung mit dem Verhältnis von Schöpfer und Geschöpf – am Beispiel des Tötungsverbots

(3) Ein drittes Antwortmodell schließlich besteht darin, dass sich der Wille Gottes bereits an dem grundlegenden *Verhältnis zwischen Schöpfer und Geschöpf* ablesen lasse. Ein Beispiel dafür kann der Diskussion um die ethische Bewertung der aktiven Sterbehilfe entnommen werden. Im

---

5 Vgl. dazu: Günter Altner, Der Mensch als Geschöpf. Theologische Überlegungen und ethische Bewertungen zur Entwicklung der Gentechnologie, in: G. Altner/E. Benda/G. Fülgraff, Menschenzüchtung. Ethische Diskussion über die Gentechnik, Stuttgart 1985, 63.

6 Vgl. etwa: Hans Jonas, Technik, Medizin und Ethik. Zur Praxis des Prinzips Verantwortung, Frankfurt am Main 1985, 204.

7 Belege zu diesem Argumentationstyp vgl. etwa: Kurt Bayertz, Drei Typen ethischer Argumentation, in: H. M. Sass, Genomanalyse und Gentherapie. Ethische Herausforderungen in der Humanmedizin, Berlin/Heidelberg u.a. 1991, 307–315.

8 Vgl. zu einer solchen Kritik etwa: Volker Gerhardt, Was Biopolitik ist und was gegen sie spricht, in: Zeitschrift für Biopolitik 1 (2002) 45f. Vgl. zur Auseinandersetzung mit V. Gerhardt: Herbert Schlögel, Heiligkeit des Lebens – Ehrfurcht vor dem Leben. Nützliche Begriffe in der Bioethik?, in: Communio 31 (2002) 556–564.

Rahmen der traditionellen kirchlichen Morallehre[9] versuchte man sich dadurch am Willen Gottes zu orientierern, dass das Verbot, das Leben eines anderen Menschen zu beenden, damit begründet wurde, nicht der Mensch als Geschöpf, sondern allein Gott als der Schöpfer sei Herr über Leben und Tod. Gott sei es, der dem Menschen das Leben gegeben habe, und deshalb dürfe auch nur Gott und nicht der Mensch nach seinem eigenem Ermessen und Willen dieses Leben beenden. Nach dem Willen des Schöpfers sei es Aufgabe des Menschen, dieses Leben zu nutzen und zu bewahren, nicht aber, es zu nehmen, wenn es nicht mehr lebenswert zu sein scheint. So heißt es etwa in der Instruktion *Donum vitae*:

> »Das menschliche Leben ist heilig, weil es von seinem Beginn an ›der Schöpfermacht Gottes‹ bedarf und für immer in einer besonderen Beziehung zu seinem Schöpfer bleibt, seinem einzigen Ziel. Nur Gott ist der Herr des Lebens von seinem Anfang bis zu seinem Ende: Niemand darf sich, unter keinen Umständen, das Recht anmaßen, ein unschuldiges menschliches Wesen direkt zu zerstören.«[10]

Und der Katechismus der Katholischen Kirche formuliert:

> »Jeder ist vor Gott für sein Leben verantwortlich. Gott hat es ihm geschenkt. Gott ist und bleibt der höchste Herr des Lebens. Wir sind verpflichtet, es dankbar entgegenzunehmen und es zu seiner Ehre und zum Heil unserer Seele zu bewahren. Wir sind nur Verwalter, nicht Eigentümer des Lebens, das Gott uns anvertraut hat. Wir dürfen darüber nicht verfügen.«[11]

Gegen eine solche Begründung wird freilich geltend gemacht, dass sich das Festhalten an der absoluten Heiligkeit und Unverfügbarkeit des menschlichen Lebens im Rahmen der modernen technischen Medizin und ihren Möglichkeiten der Lebensverlängerung zunehmend auch als sinnlos, ja als grausam und unmenschlich erweisen kann.[12] Angesichts

---

9 Vgl. dazu das einflussreiche ältere Handbuch der Moraltheologie von Bernhard Häring, Das Gesetz Christi, Freiburg 1965, 1004. Hier heißt es von demjenigen, der sich selbst das Leben nehmen will: »Er will Herr sein über Leben und Tod. So versündigt sich der Selbstmörder gerade gegen die Majestät und das Oberlehensrecht Gottes über unser Leben. (...) Der Selbstmörder will nicht dienen und nicht leiden nach Gottes Willen. Darum wirft er Gott sein Leben trotzig hin.«

10 Instruktion »Donum vitae« der Kongregation für die Glaubenslehre über die Achtung vor dem beginnenden menschlichen Leben und die Würde der Fortpflanzung (1987), Nr. 5 (Verlautbarungen des Apostolischen Stuhls Nr. 120, hg. vom Sekretariat der DBK).

11 Katechismus der Katholischen Kirche, Nr. 2280.

12 Vgl. dazu etwa: Helga Kuhse/Peter Singer, »Muss dieses Kind am Leben bleiben?« Das Problem schwerstgeschädigter Neugeborener, Erlangen 1993.

dieser Problematik aber wird – auch von theologischer Seite – gegen die Argumentation, nicht der Mensch, sondern Gott allein sei Herr über das menschliche Leben, vorgebracht, Gott habe dem Menschen nicht nur das Leben, sondern auch Vernunft und Freiheit geschenkt und damit auch die Verantwortung für sein Tun übertragen.[13] Dann aber beziehe sich diese Verantwortung auch auf den Umgang mit dem menschlichen Leben und mit dem Sterben des Menschen. So schreibt etwa Hans Küng:

> »Der allbarmherzige Gott, der dem Menschen Freiheit geschenkt und Verantwortung für sein Leben zugemutet hat, hat gerade auch dem sterbenden Menschen die Verantwortung und Gewissensentscheidung für Art und Zeitpunkt seines Todes überlassen. Eine Verantwortung, die weder der Staat noch die Kirche, weder ein Theologe noch ein Arzt dem Menschen abnehmen kann. Diese Selbstbestimmung ist kein Akt hybriden Trotzes gegen Gott; wie sich Gnade Gottes und Freiheit des Menschen nicht ausschließen, so auch nicht Gottes Vorherbestimmung und des Menschen Selbstbestimmung. ... Wenn das ganze Leben von Gott in die Verantwortung eines Menschen gestellt ist, dann gilt diese Verantwortung auch für die letzte Phase seines Lebens, ja, sie gilt erst recht für den eigentlichen Ernstfall seines Lebens: wenn es ans Sterben geht. Warum sollte gerade diese letzte Phase des Lebens von seiner Verantwortung ausgenommen sein?«[14]

Grundsätzliche Bedenken:

(4) Abgesehen von den bisherigen, an verschiedenen Antwortmodellen orientierten Bedenken lassen sich aber auch grundsätzliche Einwände von Seiten der säkularen Vernunft anführen, die eine Begründung ethischer Normen unter Rückgriff auf den Willen Gottes prinzipiell in Frage stellen.[15]

Voraussetzung von religiösen Grundannahmen

- Ein *erster Einwand* lautet, dass eine solche Argumentation nur von denjenigen akzeptiert werden kann, die bestimmte religiöse Grundüberzeugungen teilen. Zu diesen Grundüberzeugungen gehört, (1) dass es überhaupt einen Gott gibt, (2) dass dieser Gott ein personales Wesen ist, das einen Willen hat, und (3) dass dieses Wesen zugleich ethisch gut ist. Andernfalls nämlich könnte sein Wille nicht für unser ethisches Handeln maßgeblich sein. Für diejenigen aber, die diese weltanschaulichen und

13 Vgl. Bruno Schüller, Die Begründung sittlicher Urteile. Typen ethischer Argumentation in der Moraltheologie, Düsseldorf [2]1980, 238–251; Josef Fuchs, Gott – der Herr über Leben und Tod, in: StZ 214 (1996) 328–336.

14 Hans Küng/Walter Jens, Menschenwürdig sterben, München u.a. 1995, 71f.

15 Vgl. dazu: Norbert Hoerster, Die Frage nach Gott, München 2005, 54f. – Ebenso: Helga Kuhse/Peter Singer, »Muss dieses Kind am Leben bleiben?«, a.a.O., 170–174; Peter Singer, Praktische Ethik, Stuttgart 1984, 12; Bernhard Williams, Der Begriff der Moral. Eine Einführung in die Ethik, Stuttgart 1978, 73f.

nicht allgemeingültig beweisbaren Überzeugungen nicht teilen, bleibt die Begründung konkreter Handlungsnormen mit Verweis auf den Willen Gottes ohne Relevanz. In einer pluralistischen Gesellschaft ist sie nicht konsensfähig und daher für die Entscheidungsfindung in ethischen Fragen unbrauchbar.

Zirkelschluss: Vorstellung vom ethisch Guten vorausgesetzt

● Aber selbst wenn man die Existenz eines personalen Gottes, der seinen Willen geäußert hat, annimmt, stellt dennoch – so lautet ein *zweiter Einwand* – die Begründung ethischer Normen unter Rekurs auf Gottes Willen einen Zirkelschluss dar. Sie setzt nämlich voraus, dass Gott ein ethisch vollkommenes Wesen ist. Nur so ist gewährleistet, dass seine Gebote und Verbote wirklich gut sind. Die Annahme aber, dass Gott ethisch vollkommen und gut ist, setzt ihrerseits bereits klare Vorstellungen von ethischer Vollkommenheit und damit von begründeten ethischen Normen voraus. In ähnlicher Weise widerlegt bereits Platon in seinem Dialog *Euthyphron* die Behauptung, dass das Gute (bzw. Fromme) in dem bestehe, was die Götter lieben. Der Schluss, den er zieht, lautet, dass das Fromme nicht deshalb fromm und gut ist, weil es von den Göttern geliebt wird, sondern dass es von den Göttern deswegen geliebt wird, weil es fromm und gut ist.

> »Sokrates: Was sagen wir nun also über das Fromme, Euthyphron? Doch eben, dass es von allen Göttern geliebt wird, wie du behauptet hast? Euthyphron: Ja. Sokrates: Und zwar deshalb, weil es fromm ist – oder aus einem anderen Grunde? Euthyphron: Nein, sondern deswegen. Sokrates: Weil es also fromm ist, wird es geliebt, und nicht weil es geliebt wird, ist es fromm? Euthyphron: Es scheint so.«[16]

16 Vgl. dazu: Platon, Euthyphron, 10D (Sämtliche Werke, Bd. II: Die Werke des Aufstiegs, eingel. von O. Gigon, übertr. von R. Rufener, Zürich/München 1974, 199f). – Unter Berufung auf diese Stelle bei Platon stellen auch Helga Kuhse/Peter Singer (»Muss dieses Kind am Leben bleiben?«, a.a.O., 170–174) das Argument der »Heiligkeit« des menschlichen Lebens in Frage.

2. Theologische Einwände gegen eine ethische Argumentation mit dem Willen Gottes

Doch nicht nur von Seiten säkularer Vernunft lassen sich Einwände gegen eine Begründung ethischer Normen durch den Rückgriff auf Gottes Willen vorbringen. Auch aus grundsätzlichen *theologischen* Überlegungen zum verantwortlichen Sprechen von »Gott« und vom »Willen« Gottes sowie zum Verhältnis von Gott und Welt[17] ist eine solche Art der Normbegründung theologisch problematisch.

Unbegreiflichkeit und Unendlichkeit Gottes

(**1**) Grundlegend für ein angemessenes Reden von Gott und seinem Willen ist, dass mit dem Wort »Gott« – sowohl nach dem Zeugnis der Heiligen Schrift als auch nach der theologischen Tradition – eine Wirklichkeit gemeint ist, die als unbegreiflich und unaussprechlich bezeichnet und gedacht werden muss. So heißt es in 1 Tim 6,16 von Gott, dass er »in unzugänglichem Licht wohnt«. Und Sir 43,28 bekennt: »Wir können ihn nur loben, aber nie erfassen, ist er doch größer als alle seine Werke.« Entsprechend formuliert das IV. Laterankonzil (1215), »dass es eine höchste Wirklichkeit gibt, und zwar eine unbegreifliche (incomprehensibilis) und unaussprechliche (ineffabilis), die wahrhaftig Vater, Sohn und Heiliger Geist ist«[18]. Und in der Dogmatischen Konstitution »Dei Filius« des I. Vatikanischen Konzils (1869/70) heißt es, »dass ein wahrer und lebendiger Gott ist, Schöpfer und Herr des Himmels und der Erde, allmächtig, ewig, unermesslich, unbegreiflich, an Vernunft und Wille sowie jeglicher Vollkommenheit unendlich«.[19]

Id quo maius cogitari nequit – maius quam cogitari possit

Die Wirklichkeit, die mit dem Wort »Gott« gemeint ist, fällt damit prinzipiell aus dem Gesamtzusammenhang dessen heraus, was wir Menschen aufgrund unserer Erfahrung erfassen und aufgrund unserer Vernunft erkennen können. Sie fällt aus dem Gesamtzusammenhang weltlicher Wirklichkeit *überhaupt* heraus. Anselm von Canterbury (1033–1109) hat dies dadurch zum Ausdruck gebracht, dass Gott nicht nur als derjenige zu verstehen ist, »über den hinaus Größeres nicht gedacht werden kann (id quo maius cogitari nequit)«, sondern dass er als derjenige gedacht werden muss, der »größer ist als alles, was gedacht werden kann (maius quam cogitari possit)«.[20]

---

17 Vgl. dazu vor allem die Ausführungen von Peter Knauer, Der Glaube kommt vom Hören. Ökumenische Fundamentaltheologie, Freiburg/Basel/Wien [6]1991, 26–42.

18 DH 804.

19 DH 3001.

20 Vgl. Anselm von Canterbury, Proslogion cap. 2 und 15 (lat.-dtsch. Ausgabe von F. S. Schmitt, Stuttgart-Bad Cannstatt 1962, 85; 111.

> Bei Nikolaus von Kues (1401–1464) findet sich sogar der Gedanke angedeutet, dass von Gott nicht einfach ausgesagt werden kann, dass er »ist«. Vielmehr ist es für ihn »in höchster Weise wahr, dass das schlechthin Größte ist oder nicht ist oder ist und nicht ist oder weder ist noch nicht ist.«[21]

Gott ist weder in noch außerhalb der Welt

Gott ist also weder ein Teil der weltlichen Wirklichkeit, so dass er in der Welt wie eine innerweltliche Größe neben allem anderen begegnen könnte, noch ist er einfach mit der Welt identisch. Ebenso wenig aber ist er als eine Wirklichkeit zu verstehen, die »außerhalb« der Welt und damit »neben« der Welt besteht und von dieser daher begrenzt wäre. Auch dann würde er immer noch mit der Welt zusammen unter einen gemeinsamen Horizont der Wirklichkeit fallen. Gott ist also – so lautet die Konsequenz – so von der Welt verschieden, dass die Welt für ihn kein reales Gegenüber und damit auch keine Grenze darstellt.

> Die theologische Tradition hat immer wieder versucht, diese Bestimmung durch die Lehre von der *Unendlichkeit* Gottes festzuhalten. Bei Nikolaus von Kues findet man diesen Gedanken in der Formulierung, Gott sei der »Nicht-Andere« (non-aliud).[22] Nikolaus von Kues geht zunächst davon aus, dass die einzelnen Geschöpfe jeweils voneinander verschieden und damit für einander jeweils ein Anderes sind. Gerade so sind sie sie selbst und können sich aufeinander wechselseitig beziehen. Ebenso ist Gott als der Schöpfer gegenüber der Gesamtheit des Geschaffenen der Andere. Umgekehrt aber lässt sich nicht sagen, dass die Welt für Gott ein Anderes darstellt.

(**2**) Wie aber lässt sich dann überhaupt von Gott und damit auch vom Willen Gottes sprechen? Die einzige Möglichkeit, von Gott zu sprechen, besteht darin, dass man *über die Welt* spricht, diese aber *als geschaffene und damit im Ganzen von Gott abhängige* und über sich selbst hinaus auf Gott verweisende Wirklichkeit zur Sprache bringt.

creatio ex nihilo – creatio continua

Schöpfung der Welt durch Gott ist nach christlicher Auffassung weder – wie im *Mythos* – als Gestaltung einer vorgegebenen chaotischen Materie zu verstehen, noch – wie im *Deismus* – als erster Anstoß der Welt durch Gott, der sie dann in ihrem Ablauf sich selbst überlässt und allenfalls punktuell in das Weltgeschehen eingreift. Schöpfung der Welt durch Gott wird vielmehr – im Sinne einer »Schöpfung aus dem Nichts« (*creatio ex nihilo*) sowie einer »fortwährenden Schöpfung« (*creatio continua*)[23]

---

21 Nikolaus von Kues, De docta ignorantia I, 6 (Nikolaus von Kues, Die belehrte Unwissenheit, Buch I, übers. und hg. von P. Wilpert, Hamburg ³1979, 25.

22 Nikolaus von Kues, De non-aliud (Nikolaus von Kues, Vom Nicht-anderen, hg. von P. Wilpert, Hamburg ³1987).

23 Zur »creatio ex nihilo« vgl. 2 Makk 7,28; IV. Laterankonzil (DH 800); I. Vatikanisches Konzil, Dogmatische Konstitution »Dei Filius« (DH 3025): »… mundum

– so verstanden, dass die Wirklichkeit der Welt im Ganzen, in allem also, was sie vom Nichts unterscheidet, in jedem einzelnen Moment ihrer Existenz von Gott im Sein gehalten wird und ohne ihn nichts ist.

Die theologische Rede von der *creatio ex nihilo* und der *creatio continua* antwortet also nicht auf die naturwissenschaftliche Frage, wie der Kosmos entstanden ist, sondern auf die davon grundlegend verschiedene Frage, warum überhaupt etwas ist und nicht vielmehr nichts.[24]

causa prima – causae secundae

Das Geschaffensein der Welt durch Gott ist deshalb auch nicht in Konkurrenz zu anderen immanenten Ursachen innerweltlicher Entwicklungen und Ereignisse zu sehen. Bereits in der scholastischen Theologie des Mittelalters ist diese Differenz durch die Unterscheidung zwischen der *causa prima* und den *causae secundae* erläutert worden. Während mit den *causae secundae* alle Ursachen des gesamten Kausalzusammenhangs der weltlichen Wirklichkeit gemeint sind, also auch etwa erste Ursachen unseres Kosmos wie den Urknall einschließen, ist mit der *causa prima* der Grund dafür gemeint, dass dieser gesamte Zusammenhang des immanenten Weltgeschehens überhaupt ist und nicht nicht ist.

Dass die Welt in dieser Weise in allem, was sie vom Nichts unterscheidet, und in jedem Moment auf Gott bezogen ist und sich in ihrem Sein vollständig von ihm her gewinnt, dass sie zugleich aber auch als Geschaffene nicht ein eigenständiges Gegenüber oder eine Grenze für Gott darstellt, hat in der Theologie vielfachen Ausdruck gefunden.[25] Bereits Bernhard von Clairvaux (1090–1153) fasst diese Bestimmung in einer Kurzformel folgendermaßen zusammen: »Was ist Gott? Der, dem die Zeiten nichts hinzufügen und nichts wegnehmen, während sie ihm doch nicht gleichewig sind. Was ist Gott? Aus dem alles, durch den alles, in dem alles ist.«[26]

Die präzise begriffliche Fassung dessen lautet, dass das Verhältnis der Welt zu Gott, der Schöpfung zum Schöpfer, als *einseitiges Bezogensein* oder *ein-*

---

resque omnes, quae in eo continentur, et spirituales et materiales secundum totam substantiam a Deo ex nihilo esse productas«. Zur »creatio continua« vgl.: Katechismus der Katholischen Kirche, Nr. 297 und 301.

24 Vgl. zur Ausformulierung dieser Frage ausgehend vom Satz vom zureichenden Grund: Gottfried Wilhelm Leibniz, Vernunftprinzipien der Natur und der Gnade, Nr. 7, Hamburg 1956, 13–15.

25 Vgl. etwa: Karl Rahner, Grundkurs des Glaubens, Freiburg/Basel/Wien 1976, 86.

26 Bernhard von Clairvaux, Was ein Papst erwägen muss (De consideratione ad Eugenium Papam, lib. 5, V,14), übertr. und eingel. von H. U. von Balthasar, Einsiedeln 1985, 140.

seitige reale Relation der Welt auf Gott hin zu bestimmen ist.[27] Thomas von Aquin formuliert diese Lehre folgendermaßen:

> »Daher gibt es in Gott keine reale Relation auf die Geschöpfe. Aber in den Geschöpfen ist eine reale Relation auf Gott.«[28]

Daraus ergibt sich, dass wir im Reden über Gott zwar alles, was in der Welt geschieht, vollständig auf ihn – als den tragenden Grund alles Geschehenden – *zurückführen* können. Allerdings lässt sich aus der Rückführung des gesamten Geschehens der Welt auf Gott nichts in Bezug auf das, was in der Welt geschieht oder geschehen soll, *herleiten.*

Alles, was geschieht, ist auf den Willen Gottes zurückzuführen

(3) Ausgehend von diesen grundlegenden theologisch-hermeneutischen Überlegungen zur Rede von Gott ist nun im Blick auf die Rede vom »Willen« Gottes zu sagen, dass *alles, was überhaupt in der Welt existiert und geschieht,* unterschiedslos auf den Willen Gottes zurückgeführt werden muss. Alle innerweltlichen Vorgänge und Gesetzmäßigkeiten, auch alle Vollzüge der Vernunft und des freien Willens des Menschen sind Ausdruck des Willens Gottes in dem Sinne, dass sie ohne ihn nichts sind. Alles Gute und Schlechte, Heil und Unheil, Freude und Leid ist in diesem Sinne auf Gott zurückzuführen.

> »Ich erschaffe das Licht und mache das Dunkel, ich bewirke das Heil und erschaffe das Unheil. Ich bin der Herr, der das alles vollbringt.« (Jes 45,7)

Identifizierung eines besonderen Willens Gottes nicht möglich

Dann aber können einzelne innerweltliche Ereignisse oder Sachverhalte – etwa die Genstruktur oder ein plötzlicher Einfall – nicht noch einmal »in besonderer Weise« auf den Willen Gottes zurückgeführt und als besonderer Ausdruck seines Willens qualifiziert werden.[29] Ebenso wenig

27 Innerhalb der neueren fundamentaltheologischen Entwürfe findet sich diese Einsicht als grundlegendes hermeneutisches Prinzip für ein verantwortliches theologisches Sprechen von Gott ausgearbeitet bei: Peter Knauer, Der Glaube kommt vom Hören, a.a.O., 30–42.

28 Summa theologiae I, q. 28, a. 1, ad 3: »Et ideo in Deo non est realis relatio ad creaturas. Sed in creaturis est relatio realis ad Deum.«

29 Vgl. dazu auch die präzise Formulierung bei: David Hume, Über Selbstmord, in: ders., Die Naturgeschichte der Religion, übers. und hg. von L. Kriemendahl, Hamburg 1984, 91f: »Die Vorsehung der Gottheit erscheint nicht unmittelbar in irgendeiner Handlung, sondern sie leitet alles durch jene allgemeinen und unveränderlichen Gesetze, die vom Anfang der Zeit an errichtet sind. Alle Ereignisse können in einem gewissen Sinn als Handlung des Allmächtigen bezeichnet werden; sie entspringen alle jenen Kräften, mit denen er seine Geschöpfe ausgestattet hat. … Jedes Ereignis ist in den Augen dieses unendlichen Wesens, das in einem Augenblick die entlegensten Orte

lässt sich aus der Beobachtung des Weltgeschehens oder der Geschichte der Wille Gottes ergründen, so dass sich aus dieser Einsicht Prognosen für das künftige Weltgeschehen oder Forderungen für das Handeln des Menschen ableiten ließen. *Wenn alles, was ist und geschieht, ohnehin schon Ausdruck des Willens Gottes ist, ist es nicht möglich, innerhalb der Welt noch einmal einen besonderen Willensakt oder auch ein besonderes Eingreifen Gottes zu identifizieren.* Entsprechend formuliert Bruno Schüller:

> »Aussagen über den Willen des allwirkenden Gottes, zu denen auch viele Aussagen über den Willen des Schöpfers gehören, sind für die inhaltliche Bestimmung der sittlichen Forderung logisch völlig belanglos, und zwar deswegen, weil alles und jedes, indem es der Fall ist, notwendigerweise auf den Willen des allwirkenden Gottes zurückführbar ist.«[30]

Aber bedeutet die Aussage, dass Gott sich nicht auf die Welt in einem besonderen Willensakt beziehen kann, nicht eine unangemessene Einschränkung seiner Allmacht? Beinhaltet Gottes Allmacht nicht auch, dass er den Ablauf der Welt gezielt nach seinem Willen beeinflussen kann? Im Blick auf solche möglichen Einwände ist hervorzuheben, dass die Rede von Gottes Allmacht gerade nicht bedeutet, Gott könne Beliebiges oder sogar Widersprüchliches tun. Gemeint ist vielmehr, dass die Wirklichkeit der Welt im Ganzen vollständig von Gott abhängig und ohne ihn nichts ist. Gottes Allmacht besagt, dass Gott der ist, der »in allem, was geschieht, der Mächtige (Peter Knauer) ist. Die Wirklichkeit der Welt verdankt und empfängt sich im Ganzen aus seiner Macht als Schöpfer.

> Auch die im Nominalismus etwa bei Wilhelm von Ockham vorgenommene Unterscheidung zwischen der *potentia Dei absoluta*, aufgrund deren Gott beliebige Welten hätte schaffen können, und der *potentia Dei ordinata*, aufgrund deren er die faktisch vorhandene Weltordnung geschaffen hat, will nicht besagen, dass Gott aufgrund seiner absoluten Allmacht auch Widersprüchliches bewirken kann, sondern drückt lediglich in konsequenter Weise aus, dass die Welt keine Grenze und kein Maß für Gott darstellt, so dass er sie so habe schaffen müssen, wie sie jetzt geschaffen ist.

Gegen die Auffassung, dass Gott nur dann als allmächtig gelten könne, wenn ihm auch ein punktuelles Eingreifen in den Weltverlauf möglich

---

des Raumes und die entferntesten Zeiträume überblickt, gleichermaßen wichtig. Es gibt kein Ereignis, wie wichtig es für uns auch sein mag, das er von den allgemeinen Gesetzen, die das Universum lenken, ausgenommen oder das er seiner eigenen unmittelbaren Tätigkeit und Handlung besonders vorbehalten hätte.«

30 Bruno Schüller, a.a.O., 235. Vgl. auch ebd., 231.

sei, ist schließlich auch anzuführen, dass sich dann das sogenannte *Theodizee-Problem*, also die Frage der Rechtfertigung Gottes angesichts des Übels und des Leids in der Welt, in nicht lösbarer Weise stellt. Wäre Gottes Wille und Allmacht tatsächlich in dieser Weise zu verstehen, stellt sich sofort die – unter diesen Voraussetzungen aber rational nicht befriedigend zu beantwortende – Frage, warum Gott, wenn er doch punktuell in das Weltgeschehen eingreifen kann, das Leid nicht verhindert.

3. Bedingungen einer angemessenen Rede vom Willen Gottes

Aber ist in der Heiligen Schrift nicht durchgängig vom Heil stiftenden Willen Gottes die Rede? Greift Gott nicht immer wieder an einzelnen Stellen in den Ablauf der Geschichte Israels ein, um seinen Heilswillen gegenüber den Menschen zu bekunden und zu verwirklichen? Ist es nicht die Not der Menschen, die Jahwe dazu veranlasst, zu Hilfe zu kommen? (vgl. etwa Ex 3,7f; Ps 145,19) Ist nicht auch davon die Rede, dass Gott seinen Willen aufgrund dessen, was in der Welt geschieht, ändern kann? (vgl. etwa Gen 6,6; Am 7,3.6) Wird der Wille Gottes im eben dargestellten Sinne erläutert, scheint von den biblischen Erzählungen von Gottes Vorsehung und leitendem Dabeisein in der Geschichte seines Volkes nichts mehr übrig zu bleiben. Die Rede vom Willen Gottes scheint sich in eine reine Affirmation des Faktischen aufzulösen. Ein solches Verständnis aber lässt keinen Raum mehr für das Zeugnis und die Erfahrung des biblischen Glaubens, in Gottes Schutz geborgen zu sein.

Andererseits sind mit dem Verweis auf die biblische Überlieferung die Bedenken gegen eine allzu selbstverständliche und naive Rede von Gottes Willen und Eingreifen nicht einfach ausgeräumt. Auch das Glaubenszeugnis der Bibel kann nur dann wahrhaft glaubwürdig sein, wenn es so ausgelegt wird, dass es der Kritik säkularer Vernunft standhält. Deshalb ist zu fragen, wie sich die biblische Rede vom Willen Gottes und von seinem Eingreifen in die Geschichte so verstehen lässt, dass man nicht hinter die dargestellte Bestimmung des Gott-Welt-Verhältnisses zurückfällt.

Innertrinitarische Beziehung als Grundlage der Rede vom besonderen Willen Gottes

(1) Weiterführend ist hier der Gedanke, dass eine reale Beziehung Gottes auf die Welt, in der sich – über den *allgemeinen Willen Gottes* hinaus – ein *besonderer Wille Gottes* im Sinne des biblisch erzählten Heilswillens äußert, nur so möglich ist, dass die Welt und wir Menschen immer schon in eine Beziehung Gottes zu Gott, nämlich des Vaters zum Sohn, hineingehören.[31] Als biblische Textgrundlage für diese Einsicht kann auf die beiden Hymnen im Kolosser- und im Epheserbrief verwiesen werden:

> »Er [Jesus Christus] ist das Ebenbild des unsichtbaren Gottes, der Erstgeborene der ganzen Schöpfung. Denn in ihm wurde alles erschaffen im Himmel und auf Erden, das Sichtbare und das Unsichtbare, Throne und Herrschaften, Mächte und Gewalten; alles ist durch ihn und auf ihn hin geschaffen.« (Kol 1,15–16)
>
> »Gepriesen sei der Gott und Vater unseres Herrn Jesus Christus: Er hat uns mit allem Segen seines Geistes gesegnet durch unsere Gemeinschaft mit Christus im Himmel. Denn in ihm hat er uns erwählt vor der Erschaffung der Welt, damit wir heilig und untadelig leben vor Gott; er hat uns aus Liebe im voraus dazu bestimmt, seine Söhne zu werden durch Jesus Christus und nach seinem gnädigen Willen zu ihm zu gelangen, zum Lob seiner herrlichen Gnade.« (Eph 1,3–6)

In diesen Texten wird deutlich, dass in der Sicht des christlichen Glaubens die Welt und wir Menschen »in Christus geschaffen« und bereits vom Anfang der Schöpfung an in die Liebe des Vaters zum Sohn aufgenommen sind. Damit wird die Bedingung der Möglichkeit einer realen Beziehung Gottes auf die Welt, wie sie in einem besonderen Willen Gottes vorausgesetzt wird, ausgesprochen, nämlich dass die Welt und wir Menschen immer schon in die innertrinitarische Beziehung der gegenseitigen Zuwendung zwischen Vater und Sohn, die der Heilige Geist ist, hineingehören.

> Im Blick auf diese die Welt im Ganzen noch einmal übersteigende und umfassende Aussage über die Welt und den Menschen gilt jedoch, dass die Wirklichkeit dieser Zuwendung Gottes nicht an der Welt selbst ablesbar ist. Sie kann nicht aus der Wirklichkeit der Welt selbst abgeleitet werden, sondern ist das »Geheimnis der Welt« (Eberhard Jüngel), das erst durch ein eigentliches *Wort Gottes* für uns offenbar gemacht und das im Glauben – als dem festen, selbst wieder von Gottes Heiligem Geist gewirkten Vertrauen auf dieses Wort Gottes – angenommen werden muss. Allein in einem solchen *Glauben* kann sich die Wahrheit dieser umfassenden, verborgenen Wirklichkeit der Liebe Gottes zeigen und ihre Tragfähigkeit für unser Leben bewähren. Der Glaube selbst ist dabei das Aufbrechen dieser Liebe Gottes in der Welt. Dort, wo Menschen im Glauben diese Liebe an andere Menschen weitergeben, wird das Geheimnis dieser Welt in ihr selbst erfahrbar und bricht das Reich Gottes in der Welt an.

---

31 Vgl. dazu Peter Knauer, Der Glaube kommt vom Hören, a.a.O., 114.

Besonderer Wille Gottes: dass die Liebe des Vaters zum Sohn in der Welt offenbar und wirksam wird

(**2**) Von dieser im Glauben erfahrenen umfassenden Wirklichkeit der Liebe Gottes her lässt sich nun die biblische Rede vom Willen Gottes und vom Eingreifen Gottes in die Geschichte verstehen. Der Wille Gottes meint dann nichts anderes als Gottes unwandelbare und verlässliche Liebe zur Welt, die ihr Fundament in der Liebe zu seinem eigenen Sohn hat. Der *besondere Wille Gottes*, sein Heilsplan mit der Welt, besteht darin, dass diese Liebe in der Welt und bei den Menschen ankommt, von den Menschen weitergegeben und so in der Welt offenbar und erfahrbar gemacht wird.

Vom Wirken des Willens Gottes und von seinem Eingreifen in der Geschichte lässt sich dann in einem weiteren Sinne dort sprechen, wo Menschen im Glauben und im Vertrauen auf Gottes umfassende Liebe zu leben beginnen, wo sie sich nicht mehr ausschließlich von ihren eigenen Sorgen und Interessen, sondern vom Vertrauen auf Gottes Zuwendung leiten lassen. Dort nämlich wird durch ihr Leben und ihre Praxis, in der sie einander die zuvor erfahrene Liebe Gottes weiterschenken, in der Geschichte die verborgene Wirklichkeit des Willens Gottes präsent und wirksam.

Wird die Rede vom Willen Gottes in dieser Weise verstanden, so ist zum einen das naive und vermeintlich fromme Verständnis, Gott könne jederzeit in das Weltgeschehen eingreifen und darin punktuell einen speziellen Willen kundtun, von vornherein ausgeschlossen. Zum anderen aber ist die Rede vom Willen Gottes nicht auf eine bloße Affirmation des Faktischen reduziert. Sie ist als im Glauben erfahrbare Zuwendung Gottes gedacht, ohne jedoch diese Zuwendung in Konkurrenz oder gar im Widerspruch zu aller immanenten weltlichen Kausalität und zur menschlichen Freiheit denken zu müssen. Entsprechend heißt es im Dekret des Zweiten Vatikanischen Konzils über das Apostolat der Laien »Apostolicam actuositatem«:

> »Endlich hat es Gott gefallen, alles, das Natürliche und das Übernatürliche, in Christus Jesus zu einer Einheit zusammenzufassen, ›so dass er selbst in allem den ersten Rang hat‹ (Kol 1,18). Dennoch nimmt diese Bestimmung der zeitlichen Ordnung in keiner Weise ihre Autonomie, ihre eigenen Ziele, Gesetze, Methoden und ihre eigene Bedeutung für das Wohl der Menschen. Sie vollendet sie vielmehr in ihrer Bedeutsamkeit und ihrem Eigenwert. Zugleich richtet sie sie auf die volle Berufung des Menschen auf Erden aus.«[32]

32 Zweites Vatikanisches Konzil, Dekret über das Laienapostolat »Apostolicam actuositatem«, Nr. 7. – Vgl. auch Erstes Vatikanisches Konzil, Dogmatische Konstitution »Dei Filius« über den katholischen Glauben, Kap 4: Glaube und Vernunft (DH 3015).

4. Konsequenzen für die Begründung ethischer Normen

Was ergibt sich aus diesen fundamentalen theologischen Überlegungen zum angemessenen Reden von Gott und vom Willen Gottes für die Frage, wie sich erkennen und begründen lässt, welche Handlungen ethisch gut und welche schlecht sind?

Ethische Normen und ethischer Anspruch lassen sich auf Gottes Willen zurückführen, nicht aus ihm ableiten

Zunächst ergibt sich, dass den Einwänden säkularer Vernunft gegen den Versuch einer Begründung einzelner Handlungsnormen unter Rekurs auf den Willen Gottes gerade auch aus theologischer Sicht zuzustimmen ist. Wenn ohnehin alles, was überhaupt ist und geschieht, ausnahmslos auf den Willen Gottes zurückzuführen ist, ist eine Begründung einzelner ethischer Normen und Entscheidungen durch Verweis auf bestimmte einzelne Fakten oder Ereignisse innerhalb der Wirklichkeit der Welt, die ihrerseits als unmittelbarer Ausdruck eines besonderen Willens Gottes ausgegeben werden, nicht zulässig. Genau das geschieht aber, wenn man etwa gezielte Eingriffe in die Genstruktur von Lebewesen mit dem Argument verbieten möchte, dass hier eine von Gott gesetzte Grenze überschritten oder anmaßend in die göttliche Schöpfungsordnung eingegriffen wird. Dies geschieht ebenso, wenn man das Tötungsverbot dadurch begründen will, dass Gott *in besonderer Weise* Herr über das menschliche Leben sei, obwohl er doch ohnehin Herr über alle Wirklichkeit der Welt ist, insofern alles ohne ihn nichts ist. Dies geschieht schließlich auch, wenn man einen Krieg dadurch legitimieren will, dass man ihn als dem Willen Gottes entsprechend ausgibt.

Aber auch der grundsätzliche ethische Anspruch, verantwortlich und nicht unverantwortlich handeln zu sollen, den wir als einen uns vorgegebenen und nicht als einen von uns selbst gesetzten Anspruch erfahren, lässt sich nicht als unmittelbare Manifestation einer besonderen Willensäußerung Gottes verstehen. Auch er ist vielmehr als Teil der Gesamtwirklichkeit der Welt für uns bereits ohne den Glauben erkennbar und mit dieser Wirklichkeit gegeben. Er kann zwar – wie die gesamte Wirklichkeit der Welt im Ganzen überhaupt – auf Gottes Willen *zurückgeführt* werden, wird aber nicht erst aus dem Willen Gottes *abgeleitet* und nicht erst dadurch in seiner Gültigkeit erwiesen. Die unbedingte Geltung des ethischen Anspruchs lässt sich mithilfe der Vernunft und mit »irdischen« Gründen aufweisen.

Auch der im Glauben erkannte Heilswille Gottes, der in seiner Zuwendung zur Welt und zum Menschen besteht, trägt zur Beantwortung der Frage, wie der Mensch sich verhalten soll, nichts bei. Die vom Wort Gottes

> mitgeteilte und im Glauben vertrauend angenommene Zusage der unbedingten Zuwendung Gottes ist eine Zusage der Gemeinschaft mit Gott. Sie enthält gerade nicht wieder einen ethischen Sollens-Anspruch. Auch verschärft sie den bestehenden Anspruch nicht noch, sondern antwortet auf die ganz andere Frage, wie die Erfüllung dieses Anspruchs möglich ist.

Insgesamt ergibt sich damit für eine theologische Ethik: Statt ethische Normen aus dem Willen Gottes ableiten und unter Berufung auf den Willen Gottes legitimieren zu wollen, sind sie allein unter Bezugnahme auf die Wirklichkeit dieser Welt zu begründen. Als gut und richtig erkannte Normen können zwar auf den Willen Gottes *zurückgeführt* werden, aber sie werden *nicht* als gut aus dem zuvor erkannten Willen Gottes *abgeleitet*. So formuliert etwa Rudolf Ginters:

> »Der Christ muss logisch vorgängig zur göttlichen Offenbarung wissen, was richtig ist, erst dann kann er auch sagen, dies entspreche dem Willen Gottes. Das heißt dann: Die Ausdrucksweise ›Gott fordert, gebietet oder will es‹ und ihre Varianten stellen nur theologische Umschreibungen dessen dar, was wir in nicht-theologischer Sprache als ›sittlich gefordert, geboten oder richtig‹ bezeichnen. Die bloße Berufung auf den Willen Gottes in sittlichen Fragen ist kein akzeptables Argument.«[33]

Wenn daher von kirchlicher Seite ethische Forderungen im Namen Gottes erhoben werden – etwa »Krieg soll nach Gottes Willen nicht sein« (so z.B. der Weltkirchenrat/Ökumenische Rat der Kirchen 1948 in Amsterdam) – so besagt dies, dass es ein – auf den Willen Gottes *zurückführbares* – sittliches Gebot ist, Kriege nach Möglichkeit zu vermeiden, nicht aber, dass sich dieses Gebot erst aufgrund einer Einsicht in den Willen Gottes erkennen und begründen lässt.

Gott will das Gute, weil es gut ist

Der oben angeführten Kritik der säkularen Vernunft an solchen Versuchen der Normbegründung ist demnach auch aus der Sicht der theologischen Fundamentalethik Recht zu geben. Auch in der theologischen Ethik gilt der bereits von Sokrates formulierte Grundsatz, dass das Gute nicht deswegen gut ist, weil Gott es will und gebietet, sondern dass – umgekehrt – *Gott das Gute will und gebietet, weil es gut ist.*

Die gegenteilige – in der theologischen Tradition ebenfalls oft vertretene – These, dass nämlich das Gute deshalb gut ist, weil Gott es will[34],

33 Vgl. Rudolf Ginters, Werte und Normen. Einführung in die philosophische und theologische Ethik, Göttingen/Düsseldorf 1982, 57.

34 Vgl. dazu etwa: Hugo von St. Viktor, De sacramentis christianae fidei I,4,1 (PL

widerspricht dem freilich – recht verstanden – nicht. Während nämlich der Grundsatz, dass Gott das Gute will und gebietet, weil es gut ist, die Einsicht zur Geltung bringt, dass wir von Gottes Willen immer nur so sprechen können, dass wir die weltliche Wirklichkeit im Ganzen auf Gott zurückführen, bringt die gegenteilige These, *dass das Gute gut ist, weil Gott es will*, zum Ausdruck, dass die Welt für Gott keine Grenze und Bedingung darstellt. Sie bringt die vollkommene Freiheit Gottes gegenüber der Schöpfung zum Ausdruck. Diese These wird allerdings höchst problematisch und fragwürdig, wenn sie so verstanden wird, als wäre der Unterschied von ethisch gut und schlecht in der Welt beliebig.

Das Gute ist gut, weil Gott es will.

Zusammenfassende Thesen:

1. Versuche, ethische Entscheidungen unter Rückgriff auf den Willen Gottes zu legitimieren, verweisen dazu als Erkenntnisquellen etwa auf Inspiration, auf Vorgegebenheiten der Natur, auf das Verhältnis des Schöpfers zur Schöpfung. Sie können aber kein allgemein nachvollziehbares Kriterium nennen, mit dem sich der Wille Gottes als solcher identifizieren lässt.
2. Grundsätzliche philosophische Bedenken gegen solche Versuche bestehen zum einen darin, dass die Annahme der Existenz Gottes nicht allgemein geteilt wird, zum anderen darin, dass das Urteil, Gott und damit auch sein Wille seien ethisch gut, schon ein Wissen um das, was ethisch gut ist, voraussetzt.
3. Theologische Bedenken ergeben sich vom Gottesverständnis her. Ausgehend von der *Unbegreiflichkeit* Gottes ist er nicht als eine Wirklichkeit »neben« der Welt zu verstehen, für den die Welt ein reales Gegenüber darstellt. Umgekehrt ist die Welt – als *creatio ex nihilo* und *creatio continua* – in allem, was sie vom Nichts unterscheidet, von Gott abhängig und geht in ihrem Bezogensein auf Gott restlos auf.
4. Auf der Grundlage dieser *einseitigen realen Relation* des Geschaffenen auf Gott lässt sich sagen, dass sich überhaupt alles, was in der Welt geschieht, auf den Willen Gottes zurückführen lässt.

176, 233D–234D): »Neque enim idcirco juste voluit, quid futurum justum fuit, quod voluit; sed quod voluit, idcirco justum fuit, quia ipse voluit.« (Er wollte nämlich nicht deshalb auf gerechte Weise, weil das Zukünftige, das er wollte, gerecht war; sondern das, was er wollte, war deshalb gerecht, weil er selbst es wollte.)

Dann aber können nicht mehr einzelne Sachverhalte in der Welt in besonderer Weise als Ausdruck des Willens Gottes gewertet werden.

5. Wenn die Bibel dennoch davon spricht, dass Gott seinen Willen kundtut und in die Geschichte eingreift, lässt sich dies – wenn man die Welt nicht doch wieder als reales Gegenüber zu Gott ansehen will – nur auf dem Hintergrund verstehen, dass die Welt immer schon in die innergöttliche Beziehung des Vaters zum Sohn hineingehört.
6. Der besondere Wille Gottes besteht darin, dass die Liebe, mit der der Vater seinen Sohn und mit ihm die Welt und die Menschen liebt, in der Welt offenbar und im Handeln der Menschen wirksam wird.
7. Einzelne ethische Normen und der ethische Anspruch als solcher werden also zuerst als gültig erkannt und können dann – wie alles Geschaffene – auf Gottes Willen *zurückgeführt* werden. Sie werden aber nicht erst dadurch begründet, dass sie aus dem Willen Gottes *abgeleitet* werden.

2. KAPITEL

Orientierung an der Heiligen Schrift

Nach den Überlegungen des vorangegangenen Kapitels hat sich eine Begründung ethischer Normen unter unmittelbarem Rückgriff auf den Willen Gottes als wenig tragfähig, ja als theologisch unzulässig erwiesen. Moralische Gebote und Verbote sind nicht deshalb gültig, weil Gott sie gegeben hat. Sie werden vielmehr zuerst in sich selbst als gut und richtig erkannt und lassen sich dann auch auf den Willen Gottes zurückführen. Aber – so lässt sich einwenden – hat Gott seinen Willen nicht doch in der Heiligen Schrift mitgeteilt? Ist nicht im Alten und Neuen Testament und in den zahlreichen darin enthaltenen ethischen Geboten und Verboten sein Wille greifbar? Können Christen daraus nicht doch eine Orientierung für ihr Handeln gewinnen?

In der Tradition der Moraltheologie jedenfalls spielt die Berufung auf die Heilige Schrift zur Begründung ethischer Normen eine zentrale Rolle. Insbesondere die Zehn Gebote, die Moses – nach biblischer Darstellung – von Gott selbst auf dem Berg Sinai empfangen hat, gelten als maßgebliche und feste Grundlage christlicher Ethik. Das Doppelgebot der Gottes- und Nächstenliebe sowie die Gebote der Feindesliebe und des Gewaltverzichts werden als das durch Jesus selbst mitgeteilte Spezifikum christlichen Handelns aufgefasst. Auch wurde immer wieder versucht, unter Rückgriff auf biblische Gebote und Verbote einzelne konkrete ethische Normen zu begründen und zu legitimieren. So bezieht sich beispielsweise die kirchliche Lehrverkündigung in ihrer strikten Ablehnung der Homosexualität auf verschiedene Stellen des Alten und Neuen Testaments (Gen 19,1–29; Lev 18,22; 20,13; Röm 1,24–27; 1 Kor 6,10; 1 Tim 1,10).[1] Andererseits aber werden Vorschriften wie etwa die Verhängung der Todesstrafe (Ex 21,12–17) oder die alttestamentlichen Speisegesetze (Lev 11), aber auch das jesuanische Schwurverbot (Mt 5,33–38), die

1 Vgl. etwa: Katechismus der Katholischen Kirche, Nr. 2357.

Weisung Jesu, keine Ehrentitel anzunehmen (Mt 23,8–12), oder auch das Redeverbot für Frauen in der Versammlung (1 Kor 14,33f) heute eher als kulturabhängige Erscheinungen angesehen oder aus anderen Gründen für nicht mehr verbindlich erachtet. Damit stellt sich die Frage, welche Bedeutung ethischen Aussagen der Heiligen Schrift überhaupt zukommt. Sind sie im eigentlichen Sinne als Offenbarung Gottes zu verstehen? Oder liegt ihnen eher eine allgemeine Erfahrung von Menschen hinsichtlich eines geglückten und friedlichen Zusammenlebens zugrunde? Welche Beziehung aber haben sie dann zum Glauben an Gott und zur eigentlichen Offenbarung?

Das Zweite Vatikanische Konzil hat in seinem Dekret über die Ausbildung der Priester »Optatam totius« für das Theologiestudium im Ganzen den Rückbezug auf die Bibel wieder neu ins Bewusstsein gehoben und angemahnt. Im Blick auf die Moraltheologie heißt es:

> »Besondere Sorge verwende man auf die Vervollkommnung der Moraltheologie, die, reicher genährt aus der Lehre der Schrift, in wissenschaftlicher Darlegung die Erhabenheit der Berufung der Gläubigen in Christus und ihre Verpflichtung, in der Liebe Frucht zu tragen für das Leben der Welt, erhellen soll.« (OT 16)

Rückbesinnung auf die Bibel als Quelle der Moraltheologie

Die Rückbesinnung auf die Heilige Schrift als Quelle der Moraltheologie richtet sich dabei gegen einen Umgang mit der Bibel, in dem ausgehend von der Morallehre der Kirche lediglich nach bestätigenden Bibelzitaten gesucht wird. Bei solchem Vorgehen nämlich besteht die Gefahr, dass diese Zitate »steinbruchartig« aus dem Kontext gerissen und nach eigenen Interessen umgedeutet werden. In der Rückbesinnung der Moraltheologie auf die Heilige Schrift sollen statt dessen zunächst die ethischen Aussagen der Bibel in ihrem Zusammenhang erhoben und dargestellt werden. Nicht die kirchlichen Normen stellen das Maß dar, nach dem die biblischen Aussagen einzuordnen und zu gewichten sind. Vielmehr ergeben sich nun umgekehrt von der Bibel her die Maßstäbe, nach denen die geschichtliche Entfaltung der kirchlichen Moralverkündigung zu beurteilen ist.

Geschichtlichkeit und Kulturbedingtheit biblischer Normen

Die Rückbesinnung auf die Bibel und ihre historisch-kritische Auslegung haben freilich die *Geschichtlichkeit* und *Kulturabhängigkeit* ihrer Texte deutlich gemacht. Sie sind nicht unmittelbar wörtlich von Gott inspiriert, sondern in konkreten realgeschichtlichen und kulturellen Situationen entstanden und sprechen in diese Situationen hinein. Sie greifen das jeweils zeitbedingte Welt- und Selbstverständnis der Menschen auf und bringen in diesem Kontext die jeweiligen Glaubenserfahrungen der Menschen mit Gott zur Sprache. Entsprechend wurde auch im Blick auf die ethischen Aussagen der Bibel deutlich, dass sie zum großen Teil aus dem jeweiligen kulturellen Umfeld übernommen wurden oder hier ihre Parallelen haben. Es wurde deutlich, dass sie zunächst auch ohne Bezug zum Glauben Israels entstanden sind und erst nachträglich in den Zusammenhang der Glaubenserfahrung integriert worden sind. Damit aber wurde auch bekräftigt, dass diese ethischen Aussagen nicht erst durch eine besondere Mitteilung Gottes bekannt und nicht erst aufgrund der Autorität Gottes gültig sind. Sie werden vielmehr in ihrer Gültigkeit bereits aufgrund menschlicher Einsicht und Erfahrungen mit der Welt und mit dem menschlichen Zusammenleben erkannt.

Das Spezifische der biblischen Ethik liegt also – so lässt sich festhalten – nicht in ausschließlich hier niedergelegten speziellen Normen und Weisungen. Es liegt vielmehr in der Art, wie diese Normen und Weisungen in das geschichtlich sich entwickelnde Gottesverhältnis der Menschen, in die heilsgeschichtliche Erfahrung der Menschen mit Gott und seiner befreienden Zuwendung, eingebunden und damit neu verstanden werden. Im Folgenden soll diese These an zentralen Beispielen aus dem Alten und Neuen Testament belegt werden.

1. Glaube und ethisches Handeln im Alten Testament

Im Alten Testament finden sich Texte mit ethisch relevanten Aussagen zunächst in der Tora, der Weisung Israels. Nach der Zählung des Talmuds umfasst die Tora 613 Gebote (Mizwot), davon 365 Verbote und 248 Gebote. Zentral ist dabei neben dem Dekalog das *Bundesbuch* in Ex 21,1–23,19(33). Es ist das älteste im Alten Testament überlieferte Rechtsbuch, das für die beiden anderen Rechtsbücher, nämlich das *deuteronomische Gesetz* (Dtn 12–26) und das *Heiligkeitsgesetz* (Lev 17–26), die Grundlage bildet und somit die »Grundstruktur der Tora« vorgibt.[2] Bereits das Bundesbuch enthält – wie auch die beiden anderen Texte – jeweils rechtliche Regelungen (ius), sozial-ethische Weisungen (ethos) und kultische Bestimmungen (fas). Darüber hinaus finden sich im Alten Testament ethische Weisungen im Rahmen der Sozialkritik der *Propheten* und in der *Weisheitsliteratur.*

---

2 Vgl. Frank Crüsemann, Die Tora. Theologie und Sozialgeschichte des alttestamentlichen Gesetzes, Gütersloh [3]2005, 220. – Zur Bezeichnung als »Bundesbuch« vgl. Ex 24,7.

1.1 Der Zusammenhang von Recht, Ethos und Glaube: Das »Bundesbuch«

Das Bundesbuch ist ein ursprünglich eigenständiges Werk, das erst später in den Kontext des Bundesschlusses am Sinai eingefügt wurde, in dem es heute im Buch Exodus steht. Schon ein erster Blick auf den Text macht deutlich, dass hier verschiedene zunächst selbständige Textteile zusammengestellt wurden. Die Aufteilung und Entstehungsgeschichte ist freilich umstritten. Hier genügt es, einige Textteile von einander abzuheben und zu betrachten.[3]

1.1.1 Die Sammlung kasuistischer Rechtssätze

Kasuistisches Recht: Wenn … dann

Der erste große Textteil, der sich aus dem Bundesbuch herauslösen lässt, besteht in einer Sammlung von Rechtssätzen (Ex 21,12–22,16). Es handelt sich um *kasuistische* Rechtssätze, die in der Grundform »Wenn … dann …« formuliert sind und in denen festlegt wird, in welchen konkret entfalteten Fällen welche Strafe erfolgen soll. Diese Rechtssätze lassen sich als eigenständiger Text abgrenzen, weil sie – mit Ausnahme eines späteren Zusatzes in Ex 21,13 – neutral formuliert sind, während der Leser im übrigen Text des Bundesbuchs unmittelbar mit »Du« angesprochen wird. Nur in Ex 20,22f; 22,20b–21; 22,30; 23,9b; 23,13 werden die Israeliten insgesamt mit »Ihr« angesprochen. Es handelt sich um Zusätze einer späteren Redaktion.

Talionsgesetz als Prinzip des Strafmaßes

Den größten Teil dieser Rechtssätze (Ex 21,18–22,16) bilden die *Mischpatim* (= Rechtsnormen, Gewohnheiten, Rechtsentscheidungen). Sie behandeln Fälle, die vor allem aus dem landwirtschaftlichen Bereich stammen. Es geht um Fragen der Körperverletzung, um Schäden die durch das eigene Vieh oder am Vieh eines anderen entstanden sind, um Diebstahl und Sachbeschädigung, um Veruntreuung und Verführung. Solche Rechtssätze finden sich in ähnlicher Form auch sonst in Texten des Alten Orients, etwa im babylonischen Kodex Hammurabi[4].

Allerdings fällt als Besonderheit des Rechts in Israel auf, dass die Mischpatim keine willkürlichen Strafen festsetzen, wie dies teilweise in anderen altorientalischen Gesetzestexten der Fall ist, sondern lediglich

3 Zur Aufteilung und Entstehungsgeschichte des Bundesbuchs vgl. vor allem: Ludger Schwienhorst-Schönberger, Das Bundesbuch (Ex 20,22–23,33), Berlin/New York 1990; Christoph Dohmen, Exodus 19–40 (HThKAT), Freiburg/Basel/Wien 2004, 147–151; Frank Crüsemann, Die Tora, a.a.O., 132–138; Eckart Otto, Theologische Ethik des Alten Testaments, Stuttgart/Berlin/Köln 1994, 19–24.

4 Vgl. Eckart Otto, a.a.O., 19–81 passim.

Ersatzleistungen bzw. die Wiedergutmachung des entstandenen Schadens fordern. Zentral ist hier das *Talionsgesetz* (Ex 21,23–25), das – im Unterschied zur Formulierung als Vergeltungsregel in Lev 24,19f und Dtn 19,21 – eine Ersatzleistung jeweils im Maß des entstandenen Schadens verlangt.[5]

Todesstrafe

Den Mischpatim sind weitere, ebenfalls neutral und kasuistisch formulierte Rechtsbestimmungen vorangestellt, die jeweils die Todesstrafe festsetzen (Ex 21,12–17). Offenbar geht es hier um Handlungen, die die Grundlagen der Gemeinschaft überhaupt antasten und deshalb in dieser Schärfe geahndet wurden. *In all diesen Gesetzesbestimmungen findet sich keine Erwähnung Gottes.* Weder werden die Gesetze auf eine Offenbarung Gottes zurückgeführt, noch werden ihre Gültigkeit und die Forderung, sich nach diesen Gesetzen zu richten, mit göttlicher Autorität begründet. Es handelt sich um rein profane Texte, denen ausschließlich die Erfahrung der Rechtspraxis zugrunde liegt.

1.1.2 Die Sammlung apodiktischer Grundrechte und ihre Begründung mit dem Erbarmen Jahwes

Als weiterer größerer Textblock kann Ex 22,20–23,9 herausgehoben werden. Als Grund für die Abgrenzung dieses Textes lässt sich auf die Rahmung durch die Verse Ex 22,20 und 23,9 verweisen, in denen jeweils geboten wird, einen Fremden nicht auszunützen oder auszubeuten. Der Textblock ist seinerseits deutlich in drei Abschnitte gegliedert: Zwei Abschnitte, in denen es um humanes Verhalten gegenüber dem Mitmenschen geht (Ex 22,20–26 und 23,1–9), rahmen einen Mittelteil, der Gebote des rechten Verhaltens gegenüber Gott beinhaltet (Ex 22,27–29).

Apodiktisches Recht: Du sollst (nicht)

Betrachtet man die beiden Abschnitte über das Verhalten zum Mitmenschen, so wird deutlich, dass es sich hier nicht mehr um Rechtssätze wie in den Mischpatim handelt, sondern um Appelle an die eigene freie Einsicht und an innere ethische Grundhaltungen. Deshalb enthalten diese Gebote auch nicht mehr die Festsetzung einer Strafe, sondern sind in der

5 In Ex 21,23–25 lautet das Talionsgesetz: »Ist weiterer Schaden entstanden, dann musst du geben: Leben für Leben, Auge für Auge, Zahn für Zahn, Hand für Hand, Fuß für Fuß, Brandmal für Brandmal, Wunde für Wunde, Strieme für Strieme.« – In dieser Formulierung geht es um Wiedergutmachung im Maß des verursachten Schadens. In den ähnlichen Formulierungen in Lev 24,19f und Dtn 19,21 geht es dagegen um Rache für erlittenen Schaden, die durch das Talionsprinzip – im Sinne einer Eingrenzung von Gewalteskalation – auf das Maß des Schadens begrenzt werden soll. Vgl. dazu ausführlich: Meinrad Limbeck, Das Gesetz im Alten und Neuen Testament, Darmstadt 1997, 19–22.

apodiktischen Form »Du sollst/Ihr sollt nicht …« formuliert. Es geht nicht mehr um einzelne Rechtsbestimmungen, sondern um Weisungen, die einen *gerechten und humanen Umgang mit dem Recht* selbst anmahnen. Allerdings sind diese Weisungen nicht nur als Empfehlungen gemeint, sondern haben – wie ihre apodiktische, also unbedingt verpflichtende, Form nahelegt – ihrerseits durchaus Rechtscharakter. Ihr Verhältnis zu den Mischpatim ließe sich mit dem Verhältnis der *Menschenrechte oder Grundrechte* zum jeweils positiven Recht eines Staates vergleichen.[6]

Unparteilichkeit

- Der Abschnitt Ex 23,1–9 fordert für das Verhalten vor Gericht und die Anwendung des Rechts zur *Haltung der Neutralität, Objektivität und Unparteilichkeit* auf. Man soll nicht auf Gerüchte hören und nicht lügen, sich nicht bestechen lassen und das Recht nicht beugen. Niemand soll wegen seiner sozialen Stellung vor Gericht bevorzugt werden – auch der Geringe nicht (23,3). Nicht zuletzt wird die Aufforderung zur Unparteilichkeit durch das zentrale Gebot veranschaulicht, dass man nicht nur dem Freund, sondern auch dem Feind in der Not helfen soll (23,4f). Gerade hieran bewährt sich die Unparteilichkeit im Umgang mit anderen Menschen.
- Der Abschnitt Ex 22,20–26 ermahnt noch allgemeiner dazu, Fremde nicht auszubeuten, Schwache nicht auszunutzen und Arme nicht durch Wucherzinsen zu bedrücken.

Begründung mitmenschlichen Handelns: Einfühlung und das Erbarmen Jahwes

In diesem zuletzt genannten Abschnitt ist nun entscheidend, dass er nicht nur apodiktische Forderungen nennt, sondern auch eine *Begründung* gibt, warum man sich seinem Mitmenschen gegenüber in dieser Weise verhalten soll. Dabei wird zunächst angeführt, man solle sich *in die Situation des anderen einfühlen*: »Nimmst du von einem Mitbürger den Mantel zum Pfand, dann sollst du ihn bis Sonnenuntergang zurückgeben; denn es ist seine einzige Decke, der Mantel, mit dem er seinen bloßen Leib bedeckt. Worin soll er sonst schlafen?« In einer späteren Redaktion des Gesamttextes wird diese Begründung dadurch weitergeführt, dass sich die angesprochenen Israeliten an die eigene Situation als Fremde in Ägypten erinnern sollen. Sie sollen sich daran erinnern, was es heißt, zu den Fremden und Schwachen zu gehören. Schließlich wird auch auf das *Erbarmen Jahwes* verwiesen (22,26): »Wenn er zu mir schreit, höre ich es, denn ich habe Mitleid.« Die Angesprochenen sollen sich ebenso barmherzig ver-

6 Vgl. Frank Crüsemann, Die Tora, a.a.O., 228. – Christoph Dohmen, Exodus 19–40, a.a.O., 149 sieht den Unterschied mit einer auf Franz Böckle zurückgehenden Differenzierung darin, dass es in Ex 21,12–22,16 um *Güter* und in Ex 22,17–23,9 um *Werte* geht.

halten, wie Jahwe selbst barmherzig ist. Sie sollen seine Haltung zu den Menschen nachahmen und mitvollziehen.

Diese Einführung Jahwes und seines Erbarmens hat für den ganzen Textblock entscheidende Bedeutung. Betrachtet man nämlich den Text 23,1–9 für sich, so stammt er vermutlich aus dem Zusammenhang des Sippengerichts, und hinter der Anrede »Du« verbirgt sich die Autorität des Sippenvaters.[7] Mit dem Erscheinen Jahwes in der Anrede in 22,26 wird nun derjenige, der in all den apodiktischen Mahnungen den Leser mit »Du« anspricht, mit Jahwe identifiziert. Jahwe und sein Erbarmen treten an die Stelle der Autorität des Ältesten der Sippe. In dieser Umdeutung aber zeigt sich ein Prozess, in dem zunächst für sich bestehende und in sich bereits begründete ethische Weisungen in den Kontext des Glaubens an Jahwe integriert werden. Dadurch wird ein neues Motiv gegeben, warum man die Rechtsnormen einhalten und erfüllen soll.

1.1.3 Aussonderungsgebote, Altargesetz, Festkalender und Opfervorschriften als weitere theologische Begründungen

Dieser Vorgang der Integration rechtlicher und ethischer Gebote in den Kontext des Glaubens Israels wird im Bundesbuch noch deutlicher an den Texten erkennbar, die die beiden bisher betrachteten Textblöcke rahmen.

So lässt sich zunächst ein Rahmen abheben, der durch Ex 21,2–11 und 23,10–12 gebildet wird (21,1 und 23,13 sind Überschrift und Abschlussformel einer späteren Redaktion). Das Gemeinsame dieser beiden Texteinheiten ist der vorgegebene Zeitrhythmus: »Sechs Jahre … im siebten Jahr«. Dabei soll das siebte Jahr den sozial Schwachen zu Gute kommen. Im ersten Text sollen im siebten Jahr die Sklaven freigelassen werden, im zweiten Text soll die Ackerbrache im siebten Jahr den Armen dienen. Zusätzlich wird im zweiten Text der Rhythmus von sechs Tagen Arbeit und dem siebten Tag der Ruhe erwähnt, der ebenfalls den Tieren, den Sklaven und den Fremden zu Gute kommen soll.

Begrenzung menschlicher Verfügungsmacht

Was ist mit diesem Schema 6 + 1 gesagt? Zugrunde liegt der Gedanke der *Aussonderung* des siebten Jahres bzw. des siebten Tages für Jahwe. Durch die Unterbrechung im siebten Jahr bzw. am siebten Tag, durch die Aussonderung dieser Zeiten für Jahwe, wird deutlich, dass der freie und besitzende Israelit – denn nur an ihn können sich diese Regelungen rich-

7 Vgl. dazu: Erhard Gerstenberger, Wesen und Herkunft des »apodiktischen Rechts« (WMANT 20), Neukirchen-Vluyn 1965, 114. – Ebenso: Frank Crüsemann, Bewahrung der Freiheit. Das Thema des Dekalogs in sozialgeschichtlicher Perspektive, Gütersloh 1993, 19.

ten – keine unbegrenzte Verfügungsmacht über andere Menschen und über die Natur besitzt. Seine Macht ist durch Jahwe begrenzt. Die Begrenzung der Verfügungsmacht der Freien und Besitzenden kommt allerdings nicht Gott zu Gute, sondern den Sklaven, den Tieren, den Fremden und der Natur. Die Freilassung der Sklaven erinnert dabei an die Befreiung durch den Exodus, die Ackerbrache an das gelobte Land als Ziel des Exodus.

Ein weiterer Rahmen um den bisher behandelten Text wird durch das vorangestellte Altargesetz (20,23–26) sowie nachfolgend durch den Festkalender (23,14–17) und die Opfervorschriften (23,18f) gebildet. Es handelt sich um kultische Gebote, zu denen auch das Fremdopferverbot in 22,19 hinzugenommen werden kann, das damit zwischen den beiden großen Textblöcken der Rechtssätze (21,12–22,16) und der Appelle an die Humanität (22,20–23,9) das Zentrum des ganzen Bundesbuchs bildet und zusammen mit den beiden äußeren Rahmentexten das ganze Bundesbuch zusammenhält.[8] Der Sinn dieser Zusammenstellung besteht darin zu sagen, dass durch die geordnete Gottesbeziehung eine geordnete Rechtspflege möglich ist und dass umgekehrt dem Kult für Jahwe eine von Solidarität und Gerechtigkeit geleitete Anwendung des Rechts entsprechen muss. Entscheidend ist dabei das Verbot, fremden Göttern zu opfern. Israel soll sich allein an Jahwe binden, den Gott, der sich als barmherzig und befreiend erwiesen hat und der als solcher zugleich zu mitmenschlichem Handeln motiviert. In Israel wird nur dann Recht und Gerechtigkeit herrschen, wenn das Volk an seinem Gott Jahwe festhält und sich nicht den anderen Göttern der benachbarten Kulturen und Religionen zuwendet.

1.1.4 Reflexion: Gehören ethische Normen zur Offenbarung?

Ethische Weisungen beruhen auf menschlicher Erfahrung

Ausgehend von den Beobachtungen zum Text des Bundesbuchs lässt sich für die Ausgangsfrage, ob die in der Bibel enthaltenen ethischen Weisungen Offenbarung oder Menschheitserfahrung sind, grundsätzlich festhalten, dass sowohl die Rechtssätze der Mischpatim als auch die Aufforderung zu einem solidarischen und gerechten Umgang mit den Schwachen

8 Es ist umstritten, ob die Rechtssammlungen erst nachträglich durch Kultvorschriften gerahmt wurden oder ob die Kultvorschriften, die in dem sehr alten, noch vor dem Bundesbuch entstandenen Text Ex 34,11–26 eine Parallele haben, zeitlich früher als die Rechtsvorschriften anzusetzen sind; so: Jörn Halbe, Das Privilegrecht Jahwes Ex 34,10–26. Gestalt und Wesen, Herkunft und Wirken in vordeuteronomischer Zeit (FRLANT 114), Göttingen 1975, 449f. Vgl. dazu auch: Eckart Otto, Theologische Ethik des Alten Testaments, a.a.O., 20–23.

und Armen bereits in sich und nicht erst durch den Glauben an Jahwe einsichtig und begründet sind. Die Rechtssätze gelten, weil sie dem Grundsatz der ausgleichenden Gerechtigkeit folgen und das Wohl und den Bestand der Gemeinschaft des Volkes sichern. Die Aufforderungen zu solidarischem und gerechtem Handeln werden dadurch als berechtigt erwiesen, dass man sich in die Situation des anderen hineinversetzt und sich die Konsequenzen für den anderen vor Augen führt. Eine Anweisung dazu stellt die negative Formulierung der *Goldenen Regel* in Tob 4,15 dar: »Was dir selbst verhasst ist, das mute auch einem anderen nicht zu!« Worin richtiges und verantwortliches Handeln inhaltlich besteht, muss nicht erst von Jahwe mitgeteilt werden. Entsprechende Weisungen und Gebote sind deshalb nicht im eigentlichen Sinn Inhalt von Offenbarung, sondern beruhen auf der Erfahrung von Menschen mit sich und der Gemeinschaft.

Positive Motivation durch den Gottesbezug

Andererseits sind diese zunächst in sich begründeten Gebote und Weisungen in der Heiligen Schrift in solche Texte integriert, in denen von Jahwes Barmherzigkeit, seiner Zuwendung zu Israel und seinem befreienden Handeln die Rede ist, die also als *Selbstoffenbarung Gottes* verstanden werden können. Durch diese Texte wird die Aufforderung, im Umgang mit den Mitmenschen nach Recht und Gerechtigkeit zu verfahren, zusätzlich theologisch begründet. Begründet wird allerdings nicht, was jeweils Recht und Gerechtigkeit inhaltlich sind, sondern *warum man nach Recht und Gerechtigkeit handeln soll.* Die Begründung besteht dabei nicht darin, dass Jahwe Gehorsam für seine Gebote verlangt und bei Ungehorsam Strafe androht, sondern darin, durch die Erinnerung an Jahwes Barmherzigkeit und an sein befreiendes Handeln an Israel die Menschen positiv dazu zu *motivieren*, ebenso barmherzig und befreiend an ihren Mitmenschen, an den Schwachen, aber auch an den Tieren und an der Natur zu handeln.

Gebote als Bezugspunkt der Offenbarung

Auch wenn also die rechtlichen und ethischen Vorschriften nicht im eigentlichen Sinne Offenbarung sind, so stellen sie doch den unverzichtbaren Bezugspunkt der Offenbarung Gottes dar. Die Offenbarung von Gottes Barmherzigkeit und befreiendem Handeln ist nur sinnvoll in Bezug auf die zuvor bestehenden und erkannten rechtlichen und ethischen Weisungen. In diesem Sinne gehören die ethischen Gebote und Weisungen mit zur Offenbarung und zur Bibel als der Heiligen Schrift notwendig hinzu: Sie kann das Geschehen der Selbstmitteilung Gottes und seiner Zuwendung nur dann erzählen, wenn sie zugleich auch den ethischen Anspruch an den Menschen aufgreift und zur Sprache und zur Geltung bringt.

1.2 Gerechtigkeit statt Opfer: Die Sozialkritik der Propheten

Die bloße Erinnerung an Gottes Barmherzigkeit reichte freilich nicht als Motivation aus, um tatsächlich zu gerechtem und mitmenschlichem Handeln zu bewegen. Die sozialen Schutzrechte, die im Bundesbuch angemahnt werden, wurden in der Königszeit offensichtlich nicht befolgt. Im Gegenteil kommt es zu erheblicher sozialer Ungerechtigkeit und Unterdrückung der Armen. Dies zeigt die Sozialkritik der Propheten des 8. und 7. Jahrhunderts v. Chr.

Propheten fordern die Einhaltung des Rechts ein

Die Propheten klagen die Mächtigen und Reichen an, dass sie mit Gewalt, Betrug, Lüge und Ausbeutung noch mehr Schätze und Reichtümer an sich reißen wollen (Mi 6,12; 7,2–6), dass sie die Stadt auf Blut erbaut haben und auf Unrecht gründen (Hab 2,9–12). Sie klagen an, dass die Armen und Schwachen unterdrückt, die Armen zermalmt und die Hilflosen mit Geld gekauft werden (Am 4,1; 8,6). Sie klagen an, dass mit falschen Waagen betrogen (Hos 12,8; Am 8,5) und grausam gepfändet (Mi 2,10; Am 2,6–8; 5,11; Hab 2,6) wird. Sie klagen an, dass Frauen vertrieben und die Kinder um ihr Erbe gebracht werden (Mi 2,8–9).

Zugleich werfen die Propheten den Reichen und Mächtigen vor, dass sie es den Betrogenen und Unterdrückten unmöglich machen, ihr Recht einzuklagen und sich damit gegen ihre Ausbeutung zu wehren. Sie klagen an, dass die Mächtigen das Recht der Schwachen beugen (Am 2,7), dass sie das Recht in bitteren Wermut verwandeln und die Gerechtigkeit zu Boden schlagen, dass sie bei Gericht den hassen, der zur Gerechtigkeit mahnt (Am 5,7), und den verabscheuen, der Wahres redet (Am 5,10). Ihnen wird deshalb von den Propheten das Strafgericht Gottes angedroht (Am 5,18; 6,1.4–7).

Keine normative Ethik, sondern Ermahnung

Mit diesen Anklagen greifen die Propheten auf die rechtlichen Bestimmungen des Bundesbuchs zurück. Das Entscheidende an ihrer Verkündigung besteht also nicht darin, dass sie erst das Recht bekannt machen oder ein neues, besseres Recht einführen und begründen. *Sie setzen das Recht vielmehr als ausreichend und als bekannt voraus.* Wozu sie aufrufen, ist lediglich, das Recht auch im Sinne der Gerechtigkeit und Mitmenschlichkeit und zum Wohl aller *anzuwenden*, und nicht – unter Ausnutzung von Rechtslücken oder mit Hilfe von Rechtsbeugung – egoistisch allein den eigenen Vorteil, den eigenen Reichtum und die eigene Macht auf Kosten der Armen zu suchen.[9] Im Namen Jahwes rufen sie dazu auf, das Recht nicht niederzuhalten, sondern wie Wasser strömen zu lassen

9 Vgl. Meinrad Limbeck, Das Gesetz im Alten und Neuen Testament, a.a.O., 45.

und die Gerechtigkeit wie einen immer fließenden Bach (Am 5,24a). Sie rufen dazu auf, für das Recht zu sorgen, den Unterdrückten zu helfen, den Waisen Recht zu verschaffen und für die Witwen einzutreten (Jes 1,17). In der ethischen Verkündigung der Propheten werden also ethische Normen nicht erst bekannt gemacht oder begründet, sondern das Halten der bereits bekannten und begründeten Normen eingeschärft. Es handelt sich *nicht um normative Ethik*, sondern um *Paränese* (Ermahnung, Mahnrede).

Opferkritik

Die massive *Kritik am Opferkult* Israels, die in der Verkündigung der Propheten mit der Sozialkritik unlösbar einhergeht (etwa Am 5,21–23), will dabei deutlich machen, dass der Gottesdienst das Unrecht nicht zudecken kann. Dabei geht es den Propheten nicht darum, den Kult überhaupt vollständig abzulehnen und statt dessen eine reine Sozialethik zu etablieren. Auch geht es nicht um eine Kritik daran, dass der Opferkult ohne innere Anteilnahme vollzogen wird. Vielmehr geht es darum, dass mit den Opfern die Vorstellung verbunden war, bei Gott so vollkommen sicher zu sein, dass auch die sozialen Ungerechtigkeiten nicht bedrohlich werden konnten. Die prophetische Kultkritik richtet sich also nicht gegen die Opfer als solche, sondern gegen einen Gottesdienst, dem kein moralisches Verhalten mehr entspricht und durch den die ungerechten und ausbeuterischen Strukturen nur befestigt werden. Sie richtet sich dagegen, dass Israel offenbar die Erinnerung daran verloren hat, dass Jahwe nicht ein Gott ist, der Opfer für sich selbst beansprucht, sondern ein Gott, der sein Volk aus Ägypten befreit hat, der es umhegt und pflegt (Hos 11,3–6; Jer 2,7), der sich wohlwollend um dieses Volk sorgt und dessen Wille allein darin besteht, dass Liebe und Gerechtigkeit unter den Menschen herrschen[10]: »Denn nicht Schlachtopfer will ich, sondern Liebe, nicht Brandopfer, sondern Gotteserkenntnis« (Hos 6,6; vgl. auch Jes 1,10–17).

Entscheidend an der Opferkritik der Propheten ist also der Vorwurf, dass Israel Jahwe nicht mehr erkennt (Hos 4,1). Israel erkennt Jahwe nicht mehr als den Gott, dem es darum geht, dass Freiheit, Gerechtigkeit und Barmherzigkeit unter den Menschen herrschen. »Sie weigern sich, mich zu kennen« (Jer 9,3–5). Der Kult kann deshalb auch nicht vor dem Untergang retten (Am 5,5). Leben spendende Gemeinschaft mit Jahwe besteht allein dort, wo man Recht und Gerechtigkeit walten lässt. Den Selbstsicheren dagegen wird die Verbannung angekündigt (Am 6,1ff).

10 Vgl. Meinrad Limbeck, a.a.O., 41.

1.3 Bruderethos und Gottesliebe: Das Gesetzbuch des Deuteronomium

Die theologische Begründung, die sowohl das Bundesbuch als auch die Propheten dafür geben, warum man in Israel nach Recht und Gerechtigkeit handeln soll, erfährt im zweiten großen Gesetzbuch des Alten Testaments, nämlich in der Gesetzessammlung des Deuteronomium (Dtn 12–25), eine weitere Verdeutlichung. Dabei wird die bereits im Bundesbuch beobachtete Entwicklung weitergeführt, über die Einhaltung der bloßen Gesetzesbestimmungen hinaus zur ethischen Haltung der Humanität und Solidarität, der Gerechtigkeit und Barmherzigkeit im Umgang mit dem Mitmenschen, insbesondere mit den Schwachen und Armen, aufzurufen.

Dass dazu nicht das Bundesbuch fortgeschrieben, sondern ein neues Gesetzbuch angelegt wurde, hat seinen Grund wohl zum einen darin, dass es mit der zunehmenden Urbanisierung in Israel zu einer Individualisierung kam und die Solidarität von Sippe und Großfamilie zurücktrat, zum anderen darin, dass die Reform des Kults unter König Joschija eine Neufassung der kultischen Weisungen notwendig machte.[11]

1.3.1 Weiterentwicklung eines humanen Ethos

Die Weiterentwicklung zu einem humanen Ethos der Gerechtigkeit und Solidarität wird deutlich, wenn man die sich entsprechenden Bestimmungen aus dem Bundesbuch und aus dem Gesetzbuch des Deuteronomiums vergleicht.[12]

Sklavenfreilassung im siebten Jahr

Ein erstes Beispiel ist die Regelung der *Sklavenfreilassung im siebten Jahr* in Dtn 15,12–18. Dieser Text weist zwar deutliche Parallelen zu Ex 21,2–11 auf, zeichnet sich aber auch durch bedeutsame Unterschiede aus. So wird in formaler Hinsicht auch in den kasuistischen Bestimmungen der Sklavenfreilassung (in Ex 21,3–11 neutral formuliert) die Anrede mit »Du« durchgehalten. Es geht also nicht mehr nur um neutrale rechtliche Regelungen. Der Einzelne wird persönlich auf seine Verantwortung und Mitmenschlichkeit angesprochen. In inhaltlicher Hinsicht besteht eine deutliche Veränderung darin, dass nicht nur festgelegt ist, die Sklaven im siebten Jahr freizulassen, sondern auch geboten wird, ihnen eine erste materielle Grundlage für das Leben in Freiheit mitzugeben. Schließlich

---

11 Vgl. Eckart Otto, a.a.O., 180f.

12 Vgl. zum Folgenden: Meinrad Limbeck, a.a.O., 52-58; Eckart Otto, a.a.O., 180–192. – Zur weitergehenden Information auch: Frank Crüsemann, Die Tora, a.a.O., 262–273.

wird auch eine ausdrückliche theologische Begründung hinzugefügt. Während im Bundesbuch die theologische Begründung lediglich implizit mit dem Rhythmus von sechs Jahren und siebtem Jahr gegeben war, wird nun zur Begründung ausdrücklich auf die Erfahrung Israels als Sklaven in Ägypten und auf das befreiende Handeln Jahwes verwiesen. Aus der Erinnerung an die selbst erfahrene Befreiung durch Gott wird ein mitmenschliches und mitfühlendes Handeln nahegelegt und begründet.

Soziale Bestimmungen

Ein weiteres Beispiel bieten die *sozialen Gesetze* im Umgang mit den Armen, Fremden, Witwen und Waisen (Dtn 24,10–22). Das Pfandrecht wird dahingehend erweitert, dass man alles, was die Lebensgrundlage eines Menschen bildet, nicht pfänden darf (etwa Dtn 24,6f). Die Bestimmung, dass man das Haus des Schuldners nicht betreten darf, sondern er selbst das Pfand herausbringt, soll die Willkür des Gläubigers begrenzen und dafür sorgen, dass der Gepfändete selbst entscheiden kann, was er als Pfand gibt. Als ausdrückliche theologische Begründung wird angegeben, dass man dann auch vor Jahwe im Recht ist. Über das Pfandrecht hinaus werden Bestimmungen zur sofortigen und angemessenen Entlohnung der Tagesarbeiter gegeben. Es wird eingeschärft, das Recht der Fremden und Waisen nicht zu beugen und das Kleid einer Witwe nicht als Pfand zu nehmen. Ebenso werden Bestimmungen zur Ernte des Feldes, der Ölbäume und der Weinberge vorgelegt, die das Übriggebliebene den Fremden, Waisen und Witwen überlassen. Als theologische Begründung wird dabei angeführt, man solle sich daran erinnern, dass Israel selbst Sklave in Ägypten war und durch Jahwes Handeln befreit wurde (Dtn 24,18 und 24,22). Dadurch soll die Situation der Armen und Schwachen nachfühlbar werden, zugleich aber soll Jahwes befreiendes Handeln als Vorbild für den Umgang mit den Armen und Schwachen dienen.

Unbedingte und engagierte Hilfsbereitschaft

Wie sehr in diesen Bestimmungen die innere Einstellung und die Haltung der Gerechtigkeit, Solidarität und Barmherzigkeit angezielt und eingefordert werden, wird besonders in den Pfandbestimmungen Dtn 15,1–2.7–11 deutlich. Zunächst wird neben der Brache auch ein Darlehenserlass im siebten Jahr angeordnet. Dies soll aber nicht daran hindern, auch in zeitlicher Nähe vor einem Brachjahr Armen durch ein Darlehen zu helfen. Man soll auch dann geben, ohne beim Geben im Herzen böse zu sein. Man soll *unbedingt* helfen, und nicht nur dann, wenn die Rückzahlung des Darlehens sicher ist. Ebenso wird das Gebot des Bundesbuchs, dem Feind das verlorene Vieh wiederzubringen und ihm Hilfe zu leisten (Ex 23,4f), ausgeweitet (Dtn 22,1–4). Man soll sich in Situationen, in denen Solidarität und Hilfe verlangt ist, nicht verstecken, und nicht so tun, als ob einen das alles nichts anginge. Es geht also nicht nur darum, die Gesetzesbestimmungen einzuhalten und dem anderen nicht zu schaden, sondern um die innere Haltung einer *engagierten und aktiven Hilfsbereitschaft* für den Mitmenschen.

Soziales Bruderethos

Die gegenüber dem Bundesbuch noch einmal akzentuierte Relevanz der inneren Haltung der Solidarität und Gerechtigkeit zeigt sich im deuteronomischen Gesetzbuch insbesondere durch das ausgeprägte *soziale Bruderethos*. Es ist nicht mehr nur von Sklaven, von Armen und vom Feind die Rede, sondern sie werden in den Geboten jeweils als »dein Bruder« vor Augen gestellt (15,2.7–11.12; 22,1f). Auch die Fremden sollen ebenso wie die Brüder behandeln werden (24,14). Weitere – gegenüber sonstigen altorientalischen Rechtsbestimmungen radikale – Konkretisierungen des Bruderethos bestehen darin, dass man einen Sklaven, der zu einem geflohen ist, nicht ausliefern soll (23,16f) und dass man keinen Zins auferlegen soll, weder für Geld, noch für Nahrungsmittel, noch für irgendetwas, wofür sonst Zins erhoben wird (23,20).

1.3.2 Die Erinnerung an Jahwes Befreiungstat als Begründung des humanen Ethos

Als theologische Begründung dafür, dass man innerlich dem Mitmenschen als Bruder in Solidarität und Hilfsbereitschaft zugewandt sein soll, deutete sich in den betrachteten Beispielen bereits die Befreiung Israels durch Jahwe aus der Knechtschaft in Ägypten an. Dieser Zusammenhang wird noch deutlicher, wenn man die Reden des Mose an Israel betrachtet, die im Buch Deuteronomium den Gesetzesteil rahmen.[13]

Erinnerung an das befreiende Handeln Jahwes im Exodus

Zunächst wird auch in diesen Texten mehrfach gemahnt, die Erinnerung an das befreiende Handeln Jahwes in Israel stets wach zu halten: »Nimm dich in acht, dass du nicht den Herrn vergisst, der dich aus Ägypten, dem Sklavenhaus herausgeführt hat.« (Dtn 6,12) Israel soll sich immer wieder daran erinnern, wie Gott das Volk vierzig Jahre durch die Wüste geführt hat. Und auch dann, wenn Gott sein Volk in das verheißene Land geführt haben wird, soll man darauf achten, nicht hochmütig zu werden, sondern sich an die Befreiung aus Ägypten erinnern (Dtn 8,2–18). Dabei geht es nicht nur um eine Erinnerung an lang Vergangenes, sondern um eine *erinnernde Vergegenwärtigung*. Denn: »Nicht mit unseren Vätern hat der Herr diesen Bund geschlossen, sondern mit uns, die wir heute hier stehen, mit uns allen, mit den Lebenden.« (Dtn 5,3)

13 Vgl. dazu: Meinrad Limbeck, a.a.O., 47–51.58–61; Eckart Otto, a.a.O., 202–208.

Jahwe aus ganzem Herzen lieben

Aus der Erinnerung an die Befreiung aus Ägypten begründet es sich dann, dass Israel sich *allein an Jahwe binden* und keinen anderen Göttern nachlaufen soll (Dtn 6,13–16). Dem entsprechen am Beginn des deuteronomischen Gesetzbuches die Weisungen, die fremden Kultstätten zu zerstören, und die Verbote, die kanaanäischen Kultbräuche zu meiden (Dtn 12–14). Israel soll allein auf Jahwe hören und ihn aus ganzem Herzen lieben.

> »Höre Israel! Jahwe, unser Gott, Jahwe ist einzig. Darum sollst du den Herrn, deinen Gott, lieben mit ganzem Herzen, mit ganzer Seele und mit ganzer Kraft.« (Dtn 6,4f)

Israel aber soll Gott lieben, indem jeder Einzelne auf seine Gebote hört und sie sein ganzes Leben lang achtet (Dtn 11,1). Man soll sich die Weisungen der Tora ganz zu eigen machen und sie ganz verinnerlichen. Der Einzelne soll sie sich auf das Herz und auf die Seele schreiben.

> »Diese meine Worte sollt ihr auf euer Herz und auf eure Seele schreiben. Ihr sollt sie als Zeichen um das Handgelenk binden. Sie sollen zum Schmuck auf eurer Stirn werden. Ihr sollt sie eure Söhne lehren, indem ihr von ihnen sprecht, wenn du zu Hause sitzt und wenn du auf der Straße gehst, wenn du dich schlafen legst und wenn du aufstehst. Du sollst sie auf die Türpfosten deines Hauses und in deine Stadttore schreiben.« (Dtn 11,18–20; vgl. 26,16)

Als Grund dafür, warum man die Weisungen so verinnerlichen und halten soll, wird dann ausdrücklich noch einmal die Erinnerung an Jahwes befreiendes Handeln genannt.

> »Wenn dich morgen dein Sohn fragt: Warum achtet ihr auf die Satzungen, die Gesetze und Rechtsnormen, auf die der Herr, unser Gott, euch verpflichtet hat?, dann sollst du deinem Sohn antworten: Wir waren Sklaven des Pharao in Ägypten, und der Herr hat uns mit starker Hand aus Ägypten geführt.« (Dtn 6,20f)

Nicht das Halten der Gebote ist also Grund für die Zuwendung Gottes, sondern die Zuwendung Gottes ist die Grundlage, die zum Halten der Gebote motiviert.

Ziel der Gebote: Israels Wohlergehen

Dass Israel die Gebote halten soll, hat sein Ziel dabei nicht darin, Jahwe gegenüber Gehorsam zu erweisen oder ihm etwas als Gegengabe für die Befreiung zurückzugeben, sondern – nach dem Verständnis des Deuteronomiums – im Wohlergehen Israels selbst. Werden die Gebote aus der lebendigen erinnernden Verbundenheit mit Jahwe und aus Liebe zu ihm gehalten, so wird es Israel gut ergehen und es wird gesegnet sein (Dtn 5,16.29; 6,3.18; 12,25.28; 22,7). Immer wieder wird darauf hingewiesen:

Wenn du die Gebote hältst, um Gott zu lieben, wirst du lang leben und zahlreich werden, und der Herr wird dich segnen in dem Land, in das du hineinziehst, um es in Besitz zu nehmen (Dtn 6,2.24; 8,1; 15,18; 30,16). Die Gebote, auf die Jahwe im Deuteronomium verpflichtet, sind also keine äußerliche Last und keine neue Knechtschaft für Israel. Sie stellen vielmehr nach der Befreiung aus Ägypten diejenige Gabe Gottes dar, durch die Gott weiterhin für das Wohlergehen Israels sorgt, durch die er – nach dem Geschenk der Freiheit – nun auch den Weg zeigt, wie diese Freiheit dauerhaft gewahrt werden kann. Denn Jahwe liebt sein Volk und hat es erwählt. Er hat es befreit und hält an seinem Bund und an seiner Treue fest. Er ist ein verlässlicher Gott (Dtn 7,6–11).

1.4 Gebote zur Bewahrung der geschenkten Freiheit: Der Dekalog

Die theologische Begründung und Motivation ethischen Handelns durch die Rückerinnerung an die Befreiungstat Jahwes, die im Deuteronomium in den Mittelpunkt rückt, ist dann auch für das Verständnis des Dekalogs entscheidend. Sie bildet auch hier den motivierenden Rahmen, in den zunächst eigenständige rechtliche und ethische Weisungen integriert werden.

Zwei Textfassungen des Dekalogs

Der Text des Dekalogs ist in zwei Fassungen überliefert: In Ex 20,2–17 ist er in die Erzählung von der Wüstenwanderung und die Geschehnisse am Berg Sinai eingebunden, in Dtn 5,6–21 dagegen steht er im Zusammenhang einer Rede, die Mose an das Volk Israel unmittelbar vor der Landnahme hält und in der er die Ereignisse am Berg Horeb (!) noch einmal in Erinnerung ruft. Jeweils ist er den großen Gesetzbüchern – Bundesbuch und deuteronomisches Gesetz – vorangestellt, die sich als Konkretisierung der im Dekalog genannten Grundgebote lesen lassen. Der inhaltliche Hauptunterschied zwischen beiden Fassungen liegt darin, dass in Dtn 5,12–15 das Halten des Sabbats – *heilsgeschichtlich* – mit dem Hinweis auf Jahwes Befreiungstat des Exodus begründet wird, während der Text in Ex 20,8–11 – *schöpfungstheologisch* – als Begründung auf das Ruhen Jahwes am siebten Tag nach dem Schöpfungswerk verweist.
Die historisch-kritische Untersuchung zeigt, dass der Dekalog bereits als eigenständiger Text vorgelegen hat, bevor er in die beiden unterschiedlichen Kontexte eingebunden wurde. Auch die prägende Vorstellung, dass Gott dem Mose die Gebote auf zwei Steintafeln übergeben hat, hat mit dem Dekalog ursprünglich nichts zu tun, sondern ist – wie die Erwähnung erst in Ex 31,18 zeigt – spätere Ausgestaltung.[14] Dabei gilt Dtn 5,6–21

---

14 In Dtn 5,22 folgt der Hinweis auf die Steintafeln zwar unmittelbar auf die Vorstellung des Dekalogs, doch dürfte auch dies eine spätere Ausgestaltung sein.

als die ursprünglichere Fassung, während der Text in Ex 20,2–17 nochmals überarbeitet wurde.[15] Allerdings dürfte in Ex 20,17, wo – im Unterschied zu Dtn 5,21 – die Frau noch, neben den Sklaven und dem Vieh, dem Haus untergeordnet wird, eine ältere Formulierung als in Dtn 5,21 vorliegen.

Aspekte der Entstehungsgeschichte

Beim näheren Hinsehen erweist sich aber auch der Text des Dekalogs selbst als uneinheitlich.[16] Er setzt als Gottesrede in der Ich-Form ein (Dtn 5,6–10), während im Folgenden von Gott in der 3. Person die Rede ist (Dtn 5,11–16). Im weiteren Verlauf (Dtn 5,17–21) ist dann von Gott gar nicht mehr die Rede. Darüber hinaus gibt es unterschiedliche Formulierungen der Gebote: Es gibt kurze und lange Verbote (Prohibitive), Verbote mit und ohne Objekt, positiv und negativ formulierte Weisungen. All dies hat – neben der Feststellung, dass kürzere Reihen mit drei oder vier Verboten im AT sehr viel häufiger sind als Zehner- oder Zwölferreihen – zu der Einsicht geführt, dass auch der Dekalog selbst aus mehreren ursprünglich selbständigen Verbotsreihen komponiert worden ist. Eine erste Stufe der Komposition habe die Verbote im Umgang mit dem Mitmenschen (Dtn 5,17–21) mit den Verboten im Umgang mit Gott, dem Fremdgötter- und dem Bilderverbot (Dtn 5,6–8a.9b.10) zusammengebunden. Eine zweite Stufe der Redaktion habe dann – neben den Ergänzungen in Dtn 5,8–10 – das Namensverbot und das Elterngebot sowie vor allem das Sabbatgebot eingefügt. Dadurch habe der ganze Text eine konzentrische Form um das Sabbatgebot herum erhalten, das für Israel gerade in der Zeit des Exils und der damit verbundenen Diasporasituation als Identität wahrende Institution zentrale Bedeutung gewonnen hat. Die ursprüngliche Form des Dekalogs ist also gar nicht an der Zehnzahl orientiert. Dass im AT von dem »Zehnwort« die Rede ist (Dtn 4,13; 10,4; Ex 34,28), ist erst durch eine spätere Redaktion hinzugefügt worden.

Verbote ursprünglich ohne Gottesbezug

(1) Die Texteinheit Dtn 5,17–21, die ursprünglich wohl selbständig überliefert wurde, enthält apodiktische Verbotssätze in der Form »Du sollst nicht …«. Doch auch hier lässt sich noch einmal die Reihe der Kurzverbote ohne Objekt 5,17–19 – in paralleler Zusammenstellung und Reihenfolge wie in Jer 7,9 und Hos 4,2 – von dem Kurzverbot mit Objekt, nämlich der Falschaussage vor Gericht (Dtn 5,20), und dem Langverbot des Begehrens (Dtn 5,21) abheben. Während die ersten drei Verbote einfache Rechtssätze des *Sippenrechts* darstellen, geht es im Verbot der Falschaussage um das Verhalten *vor Gericht.* Im Verbot des Begehrens geht es schließlich um die *innere Einstellung* zum Besitz des anderen und damit

---

15 Zur Entstehungsgeschichte des Dekalogs vgl. näherhin: Frank-Lothar Hossfeld, Der Dekalog. Seine späten Fassungen, die originale Komposition und seine Vorstufen, Freiburg (Schweiz) 1982; Frank Crüsemann, Bewahrung der Freiheit, a.a.O., 16–27; Werner H. Schmidt, Die Zehn Gebote im Rahmen der alttestamentlichen Ethik, Darmstadt 1993, 25–35.

16 Vgl. dazu auch: Eckart Otto, Theologische Ethik des Alten Testaments, a.a.O., 211. Ebenso: Frank Crüsemann, Bewahrung der Freiheit, a.a.O., 16–19.

um eine eher ethische Ermahnung. Hier zeichnet sich in konzentrierter Form die Entwicklung vom Recht zum Ethos ab, wie sie sich auch im Bundesbuch gezeigt hatte.[17] Alle diese Verbote sind dabei *ohne jeden Bezug zu Gott* formuliert. Auch hier verbirgt sich hinter der Anrede mit »Du« als Sprecher ursprünglich nicht Gott, sondern eine menschliche Autorität, z.B. der Sippenvater, von dem sie eingeschärft wurden.[18] Die Verbote wurden also bereits in sich, aufgrund eigener Einsicht und Erfahrung, als sinnvoll und gültig erkannt, bevor sie in den Zusammenhang des Dekalogs aufgenommen wurden. Um sie als verbindlich zu erkennen, bedurfte es keiner göttlichen Offenbarung und Anordnung.

Inhaltliche Unbestimmtheit der Verbote

Darüber hinaus ist hervorzuheben, dass es keineswegs so klar ist, was mit den Verboten genau untersagt werden soll. Das so genannte Tötungsverbot etwa verbietet nicht generell jedes Töten. So war in Israel – wie die Bestimmungen des Bundesbuchs zeigen – für viele Delikte die Todesstrafe vorgesehen. Untersagt ist lediglich – gemäß der Bedeutung des entsprechenden hebräischen Wortes (rasah) – ein »gewalttätiges, schuldhaftes Töten«[19]. In welchen Fällen es sich aber um unerlaubtes, schuldhaftes Töten – also um *Mord bzw. Totschlag* – handelt und in welchen Fällen um erlaubtes Töten, wird dabei schon als entschieden vorausgesetzt.[20] Das Tötungsverbot des Dekalogs kann also keine Hilfe bei der normativ-ethischen Frage nach der Unterscheidung von erlaubtem und unerlaubtem Töten sein – etwa im Blick auf die heute sich stellende Frage nach der Erlaubtheit oder Unerlaubtheit der aktiven Sterbehilfe –, sondern will lediglich dazu ermahnen, nicht unerlaubt zu töten. Dasselbe gilt vom Verbot des Ehebruchs; auch hier ist das, was erlaubt und unerlaubt ist, davon abhängig, ob man Mono-, Bi- oder Polygamie in einer patriarchalen Gesellschaft voraussetzt. So galten etwa Polygamie oder sexuelle Beziehungen verheirateter Männer zu anderen (unverheirateten) Frauen – etwa Prostituierten – in der patriarchal verfassten Gesellschaft Altisraels nicht als Ehebruch. Auch beim Diebstahlverbot fehlt jede weitere Differenzierung.[21] Statt präzise ethische Normen zu formulieren, geht es im Dekalog mithin eher um eine allgemeine Ermahnung dazu, die jeweiligen *Werte*, das menschliche Leben, die Gemeinschaft von Mann und Frau und das

17 Vgl. Eckart Otto, a.a.O., 213.

18 Vgl. Frank Crüsemann, Bewahrung der Freiheit, a.a.O., 19f, unter Berufung auf E. Gerstenberger, a.a.O.

19 Vgl. Frank-Lothar Hossfeld, Art.: rasah, in: ThWAT, Bd. 7, 654.

20 So auch: Christoph Dohmen, Exodus 19–40, a.a.O., 122. – Vgl. dazu auch die Analysen von: Bruno Schüller, Die Begründung sittlicher Urteile. Typen ethischer Argumentation in der Moraltheologie, Düsseldorf ^{2}1980, 17f.

21 Vgl. Christoph Dohmen, a.a.O., 123f.

Eigentum zu schützen. Dem entspricht auch, dass es in Dtn 5,20 nicht um das Verbot der Falschrede generell geht, sondern um das Lügenzeugnis vor Gericht, wodurch das Recht gebeugt und Unschuldige verurteilt bzw. Schuldige freigesprochen werden.

Kein zeitlos gültiges sittliches Naturgesetz

Es kann also keine Rede davon sein, dass mit diesen Geboten von Gott klare ethische Grundnormen mitgeteilt und geradezu ein zeitlos gültiges konkretes sittliches Naturgesetz gegeben worden sei.[22] Die normativ-ethische Frage, was genau ethisch erlaubt und unerlaubt ist, wird vielmehr bereits als geklärt vorausgesetzt. Der Dekalog erwähnt hier zentrale Grundgüter, die es zu schützen gilt. Die Frage, was dies konkret *normativ* bedeutet, wird jedoch nicht beantwortet. Morden, Lügen, Ehebrechen, Stehlen sind selbstverständlich immer verboten. Die gewählten Wörter sind bereits von vornherein negative Wertungswörter. Aber die entscheidende Frage, ob es auch Tötungen, Falschaussagen oder Wegnahme fremden Eigentums geben kann, die nicht verwerflich, sondern gerechtfertigt und deshalb auch kein Mord, keine Lüge bzw. kein Diebstahl sind, und nach welchem Kriterium sich dies unterscheiden lässt, ist damit noch nicht geklärt.

Neues Verständnis der Gebote von der Selbstvorstellung Jahwes her

(2) Die ursprünglich selbständigen rechtlichen und ethischen Weisungen sind nun im Dekalog in den Kontext des Jahweglaubens einbezogen und erhalten dadurch eine neue Bedeutung. Grundlegend für dieses neue Verständnis ist dabei der Vorspruch: »Ich bin Jahwe, dein Gott, der dich aus Ägypten geführt hat, aus dem Sklavenhaus« (Ex 20,2; Dtn 5,6). Mit diesem Satz wird, bevor die eigentlichen Weisungen des Dekalogs folgen, an die zentrale Glaubenserfahrung Israels erinnert, dass nämlich Jahwe sein Volk aus der Knechtschaft in Ägypten herausgeführt und in Freiheit gesetzt hat. In dieser Selbstvorstellung Jahwes wird an die seit langem bestehende Beziehung zwischen Israel und Jahwe erinnert und diese Beziehung bestätigt.[23]

Mit dieser Freiheit ist im Dekalog ursprünglich die reale materielle und soziale Freiheit gemeint, die darin besteht, auf eigenem Landbesitz zu wohnen, dessen Reichtum genießen zu können und frei von Sklaverei und Fronarbeit zu sein. Zugleich wird diese reale Freiheit so verstanden, dass sie in der Beziehung zwischen Jahwe und seinem Volk, in der Zuwendung Jahwes zu Israel begründet ist. Jahwes Zuwendung wird in der realen Freiheit erfahrbar.[24]

22 Vgl. Werner H. Schmidt, a.a.O., 22.
23 Vgl. Frank Crüsemann, Bewahrung der Freiheit, a.a.O., 38.
24 Vgl. Frank Crüsemann, a.a.O., 37–39.

Gebote als Weg der Bewahrung der von Jahwe geschenkten Freiheit

Ausgehend von dieser grundlegenden Glaubenserfahrung werden die nachfolgenden Weisungen in ein neues Licht gerückt. Auf der Grundlage der Erfahrung, von Jahwe in Freiheit gesetzt zu sein, werden diese Gebote und Verbote als Weisungen verstanden, wie Israel in dieser von Jahwe geschenkten Freiheit weiterhin bleiben und sie bewahren kann.[25]

Fremdgötter-/ Bilderverbot

Dies gilt zunächst für das *Fremdgötter- und Bilderverbot.* In diesem Verbot geht es zum einen darum, Jahwe als den einzigen Gott anzuerkennen und zu verehren und keinen anderen Göttern nachzulaufen (vgl. Dtn 6,13–16). Zum anderen geht es darum, Gottes Transzendenz und Unverfügbarkeit zu wahren und nichts Geschaffenes an die Stelle Gottes zu setzen. Es geht darum, allein auf Jahwe zu vertrauen und keine Wirklichkeit dieser Welt zu vergöttern und zu verabsolutieren. Der Grund dafür besteht – ausgehend vom Vorspruch – darin, dass sonst die Grundlage der geschenkten Freiheit gerade untergraben und verspielt wird. Durch die Zuwendung zu anderen Göttern, durch die Vergötterung geschaffener Wirklichkeiten begibt sich Israel – dies will auch die Erzählung vom »Goldenen Kalb« (Ex 32) deutlich machen – wieder in neue Knechtschaft und Abhängigkeit. So hat das erste Gebot zum Ziel, die Freiheit gewährende Gottesbeziehung zu wahren.

Namensmissbrauchsverbot

Dieselbe Intention liegt dem *Verbot, den Namen Jahwes zu missbrauchen*, zugrunde. Zwar betrifft dieses Verbot nicht mehr die direkte Beziehung zu Jahwe, sondern das Handeln gegenüber dem Mitmenschen (so spricht auch nicht mehr Jahwe selbst in der 1. Person, vielmehr wird über Jahwe in der 3. Person gesprochen). Aber indem hier jeder denkbare Missbrauch Gottes und seiner Macht zu bösen, schändlichen, lügnerischen und trügerischen Zwecken – und nicht nur der Meineid – verboten wird, werden damit all diejenigen Pervertierungen des Namens Jahwes abgewehrt, die seine befreiende Macht nicht mehr erkennen lassen.[26]

Sabbatgebot

Der neue Charakter als Wegweisungen zur Bewahrung der geschenkten Freiheit wird vor allem in dem für den Dekalog zentralen *Sabbatgebot* deutlich. Im Dekalog nämlich wird dieses Gebot, den Sabbat zu halten, das in ursprünglicher Form in Israel zunächst auch ohne jeden Bezug zum Jahweglauben als soziale Einrichtung einer Ruhetagsregelung gegolten hat (Ex 23,12)[27], nun zu einem Aussonderungsgebot für Jahwe (so auch in Ex 34,21). Wie in parallelen Stellen im Bundesbuch, geht es im

---

25 Vgl. Frank Crüsemann, a.a.O., 80f. – Vgl. ebenso die auch aktualisierende Auslegung von: Jan M. Lochman, Wegweisung der Freiheit. Abriss der Ethik in der Perspektive des Dekalogs, Gütersloh 1979.

26 Vgl. dazu: Frank Crüsemann, a.a.O., 52f; Christoph Dohmen, Exodus 19–40, a.a.O., 115.

27 Vgl. Christoph Dohmen, a.a.O., 186f.

Sabbatgebot des Dekalogs darum, die Verfügungsmacht des freien und besitzenden Israeliten zu begrenzen und der Herrschaft Gottes zu unterstellen. Zugleich aber ist damit eine grundlegende Sozialgesetzgebung verbunden. Der Sabbat soll nicht nur dem freien und besitzenden Israeliten zu Gute kommen, sondern zugleich auch den Schwachen und Armen, den Fremden und auch den Tieren. Auch ihnen soll ein Freiraum gewährt werden. Vor dem Hintergrund der Erinnerung an die Befreiung durch Jahwe bedeutet dies, dass im Halten des Sabbats diese von Jahwe empfangene Freiheit anderen weitergegeben werden soll.

Elterngebot

Im *Elterngebot* geht es weiterhin darum, die empfangene Freiheit durch die Generationen hindurch zu wahren. Deshalb wird – in der für das Deuteronomium charakteristischen Weise – hinzugefügt, dass das Halten dieses Gebots dem Menschen selbst zu Gute kommt: »… damit du lang lebst und es dir gut geht in dem Land, das der Herr, dein Gott, dir gibt« (Dtn 5,16).

In der Erfüllung der *fünf letzten Verbote* (Dtn 5,17–21) schließlich wird die von Jahwe geschenkte und empfangene Freiheit gewahrt, indem durch ihre Beachtung und Einhaltung in der Gemeinschaft die Lebens- und Freiheitsgrundlage aller geschützt wird.

Werden so die Gebote des Dekalogs und damit auch das alttestamentliche Gesetz im Ganzen vom Vorspruch her als Wegweisung verstanden, wie die Menschen in der von Gott geschenkten Freiheit und damit in der Beziehung zu Gott bleiben können, so ist es verständlich, dass das Gesetz in Israel nicht als etwas empfunden wird, was den Menschen unter Druck setzt und ihn einschränkt, sondern, weil es die Grundlage der eigenen Freiheit ist, geradezu geliebt wird: »Wie lieb ist mir deine Weisung; ich sinne über sie nach den ganzen Tag. … Mein Herz ist bereit, dein Gesetz zu erfüllen bis ans Ende und ewig« (Ps 119,97.112).

Bedingungslose Zuwendung Gottes als grundlegende Offenbarungsaussage

(**3**) Zusammenfassend lässt sich festhalten: Die eigentliche Offenbarungsaussage des Dekalogs stellen nicht die einzelnen Gebote und Verbote mit ihren konkreten Inhalten dar. Diese wurden – wie gezeigt – unabhängig vom Jahwe-Glauben als gültig und verbindlich erkannt. Die eigentliche Offenbarungsaussage besteht vielmehr in der Selbstoffenbarung Jahwes als eines Gottes, der sich seinem Volk zuwendet und es befreit. Jahwe ist – so wird damit offenbar – nicht ein Gott, der als Herr den Menschen befiehlt und Gehorsam verlangt und sich den Menschen erst dann zuwendet, wenn sie diesen Gehorsam erwiesen haben. Die Selbstvorstellung Gottes lautet eben nicht, wie es jahrhundertelang in autoritärer Form in den Katechismen stand: »Ich bin der Herr, dein Gott!« Jahwe ist vielmehr ein Gott, der sich Israel in der Geschichte durch sein befreiendes Handeln voraussetzungslos und bedingungslos zugewandt hat und gerade dadurch zum Halten der Gebote als Grundlage für den Weiterbestand der gewährten Freiheit *motiviert*.

Indikativ vor Imperativ

Der Vorspruch vor den Geboten macht so deutlich, dass es – anders als es allzu oft in zwischenmenschlichen Verhältnissen der Fall ist – nicht zuerst notwendig ist, den Imperativ des ethisch Gesollten zu erfüllen, um dadurch den Indikativ der Zuwendung Gottes und der Gemeinschaft mit ihm zu erlangen. Die Frohe Botschaft der Bibel besteht vielmehr grundlegend darin, dass dieses Verhältnis umgekehrt ist: Sie verkündet zuerst den *Indikativ*, dass sich Gott den Menschen zugewandt und sie befreit hat, und erst auf dieser Grundlage wird dazu aufgerufen, den bereits immer schon bestehenden *Imperativ* des ethisch Gesollten zu erfüllen. Durch die geoffenbarte Grundlage des Indikativs der Zuwendung Gottes aber wird das ethische »Sollen« nicht mehr als äußerer Zwang empfunden, sondern aus innerer Einsicht und Freiheit erfüllt.[28]

1.5 Kult und Reinheit: Das Heiligkeitsgesetz im priesterschriftlichen Kontext

Neben der theologischen Einbindung rechtlicher und moralischer Weisungen in den Glauben an Jahwes befreiendes und wohlwollendes Handeln, wie dies im Zusammenhang des Dekalogs begegnet, findet sich in der Tora – in der sog. *Priesterschrift* – noch eine andere theologische Begründung ethischer Weisungen. Diese andersartige Begründung deutet sich bereits in der Fassung des Dekalogs in Ex 20 an. Im Unterschied zu Dtn 5 nämlich wird hier das Sabbatgebot nicht mehr durch die Erinnerung an die Befreiungstat Jahwes begründet. Vielmehr gibt die priesterschriftliche Überarbeitung als Grund an, dass Jahwe nach der Erschaffung der Welt in sechs Tagen am siebten Tag ruhte. Welcher theologische Grundentwurf und welche Art der Begründung ethischer Weisungen stehen dahinter?

»Seid heilig wie ich, euer Gott, heilig bin.«

Der theologische Entwurf, in den die priesterschriftlichen Texte rechtliche und ethische Weisungen einbeziehen, lässt sich am *Heiligkeitsgesetz* (Lev 17–26), dem dritten großen Gesetzbuch im Pentateuch neben dem Bundesbuch und dem deuteronomischen Gesetz, verdeutlichen. Es handelt sich um eine Sammlung von kultischen Vorschriften und ethischen bzw. rechtlichen Geboten. Die charakteristische Begründung, die hier für das Halten dieser Weisungen gegeben wird, lautet: »Seid heilig, denn ich,

28 Vgl. dazu: Werner H. Schmidt, Die Zehn Gebote im Rahmen alttestamentlicher Ethik, a.a.O., 23f.

der Herr, euer Gott, bin heilig« (Lev 19,1f; ähnlich Lev 20,7.8.26; 21,6.8.15.23; 22,9.16.32). Dabei besagt »Heiligkeit« nicht ethische Güte, sondern Aussonderung von den anderen Völkern (Lev 20,24.26). In diesem Sinne wird die Herausführung Israels aus Ägypten nicht mehr als Tat der Befreiung verstanden, sondern als *Heiligung durch Jahwe*, als Herauslösung Israels aus den Völkern und als Zuordnung zu Gott. Die Herausführung hat dabei den Bau des Heiligtums und das Wohnen Gottes in der Mitte Israels zum Ziel.[29] Die Gebote – insbesondere die kultischen – stellen in diesem Zusammenhang die von Jahwe gegebene Ordnung dar, die der Einzelne einhalten soll, um heilig zu sein und der Heiligkeit Jahwes zu entsprechen (Lev 22,32f).

Rituelle Vorschriften

Deshalb gewinnen in der Priesterschrift – neben dem Sabbatgebot – auch das Gebot der *Beschneidung* wie die Enthaltung vom Blutgenuss und die Feier des Passafests einen zentralen Stellenwert. Sie sind zum einen Zeichen, durch die sich die Israeliten in der Situation des Exils und der Diaspora von anderen unterscheiden und ihre Identität und Zusammengehörigkeit wahren konnten. Zum anderen aber sind sie auch die Weise, wie Jahwe Israel Anteil an seinem eigenen Leben gibt und damit das Leben Israels prägt und wie die von Gott angebotene Gemeinschaft inmitten der Welt verwirklicht wird.[30] Auch gewinnt der Kult, in dem die Israeliten die Zugehörigkeit zu Jahwe rituell bekunden konnten, eine zentrale Bedeutung. Davon zeugen die zahlreichen detaillierten Kultvorschriften der Priesterschrift (Lev 1–10; 21–24). Davon zeugen auch die zahlreichen Reinheitsgebote: Speisegesetze, die zwischen reinen und unreinen Tieren unterscheiden (Lev 11)[31], Reinheitsvorschriften für die Wöchnerinnen, bei Menstruation und Samenerguss (Lev 12; 15) sowie bei Aussatz (Lev 13–14). Das Ritual für den Versöhnungstag (Lev 16) stellt dabei eine kultische Möglichkeit bereit, durch die man die angesichts der zahllosen Vorschriften kaum zu wahrende Reinheit für den Kult wiedererlangen konnte.

29 Vgl. Frank Crüsemann, Die Tora, a.a.O., 350–355; Meinrad Limbeck, a.a.O., 68. – Zur ausführlichen Deutung der Theologie des Heiligkeitsgesetzes vgl.: Klaus Gründwaldt, Das Heiligkeitsgesetz Leviticus 17–26. Ursprüngliche Gestalt, Tradition und Theologie, Berlin/New York 1999, 386–396.

30 Vgl. Meinrad Limberck, a.a.O., 63–67; Frank Crüsemann, Die Tora, a.a.O., 337–350.

31 Ein zentrales Kriterium für die Auswahl der als unrein geltenden Tiere dürfte die Lebensfeindlichkeit ihrer Lebensweise sein. Vgl. dazu: Walter Kornfeld, Levitikus (Die neue Echterbibel, Lfg. 6), Würzburg 1983, 44f.

Sexualethische Verbote

Aber auch die ethischen und sozialen Weisungen im Heiligkeitsgesetz werden in Absetzung von Sitten und Gebräuchen anderer Völker – Ägypten und Kanaan – begründet (Lev 18,1–4; 20,23). Dies gilt vor allem für sexualethische Verbote (Lev 18 und 20). Genannt werden Inzesthandlungen, Beischlaf während der Menstruation, Kinderopfer, Homosexualität und Sodomie. Vermutlich stehen hinter solchen ursprünglich isoliert überlieferten Verboten Erfahrungen mit den Folgen des Inzests, aber auch – wie das eingestreute Verbot, Kinder dem Moloch zu opfern, zeigt – archaische Tabuvorstellungen. Durch die Integration in das Heiligkeitsgesetz der Priesterschrift werden diese Vorschriften zum Merkmal der Unterscheidung Israels von anderen Völkern und damit zum Merkmal der Heiligkeit Israels, während Verstöße gegen diese Gebote als verunreinigend angesehen werden.

Kultische, nicht ethische Unreinheit

»Unreinheit« meint also *keine ethische, sondern eine kultische Unreinheit*, die aus der Übernahme der Sitten anderer Völker entsteht. Doch auch die sozialen Weisungen (Lev 19,9–18; 25), unter denen sich auch das Gebot der Nächstenliebe findet (Lev 19,18), haben ihre (Erfüllungs-)Begründung nicht mehr – wie im Deuteronomium – darin, dass sie die geschenkte Freiheit und Gemeinschaft mit Jahwe bewahren, sondern darin, dass sie die Ordnung Jahwes zur Geltung bringen. Verboten wird etwas nicht, weil es die Freiheit des Menschen unterdrückt, sondern *weil es die Ordnung und Ruhe Jahwes stört.*[32]

1.6 Klugheitsregeln und Gottesfurcht: Ethische Einsichten in der Weisheitsliteratur

Der Vorgang, dass ursprünglich aus Menschheitserfahrung gewonnene Verhaltensratschläge in den Kontext des Jahweglaubens integriert werden und damit ihre Befolgung und Verwirklichung eine neue Begründung erhält, lässt sich schließlich auch in der alttestamentlichen Weisheitsliteratur beobachten. Beispielhaft dafür ist das Buch der Sprichwörter.

Tun-Ergehens-Zusammenhang

In der ursprünglichen, vorexilischen Sammlung von Sprichwörtern (Spr 10–31) wird versucht, aus der Beobachtung der Wirklichkeit und aus der Erfahrung Ordnungsstrukturen für ein gelingendes menschliches Leben abzuleiten. Dabei spielen Zusammenhänge zwischen Tun und Ergehen des Menschen zunächst eine wichtige Rolle: Ungerechtigkeit führt zu Un-

32 Vgl. Meinrad Limbeck, a.a.O., 76.

glück, Gerechtigkeit dagegen – also Barmherzigkeit und Solidarität gegenüber den Schwachen und Armen, ja sogar gegenüber dem Feind (Spr 25,21f), wie es bereits das Bundesbuch gefordert hatte – führt zu Wohlergehen.[33] Die Gültigkeit ethischer Gebote basiert also auf der Erfahrung, die Menschen mit ihrem Handeln in der Wirklichkeit, ihren Gesetzmäßigkeiten und Ordnungsstrukturen machen. Die Handlungsempfehlungen sind *Klugheitsregeln*, deren Grundprinzip darin besteht, die Folgen des eigenen Handelns in der Wirklichkeit zu bedenken – und dies langfristig. Entsprechend greift die Sammlung der Sprichwörter auch auf die Weisheitstraditionen Ägyptens[34], Mesopotamiens und Kanaans zurück und übernimmt zahlreiche Texte.[35]

Ehrfurcht gegenüber Jahwe

Allerdings lassen sich auch Differenzierungen feststellen. Weil der Tun-Ergehens-Zusammenhang allzu oft ausbleibt, weil der Gerechte oft der Dumme ist und der Ungerechte Erfolg hat, wird der Erfolg des guten und gerechten Handelns an das Handeln Jahwes zurückgebunden (Spr 10,3; 10,22; 19,17).[36] Die eigentliche Weisheit besteht deshalb in der *vertrauenden Ehrfurcht* gegenüber Jahwe (Jahwe-Furcht). In dieser Beziehung zu Gott relativieren sich Reichtum (Spr 22,2; 29,13) und menschliche Macht (Spr 29,26), in denen zunächst Erfolg und Glück zu bestehen scheinen. Die Identifizierung der Weisheit mit der Jahwe-Furcht tritt dann in der nachexilischen Sammlung (Spr 1–9) noch deutlicher in den Vordergrund.[37] Das Vertrauen auf Jahwe wird hier sogar in Gegensatz zur eigenen begrenzten Einsicht des Menschen gebracht (Spr 3,5f), die Weisheit Jahwes in Gegensatz zu menschlicher Weisheit. Zwar ist die Weisheit Jahwes die eigentliche Grundordnung der Wirklichkeit dieser Welt. Aber diese der Welt zugrunde liegende – und als personifizierte »Frau Weisheit« vorgestellte – Weisheit Jahwes wird vom Menschen nur erkannt, wenn sie ihm in seiner Gottesfurcht geoffenbart wird (Spr 2,9–11).

Durch diese Betonung der Jahwe-Furcht werden freilich die aus der Erfahrung stammenden Klugheitsregeln und Verhaltenseinsichten nicht ungültig. Sie werden vielmehr in eine umfassendere Sicht des Glaubens

33 Vgl. Eckart Otto, a.a.O., 156.

34 So ist etwa der älteste Teil der Sprichwörter, nämlich Spr 22,17–24,22, ein bearbeiteter Auszug aus der ägyptischen Weisheitslehre des Amenemope aus dem 11. Jh. v. Chr.

35 Vgl. dazu ausführlich: Hans F. Fuhs, Sprichwörter (Die neue Echter-Bibel: Kommentar zum Alten Testament mit der Einheitsübersetzung), Würzburg 2001, 9–11. Einen ausführlichen Überblick über die altorientalische Weisheitsliteratur gibt: Eckart Otto, Theologische Ethik des Alten Testaments, a.a.O., 117–152.

36 Vgl. dazu: Eckart Otto, a.a.O., 156–158; Hans F. Fuhs, a.a.O., 6–8.

37 Dazu: Eckart Otto, a.a.O., 160–167.

eingebunden, nach der der Zusammenhang von Tun und Ergehen – entgegen aller innerweltlichen Erfahrung – doch gilt. Damit wird eine neue Begründung gegeben, warum man diese Regeln einhalten sollte, auch wenn man damit scheinbar keinen Erfolg hat.

2. Glaube und ethisches Handeln im Neuen Testament

Im Blick auf die zentralen ethischen Aussagen des Alten Testaments hat sich gezeigt, dass durch die Offenbarung Jahwes in der Geschichte Israels *nicht die Gültigkeit der Gebote und Weisungen begründet, sondern ein Grund dafür gegeben wird, warum man diese Gebote und Weisungen halten und ihnen entsprechend handeln soll.* Es geht nicht um Normenbegründung, sondern um Motivation zum Handeln entsprechend den gegebenen Normen. Doch gilt dies auch für das Neue Testament? Enthält nicht die Verkündigung Jesu doch ganz neue Weisungen, die inhaltlich über diejenigen des Alten Testaments hinausgehen? Stellen nicht das Doppelgebot der Gottes- und Nächstenliebe, die Goldene Regel oder die Aufforderungen zu Gewaltverzicht und Feindesliebe etwas bis dahin Unerhörtes dar: ein spezifisch christliches Ethos, das – gerade auch in inhaltlicher Hinsicht – erst im Glauben zugänglich ist?

2.1 Das Gebot der Nächsten- und Feindesliebe und die »Goldene Regel«

Kein neues, aber ein umfassenderes Gebot

(1) Das Liebesgebot oder das Gebot der Nächstenliebe gilt vielfach als der spezifisch christliche Beitrag zur Ethik. In Joh 13,34 wird es sogar als das »neue Gebot« bezeichnet, das Jesus seinen Jüngern hinterlassen hat. In Mk 12,29–31 und Mt 22,37–39 ist es im Rahmen des Doppelgebots der Gottes- und Nächstenliebe überliefert. Dabei scheint das Gebot der Nächstenliebe dadurch noch eine charakteristische christliche Zuspitzung zu erfahren, dass dieses Gebot in der Bergpredigt auch auf die Feinde ausgedehnt wird (Mt 5,43f; Lk 6,27f). Nächstenliebe und Feindesliebe scheinen also spezifisch christliche Haltungen und Handlungsanweisungen zu sein.

Andererseits ist weder das Doppelgebot der Liebe noch das Gebot der Feindesliebe etwas gegenüber dem Alten Testament *inhaltlich* Neues. Das

Doppelgebot der Liebe ist eine Zusammenstellung von Dtn 6,5f und Lev 19,18 und war im rabbinischen Judentum zur Zeit Jesu verbreitet. Das Gebot der Feindesliebe findet sich grundsätzlich auch in Ex 23,4f und Spr 25,21f. Jesus greift also ethische Weisungen des Alten Testaments und des Frühjudentums auf.[38] Allenfalls lässt sich in der Verkündigung Jesu hinsichtlich des Gebots der Nächstenliebe und vor allem der Feindesliebe eine *Ausweitung des Personenkreises* über die Volksgenossen hinaus feststellen, demgegenüber und von dem sie praktiziert werden soll.[39]

Beispiele

Die Ausweitung des Gebots der *Nächstenliebe* wird etwa im Gleichnis vom barmherzigen Samariter (Lk 10,30–37) deutlich. Die Pointe dieses Gleichnisses besteht darin, dass die Frage nach dem Personenkreis derer, die als Nächste anzusehen sind, von Jesus mit dem Hinweis beantwortet wird, dass derjenige mein Nächster ist, der sich durch seine Liebe und Hilfsbereitschaft an mir als Nächster erweist. »Menschen *sind* keine Nächsten (etwa durch räumliche Nähe oder die Zugehörigkeit zu einer bestimmten Gruppe), sondern erst ihr von Liebe geprägtes Handeln *macht* sie zu Nächsten.«[40] Entscheidend ist dabei in der Erzählung vom barmherzigen Samariter, dass gerade nicht die Repräsentanten der religiösen Elite Israels sich als Nächste an ihrem Volksgenossen erweisen, sondern ein Angehöriger eines fremden Volkes. Nächstenliebe – so wird hier deutlich – gilt universal und umfasst auch den Fremden.

Die Ausweitung des Gebots der Nächstenliebe zeigt sich auch in Jesu eigenem Verhalten, in seiner Zuwendung zu den Deklassierten der Gesellschaft, zu Zöllnern, Betrügern, Ehebrechern, Prostituierten. Unter dem »Nächsten« ist nicht nur der Volksgenosse zu verstehen, sondern jeder, der in Not ist und Hilfe braucht, ohne Ansehen der Person.

Die Ausweitung der *Feindesliebe* betrifft dagegen vor allem die Adressaten dieses Gebots. Es richtet sich nicht mehr nur an den König oder andere Privilegierte, sondern an alle, auch die Armen. Auch sie sollen ihren Feinden helfen, wenn sie in Not sind.

38 Zum jüdischen Kontext des Doppelgebots der Liebe vgl.: Wolfgang Schrage, Ethik des Neuen Testaments, Göttingen 1989, 73-93. Ausführlich zu den jüdischen Traditionen des Doppelgebots vgl. auch: Gerd Theißen/Annette Merz, Der historische Jesus, Göttingen ^{3}2001, 340–345. – Festzuhalten ist ferner, dass entsprechende ethische Forderungen (sog. hochethische Weisungen) auch in außerjüdischen Kontexten formuliert wurden, etwa in der griechisch-römischen Stoa (vgl. dazu: Alfons Auer, Autonome Moral und christlicher Glaube, Düsseldorf ^{2}1984, 85ff).

39 Vgl. dazu: Gerd Theißen/Annette Merz, a.a.O., 339–349.

40 Vgl. Gerd Theissen/Annette Merz, a.a.O., 346.

Die sich hier abzeichnende Bewegung lässt sich als Tendenz zur *Universalisierung des Liebesgebots* beschreiben. Nächstenliebe sollen wir *gegenüber allen Menschen* üben, egal ob sie auf unserer Seite stehen oder andere Interessen vertreten, egal ob wir von ihnen einen Vorteil erwarten können oder ob sie uns schaden wollen, egal auch ob sie über Macht und Ansehen verfügen oder ob sie zu den Ohnmächtigen und Verachteten gehören.

Reich-Gottes-Botschaft als Motivation

(**2**) Kann das Gebot der Nächsten- und auch der Feindesliebe selbst demnach nicht – was den Grund ihrer Gültigkeit angeht – als ein Proprium der Verkündigung Jesu gelten, so lässt sich doch eine Besonderheit dahingehend feststellen, was in der Botschaft Jesu mit dem Gebot der Nächsten- und Feindesliebe geschieht: dass es eine spezifische *Motivierung* und Begründung erhält. In der Verkündigung Jesu, deren Zentrum die *Botschaft vom nahe gekommenen Reich Gottes* und die damit verbundene Aufforderung zur radikalen Umkehr bildet (Mk 1,15), bekommt das Gebot der Gottes- und Nächstenliebe höchste Dringlichkeit.[41] Das entscheidend Neue dieser Botschaft, mit der Jesus an die alttestamentliche eschatologische Hoffnung und Erwartung der kommenden Gottesherrschaft anknüpft, besteht darin, dass die Herrschaft Gottes nicht erst nach dem Ende dieser Welt anbricht und auch nicht durch politischen Umsturz herbeigeführt werden muss, sondern bereits jetzt und hier im Kommen ist. Gott will – so macht Jesus durch sein ganzes Leben, durch seine Botschaft und durch seine Taten deutlich – jetzt und hier zu den Menschen kommen. Er wendet sich jetzt und hier schon den Menschen zu. Damit aber sind umgekehrt die Menschen jetzt schon in die Entscheidung zur Nachfolge in der Liebe zu Gott und den Nächsten gerufen, eine Entscheidung, die sich nicht mehr aufschieben lässt, sondern in der jetzt schon das Gericht geschieht (Joh 3,18).

Zugleich mit der Dringlichkeit der Forderung aber bildet die in Jesus selbst erfahrbar gewordene Zuwendung Gottes gerade auch die *Grundlage*, die die Liebe zu Gott und zum Nächsten *ermöglicht* und zu dieser Liebe befreit. Gott selbst ist es, der – wie die Erzählung vom Zöllner Zachäus (Lk 19,1–10) zeigt – in Jesus den Menschen trotz aller Schuld und unverhofft, ohne vorhergehende Leistung oder Reue, Vergebung anbietet. Gerade durch diese Zuwendung aber bringt er im Menschen die Bereitschaft zur Umkehr und zum Leben nach Gerechtigkeit und Barm-

41 Zur Charakterisierung der Ethik Jesu als »eschatologische Ethik« und nicht als »apokalyptische Interimsethik« oder »sapientiale Schöpfungsethik« vgl. Wolfgang Schrage, a.a.O., 35–42.

herzigkeit hervor. Das ethische Handeln des Menschen ist nicht Voraussetzung des Kommens der Herrschaft Gottes, sondern seine Konsequenz. Es ist die Weise, wie das Reich Gottes in dieser Welt sichtbar wird und anbricht.[42]

Charakteristisch für die Verkündigung Jesu ist also nicht das Gebot der Nächsten- und Feindesliebe als solches – es enthält inhaltlich gegenüber dem Alten Testament nichts Neues –, sondern die Weise der Motivation. Darüber hinaus ist auch zu bedenken, dass das Gebot der Nächstenliebe keine konkrete Ethik entwirft. Das Liebesgebot verpflichtet zwar darauf, sich dem anderen zuzuwenden, selbstlos und hilfsbereit zu handeln. Es ruft dazu auf, sich von der Not des anderen ansprechen zu lassen. Es ruft dazu auf, nicht nur den eigenen Vorteil und das eigene Wohl im Auge zu haben, sondern sich um das Wohl des anderen zu bemühen und ihm das Gute zu tun. Die eigentliche *inhaltliche* Frage aber, worin konkret die Liebe zum Nächsten oder gar zum Feind besteht, was also konkret das Wohl des anderen fördert, was sich in der Wirklichkeit der Welt und Gesellschaft tatsächlich als das Gute für ihn erweist, ist damit noch nicht beantwortet. Es wird – wie in der Erzählung vom barmherzigen Samariter – entweder als evident vorausgesetzt oder es bedarf einer weiteren Begründung. Im Gebot der Nächstenliebe geht es also allein um die Mahnung, *überhaupt* mitmenschlich zu handeln, nicht aber um die normativ-ethische Frage, worin genau Mitmenschlichkeit im Einzelfall besteht.

Goldene Regel: Unparteilichkeit zwischen Egoismus und Selbstaufgabe

(**3**) Aber – so lässt sich weiterfragen – kann nicht die *Goldene Regel* als ein Prinzip gelten, mit dessen Hilfe sich das, was Nächstenliebe bedeutet, inhaltlich konkretisieren lässt? In ihrer positiven Formulierung lautet diese Regel: »Alles, was ihr von anderen erwartet, das tut auch für sie!« (Mt 7,12; Lk 6,31), in ihrer negativen Form dagegen heißt sie: »Was dir selbst verhasst ist, das mute auch einem anderen nicht zu!« (Tob 4,15). Offensichtlich soll damit die Frage beantwortet werden, wie man sich dem Mitmenschen gegenüber verhalten soll. Man soll die anderen so behandeln, wie man auch von ihnen behandelt werden will. Allerdings kann verantwortliches und ethisches Handeln wohl kaum darin bestehen, die eigenen – möglicherweise auch perversen – Wünsche zum Maß dessen zu machen, was man für andere tun soll.

Aber auch die Interpretation, dass man die anderen so behandeln soll, wie man glaubt, dass die anderen einen selbst zu behandeln ethisch

42 Vgl. dazu: Wolfgang Schrage, a.a.O., 30–35.

verpflichtet sind, ist unzureichend. Gegen ein solches Verständnis der Goldenen Regel im Sinne einer Anweisung zu *strikter Gegenseitigkeit* der Verpflichtungen lässt sich etwa einwenden, dass zwar ein Arzt ethisch verpflichtet ist, dem Patienten in Not zu helfen und ihn zu heilen, dass deswegen aber der Patient – wenn er nicht selbst Arzt ist – umgekehrt nicht ethisch verpflichtet ist, den Arzt, wenn er krank ist, zu behandeln. Auch hat der Arme gegenüber dem Reichen nicht dieselben Pflichten wie der Reiche gegenüber dem Armen.

Zutreffender scheint demgegenüber eine von Bruno Schüller[43] vorgelegte Interpretation der Goldenen Regel zu sein, wonach man an sich selbst genau dieselben ethischen Maßstäbe anlegen soll, die man auch an die anderen anlegt. Wenn ich davon ausgehe, dass jemand, der – wie ein Arzt – mir in meiner Not helfen kann, auch ethisch dazu verpflichtet ist, mir in meiner Not zu helfen, dann bin auch ich verpflichtet, jedem, der in Not ist und dem ich helfen kann, auch Hilfe zu leisten. Ausgehend von diesem Verständnis wendet sich die Goldene Regel sowohl dagegen, dass man sich selbst gegenüber anderen *egoistisch* bevorzugt, nur weil es um die eigene Person geht, als auch dagegen, dass man den anderen gegenüber sich selbst *altruistisch* bevorzugt, nur weil es ein anderer ist, und sich selbst dabei aufopfert oder aufgibt. In der Goldenen Regel geht es also darum, dass man – jenseits von allem Egoismus und Altruismus – alle Menschen und auch sich selbst *unter das gleiche Maß stellt* und nach gleichen Kriterien *von einem objektiven, vernünftigen Standpunkt aus unparteiisch behandelt* und ohne Ansehen der Person ihr Wohl will. Mit dem Standpunkt der Unparteilichkeit und dem Aspekt »ohne Ansehen der Person« ist aber gerade auch die Feindesliebe in der Nächstenliebe mit enthalten. Für ethisches Handeln kann es keinen Unterschied machen, ob mir der andere sympathisch ist oder nicht, ob er etwas gegen mich hat oder nicht. So begründet auch die Bergpredigt das Gebot der Feindesliebe folgendermaßen:

> »Liebt eure Feinde und betet für die, die euch verfolgen, damit ihr Söhne eures Vaters im Himmel werdet; denn er lässt seine Sonne aufgehen über Bösen und Guten, und er lässt regnen über Gerechte und Ungerechte.« (Mt 5,44f)

43 Vgl. zu dieser Auslegung der Goldenen Regel näherhin: Bruno Schüller, Die Begründung sittlicher Urteile, a.a.O., 89–106. – Vgl. ebenso: Alfred Bellebaum/Heribert Niederschlag (Hgg.), Was Du nicht willst, daß man Dir tu' … Die Goldene Regel – ein Weg zum Glück?, Konstanz 1999; darin insbesondere den Beitrag von: Eberhard Schockenhoff, Das Liebesgebot Jesu und die Goldene Regel im Verständnis der christlichen Ethik (55–85).

Die Goldene Regel hat also durchaus eine Bedeutung für das rechte Verständnis der Nächstenliebe, insofern sie deutlich macht, dass es dabei um eine *unparteiische Liebe* geht. Allerdings hilft auch sie nicht weiter in der Frage, worin dann diese unparteiische Liebe konkret bestehen kann.

2.2 Die Antithesen der Bergpredigt

Aber stellen die Antithesen der Bergpredigt (Mt 5,21–48) nicht eine inhaltliche Füllung des Liebesgebots dar, durch die das alttestamentliche Gesetz ausdrücklich überboten wird? Werden mit diesen nicht doch spezifisch christliche Normen vorgetragen? Dafür könnte nicht nur ihre Formulierung als Antithesen (»Zu den Alten ist gesagt worden …, ich aber sage euch …«) und die Parallelisierung, die das Matthäusevangelium zwischen der Bergpredigt als Rede auf einem Berg und der Übergabe der Gesetzestafeln auf dem Berg Sinai konstruiert[44], sprechen. Auch inhaltlich werden hier Weisungen genannt, die wegen ihrer Radikalität als neue, spezifisch christliche Weisungen angesehen werden könnten.

Verschärfung und Radikalisierung des Gesetzes

So droht die erste Antithese nicht nur für die reale Tötung, sondern bereits für die Beschimpfung des anderen das Gericht an und ruft bereits dann – auch mit kultkritischem Akzent – zur aktiven Versöhnung auf, wenn man weiß, dass ein anderer etwas gegen einen hat. Die zweite Antithese verurteilt nicht nur den realen Ehebruch, sondern bereits die begierliche Absicht. Entsprechend radikal ist die Forderung, sich das rechte Auge auszureißen und die rechte Hand abzuhauen, wenn sie einen zum Ehebruch verführen. Ebenso verschärft die dritte Antithese das Scheidungsrecht. Die vierte Antithese fordert nicht nur, keinen *Mein*eid zu schwören, sondern verbietet grundsätzlich jedes Schwören. Stattdessen fordert sie unbedingte Wahrhaftigkeit und Verlässlichkeit des geäußerten Ja bzw. Nein. Die fünfte Antithese schließlich überbietet das alttestamentliche Talionsgesetz durch die Forderung des radikalen Gewaltverzichts und die sechste Antithese das Gebot der Nächstenliebe durch die Forderung der Feindesliebe. In all diesen Forderungen ist also eine deutliche *Normverschärfung* und *Radikalisierung* gegenüber den jeweils zunächst genannten Torabestimmungen festzustellen. Doch bedeutet diese Radikalisierung auch schon, dass diese Gebote wirklich neu und unerhört sind?

44 Vgl. Hubert Frankemölle, Matthäus-Kommentar 1, Düsseldorf 1994, 206.

Parallelen in der rabbinischen Gesetzesauslegung

Gegen diese Schlussfolgerung spricht, dass die meisten dieser Forderungen inhaltlich nicht wesentlich über das hinausgehen, was zur Zeit Jesu auch von anderen rabbinischen Auslegern der Tora gefordert wurde.

So weist Ulrich Luz[45] darauf hin, dass sich für die Formulierung der ersten Antithese deutliche Parallelen in der zeitgenössischen jüdischen Paränese finden lassen. Auch die Zuspitzung des Verbots des Ehebruchs auf die begierliche Absicht hätte im damaligen Judentum Unterstützung gefunden. Im Verbot, überhaupt zu schwören, gehe Jesus nur durch die kategorische Form über die jüdische Paränese hinaus. Und auch die Mahnung zum Unrechtleiden sei in der gesamten Antike verbreitet gewesen.

Die Antithesen ordnen sich also ein in die auch sonst im Judentum übliche *auslegende Paränese der Rechtsbestimmungen* der Tora. Insofern ist die antithetische Form »Zu den Alten ist gesagt worden … Ich aber sage euch …« irreführend. Besser wäre zu formulieren: »Zu den Alten ist gesagt worden … Und ich sage euch darüber hinaus …«[46] Wie sind also die Antithesen zu verstehen? Sind sie lediglich eine Auslegung der Tora neben vielen anderen? Oder wird hier doch ein ganz anderer Verbindlichkeitsanspruch erhoben? Bedeutet die Präsentation der Weisungen Jesu in antithetischer Form nicht doch, dass Jesus hier die auslegende Paränese in der Form von Rechtsbestimmungen der geltenden Rechtsordnung gegenüberstellt?[47] Worin aber gründet dann dieser Verbindlichkeitsanspruch?

2.2.1 Erfüllung des Gesetzes – Die bessere Gerechtigkeit

Einen Zugang zum Verständnis der Antithesen und der darin aufgestellten Forderungen im Verhältnis zum alttestamentlichen Gesetz eröffnet der Vorspruch, der als hermeneutischer Schlüssel anzusehen ist.

> »Denkt nicht, ich sei gekommen, um das Gesetz und die Propheten aufzuheben. Ich bin nicht gekommen, um aufzuheben, sondern um zu erfüllen. Amen, ich sage euch: Bis Himmel und Erde vergehen, wird auch nicht der kleinste Buchstabe des Gesetzes vergehen, bevor nicht alles geschehen ist. Wer auch nur eines von den kleinsten Geboten aufhebt und die Menschen entsprechend lehrt, der wird im Himmelreich der Kleinste genannt werden. Wer sie aber hält und halten lehrt, der wird groß sein im Himmelreich. Darum sage ich euch: Wenn eure Gerechtigkeit nicht noch viel

45 Vgl. Ulrich Luz, Das Evangelium nach Matthäus, Bd. 1: Mt 1–7, Zürich/Einsiedeln/Köln 1985, 254; 264; 283; 293.

46 Vgl. dazu: Hubert Frankemölle, a.a.O., 225–227. – Ebenso: Manfred Köhnlein, Die Bergpredigt, Stuttgart 2005, 85–87. Das »dé« in »egò dè légo hymîn« kann nicht nur als »aber«, sondern auch als »und darüber hinaus« übersetzt werden.

47 Vgl. dazu: Ulrich Luz, a.a.O., 255f.

größer ist als die der Schriftgelehrten und Pharisäer, werdet ihr nicht in das Himmelreich kommen.« (Mt 5,17–20)

Nicht Aufhebung, sondern Erfüllung der Tora

In den Forderungen der Antithesen geht es demnach nicht darum, eine Weisung der Tora abzuschaffen, zu relativieren oder für ungültig zu erklären. Es geht nicht um eine Veränderung der inhaltlichen Forderungen oder gar um neue, andere Gebote, die die Weisungen der Tora ersetzen. Im Gegenteil: Das Gesetz hat ungebrochene Geltung und eine positive Bedeutung (Mk 10,17–19). Es stellt die unaufhebbare Grundlage ethischen Handelns dar. Aber es geht darum, das Gesetz wahrhaft zu *erfüllen*. Das bedeutet aber offenbar nicht einfach, sich möglichst genau an den Wortlaut der einzelnen Gesetze zu halten. Es geht vielmehr um eine größere Gerechtigkeit als die der Schriftgelehrten und Pharisäer. In welchem Sinne ist dann aber die Rede von der *Erfüllung* des Gesetzes zu verstehen?

Weiterführend kann hier die Einsicht sein, dass in der Gegenüberstellung der Antithesen der Blick nicht primär auf das jeweilige Gebot gerichtet ist, sondern auf den *Wert*, der hinter dem jeweiligen Gebot steht, von dem her es begründet ist und den es schützen und fördern will.[48]

Nicht nur Verbote einhalten, sondern Werte fördern und schützen

So wird das, was in der Gegenüberstellung der *ersten Antithese* (Mt 5,21–26) geschieht, nur verständlich unter der Voraussetzung, dass Jesus von demjenigen Wert her denkt, der hinter dem Tötungsverbot selbst steht: dem Wert des menschlichen Lebens. Um diesen Wert zu schützen und zu fördern, ist es das Mindeste, dass man sich nicht gegenseitig umbringt. Das Tötungsverbot erweist sich so im Blick auf diesen Wert als immer verbindlich bleibende *Mindestforderung*. Aber damit ist der Wert des menschlichen Lebens noch nicht ausreichend und umfassend geschützt. Es gibt eine Fülle von weiteren Möglichkeiten, wie Menschen das Leben anderer bedrohen, ihr Leben einschränken, verletzen und beschädigen können. Gegenseitige Beschimpfungen können eskalieren und schließlich zu sozialem Ausschluss oder sogar zum tatsächlichen Totschlag führen. Menschen können andere »mit Blicken töten«, »Rufmord« begehen, andere »kaltstellen«, »mundtot« oder »fertig« machen, sie können »über Leichen gehen«. Dies mag verdeutlichen, was erforderlich ist, um den Wert »menschliches Leben« *wahrhaft* zu schützen und zu fördern. Es ist nicht bereits damit getan, auf physisches Töten zu verzichten. Es muss

48 Hubert Frankemölle, a.a.O., 232f gibt einen sehr schönen Überblick über die Werte, die jeweils hinter den Antithesen stehen und die geschützt und gefördert werden sollen.

auch im Vorfeld alles vermieden werden, was das Leben anderer Menschen verletzen und beschädigen kann. Man muss alles tun, um die Anfänge der Gewalteskalation zu verhindern, indem man sich – wie der zweite Teil der ersten Antithese modellhaft beschreibt – aktiv um Versöhnung bemüht.

Dieses Prinzip, das Gebot von dem jeweiligen Wert her auszulegen und zu erweitern, dem es dienen will, lässt sich nun auch auf die anderen Antithesen übertragen. In der zweiten und dritten Antithese geht es darum, was über das Vermeiden eines tatsächlich vollzogenen Ehebruchs hinaus bereits im Vorfeld notwendig ist, um den Wert einer gelungenen Lebensgemeinschaft von Mann und Frau zu schützen. In der vierten Antithese geht es darum, was über rechtliche Maßnahmen wie den Eid hinaus noch dazu dient, den Wert der Wahrhaftigkeit und des Vertrauens unter Menschen zu sichern und zu fördern, nämlich die schlichte Verlässlichkeit dessen, was man sagt. In der fünften Antithese geht es um das Ziel der Gewaltfreiheit im menschlichen Zusammenleben, ein Ziel, dem auch schon das alttestamentliche Talionsgesetz dienen soll, indem es die unter Menschen nur allzu leicht vorkommende Eskalation von Gewalt eindämmt. Dennoch ist damit der auch vom Talionsgesetz angezielte Wert, nämlich ein gewaltfreies und friedliches Zusammenleben der Menschen, noch keineswegs verwirklicht. Das Talionsgesetz stellt wiederum – wie das Tötungsverbot – lediglich eine Mindestforderung dar. Zur vollen Verwirklichung dieses Wertes gehört noch sehr viel mehr, etwa – zumindest unter bestimmten Umständen (siehe dazu unten 2.2.2) – der Verzicht auf Gegengewalt und die Bereitschaft, demjenigen, der einen schlägt, auch die andere Backe hinzuhalten. In der sechsten Antithese schließlich geht es um den Wert universaler Geschwisterlichkeit, auf den bereits das Gebot der Nächstenliebe hinzielt und der erst durch eine Liebe verwirklicht wird, die ihr Maß nicht an Volkszugehörigkeit, an Sympathie und Antipathie oder gar am Freund-Feind-Schema hat.

Erfüllung der Gebote gemäß ihrer Intention

Erfüllung des Gesetzes und die größere Gerechtigkeit bestehen in dieser Deutung also darin, sich nicht nur – wie die Pharisäer und Schriftgelehrten in der Darstellung der Evangelien – legalistisch an den äußeren Wortlaut der Gebote zu halten, sondern darin, den Sinn der Gebote, die hinter ihnen liegenden Werte zu erfassen und im Sinne ihrer Verwirklichung zu handeln. Damit werden die alttestamentlichen Gebote nicht aufgehoben, wohl aber *ihrer eigenen Intention gemäß* erfüllt. Die Forderungen, die Jesus in den Antithesen aufstellt, sind von ihrem Inhalt her nichts grundsätzlich Anderes oder Neues. Sie erweisen sich vielmehr als *konsequente Auslegung der Gebote von ihrem inneren Sinn her.*

2.2.2 Unerfüllbare Utopie? – Das Problem der Radikalität der Antithesen

Gewaltverzicht – unbrauchbare Utopie?

Lassen sich die Forderungen der Antithesen demnach als Beispiele und Wegweiser zur wahren Erfüllung des alttestamentlichen Gesetzes verstehen, so stellt sich nun jedoch die Frage, ob die Forderungen, die in den Antithesen genannt werden, nicht derart radikal sind, dass sie als unangemessen beurteilt werden müssen, da sie sich im konkreten Leben der Menschen als unerfüllbar und damit als unbrauchbare Utopie erweisen. Dies betrifft insbesondere die Forderung nach radikalem Gewaltverzicht, die – so eine verbreitete Auffassung – die Bergpredigt zu einer unrealistischen Ethik macht, die weder im Alltag des Einzelnen noch im politischen Bereich praktikabel ist. Charakteristisch für diese Einschätzung ist das Urteil des früheren Bundeskanzlers Helmut Schmidt (Bundeskanzler von 1974–1982), der die Anwendung der Gewaltverzichtsforderung im Bereich der Politik für unverantwortlich hielt:

> »Die Idee der Bergpredigt unmittelbar auf die Außenpolitik unseres Staates zu übertragen, kann man leicht bewerten, indem man sie auf den extremen Fall anwendet: Was hätte es dem Frieden genützt, wenn ein ausländischer Staat Hitler oder Stalin auch noch die andere Backe hingehalten hätte? Das sind in ihrer Naivität absurde Vorstellungen, die völlig abstrahieren von der konkreten geschichtlichen Situation. ... Der Irrtum derer, die Waffenlosigkeit predigen, liegt darin, dass sie die Lauterkeit ihrer Motive bereits für den Erfolg halten. Wenn jedoch alle anderen zu Zeiten Stalins so gehandelt hätten, würden sowjetische Divisionen nicht bloß an der Elbe, sondern am Rhein, an der Nordsee oder auf Kreta stehen.«[49]

Lösungsversuche der Tradition

Auch in der Tradition der Auslegung ist das Problem der Unerfüllbarkeit der Forderungen der Antithesen gesehen worden. Entsprechend wurden verschiedene Deutungen entwickelt, um die allzu große Radikalität zu entschärfen.[50] Allerdings bleiben diese Deutungen letztlich unbefriedigend:

- Ein erster Versuch besteht darin, sie als Forderungen umzudeuten, die sich *lediglich an die Vollkommenen* unter den Christen, nicht aber an die gewöhnlichen Gläubigen richten. Diese Deutung im Sinne einer »Zwei-Klassen-Moral« hat jedoch keinen Anhalt am Text; die Bergpredigt richtet sich nicht ausschließlich an den engeren Jüngerkreis.

---

49 Das Zitat stammt aus einem Interview mit dem damaligen Bundeskanzler Helmut Schmidt, abgedruckt in: epd-Dokumentation Nr. 18a/1981, Frankfurt am Main, 13.4.1981.

50 Vgl. dazu: Hans Weder, Die »Rede der Reden«. Eine Auslegung der Bergpredigt heute, Zürich 1985, 18–30. Vgl. ebenso: Gerd Theißen/Annette Merz, a.a.O., 351–354.

- Ein weiterer Versuch besteht darin, die Forderungen – im Sinne einer Gesinnungsethik – dahingehend zu entschärfen, dass es nicht auf die tatsächliche Erfüllung der radikalen Gebote ankomme, sondern lediglich auf die *innere Gesinnung der Liebe.* Damit aber wird der Charakter als Handlungsanweisungen nicht ernst genommen.
- Ein dritter Versuch besteht darin, sie als bloße *Interims-Ethik* zu deuten, die lediglich unter den Bedingungen der Naherwartung, nicht aber heute mehr gelten. Damit aber wären die Forderungen der Antithesen für uns heute irrelevant.
- Schließlich lässt sich auf eine Deutung verweisen, die die Unerfüllbarkeit bejaht und als *Gericht über die Selbstgerechtigkeit* des Menschen verstehen will, in der er glaubt, das Gesetz erfüllen zu können. Doch auch damit würden die Antithesen ihre Handlungsrelevanz verlieren.

Muss man also sagen, dass das Gebot des Gewaltverzichts, das als spezifisch christlich gilt, zu radikal und unerfüllbar, damit aber unbrauchbar und unverantwortlich und so als ethische Weisung unannehmbar ist? Ist es nicht sogar unsinnig und zerstörerisch? Muss es nicht doch möglich sein, sich gegen gewalttätige Angriffe zu wehren? Oder: Muss man im Glauben gerade an solchen radikalen Forderungen festhalten, auch wenn sie absurd und zerstörerisch erscheinen? Zeigt sich nicht gerade darin wahrer Glaube?

In einem ersten Hinblick fällt auf, dass sich das Problem der Unerfüllbarkeit vor allem im Blick auf den Gewaltverzicht stellt. Im Blick auf das Schwurverbot etwa wird es kaum für problematisch gehalten, dass in Gerichtsverhandlungen der Eid verwendet wird. In der katholischen Kirche wird vor der Übernahme bestimmter kirchlicher Ämter neben dem Glaubensbekenntnis sogar die Ablegung eines Treueeids gegenüber bestimmten kirchlichen Vorschriften und Vorgesetzten verlangt.[51] Auch die Forderung der dritten Antithese, gegebenenfalls sein Auge auszureißen und seine Hand abzuhauen, wird ohne schlechtes Gewissen nicht erfüllt.[52]

Das Gebot zum Gewaltverzicht und der Wert gewaltfreien Zusammenlebens

Geht man darüber hinaus von der Deutung der Antithesen als *Erfüllung* des Gesetzes aus, so lässt sich weiterhin Folgendes sagen: Wenn es in der fünften Antithese um den Wert eines gewaltfreien und friedlichen Zu-

51 Vgl. dazu: CIC (1983), Can. 380, sowie: Kongregation für die Glaubenslehre, Glaubensbekenntnis und Treueeid, in: AAS 81 (1989) 104–106.

52 Ulrich Luz, a.a.O., 267, bemerkt dazu: »In der Auslegungsgeschichte wurde die wörtliche Deutung so gut wie einhellig abgelehnt.«

sammenlebens geht, wenn es darum geht, was außer der Talionsregel noch möglich und erforderlich ist, um diesen Wert zu fördern, dann ist der einseitige Verzicht auf Gewalt in der Regel eine naheliegende und wirkungsvolle Verhaltensweise, *weil dadurch der Kreislauf von Gewalt und Gegengewalt tatsächlich durchbrochen wird.* Entscheidend ist aber, dass diese Forderung selbst nicht wieder als absolut gültige und kategorisch zu befolgende Vorschrift verstanden wird. Es geht darum, den Wert der Gewaltfreiheit *tatsächlich* zu verwirklichen. Wenn aber der Verzicht auf (Gegen-)Gewalt faktisch dazu führt, dass die Gewalt nicht abnimmt, sondern noch gefördert wird[53], dann sollte man, gerade weil es in der Weisung der fünften Antithese um den Wert des gewaltfreien Zusammenlebens geht, nach anderen, wirksameren Wegen suchen. Unter Umständen kann es dabei sogar notwendig sein, begrenzte Gewalt einzusetzen, um noch mehr Gewalttätigkeit zu verhindern. Es kann nicht im Sinne der Förderung von Gewaltfreiheit sein, die Augen davor zu verschließen, wenn der eigene Gewaltverzicht die Gewalttätigkeit anderer fördert. Dies wäre wiederum eine rein legalistische, »pharisäische« Befolgung der Forderungen der Antithesen, die es aber – gemäß dem Vorspruch – zu überwinden gilt.[54] Andererseits ist es wichtig, den leitenden Wert eines gewaltfreien Zusammenlebens nicht aus dem Auge zu verlieren, sondern auch bei dem Einsatz begrenzter Gewalt als Kriterium und Orientierungspunkt zugrunde zu legen. Es muss bewusst bleiben, dass der Einsatz von Gewalt, auch wenn er größere Gewalt verhindert, nie zu einem wirklich gewaltfreien Zusammenleben führt.

Jesus durchbricht das Sabbatgebot

Einer solchen Deutung des Gewaltverzichts-Gebots liegt das gleiche Prinzip zugrunde, das sich auch in der Durchbrechung des Sabbatgebots durch Jesus selbst und dem sich daran entzündenden Konflikt mit den Pharisäern (Mt 12,1–14; Mk 2,23–3,6; Lk 6,1–11) als leitend erweist. Jesus selbst begründet sein Handeln wie folgt: »Wer von euch würde, wenn ihm am Sabbat ein Schaf in eine Grube fällt, es nicht sofort wieder herausziehen? Und wieviel mehr ist ein Mensch wert als ein Schaf! Deshalb ist es erlaubt, am Sabbat Gutes zu tun.« (Mt 12,11f) Offenbar hält es Jesus für möglich, das Sabbatgebot dann zu durchbrechen, wenn es darum geht, einen höheren oder umfassenderen Wert zu schützen. Ausgehend

53 Bereits Ignatius von Antiochien, Röm 5,1, berichtet über die Soldaten, die ihn bewachten, dass sie durch erwiesene Wohltaten noch schlimmer geworden seien.

54 Vgl. dazu auch: Johannes Gründel, Die Bergpredigt als Orientierung für unser Handeln. Zur Erneuerung der Moraltheologie »aus der Lehre der Schrift«, in: R. Schnackenburg, Die Bergpredigt. Utopische Vision oder Handlungsanweisung? Düsseldorf [2]1984,108–111.

von dem weiteren Argument Jesu »Der Mensch ist nicht für den Sabbat da, sondern der Sabbat für den Menschen« (Mk 3,27) lässt sich der Grund für den Verstoß gegen das Sabbatgebot zugespitzt darin sehen, dass in bestimmten Situationen das Halten eines Gebots den Wert, den es eigentlich schützen soll, gerade verletzt oder untergräbt. Auch für Jesus ist das Gebot der Ruhe am Sabbat selbstverständlich sinnvoll und begründet. Es hat seinen Sinn darin, den Menschen einen Raum zu eröffnen, in dem die Freiheit, Würde und Selbstzwecklichkeit aller Menschen und aller Geschöpfe gewahrt wird. Es gibt dem Menschen die Möglichkeit der Besinnung auf Gottes befreiende Zuwendung, auf sich selbst und den Sinn seines Lebens jenseits aller Einspannung in die alltäglichen Zwänge und Notwendigkeiten. Wenn allerdings das Halten des Gebots den Wert, dem es dienen will, zerstört, ist es erlaubt, ja geradezu geboten, es zu durchbrechen. Es liegt gewissermaßen im Sinne der Vorschrift selbst, *in diesem Fall* gegen sie zu verstoßen. Jesus setzt sich also nicht beliebig über das Sabbatgebot hinweg und setzt es nicht willkürlich außer Kraft. Wohl aber hält er es für möglich, das Gebot dann – und auch nur dann – zu durchbrechen, *wenn das Halten des Gebots zum Gegenteil dessen führt, was es eigentlich intendiert.* Gerade so wird es dann seinem Sinn nach erfüllt. Dieses Prinzip öffnet also nicht einer willkürlichen Übertretung und Aufhebung von Geboten die Tür, sondern gibt genaue Bedingungen für eine Übertretung an.

Handlungsmodelle, keine neuen Gesetze

Die Weisungen, die Jesus in den Antithesen gibt, sollen also nicht wieder als neue Paragraphen verstanden werden, die um jeden Preis dem Wortlaut nach zu erfüllen sind. Es sind vielmehr *Beispiele* und *Modelle* dafür, wie man über das Mindestgebot hinaus handeln und den jeweiligen Wert fördern kann. Auch ist mit den Weisungen der Antithesen kein Anspruch auf Vollständigkeit und Gültigkeit in allen Situationen verbunden. Diese können vielmehr *ergänzt und weiterentwickelt werden.* Sie sollen die Phantasie des Menschen anregen, nach weiteren sach- und situationsgerechten Handlungsmöglichkeiten zu suchen, um die jeweiligen Werte bestmöglich zu schützen und zu fördern.[55]

---

55 In diesem Sinne schreibt im Blick auf das Gebot zum Gewaltverzicht Ulrich Luz, a.a.O., 295: »Deutlich ist auch, dass Jesu Forderungen mehr wollen, als sie konkret verlangen … Sie sind gleichsam verdichtete Bilder für ein Verhalten, das es in allen Bereichen des Lebens zu entdecken und zu verwirklichen gilt. Insofern wollen diese Gebote zwar befolgt werden, aber nicht einfach wörtlich, sondern so, dass in neuen Situationen das, was sie fordern, in Freiheit, aber in ähnlicher Radikalität immer wieder neu zu ›erfinden‹ ist.«

Verantwortungsethik statt Gesinnungsethik oder Gesetzesethik

Damit erweisen sich die Forderungen der Antithesen keineswegs als wirklichkeitsfremde und im Alltag oder in der Politik unerfüllbare und damit letztlich unverantwortbare Utopie. Jenseits einer bloßen *Gesinnungsethik*, der es lediglich um die gute Absicht ohne Rücksicht auf die realen Folgen geht, und einer bloßen *Gesetzesethik*, die allein an der äußeren Übereinstimmung zwischen der Handlung und der Vorschrift orientiert ist, hat die Ethik der Antithesen die Werte des Handelns im Blick und regt dazu an, über die bloße Mindestforderung hinaus diejenigen Mittel zu wählen und zu suchen, die in der jeweiligen Situation und von ihren Folgen her geeignet sind, diese Werte möglichst optimal zu verwirklichen und zu fördern. Sie erweist sich damit als *Verantwortungsethik*[56] und kann durchaus im alltäglichen Leben ebenso wie in politischen Entscheidungen eine maßgebliche und wegweisende Rolle spielen.

Mit den Antithesen werden somit *nicht weitere Gesetze und Paragraphen* vorgelegt. Die Ethik der Bergpredigt entlässt den einzelnen Handelnden vielmehr in seine eigene Verantwortlichkeit. Sie ersetzt nicht die eigene Überlegung und Erfahrung des Menschen, wenn es darum geht, was man konkret tun soll, sondern fördert das eigene Nachdenken und die Wahrnehmung der Realität. Sie stellt kein Sonderethos dar, sondern *motiviert die menschliche Vernunft zu eigenständigem ethischen Urteilen.* Die Zuwendung Gottes zum Menschen, die Jesus verkündet und mit seinem Leben bezeugt, widerspricht nicht der Autonomie menschlicher Vernunft, sondern setzt sie frei.

2.3 Haustafeln und Tugend-/Lasterkataloge

Ethische Weisungen in der paulinischen Briefliteratur

Lassen sich aber nicht doch in der Briefliteratur des Neuen Testaments Zeugnisse eines spezifisch christlichen Ethos finden? Zu denken wäre hier vor allem an die konkreten, inhaltlich bestimmten Weisungen der Tugend- und Lasterkataloge bzw. der so genannten Haustafeln, wie sie sich vor allem in den paulinischen Briefen finden. Beispielhaft für die zahlreichen Tugend- und Lasterkataloge[57], in denen Paulus das Verhalten in den zwischenmenschlichen Einzelbeziehungen charakterisiert, lässt sich etwa Gal 5,19–23 anführen:

56 Die Unterscheidung zwischen Gesinnungs- und Verantwortungsethik geht auf Max Weber zurück. Vgl. Max Weber, Soziologie – Weltgeschichtliche Analysen – Politik, hg. v. J. Winckelmann, Stuttgart 1968, 174ff.

57 Eine vollständige Behandlung findet sich in: Anton Vögtle, Die Tugend- und Lasterkataloge im Neuen Testament, Münster 1936.

> »Die Werke des Fleisches sind deutlich erkennbar: Unzucht, Unsittlichkeit, ausschweifendes Leben, Götzendienst, Zauberei, Feindschaften, Streit, Eifersucht, Jähzorn, Eigennutz, Zwistigkeiten, Spaltungen, Neid und Missgunst, Saufen, Fressen und ähnliches mehr. Ich wiederhole, was ich euch schon früher gesagt habe: Wer so etwas tut, wird das Reich Gottes nicht erben. Die Frucht des Geistes aber ist Liebe, Freude, Friede, Langmut, Freundlichkeit, Güte, Treue, Sanftmut und Selbstbeherrschung; dem allem widerspricht das Gesetz nicht.«

Für die Gattung der Haustafeln[58] ist der Text Kol 3,18–4,1 repräsentativ:

> »Ihr Frauen, ordnet euch euren Männern unter, denn so will es der Herr. Ihr Männer, liebt eure Frauen und seid nicht aufgebracht gegen sie! Ihr Kinder, gehorcht euren Eltern in allem; das gefällt dem Herrn. Ihr Väter, unterdrückt eure Kinder nicht, damit sie nicht mutlos werden! Ihr Sklaven, gehorcht euren irdischen Herren in allem! Arbeitet nicht nur, um euch in den Augen der Menschen beliebt zu machen, sondern fürchtet den Herrn mit aufrichtigem Herzen! Tut eure Arbeit gern, als sei sie für den Herrn und nicht für die Menschen; ihr wisst, dass ihr vom Herrn euer Erbe als Lohn empfangen werdet. Dient Christus, dem Herrn! Wer Unrecht tut, wird dafür seinen Lohn erhalten, ohne Ansehen der Person. Ihr Herren, gebt den Sklaven, was recht und billig ist; ihr wisst, dass auch ihr im Himmel einen Herrn habt« (vgl. auch Eph 5,21–6,9).

Ausgehend von diesen und weiteren entsprechenden Texten lässt sich zeigen, dass Paulus bzw. der jeweilige Autor zu allen Bereichen des zwischenmenschlichen und öffentlichen Lebens der Gemeinden ethische Weisungen gegeben hat. Dabei übernimmt er nicht einfach wörtlich vorhandene Vorlagen, sondern trifft aus dem Glauben und angesichts der jeweiligen kulturellen Umgebung, aus der heraus und für die er schreibt, eine bestimmte Auswahl und Schwerpunktsetzung. Allerdings lässt sich dabei kaum von spezifisch christlichen Werten und Normen sprechen, deren Gültigkeit allein im Glauben an Jesus Christus erkennbar und begründet wäre. Vielmehr setzt sie Paulus als natürliche Grundlage des Glaubens und als Schöpfung der Vernunft voraus.[59]

Vorlagen in der stoischen und jüdischen Tradition

Was die Tugend- und Lasterkataloge angeht, greift Paulus auf überlieferte Tugend- und Lastervorstellungen aus der damaligen Umwelt zurück, in denen sich Einflüsse aus der stoischen Popularphilosophie, vor allem aber

58 Vgl. dazu: Johannes Woyke, Die neutestamentlichen Haustafeln. Ein kritischer und konstruktiver Forschungsüberblick (SBS 184), Stuttgart 2000.
59 Vgl. Alfons Auer, Autonome Moral und christlicher Glaube, a.a.O., 106f.

aus jüdischem Traditionsgut ausmachen lassen.[60] Auch ist in den Tugend- und Lasterkatalogen eine genaue inhaltliche Bestimmung und Abgrenzung der genannten Handlungen und Haltungen kaum möglich und stellt auch nicht das Anliegen dieser Texte dar. Vielmehr werden darin die Pflege bzw. Vermeidung bestimmter Verhaltensweisen und Handlungsdispositionen, deren konkreter Inhalt sowie deren sittliche Qualität bereits als bekannt vorausgesetzt wird, nochmals angemahnt. Entsprechend geht es Paulus nicht darum, neue, spezifisch christliche Tugenden zu definieren und als erstrebenswert auszuweisen, sondern darum, die genannten Haltungen und Handlungen, in deren Beurteilung als erstrebenswert und gut man sich bereits einig ist, ins Bewusstsein zu rufen und das Halten des guten und das Meiden des schlechten Verhaltens einzuschärfen. Es geht nicht um die *normative Begründung* bestimmter Einzelgebote oder Einzeltugenden, sondern um *Paränese.*

Bestätigung der bestehenden gesellschaftlichen Ordnung

Ähnliches gilt für die Haustafeln. Auch hier handelt es sich nicht um neue ethische Einsichten. Es geht nicht um eine revolutionäre Neugestaltung der Gesellschaft ausgehend vom Gedanken, dass alle Menschen Kinder Gottes sind. Vielmehr werden gesellschaftlich selbstverständliche Ordnungen und Hierarchien der Hausgemeinschaft – im Sinne der Schöpfungsordnung – aufgegriffen und, weil sie nach damaligem Verständnis der Schöpfungsordnung und dem Willen Christi entsprechen, deren Beachtung und Einhaltung noch einmal angemahnt.[61]

Neuer Kontext

Das entscheidend und unterscheidend Christliche an diesen Texten besteht also nicht darin, dass hier Normen und Werte zur Sprache kämen, die nur im Glauben einsehbar sind. Es besteht vielmehr darin, dass diese Texte in den Zusammenhang des Evangeliums von Jesus Christus gestellt werden. So wird die Einhaltung der Tugenden und das Meiden der Laster, die in Gal 5,19–23 genannt werden, mit der Freiheit begründet, zu der Christus befreit hat und zu der die Christen berufen sind (Gal 5,1.13). Die Aufzählung von Tugenden und Lastern in Phil 2,1–4 wird in den Zusammenhang der – im Philipper-Hymnus besungenen – Erlösungstat Jesu Christi gestellt. Und ebenso wird die Haustafel in Kol 3,18–4,1 in den Horizont des Erlöstseins durch Jesus Christus einbezogen.

Das Evangelium nämlich macht offenbar, dass sich Gott bereits im Voraus zu all unserem Tun und unseren Werken uns zugewendet und uns unbedingt angenommen hat. In Jesus Christus sind wir Menschen bereits von Gott her gerechtfertigt und geliebte Kinder Gottes. Derjenige, der

60 Vgl. Anton Vögtle, a.a.O., 57–92.
61 Vgl. Johannes Woyke, a.a.O., 58–60; 73–76.

aufgrund dieses Wortes des Evangeliums an Jesus Christus glaubt, kann sich selbst in diesem Glauben völlig neu verstehen. Er muss nicht mehr davon ausgehen, dass er zunächst von Gott getrennt ist und seine Zuwendung erst durch »Werke des Gesetzes«, also durch eine tadellose, gottgefällige Lebensführung, erwerben muss. Vielmehr darf er davon ausgehen, dass er immer schon unbedingt von Gott geliebt ist. In diesem Glauben an Jesus Christus und in der durch ihn vermittelten Gemeinschaft mit Gott darf sich der Mensch immer schon als angenommen und gerechtfertigt wissen. Mit diesem neuen Verständnis aber ist die Grundlage gegeben, auf der es möglich ist, das Gesetz, dessen Weisungen zu humanem Verhalten ja weiterhin bestehen und gültig bleiben, um seiner selbst willen zu erfüllen. Auf der Grundlage des neuen, geoffenbarten *Indikativs* des Angenommenseins durch Gott kann nun der bleibende *Imperativ* des Gesetzes – jenseits aller egoistischen Antriebe – aus wirklicher Liebe zum Nächsten und zum Guten (1 Kor 13) erfüllt werden.

Entgegen dem möglichen Missverständnis, dass die Rechtfertigung allein aus dem Glauben zu einer Vernachlässigung des ethischen Handelns führe, betont der Jakobusbrief, dass ein Glaube ohne Werke tot sei (Jak 2,26). Dies wendet sich allerdings gegen einen – bei Paulus selbst nicht zu findenden – intellektualistisch verkürzten Glaubensbegriff, wonach der Glaube lediglich im Für-wahr-Halten der Existenz Gottes – wie ihn auch die Dämonen haben –, nicht aber in einem lebendigen Vertrauen auf Gottes Zuwendung besteht. Andererseits ist für Paulus der Anspruch des Gesetzes durch das Evangelium nicht in Frage gestellt. Vielmehr ist dieser Anspruch der Anknüpfungspunkt, um die Bedeutung des Evangeliums zu verdeutlichen. Erst das Evangelium und der Glaube an sein Wort machen es möglich, den Anspruch des Gesetzes zu erfüllen, nämlich seine Weisungen aus Liebe und um ihrer selbst willen zu erfüllen.

3. Welche Relevanz haben ethische Aussagen der Heiligen Schrift für die theologische Ethik?

Was ergibt sich nach diesem Durchgang durch die zentralen ethischen Texte der Bibel für die Ausgangsfrage, ob diese Weisungen und Verbote als Offenbarung Gottes und Mitteilung seines Willens zu verstehen sind oder ob sie letztlich auf Menschheitserfahrung und vernünftiger Einsicht beruhen?

Gesetz und Evangelium

(**1**) Es ist deutlich geworden, dass ethische Weisungen (*Gesetz*), auch wenn sie in der Heiligen Schrift enthalten sind, nicht im eigentlichen Sinne als Offenbarung Gottes zu verstehen sind. Sie sind nicht erst durch Offenbarung bekannt und gültig, sondern lassen sich prinzipiell bereits im Vorhinein zur Offenbarung als gültig erkennen und begründen. Aber sie werden – und dies im Alten wie im Neuen Testament – in den Kontext der eigentlichen Offenbarung einbezogen, in der Gottes Gnade, also seine voraussetzungslose und unbedingte Zuwendung zum Menschen, mitgeteilt wird (*Evangelium*). Mit dieser Offenbarung der Zuwendung Gottes ist zugleich für die, die sich im Glauben darauf einlassen und aus der Zuwendung Gottes leben, eine völlig neue Grundlage (*Indikativ*) ihres Lebens gegeben, die sie bereit und fähig macht, sich dem ethischen Anspruch (*Imperativ*) zu stellen, ihn unverkürzt wahrzunehmen und zu erfüllen.

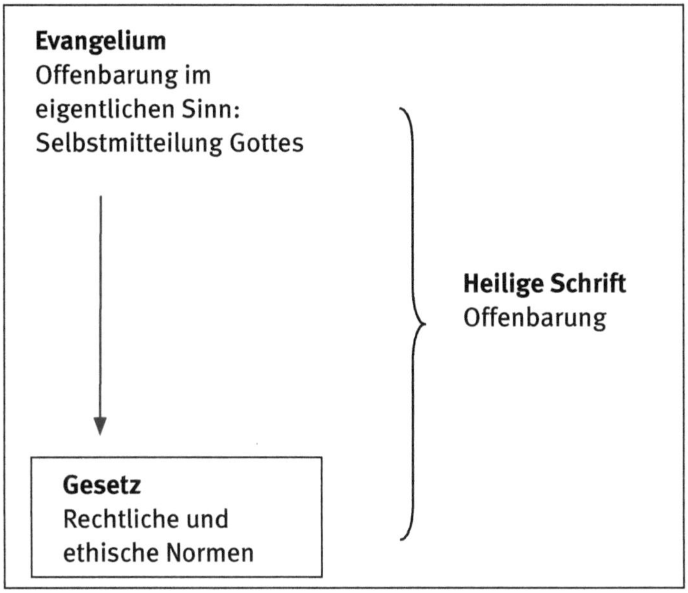

Insofern stellen die ethischen Weisungen den Anknüpfungs- und Bezugspunkt der Offenbarung dar, ohne den sie ihre Relevanz für den Menschen verlieren würde. Die ethischen Weisungen gehören deshalb, auch wenn sie nicht eigentlicher Inhalt der Offenbarung sind, als unverzichtbare Grundlage und Voraussetzung mit zur Offenbarung hinzu und sind deshalb konstitutiver Bestandteil der Heiligen Schrift. Deshalb muss die Heilige Schrift, auch wenn sie nicht erst die Gültigkeit ethischer Normen (*normative Ethik*) begründet, doch zuerst den ethischen Anspruch zur Geltung bringen und einschärfen (*Paränese*), um dann die Offenbarung der Zuwendung Gottes daraufhin verkünden zu können.

Biblische Normen sind auf ihre Vernunft hin zu überprüfen

(2) Sind aber die ethischen Weisungen, die in der Heiligen Schrift enthalten sind, bereits unabhängig von Offenbarung und Glaube bekannt und begründbar, so können sie nicht einfach schon deshalb übernommen werden, weil sie in der Heiligen Schrift stehen. Dass sie im Rahmen des Glaubens und der Offenbarung aufgegriffen und zur Geltung gebracht wurden, macht sie zwar zu einer wichtigen Orientierungshilfe für die Erkenntnis, worin verantwortliches Handeln besteht. Aber ihre Gültigkeit und Begründetheit muss – auch im Rahmen einer theologischen Ethik – erst noch mittels der Vernunft und der Erfahrung des Menschen überprüft und rekonstruiert werden.

Dabei lassen sich bestimmte Weisungen – wie etwa die alttestamentlichen Reinheits- und Speisegebote (Lev 11ff) oder das neutestamentliche Redeverbot für Frauen in der Gemeindeversammlung (1 Kor 14,33–35) – nur vor dem jeweiligen geschichtlichen und sozio-kulturellen Hintergrund der damaligen Zeit verstehen und sind für unsere Zeit nicht zu übernehmen. Ihnen liegen zum Teil Vorstellungen und Überzeugungen – etwa hinsichtlich der Eigenschaften bestimmter Tiere, physischer Phänomene beim Menschen oder hinsichtlich der sozialen Stellung der Frau – zugrunde, die sich heute als unzutreffend und unberechtigt erwiesen haben. Sie können deshalb für heutige Fragestellungen keine Entscheidungsgrundlage mehr sein.

Beispiel: Homosexualität

In Bezug auf andere Weisungen gilt, dass sie daraufhin zu befragen sind, *was genau* in ihnen verboten ist. Ein Beispiel dafür ist die anscheinend durchgängige Verurteilung der Homosexualität durch verschiedene Texte des Alten und Neuen Testaments. Bei näherem Hinsehen zeigt sich jedoch, dass sich mit diesen Texten eine generelle Verurteilung der Homosexualität nicht belegen lässt:[62]

- In Lev 18,22 und 20,13 wird eine sexuelle Betätigung zwischen Männern als Greuel qualifiziert und die Todesstrafe dafür vorgesehen. Der Grund für die Ablehnung ist aber – neben dem Schutz der Ehe – darin zu sehen, dass diese Handlungen mit fremden Kulten, insbesondere dem Baalskult, in Verbindung gebracht wurden, der als Bedrohung des Jahweglaubens galt.
- In der Erzählung Gen 19,1–11; 24–29 wird das Verwerfliche im Tun der Sodomiter weniger im homosexuellen Begehren als vielmehr in der

62 Vgl. dazu: Martin Stowasser, Homosexualität und Bibel. Exegetische und hermeneutische Überlegungen zu einem schwierigen Thema, in: New Testament Studies 43 (1997) 503–510; Hans Rotter, Ehe und homosexuelle Partnerschaft. Vergleichbares und Unterscheidendes in moraltheologischer Sicht, in: Stimmen der Zeit 219 (2001) 533–540.

Verletzung der Gastfreundschaft bzw. in dem Wunsch nach Vergewaltigung gesehen.

- In 1 Kor 6,9 handelt es sich vermutlich um sexuellen Missbrauch von Kindern bzw. Jugendlichen und nicht um gleichgeschlechtliche Liebe überhaupt. Dasselbe gilt für 1 Tim 1,10, wo ebenfalls der Ausdruck »Knabenschänder« begegnet.
- In Röm 1,18–32 erscheint Homosexualität neben anderen Sünden als eine Folge der Gottlosigkeit. Sie ist ein Begleitphänomen der Entfremdung der Menschheit von Gott und widerspricht der Schöpfungsordnung. Gott habe die Gottlosen dem Irrtum ausgeliefert, so dass sie den natürlichen Verkehr mit dem widernatürlichen Verkehr vertauscht haben. Paulus geht damit davon aus, dass homosexuelles Verhalten eine willkürliche Praxis sei, die zu jeder Zeit auch wieder aufgegeben werden könne. Dass es aber auch andere Ursachen – etwa eine angeborene Neigung – für homosexuelles Verhalten geben könnte, kommt für ihn – wie überhaupt in seiner Zeit – nicht in den Blick. Eine konstitutive Homosexualität vorgängig zur Freiheit des Menschen kennt Paulus nicht. Deshalb lässt sich auch aus dieser Stelle eine Verurteilung gleichgeschlechtlicher Liebe im heutigen Sinne nicht generell ableiten.

Schließlich lassen sich aber auch bestimmte allgemeine Vorschriften wie etwa das Tötungsverbot, das Verbot zu stehlen oder zu lügen oder auch das Ehebruchsverbot als kulturübergreifend gültig und begründet erweisen, auch wenn im Dekalog selbst diese Gebote noch in einem eingeschränkteren Sinn verstanden wurden und erst in der Tradition eine inhaltliche Erweiterung erfolgte.

Zusammenfassende Thesen:

1. Die Rückbesinnung der Moraltheologie auf die Bibel und ihren Werdeprozess hat deutlich gemacht, dass die ethischen Aussagen der Bibel kulturbedingt sind und auf allgemeiner Menschheitserfahrung beruhen.
2. So sind im *Bundesbuch* Sammlungen von rechtlichen und ethischen Weisungen enthalten, die auch ohne theologische Begründung Gültigkeit beanspruchen. Durch die Integration in den Glauben Israels wird aber – etwa durch Verweis auf das Erbarmen Jahwes – eine *zusätzliche Motivation* zur Befolgung der Vorschriften gegeben.
3. In der *prophetischen Sozialkritik* werden keine neuen Gesetze gegeben und begründet, sondern die Einhaltung der rechtlichen und ethischen Weisungen, die das Bundesbuch enthält, angemahnt (*Paränese* – keine normative Ethik).
4. Im *Deuteronomischen Gesetzbuch* werden die rechtlichen und ethischen Weisungen des Bundesbuchs zu einem *Bruderethos* weiterentwickelt. Als Grund, der zum Handeln nach diesen Weisungen motivieren soll, tritt die Befreiungstat Jahwes im Exodus in den Mittelpunkt. An sie soll sich Israel stets erinnern und keinen anderen Göttern nachlaufen. Das Halten der Gebote dient dem Wohlergehen Israels selbst.
5. Die Erinnerung an die Befreiungstat Jahwes ist auch für das Verständnis des *Dekalogs* entscheidend, in dem ursprünglich eigenständige Regeln des zwischenmenschlichen Verhaltens in den Kontext des Glaubens gestellt werden. Die Gebote und Verbote des Dekalogs werden damit als Wegweisungen verstanden, wie Israel die von Jahwe geschenkte Freiheit bewahren kann.
6. Im *Heiligkeitsgesetz* und in der *Weisheitsliteratur* wird die Beachtung zahlreicher Gebote und Ratschläge, die bereits aus profanen Gründen und menschlicher Erfahrung einsichtig sind, durch Bezug auf Jahwe motiviert, sei es durch Verweis auf die Heiligung des Volkes durch Jahwe, sei es durch Hinweis auf die Weisheit Jahwes, die sich der Jahwe-Furcht erschließt.
7. Im *Neuen Testament* bietet das Gebot der Nächsten- und Feindesliebe inhaltlich nichts grundsätzlich Neues, es kommt aber zu einer Ausweitung des Adressatenkreises. Das Liebesgebot sowie die Goldene Regel fordern zu einem selbstlosen Wohlwollen bzw. zur Einnahme eines unparteiischen Standpunktes – nicht jedoch

zur Selbstaufgabe – auf, liefern aber keine konkreten Handlungsanweisungen. Entscheidend neu ist die *Reich-Gottes-Botschaft* Jesu. Gott kommt gerade zu den Sündern und ermöglicht ihnen so die Umkehr.

8. Die *Antithesen* der Bergpredigt ersetzen nicht die Gebote des alttestamentlichen Gesetzes, sondern zeigen – ausgehend von den zugrunde liegenden Werten – weitere mögliche Verhaltensweisen auf, wie die jeweiligen Werte über die Mindestforderungen hinaus noch besser verwirklicht werden können. Diese weiteren Weisungen sind Beispiele, die nicht wieder in »gesetzlicher« Weise erfüllt werden müssen, sondern das eigene Nachdenken und die eigene Phantasie anregen wollen.
9. Auch die *Haustafeln* und *Tugend-/Lasterkataloge* sind aus der Umwelt übernommen und liefern keine neuen und spezifisch christlichen ethischen Einsichten. Im Rahmen der Rechtfertigungslehre erhalten sie jedoch eine neue Grundlage ihrer Erfüllung.

3. KAPITEL

Orientierung am eigenen Gewissen

Im vorangegangenen Kapitel ist deutlich geworden, dass die ethischen Weisungen der Heiligen Schrift nicht als unmittelbare Offenbarung Gottes zu verstehen sind, sondern auf allgemeine Erfahrungen mit einem geglückten Zusammenleben der Menschen zurückgehen. Zwar wird durch die Integration in den Zusammenhang des Glaubens eine neue *Motivation* und *Grundlage* für die Erfüllung dieser Weisungen gegeben; und der Glaube macht auch sehend für das ethisch Richtige und Gebotene. Die *Inhalte* dieser Weisungen aber sind in ihrer Gültigkeit prinzipiell auch außerhalb des Glaubens erkennbar. Im Blick auf die Antithesen wurde sogar deutlich, wie die Heilige Schrift selbst zum kreativen Nachdenken über situationsgerechtes Handeln herausfordert.

Damit legt es sich nahe, nun in einem weiteren Schritt das eigene Gewissen des Menschen in den Blick zu nehmen. Liegt hier nicht eine Instanz vor, an der wir uns in unserem Handeln letztgültig orientieren können? *Für* diese Annahme spricht, dass wir das eigene Gewissen als eine innere Stimme erfahren, die uns verlässlich sagt, was wir tun sollen, die uns – gegen alle Bequemlichkeit oder Angst – zum Tun des Guten auffordert und die sich in Form von Gewissensbissen meldet, wenn wir etwas Schlechtes getan haben. Wenn wir jemanden in einer Notlage sehen, wissen wir, dass wir ihm helfen sollen. Wenn wir jemanden übervorteilt oder eine Schwäche auf seine Kosten ausgenutzt haben, wissen wir, dass dies nicht richtig war, und wir haben ein ungutes Gefühl. Aber auch wenn es um schwierige und weniger eindeutige Entscheidungen geht, führen wir gern das eigene Gewissen an. In schwierigen medizinischen Entscheidungen etwa sollen sich Ärzte nach ihrem eigenen Gewissen richten.[1] Und auch der Rat der Schwester zu Karin

---

1 Vgl. etwa die Erklärung der Kongregation für die Glaubenslehre zur Euthanasie, 20. Mai 1980 (Verlautbarungen des Apostolischen Stuhls, hg. vom Sekretariat der Deutschen Bischofskonferenz, Nr. 20), 12: »Wenn der Tod näher kommt und durch

L.s eingangs erwähntem Entscheidungsdilemma könnte lauten, das müsse sie schließlich nach ihrem eigenen Gewissen entscheiden. All dies scheint vorauszusetzen, dass wir es beim Gewissen mit einer verlässlichen Quelle ethischer Einsicht zu tun haben.

Auf der anderen Seite aber machen wir auch die Erfahrung, dass unterschiedliche Menschen – jeweils unter Berufung auf ihr eigenes Gewissen – ein und dieselbe Situation völlig verschieden beurteilen und entsprechend auch andere Entscheidungen treffen. Wir machen die Erfahrung, dass Menschen – ebenfalls unter Berufung auf ihr Gewissen – unmenschlich und zerstörerisch handeln. Wie aber steht es dann um die Verlässlichkeit des eigenen Gewissensurteils? Ist das Gewissen wirklich – wie man oft in einem Bild sagt – wie ein Kompass, der einem in allen Situationen des Lebens immer den richtigen Weg weist?

1. Stimme Gottes oder Produkt von Erziehung und Evolution – Unterschiedliche Einschätzungen des Gewissens

Die Erfahrung des Gewissens hat im Verlauf der Geschichte sehr unterschiedliche, ja einander widersprechende Deutungen und Bewertungen erfahren. Sie reichen von der Einschätzung des Gewissens als Stimme Gottes bzw. als unbedingter und letztverbindlicher Instanz ethischen Handelns bis hin zur Reduzierung der Gewissenserfahrung auf das Resultat von Erziehung oder auf seine Funktion im Rahmen der Evolution.

keine Therapie mehr verhindert werden kann, darf man sich im Gewissen entschließen, auf weitere Heilsversuche zu verzichten …« – Ähnlich in: Pastorales Wort der deutschen Bischöfe zur Novellierung des § 218 StGB, 7. Mai 1976 (hg. vom Sekretariat der Deutschen Bischofskonferenz), 7. Hier empfehlen die Bischöfe in Konfliktsituationen, in denen eine Abtreibung vorgenommen werden muss, um das Leben der Mutter zu retten, eine sorgfältige Gewissensentscheidung des Arztes, der dann niemand die Achtung verweigern wird.

1.1 Das Gewissen als Stimme Gottes und letzte Instanz ethischer Verpflichtung

Die Deutung des Gewissensphänomens als Stimme Gottes findet sich keineswegs erst im Rahmen des Christentums, sondern wird bereits in der Literatur der Antike geschildert. Sophokles thematisiert in seiner Tragödie »Antigone« den tödlichen Konflikt zwischen dem unbedingten Anspruch, den der Einzelne in sich erfährt, und dem Gesetz des Staates. Bei Aischylos treten die Erinnyen auf: Rachegöttinnen, die dem, der schlecht gehandelt hat, Gewissensbisse bereiten. Sokrates beruft sich auf das *daimónion* in ihm, auf die Erfahrung einer inneren göttlichen Stimme, die ihn vor moralisch schlechtem Handeln bewahrt.[2]

Biblische Grundlage: Das Herz des Menschen – Der Mensch vor Gott

(1) In der Bibel wird das Gewissensphänomen mit der Rede vom »Herz« des Menschen umschrieben, womit in der ganzheitlichen Anthropologie der Bibel das Innere des Menschen schlechthin gemeint ist, der Sitz all seiner Gefühle, Gedanken, Erkenntnisse und Einsichten, aber auch der Ursprungsort des Willens.[3] Hier erfährt sich der Mensch mit seinen innersten Gedanken und Motiven vor Gott und vernimmt seinen Anspruch. Hier ist ihm unausweichlich klar, was seine wirklichen Motive sind, ob sein Wollen und Handeln auch *in Wahrheit* gut oder schlecht sind.

So werden Adam und Eva, nachdem sie vom Baum der Erkenntnis gegessen haben, ebenso wie Kain nach dem Mord an Abel von Gott auf ihre Unrechtstaten angesprochen und können sich vor dieser Stimme, die sie in die Verantwortung ruft, nicht verstecken (Gen 3,7–9; 4,9f). In den Davidsgeschichten ist an zwei Stellen davon die Rede, dass nach einer Unrechtstat das Herz Davids schlug (1 Sam 24,6f; 2 Sam 24,10). Die moralische Qualität des Handelns lässt sich nicht schon daran messen und beurteilen, ob es den Vorschriften des Gesetzes äußerlich entspricht. Sie lässt sich allein vom Handelnden selbst in seinem Inneren, im Herzen nämlich, erkennen und beurteilen, der im Herzen sein Handeln so beurteilen kann wie Gott selbst, der Herz und Nieren erforscht (Ps 139,23f; 17,3 u.ö.) und so die innersten Motive und Gründe kennt. Die Rede vom Herzen als dem Sitz und der Quelle der moralischen Qualität des Handelns setzt sich auch in den Evangelien fort. Was den Menschen unrein macht, ist nicht sein äußeres

---

2 Vgl. Platon, Die Apologie des Sokrates, 31C; 40A-C (Platon, Sämtliche Werke, Bd. 2: Die Werke des Aufstiegs, eingl. von O. Gigon, übertr. von R. Rufener, Zürich/München 1974, 233; 245f).

3 Vgl. Hans Walter Wolff, Anthropologie des Alten Testaments, München 1973, 68–95, bes. 84–90.

Tun, sondern sind die bösen Gedanken, die aus dem Herzen des Menschen kommen (Mk 7,20f). Diese mögen zwar für die anderen Menschen äußerlich verborgen sein. Für Gott, der die Herzen der Menschen kennt, sind sie offenbar (Lk 16,15).

Gewissen (syneídesis) bei Paulus

Der eigentliche Ausdruck »Gewissen« (syneídesis) taucht jedoch erst bei Paulus auf, der dieses Wort aus der hellenistischen Popularphilosophie seiner Zeit übernommen und in die christlicher Sprache und Literatur eingeführt hat. Er entwickelt dabei freilich keine systematische Entfaltung des Gewissens, sondern gebraucht diesen Begriff situationsbezogen. Dabei lassen sich folgende Hauptaussagen über das Gewissen benennen:

- In Röm 2,14f geht Paulus davon aus, dass das moralische Gesetz dem Menschen nicht erst dadurch bekannt ist, dass es ihm als geschriebenes Gesetz (Tora) äußerlich begegnet, sondern dass es jedem Menschen bereits von Natur aus bekannt ist. Es ist ihm von Gott aufgrund der Schöpfung *in sein Herz geschrieben* und wird ihm durch das Gewissen bezeugt. Das Gewissen ist somit diejenige Instanz, die den Menschen mit diesem von Natur aus in sein Herz geschriebenen Gesetz konfrontiert.
- In 2 Kor 1,12 dagegen ist mit dem Gewissen nicht mehr die Instanz gemeint, die den Menschen mit dem moralischen Gesetz konfrontiert, sondern eine Instanz, die beurteilt, aus welchen Motiven und Absichten heraus man tatsächlich handelt. Das Gewissen beurteilt, ob das, was man tut, wirklich aus innerer Überzeugung entspringt, ob das eigene Tun tatsächlich daraus entspringt, dass man selbst es für das Richtige und Gute hält. Gerade darin nämlich bestehen die Aufrichtigkeit und die Lauterkeit, die ihm sein Gewissen bezeugt, und aufgrund dieses Zeugnisses seines Gewissens kann er sich dem Urteil der Menschen und Gottes aussetzen (vgl. 2 Kor 4,2 und 5,11).
- Schließlich nennt Paulus das Gewissen auch in 1 Kor 8–10, im Zusammenhang mit der Frage nämlich, ob man *Götzenopferfleisch* essen dürfe oder nicht. Paulus selbst ist – wie auch ein Teil der Gemeinde von Korinth, die sich als die »Starken« bezeichnen – in dieser Frage der Auffassung, dass für die Christen aufgrund der Freiheit des Evangeliums und des Glaubens an nur einen Gott das Essen von Götzenopferfleisch kein Vergehen ist. Andererseits ermahnt er die Starken, dass sie die »Schwachen« in der Gemeinde, für die das Essen von Götzenopferfleisch gegen ihr Gewissen verstößt, nicht dazu verleiten sollen, gegen ihr eigenes Gewissen zu handeln. Paulus geht es also darum, die eigene Gewissensentscheidung nicht zu verabsolutieren und sich über die Auffassungen der anderen nicht hinwegzusetzen, sondern auch die Gewissensentscheidung der anderen zu achten und einander in Toleranz anzunehmen. Entscheidend ist für ihn nicht, dass jeder dasselbe für das Gute und Richtige hält,

sondern dass man bei dem, was man tut, wirklich und in aller Offenheit vor Gott davon überzeugt ist, dass es das Gute und Richtige ist (vgl. Röm 14,22f). Nur das, was nicht aus der Überzeugung des Glaubens geschieht, was also gegen das Zeugnis des Gewissens getan wird, ist für Paulus Sünde (vgl. Röm 14,23).

Augustinus: Gewissen als Selbsterkenntnis vor Gott

(2) Ausgehend von dieser biblischen Beschreibung kommt es vor allem bei *Augustinus* zur Deutung des Gewissens als Stimme Gottes.[4] Für ihn ist das Gewissen (conscientia) – im Sinne der antiken Aufforderung des »gnôti seautón« (Erkenne dich selbst) – zunächst der Ort der Selbsterkenntnis im Menschen. Wenn der Mensch aber in sein Innerstes einkehrt, kann er darin zugleich Gott begegnen. Gott ist – so Augustinus – nicht nur höher als mein Höchstes, sondern auch innerlicher als mein Innerstes. Vollkommene Selbsterkenntnis ist deshalb dort gegeben, wo der Mensch sich selbst vor dem Angesicht Gottes in schonungsloser Offenheit betrachtet und befragt, wo er sich selbst nicht mit seinen eigenen, sondern mit den Augen Gottes sieht, die das Innerste des Menschen wahrnehmen und vor denen sich nichts verbergen lässt:

> »Du aber, Herr, kehrtest, während er redete, mich wider mich selbst und holtest mich von hinter meinem Rücken hervor, wo ich mich versteckt hatte, um mich selber nicht sehen zu müssen, und stelltest mich vor mein Gesicht, um mich sehen zu lassen, wie hässlich ich war, wie entstellt und schmutzig, voller Flecken und Geschwüre. Ich sah's und war entsetzt, und es gab keine Möglichkeit mehr, mir selbst zu entfliehen; wenn ich versuchte, den Blick von mir abzuwenden ... Du stelltest mich abermals vor mich hin und bohrtest mich in meine Augen ein, damit ich meiner Bosheit ansichtig würde und sie hasste. Ich wusste wohl um sie, aber verhehlte sie mir, schloss die Augen und vergaß sie.«[5]

Gewissen als Stimme Gottes auch in konkreten Entscheidungen

Einen präziseren Sinn gewinnt der Begriff des Gewissens bei Augustinus dann im Zusammenhang mit der Thematik des göttlichen Gesetzes. Die Aussage in Röm 2,14, dass das Gesetz den Heiden ins Herz geschrieben ist, deutet er dahingehend, dass die conscientia – als das vom Finger Gottes beschriebene Innere des Menschen – der Träger dieses Gesetzes ist. In das Gewissen sind alle ethischen Gebote und Verbote sowie das ganze

4 Vgl. dazu: Eberhard Schockenhoff, Wie gewiss ist das Gewissen? Eine ethische Orientierung, Freiburg/Basel/Wien 2003, 95–102.

5 Augustinus, Die Bekenntnisse VIII, 7, 16, übertr. von H. U. von Balthasar, Einsiedeln 1985, 198.

Wissen um gut und böse durch den Geist Gottes eingeschrieben.[6] Das Gewissen aber, das uns die Gebote in Erinnerung ruft, das uns auffordert sie zu halten und uns anklagt, wenn wir gegen sie verstoßen, deutet Augustinus als »Stimme Gottes« im Menschen. Schließlich lässt sich – darauf hat Eberhard Schockenhoff hingewiesen – auch sagen, dass Augustinus diese Stimme Gottes im Menschen in seinen späteren Schriften zunehmend dahingehend deutet, dass sie nicht nur allgemeine Grundsätze des Gesetzes mitteilt, sondern auch in konkreten Entscheidungssituationen dem Einzelnen den Weg weist. Die Aufgabe des Menschen ist es lediglich, die Stimme Gottes aus dem Gewirr der vielen Stimmen, die auf ihn einströmen, herauszuhören.[7]

Gewissen als letztverbindliche Instanz

(3) Vor dem Hintergrund dieser Deutung wird das Gewissen in der Tradition der theologischen, aber auch der philosophischen Ethik als *letztverbindliche Instanz* verantwortlichen Handelns verstanden, hinter die – unter Berufung auf Apg 5,29: »Man muss Gott mehr gehorchen als den Menschen.« – alle äußere weltliche und auch religiöse Autorität zurücktritt. Nicht die Vorgaben einer Autorität, und sei es auch das kirchliche Lehramt, können den Handelnden unbedingt verpflichten, sondern allein die Stimme des eigenen Gewissens. Entsprechend haben Menschen ihre konkrete Überzeugung von der Wahrheit und vom richtigen Handeln gegen massive Widerstände in der Gesellschaft zur Geltung gebracht und sich auch nicht durch Einschüchterung, Strafen oder Todesandrohung davon abbringen lassen. In diesem Bewusstsein beruft sich auch Martin Luther auf dem Reichstag von Worms (1521) gegen alle weltliche und kirchliche Macht auf die innere Stimme seines Gewissens:

> »Weil denn Euer katholische Macht und Gnaden eine schlichte Antwort begehren, so will ich eine unanstößige und gemäßigte Antwort geben in dieser Weise: Es sei denn, dass ich durch das Zeugnis der Schrift überwunden werde oder aber durch offensichtliche Gründe (denn ich glaube weder dem Papst noch den Konzilien allein, weil es zu Tage liegt, dass dieselben mehrmals geirrt und wider sich selbst gesprochen haben) überwunden werde. Ich bin überwunden durch die Schrift, die von mir angeführt wurde, und gebunden im Gewissen an das Wort Gottes. Daher mag noch will ich widerrufen, weil wider das Gewissen zu handeln beschwerlich, unheilsam und gefährlich ist. Gott helfe mir, Amen.«[8]

6 Vgl. Augustinus, De spiritu et litera, cap. 21, 36 (CSEL 60, 189,9–190,6).
7 Vgl. dazu: Eberhard Schockenhoff, a.a.O., 101.
8 Nach: Martin Luther, Werke Bd. 7, Weimar 1897, 876,9–877,6.

Unbedingte Achtung der Gewissensfreiheit

(4) In der Konsequenz dieses Verständnisses liegt es, wenn – innerhalb der Grenzen der bloßen Vernunft – Immanuel Kant die Moralität menschlichen Handelns nicht schon dann gegeben sieht, wenn man im äußeren Handeln dem ethisch Gebotenen entspricht, sondern erst dann, wenn man sich in seinem Wollen von dem unbedingten Sollensanspruch der eigenen Vernunft bestimmen lässt. Ausgehend von dieser im Rahmen der Aufklärung erfolgten Verankerung ethischen Handelns in der Vernunft- und Gewissens-Autonomie des Handelnden selbst wird dann zunehmend auch in der öffentlichen Ordnung der Gewissensentscheidung des Einzelnen unbedingtes Gewicht zugeschrieben. Ihr ist *unbedingte Achtung* entgegenzubringen. So heißt es in der Festschreibung der Gewissensfreiheit als Grundrecht des Menschen in der »Allgemeinen Erklärung der Menschenrechte der Vereinten Nationen« (1948):

> »Jeder Mensch hat Anspruch auf Gedanken-, Gewissens- und Religionsfreiheit; dieses Recht umfasst die Freiheit, seine Religion oder seine Überzeugung zu wechseln, sowie die Freiheit, seine Religion oder seine Überzeugung allein und in Gemeinschaft mit anderen, in der Öffentlichkeit oder privat, durch Lehre, Ausübung, Gottesdienst und Vollziehung von Riten zu bekunden.« (Art. 18)

Ebenso ist die Religions- und Gewissensfreiheit als Grundrecht des Menschen im Grundgesetz der Bundesrepublik Deutschland verankert und zugesichert:

> »Die Freiheit des Glaubens, des Gewissens und die Freiheit des religiösen und weltanschaulichen Bekenntnisses sind unverletzlich.« (Art. 4, Abs. 1 GG)

(5) Der Vorgabe der Allgemeinen Menschenrechte hat sich schließlich auch das Zweite Vatikanische Konzil in der Pastoralkonstitution »Gaudium et spes« angeschlossen (vgl. GS 41). Grundlage ist für das Konzil das Verständnis des Gewissens als des Ortes im Menschen, an dem er Gottes Stimme vernehmen kann.

> »Im Inneren seines Gewissens entdeckt der Mensch ein Gesetz, das er sich nicht selbst gibt, sondern dem er gehorchen muss und dessen Stimme ihn immer zur Liebe und zum Tun des Guten und zur Unterlassung des Bösen aufruft und, wo nötig, in den Ohren des Herzens tönt: Tu dies, meide jenes. Denn der Mensch hat ein Gesetz, das von Gott seinem Herzen eingeschrieben ist, dem zu gehorchen eben seine Würde ist, und gemäß dem er gerichtet wird. Das Gewissen ist die verborgenste Mitte und das Heiligtum im Menschen, wo er allein ist mit Gott, dessen Stimme in diesem seinem Innersten zu hören ist. Im Gewissen erkennt man in wunderbarer Weise

jenes Gesetz, das in der Liebe zu Gott und dem Nächsten seine Erfüllung hat. Durch die Treue zum Gewissen sind die Christen mit den übrigen Menschen verbunden im Suchen nach der Wahrheit und zur wahrheitsmäßigen Lösung all der vielen moralischen Probleme, die im Leben der Einzelnen wie im gesellschaftlichen Zusammenleben entstehen«. (GS 16)

1.2 Das Gewissen als Produkt von Erziehung und Evolution

So sehr das Gewissen als Letztinstanz unseres Handelns und das Grundrecht auf Gewissensfreiheit auch geschätzt werden, so sehr wird zugleich die *unbedingte* Bedeutung des Gewissens von Seiten der Humanwissenschaften angezweifelt und bestritten. Das Gewissensphänomen wird *von seiner Genese her* erklärt und abgeleitet: als Resultat von Erziehung und gesellschaftlicher Kommunikation oder als Vorteil in der Evolution.

Nietzsche: Gewissen als Stimme von Menschen im Menschen

Bereits *Friedrich Nietzsche* spricht im Blick auf die Inhalte des Gewissens davon, sie seien nichts anderes als das, was in der Kindheit von uns regelmäßig verlangt und gefordert wurde, ohne dass dafür Gründe angegeben worden wären. Es wurde nicht erfüllt, weil die Richtigkeit eingesehen wurde, sondern allein aus Verehrung oder Angst gegenüber den Autoritäten. So schließt Nietzsche:

»Der Glaube an Autoritäten ist die Quelle des Gewissens: es ist also nicht die Stimme Gottes in der Brust des Menschen, sondern die Stimme einiger Menschen im Menschen.«[9]

Freud: Gewissen als Über-Ich

(1) Ihre Weiterführung findet diese Einschätzung bei *Sigmund Freud.* Ausgangspunkt für Freuds Erklärung des Gewissens ist der Konflikt zwischen den Triebansprüchen des Kindes und den gegen sie gerichteten Verboten der Eltern. Die Kraft zum Verzicht auf die als *Es* erfahrenen Triebansprüche erwächst dabei aus der Angst vor Strafe oder Liebesentzug. Im Verlauf der Kindheitsperiode werden diese Verbote übernommen und nach innen projiziert. Es bildet sich eine dem *Ich* gegenübertretende innere Instanz heraus, die Freud *Über-Ich* nennt. Mit der Ausbildung dieses Über-Ichs wird der Konflikt zwischen Lust- und Realitätsprinzip als Konflikt im eigenen Inneren erlebt. Das Kind kann sich der Beobachtung und der Beurteilung nicht mehr entziehen, es fühlt sich ständig beobachtet, und dies nicht nur in dem, was es äußerlich tut, sondern auch in seinen inneren Gedanken, Wünschen und Phantasien. Auch sie sind jetzt

9 Friedrich Nietzsche, Menschliches, Allzumenschliches. Der Wanderer und sein Schatten, Nr. 52 (Ed. Schlechta, Bd. I, 902).

möglicher Anlass von Schuldgefühlen. Diese Instanz des Über-Ichs setzt Freud mit dem *Gewissen* gleich.[10]

Als Über-Ich verstanden, ist das Gewissen für Freud dann nicht mehr ein angeborener, unbedingter Anspruch oder gar die Stimme Gottes, sondern etwas Gewordenes, Relatives und Bedingtes. Dies gilt zunächst in *inhaltlicher Hinsicht.* Die Inhalte des Gewissens spiegeln die Verbote und Verhaltensweisen wider, die die Eltern oder Erzieher dem Kind gegenüber vertreten, später auch die Verhaltensweisen der weiteren Umgebung und die Wertvorstellungen, die in der Kultur gelten. Das Über-Ich-Gewissen ist so bestimmt von gesellschaftlichen und kulturellen Konventionen und stellt keine angeborene, unveränderliche und unfehlbare ethische Instanz dar. Dass das Gewissen etwas Abgeleitetes und Gewordenes ist, gilt aber auch *hinsichtlich des grundsätzlichen Anspruchs- oder Verpflichtungscharakters des Gewissens selbst.* Auch den Sollens-Anspruch als solchen, den wir im Gewissen erfahren, erklärt Freud aus der Projektion der Elternansprüche nach innen. Die Konsequenz besteht für ihn darin, dass es um der Reifung der Persönlichkeit willen darauf ankomme, sich vom Über-Ich-Gewissen mit seinen internalisierten Schuldvorwürfen und Schuldkomplexen zu emanzipieren. In der Auseinandersetzung mit der Realität müsse man einen Ausgleich zwischen den Ansprüchen des Es und des Über-Ichs finden und so ein starkes Ich entwickeln.

Behaviorismus: Gewissen als konditionierter Reflex

(2) Aber auch im Rahmen der empirisch orientierten Psychologie des *Behaviorismus*, der menschliches Verhalten ausschließlich nach dem Muster konditionierter oder operanter Reflexe erklärt (Näheres im 7. Kapitel, 1.1), findet das Gewissensphänomen eine ähnliche Deutung.[11] So ist etwa Burrhus F. Skinner der Auffassung, dass sich alles Handeln des Menschen auf der Basis von Reiz und Reaktion erklären ließe. Fleißiges Verhalten etwa habe seinen Grund darin, dass eine bestimmte genetisch bedingte Verhaltensweise durch positive Reize der sozialen Umwelt operant verstärkt wird.[12] Das sogenannte *moralische Handeln* des Menschen ließe sich aus der Verstärkung erwünschten operanten Verhaltens und aus der Vermeidung negativer Reaktionen wie Bestrafung und Ausschluss erklären. Auch das *Gewissen* des Menschen lasse sich – so Skinner – als Verhaltenskontrolle aus Angst vor Strafe erklären.[13] Die Erfahrung des schlech-

10 Vgl. Sigmund Freud, Abriss der Psychoanalyse. Das Unbehagen in der Kultur, Frankfurt am Main 1972, 10; 110; 114.

11 Vgl. Florian Huber, Menschlich leben lernen. Das behavioristische Menschenbild B. F. Skinners aus moraltheologischer Sicht, Würzburg 1988, 167–171.

12 Vgl. Burrhus F. Skinner, Jenseits von Freiheit und Würde, Hamburg 1973, 190.

13 Vgl. ebd., 74f.

ten Gewissens beruhe auf einer emotionalen Prädisposition, auf eingeschliffenen Reaktionsmustern, die immer dann wachgerufen werden, wenn ein bereits mehrfach bestraftes Verhalten wieder erfolgen soll. Für Skinner sind solche Schuld- oder Schamgefühle nichts anderes als konditionierte Reaktionen von Drüsen und Muskeln.[14]

Soziobiologie: Gewissen als Trick »egoistischer« Gene

(**3**) Als Vorteil in der Evolution wird das Gewissensphänomen schließlich von Seiten der *Soziobiologie* erklärt (Näheres im 7. Kapitel, 1.2). Die Soziobiologie geht davon aus, dass sich alles Verhalten der Lebewesen dadurch erklären lässt, dass es der optimalen Verbreitung der Gene des jeweiligen Individuums dient. Diejenigen Gene haben die größeren Überlebenschancen, die Lebewesen mit Verhaltensweisen hervorbringen, die der Ausbreitung eben dieser Gene nützen. Gene dagegen, die auf der Verhaltensebene dazu führen, dass diese Gene selbst nicht mehr weiter ausgebreitet werden, löschen sich selbst aus, bleiben also im Verlauf der Evolution auf der Strecke. Ausgehend von diesem Ansatz lässt sich altruistisches Verhalten, das den Reproduktionserfolg anderer auch dann fördert, wenn es den eigenen Reproduktionserfolg mindert, entweder durch den Grad der Verwandtschaftsbeziehung begründen, weil durch das verwandte Individuum auch ein Teil der eigenen Gene verbreitet wird[15], oder durch das Prinzip der Gegenseitigkeit (»Wie du mir, so ich dir«), weil der Hilfeleistende aus seinem Verhalten einen Eigengewinn ziehen kann, der im Blick auf die Verbreitung seiner eigenen Gene größer ist als der eingesetzte Aufwand[16].

Die Soziobiologie beansprucht aber, das *gesamte* Phänomen der menschlichen Ethik und damit auch des Gewissens erklären zu können.[17] So werden die *konkreten Normen* dadurch erklärt, dass ihre Einhaltung im Rahmen der Evolution dazu führt, die Verbreitungschancen der entsprechenden Gene zu steigern. Ethische Prinzipien wie das Inzestverbot, die Goldene Regel oder Regeln für das Zusammenleben der Generationen werden von der natürlichen Selektion her interpretiert. Zwar richten sich solche Normen immer wieder gegen die natürliche Triebstruktur. Gerade so aber dienen sie der Optimierung des Sozialsystems und damit einer optimalen Verbreitung solcher Gene, die diese Verhaltensweisen und die

---

14 Vgl. dazu: Burrhus F. Skinner, Wissenschaft und menschliches Verhalten, München 1953, 177.

15 Vgl. etwa: Wolfgang Wickler/Uta Siebt, Das Prinzip Eigennutz. Zur Evolution sozialen Verhaltens, München 1991, 47–63.

16 Vgl. etwa: Richard Dawkins, Das egoistische Gen, Hamburg [7]2005, 270–303.

17 Vgl. dazu den Überblick bei: Andreas Knapp, Soziobiologie und Moraltheologie. Kritik der ethischen Folgerungen moderner Biologie, Weinheim 1989, 79–87.

Idee solcher ethischer Normen hervorbringen. Aber auch das *Phänomen des Sollens* selbst wird von der Soziobiologie erklärt. Die Entstehung des Sollens-Gefühls nämlich habe einen selektiven Vorteil für das Individuum gebracht. Diejenigen, die ein moralisches Gefühl entwickelt haben und sich auch ihm entsprechend verhalten, haben eine größere Chance zum Überleben und zum Reproduzieren als diejenigen Individuen, die für das ethische Sollen unempfänglich sind und die damit auch keine Hilfe von ihren Verwandten erfahren und nicht vom reziproken Altruismus profitieren können.

Moral ist also – so die Soziobiologie – ein raffinierter Trick der Gene, den Menschen das tun zu lassen, was sie von ihm wollen, nämlich sie effektiv zu reproduzieren. Es gibt keine objektiv bestehenden Normen und Gesetze, auch keinen objektiven Sollensanspruch. Moral ist vielmehr eine kollektive Illusion, die in Wirklichkeit nur die individuelle Reproduktion vorantreibt. Dabei habe die natürliche Selektion sogar die Illusion einer *objektiven* Geltung der Moral gefördert. Denn die Moral funktioniere besser im Sinne der Gene, wenn die Menschen an die objektive Gültigkeit der Moral oder an göttliche Gebote glauben.

2. Differenzierung im Gewissensbegriff

Angesichts solcher einander widersprechender Deutungen des Gewissensphänomens stellt sich die Frage, wie es um die Verlässlichkeit des Gewissens als ethischer Orientierung für unser Handeln steht. Ist die Rede vom Gewissen als letztem Maßstab ethischen Handelns, ja als Stimme Gottes nicht eine Illusion? Vernehmen wir in der Stimme unseres Gewissens nicht bloß die internalisierten Ansprüche unserer Eltern, Lehrer oder der Gesellschaft? Folgen wir nicht bloß einem Naturinstinkt? Oder lässt sich die Rede vom Gewissen als unbedingt verlässlichem Maßstab ethischen Handelns doch aufrechterhalten?

conscientia – syndéresis

Gewissensspruch – Gewissensanlage

Im Blick auf diese Fragen ist es hilfreich, auf eine begriffliche Unterscheidung zurückzugreifen, die in der moraltheologischen Tradition zentrale Bedeutung für das angemessene Verständnis des Gewissensphänomens erlangt hat. Es handelt sich um die Unterscheidung zwischen dem *konkreten Gewissensspruch* (conscientia) und der *grundlegenden Gewissensanlage* (syndéresis), eine Unterscheidung, die bereits im Rahmen der scholastischen Theologie des 12. und 13. Jahrhunderts erarbeitet wurde.

Historisch lässt sich die Erarbeitung dieser Unterscheidung daraus erklären, dass sich mit dem verbreiteten Auftreten unterschiedlicher Frömmigkeitsbewegungen spätestens seit dem 13. Jahrhundert – Waldenser, Katharer, Beginen usw. –, die von der Lehre der Kirche abwichen und deshalb als Ketzer angesehen wurden, die Frage stellte, wie man einerseits mit Augustinus daran festhalten kann, dass das Gewissen als Stimme Gottes jeden Menschen unbedingt verpflichtet, andererseits aber den absoluten Wahrheitsanspruch der Kirche und ihres Glaubens weiterhin aufrechterhalten konnte. Offenbar musste es die Möglichkeit eines *irrenden Gewissens* geben, die Möglichkeit also, dass Menschen zwar etwas Falsches tun, weil sie es aber für gut halten, sich unbedingt darauf verpflichtet erfahren. Um dies zu denken, reichte aber der Ansatz des Augustinus nicht aus. Weil er das Gewissen als vom Heiligen Geist erleuchtete und beschriebene Innenseite des Menschen und als Stimme Gottes versteht, gelingt es ihm nicht zu erklären, wie es zum Gewissens*irrtum* kommen kann.

Der Ursprung der Unterscheidung zwischen konkretem Gewissensspruch und der grundlegenden Gewissensanlage wird dabei immer wieder auf einen zufälligen Abschreibfehler des Magisters Udo im 12. Jahrhundert zurückgeführt, der ihm bei einer Kopie des Ezechielkommentars des Hieronymus unterlaufen sei. Anstelle des griechischen Wortes »syneídesis« (lateinisch: conscientia) habe er das Wort »syndéresis« gesetzt, das soviel wie »Bewahrung« bedeutet, und damit den mittelalterlichen Theologen Anlass gegeben, innerhalb des Gewissensphänomens zwei Aspekte zu unterscheiden.[18] Innerhalb der theologischen Reflexion taucht die Unterscheidung erstmals in der Summe des Alexander von Hales auf. In paradigmatischer Weise ausgearbeitet findet sie sich in der Quaestio disputata »De veritate« des Thomas von Aquin.

2.1 Thomas von Aquin und die Unterscheidung von conscientia und syndéresis

Gewissen als Bewusstsein

(1) Das Gewissen im eigentlichen Sinne (*conscientia*) ist für Thomas die konkrete Gewissensentscheidung. Sie besteht für ihn in der Tätigkeit der praktischen Vernunft, durch die wir in einer konkreten Entscheidungssituation zu einer verantwortlichen Entscheidung und zu einem ethischen Urteil gelangen. Zu dieser Tätigkeit gehört zunächst das eine Handlung begleitende *Bewusstsein* des Handelnden. Im Gewissen ist der Mensch sich bewusst, dass er selbst es ist, der die jeweilige Handlung vollzieht.

18 Dazu merkt Helmut Weber (Allgemeine Moraltheologie. Ruf und Antwort, Graz/Wien/Köln 1991, 195) jedoch an, dass das Wort »conservatio« (Bewahrung) auch schon früher belegt ist und sich vom Verständnis des Gewissens als einer auf das Bewahren der Gebote oder auch des Menschen zielender Größe nahe legen konnte.

Dabei kommt für Thomas in diesem Bewusstsein das Gedächtnis ebenso zur Anwendung wie das Spüren (sensus) des eigenen Tuns.

Anspornendes und anklagendes Gewissen

Die eigentliche Tätigkeit des Gewissens besteht dann jedoch in der Erwägung, ob die Handlung im ethischen Sinne *recht ist oder nicht.*[19] Diese Erwägung kann dabei – so Thomas – entweder im Vorhinein zum Handeln geschehen, das Gewissen wird dann als *anspornendes und verpflichtendes Gewissen* spürbar. Oder es kann nach dem Handeln geschehen, das Gewissen wird dann entweder als *entschuldigendes oder als anklagendes Gewissen* erfahren.

Gewissen als Anwendung des Wissens (Mit-Wissen)

Thomas beschreibt den Weg der Urteilsbildung näher so, dass wir – ausgehend von unserem verfügbaren Wissen – überlegen, was zu tun ist, mit uns Rat halten und forschen und schließlich – durch Schlussfolgerungen – zu einem konkreten Urteil gelangen. Der Weg kann aber auch umgekehrt so laufen, dass wir, nachdem wir bereits gehandelt haben, die Handlung noch einmal daraufhin überprüfen, ob sie mit dem eigenen Wissen übereinstimmt. Im Gewissen bedienen wir uns also, um zu einem ethischen Urteil zu gelangen, unseres verfügbaren Wissens und *wenden* dieses auf die konkrete Situation und unser jeweiliges Handeln *an.* Thomas bestimmt das Gewissen deshalb auch als »Anwendung eines Wissens auf irgendeine einzelne Handlung« (applicatio scientiae ad aliquem actum particularem). Darin wird auch die wörtliche Bedeutung von conscientia als »Mit-Wissen« (con-scire) bzw. als »Zugleich-wissen« (quasi simul scire) verständlich.[20]

Im Weiteren unterscheidet Thomas dann verschiedene Arten des Wissens, die in diesen Vorgang der ethischen Urteilsbildung einfließen.[21] Es ist zum einen das konkrete Sachwissen, das für die Beurteilung der jeweils anstehenden Handlung erforderlich ist (scientia), es sind darüber hinaus unsere tragenden Überzeugungen und Weltanschauungen – Thomas spricht hier von der sapientia –, und es ist schließlich das Wissen um die grundlegenden Prinzipien ethischen Handelns, das Thomas als syndéresis bezeichnet.

---

19 Zum Folgenden vgl.: Thomas von Aquin, Summa theologiae I, q. 79, a.13; ders., De veritate, q. 17.

20 Vgl. De veritate, q. 17, a. 1c: »Nomen enim conscientiae significat applicationem scientiae ad aliquid, unde conscire dicitur quasi simul scire.« Summa theologiae I, q. 79, a. 13c: »Conscientia enim, secundum proprietatem vocabuli, importat ordinem scientiae ad aliquid: nam conscientia dicitur ›cum alio scientia‹.«

21 Vgl. De veritate, q. 17, a. 1: »Sed in secunda et tertia applicatione qua consiliamur quid agendum sit, vel examinamus iam facta, applicantur ad actum habitus rationis operativi, scilicet habitus synderesis et habitus sapientiae quo perficitur superior ratio et habitus scientiae quo perficitur ratio inferior …«. Dazu auch: Arno Anzenbacher, Einführung in die Ethik, Düsseldorf 1992, 82–85.

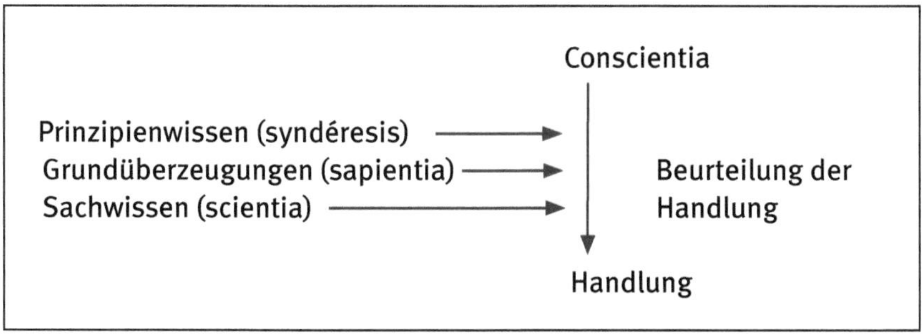

Anwendung von Grundprinzipien des Denkens, z.B. Nichtwiderspruchsprinzip

(**2**) Was Thomas unter der syndéresis versteht, die – wie er sagt – auch bisweilen, wenn auch nicht im eigentlichen Sinne, als Gewissen (conscientia) bezeichnet wird[22], macht er durch einen Vergleich mit der theoretischen, also etwa der naturwissenschaftlichen Erkenntnis, verständlich. In diesem Bereich scheint es Erkenntnis zunächst nur als Resultat von Erfahrung zu geben. Andererseits zeigt die wissenschaftstheoretische Reflexion, dass wir in den Aussagen und Urteilen, in denen sich die naturwissenschaftliche Erkenntnis ausspricht, immer schon bestimmte Grundprinzipien des Denkens voraussetzen und anwenden, etwa das Nichtwiderspruchsprinzip: »Etwas kann nicht zugleich und in derselben Hinsicht sein und nicht sein«. Die Gültigkeit dieses Prinzips erschließt sich dabei nicht wiederum als Resultat unserer Erfahrung und Schlussfolgerungen, vielmehr setzen wir es in all unseren Urteilen und Aussagen immer schon voraus. Wir wenden es immer schon an, auch wenn wir darum nicht ausdrücklich wissen. In wohl kaum einer Aussage über die Wirklichkeit sind wir uns bewusst, dass wir darin das Nichtwiderspruchsprinzip voraussetzen, und doch käme, ohne dass wir es implizit immer schon anwenden, kein vernünftiges Urteil und keine verständliche Aussage zustande. Lediglich in der Reflexion kann dieses Prinzip aufgewiesen werden und ist dann unmittelbar und aus sich selbst heraus einsichtig.

Das Gute ist zu tun, das Böse zu meiden

In ähnlicher Weise lässt sich nun aber auch im Bereich der praktischen Erkenntnis auf ein solches aus sich selbst heraus einsichtiges erstes Grundprinzip der praktischen, handlungsbezogenen Vernunft verweisen. Dieses Prinzip lässt sich auf die Formel bringen: »Das Gute ist zu tun, das Böse ist zu meiden« (*bonum faciendum, malum vitandum*). Die Bedeutung dieses ersten Prinzips der praktischen Vernunft besteht darin, uns zum Guten geneigt und dem Bösen gegenüber abgeneigt zu machen. Es richtet uns in grundlegender Weise auf das Gute hin aus. Es fordert uns

22 Vgl. Summa theologiae I, q. 79, a. 13.

kategorisch, also nicht nur unter bestimmten Voraussetzungen und Bedingungen, sondern unbedingt, dazu auf, das zu tun, was wir als das Gute einsehen, und das zu meiden, was wir als böse erkennen.[23]

2.2 Bedingtheit und Unbedingtheit des Gewissensurteils

Ausgehend von dieser Analyse des Gewissens lässt sich nun zur Frage, ob das Gewissen Stimme Gottes oder lediglich Produkt von Erziehung und Erfahrung ist, eine differenzierte Antwort geben.

Irrtumsmöglichkeit der Gewissensentscheidung

(1) Einerseits nämlich lässt sich, ausgehend von diesem Konzept des Gewissens, die *Bedingtheit und Irrtumsmöglichkeit* der konkreten Gewissensentscheidung verständlich machen. Sie haben ihren Grund darin, dass für Thomas die konkrete Urteilsfindung der conscientia nicht – wie für Augustinus – aus unmittelbarer göttlicher Erleuchtung hervorgeht, sondern einen diskursiven Prozess der Entscheidungsfindung darstellt, in dem das *natürliche und geschöpfliche* Vermögen der Vernunft des Menschen und seine Erfahrung eine zentrale Rolle spielen, die sich als Klugheit verwirklichen und sich um Situationsgerechtigkeit bemühen. Es ist ein Prozess der Entscheidungsfindung, in den unser jeweiliges Erfahrungswissen und unsere Grundüberzeugungen einfließen, die ihrerseits bedingt und anfällig für Irrtümer sind.

So können sich Irrtümer in das konkrete Gewissensurteil dadurch einschleichen, dass in das Urteil bzw. in die Entscheidung des Gewissens immer auch Sachwissen mit einfließt. Der Arzt, der in seinem Gewissen entscheidet, ob er einen bestimmten riskanten Eingriff vornehmen soll oder nicht, muss in der Diagnose sicher sein und die Gefahren und Chancen des Eingriffs abschätzen und gegeneinander abwägen. All dies setzt medizinisches Faktenwissen voraus, aber auch Wissen um den gesundheitlichen Zustand des Patienten, seine Verfassung, seine Wünsche und Lebenseinstellungen. In all dem aber kann man sich täuschen und irren.

Darüber hinaus lässt sich aber auch im Blick auf die grundlegenden Weltanschauungen und Überzeugungen sagen, dass sie bedingt sind. Mit ihnen ist in der Konzeption des Gewissens der Ansatzpunkt für eine Plu-

---

23 Vgl. De veritate, q. 16, a. 1, ad 12: »actus autem huius habitus naturalis, quem synderesis nominat, est remurmurare malo, et inclinare ad bonum.« Ebd., q. 16, a. 2 c: »Et haec est synderesis, cuius officium est remurmurare malo, et inclinare ad bonum.« Summa theologiae I, q. 79, a. 12 a: »Unde et synderesis dicitur instigare ad bonum, et murmurare malo«.

ralität und Kulturabhängigkeit ethischer Bewertungen und der jeweiligen Gewissensentscheidungen gegeben. Hier können gesellschaftlich tradierte oder erzieherisch vermittelte Wertvorstellungen in das Urteil des Gewissens einfließen. Zugleich aber ist damit auch der Ansatzpunkt dafür gegeben, dass sich Gewissensentscheidungen widersprechen oder zur Ideologie werden können.

In diesen Prozess der Entscheidungsfindung und der Urteilsbildung aber können auch – wie die Humanwissenschaften verdeutlicht haben – ethische Normen und Werte, Grundüberzeugungen und Bewertungen, die wir im Verlauf unserer Erziehung, aber auch im späteren Leben von anderen übernehmen und verinnerlichen, einfließen. Hier können sich Verhaltensregeln niederschlagen, die sich gesellschaftlich oder im Verlauf der Evolution bewährt haben. In der Konzeption des Gewissens bei Thomas lässt sich somit ein Ansatzpunkt finden, von dem her sich all dies grundsätzlich anerkennen und aufgreifen lässt.

Wissen der syndéresis ist …

(2) Sieht man nur diese Seite im Zustandekommen des konkreten Gewissensurteils, so scheint auf unser Gewissen nicht mehr Verlass zu sein als auf uns selbst oder unsere Mitmenschen. Keineswegs jedoch scheint das Gewissen eine unbedingt verlässliche Instanz oder gar die Stimme Gottes zu sein. Andererseits fließen in den Prozess der Urteilsfindung des Gewissens nicht nur unsere Grundüberzeugungen und unser Sachwissen mit ein, sondern – auf der Ebene der syndéresis – auch das Wissen um das erste Prinzip ethischen Handelns.

… irrtumsfrei

Dieses grundlegende Wissen der syndéresis aber ist – so Thomas – *irrtumsfrei.*[24] In diesem Wissen nämlich geht es nicht darum, ob eine *bestimmte* Handlung gut oder schlecht ist, vielmehr geht es um einen Wissensinhalt, der selbst die Grundlage und Ermöglichung dafür ist, dass in der einzelnen Entscheidung und im konkreten Urteil überhaupt zwischen gut und böse unterschieden werden kann. Das Wissen um dieses erste Grundprinzip ist die Bedingung der Möglichkeit dafür, dass wir überhaupt den Unterschied zwischen ethisch gut und böse verstehen. Wenn es – so Thomas – in der Einsicht in die ersten Prinzipien, sei es der theoretischen oder der praktischen Vernunft, einen Irrtum geben könnte, könnte es in der menschlichen Erkenntnis überhaupt keine Sicherheit geben: Wirkliche, allgemein verbindliche Erkenntnis wäre gar nicht möglich.

---

24 Vgl. dazu: De veritate, q. 16, a. 2, und: Summa theologiae I, q. 79, a. 12 ad 3: »hujusmodi incommutabiles rationes sunt prima principia operabilium, circa quae non contingit errare«.

… angeboren

Dieses Wissen um das oberste praktische Prinzip ist nun ebenfalls – wie beim theoretischen Erkennen – nicht erst durch Erfahrung erlernt, sondern ist ein Wissen und eine Einsicht, die wir in allen konkreten ethischen Urteilen und Entscheidungen, die wir treffen, immer schon anwenden und voraussetzen. Wie die Einsicht in das Nichtwiderspruchsprinzip wird daher auch die Einsicht in dieses Prinzip nicht irgendwann erworben, sondern ist *angeboren.* Sobald wir vor einer Entscheidung stehen und sie verantwortlich treffen wollen, sobald wir überhaupt auf ethische Fragen angesprochen werden, *setzen wir bereits ein grundlegendes Verständnis des Unterschieds zwischen ethisch gut und böse voraus.* Thomas spricht deshalb im Blick auf diese Grundeinsicht auch vom »Licht«, in dem alles andere erkannt wird, bzw. von einer »Einstrahlung des göttlichen Lichtes in uns«.[25] Ebenso spricht er von dem Prinzipienwissen der syndéresis als einem »habituellen«, also nicht erst erworbenen, sondern immer schon vorhandenen Wissen der praktischen Vernunft.[26] Damit schränkt Thomas das Verständnis des Gewissens als Stimme Gottes oder als Erleuchtung durch Gott allein auf dieses habituelle Wissen um das Grundprinzip der praktischen Vernunft ein.

… unverlierbar

Weil es angeboren und nicht erworben ist, deshalb ist das Wissen der syndéresis um die ersten Prinzipien auch *unverlierbar.*[27] Lediglich die Betätigung oder Anwendung dieses Wissens kann ausbleiben. So kann es nach Thomas vorkommen, dass jemandem aufgrund einer Verletzung der Organe, auf die unsere Vernunft angewiesen ist, also des Gehirns, ein Gebrauch der Vernunft und Freiheit unmöglich geworden ist. Oder es kann vorkommen, dass aufgrund der Begierden die Vernunft so unterdrückt wird, dass sie keine Anwendung auf die einzelne Handlung findet. Aber das bedeutet nicht, dass damit die Einsicht der syndéresis völlig ausgelöscht wäre, sie kommt nur nicht zur Anwendung.

Ursprünglich gegebenes Verständnis für das ethische Sollen ist beim Menschen vorauszusetzen

(3) Ausgehend von diesem Argument lässt sich zum Anspruch der Humanwissenschaften, sie könnten nicht nur die Entstehung der einzelnen ethischen Gebote, sondern auch des Sollensanspruchs überhaupt erklären, Folgendes sagen: Auch wenn erst mit dem *sozial vermittelten Erlernen* moralischer Gebote und Verbote der grundlegende Sollensanspruch ausdrücklich zur Geltung kommt und erfahren wird, bedeutet dies nicht,

---

25 Vgl. De veritate, q. 16, a. 3. Ebenso: Summa theologiae I-II, q. 94, a. 2 und q. 91, a. 2.

26 Zur Charakterisierung der syndéresis als »natürlichen Habitus« vgl.: De veritate, q. 16, a. 1 c; Summa theologiae I, q. 79, a. 12 c.

27 Vgl. dazu: De veritate, q. 16, a.3; Summa theologiae I, q. 79, a. 13.

dass er damit auch in seinem *Ursprung* erklärt wäre. Vielmehr muss, damit Erziehung und Entwicklung des moralischen Bewusstseins und Argumentierens überhaupt möglich ist, damit der Mensch überhaupt auf den Unterschied von ethisch gut und schlecht angesprochen werden kann, ein im Menschen ursprünglich gegebenes Wissen und Verständnis für das ethische Sollen bzw. für die Unterscheidung zwischen gut und böse vorausgesetzt werden. Was die Entstehung im Laufe der Evolution angeht, lässt sich sagen, dass der ethische Anspruch möglicherweise einen Überlebensvorteil schafft. Aber das bedeutet noch nicht, dass sich seine Gültigkeit vollständig darauf reduzieren ließe und damit vollständig erklärt wäre.

In theologischer Deutung kann dieser ursprünglich im Menschen gegebene formale ethische Anspruch – aber auch nur er – wegen seines unbedingten Charakters und wegen seiner *Irrtumsfreiheit* und *Unhintergehbarkeit* auch als »Stimme Gottes« gedeutet werden. Auch der oben zitierte Text aus »Gaudium et spes« (n. 16) spricht nur im Blick auf den formalen ethischen Anspruch vom Gewissen als Stimme Gottes, wenn er formuliert, dass der Mensch im Inneren seines Gewissens ein Gesetz entdeckt, »das er sich nicht selbst gibt, sondern dem er gehorchen muss und dessen Stimme ihn immer zur Liebe und *zum Tun des Guten und zur Unterlassung des Bösen* aufruft und, wo nötig, in den Ohren des Herzens tönt: Tu dies, meide jenes«.

2.3 Auch das irrende Gewissen verpflichtet

Die Unterscheidung zwischen der grundlegenden Gewissensanlage und dem konkreten Gewissensspruch hat bisher zu folgender Einsicht geführt: So sehr das Gewissen in seinen konkreten Entscheidungen irren kann, so sehr begegnet zugleich im Urteil des Gewissens der unbedingte und unableitbare Anspruch, das Gute zu tun, der Vernunft gemäß zu handeln und nicht bloß den eigenen Vorteil zu suchen. In der Konzeption des Gewissens ist nun weiterhin für Thomas entscheidend, dass der unbedingte, unableitbare und irrtumsfreie Anspruch des Gewissens, das Gute zu tun und das Böse zu meiden, der in jedem einzelnen, konkreten Gewissensurteil leitend ist, jeweils auf das verpflichtet, was man selbst – *subjektiv* – als das konkrete, in der Entscheidungssituation geforderte Gute einsieht, auch wenn man sich darin – *objektiv* – täuschen mag. Auch das in der konkreten Entscheidung irrende Gewissen verpflichtet aufgrund des zugleich in ihr vernehmbaren unbedingten Anspruchs unbedingt.

Zwei Fälle des irrenden Gewissens

In der Begründung dieser Auffassung geht Thomas davon aus, dass der Wille des Handelnden aufgrund seines jeweiligen Gegenstandes als ethisch gut oder schlecht bezeichnet wird. Seine ethische Qualität hängt also davon ab, ob er etwas Gutes oder Schlechtes will.[28] Da dieser Gegenstand des Willens aber stets durch die Erkenntnis der Vernunft des Einzelnen dem Willen vorgelegt wird, die Vernunft aber in ihrem konkreten Urteil irren kann, ist es möglich, dass eine an sich schlechte Handlung von der Vernunft irrtümlich als gut und eine an sich gute Handlung irrtümlich als schlecht wahrgenommen und dem Willen als zu verfolgende bzw. als zu vermeidende Handlung vorgelegt wird. Wie aber ist dann der jeweilige Wille ethisch zu bewerten? Thomas unterscheidet dazu zwei Fälle:

1) Wenn etwas an sich Gutes als etwas Schlechtes wahrgenommen wird, dann ist auch der Wille, der dieses Objekt verfolgt, schlecht. Das Gewissen verpflichtet dann unbedingt dazu, das vermeintlich Schlechte zu meiden. Wenn man es dennoch tut, handelt man ethisch schlecht, auch wenn man objektiv gesehen etwas Gutes tut.
2) Wird dagegen etwas an sich Schlechtes irrtümlich als gut betrachtet, ist noch einmal genauer zu unterscheiden, worin der Irrtum seine Ursache hat:[29]

- Handelt es sich nämlich um eine selbst verschuldete und damit auch vermeidbare Unwissenheit (ignorantia vincibilis), etwa weil man aufgrund von Nachlässigkeit sich nicht richtig informiert hat, so entschuldigt der Gewissensirrtum nicht und der Wille ist schlecht.
- Beruht der Irrtum dagegen auf einem unfreiwilligen und damit unvermeidbaren Irrtum oder Nichtwissen (ignorantia invincibilis), etwa wenn man die Folgen seines Handelns tatsächlich nicht absehen kann, so ist der Gewissensirrtum entschuldigt und der Wille nicht schlecht. Thomas kann sich freilich nicht zu der Auffassung entschließen, dass der Wille, wenn er sich auf ein irrtümlich für gut gehaltenes Objekt richtet, gut sei. Er folgt dabei dem Axiom, dass eine Handlung nur dann gut ist, wenn alle Ursachen für ihre moralische Qualität gut sind, schlecht aber bereits dann, wenn nur eine Ursache schlecht ist.[30]

Ethisch richtig/falsch – ethisch gut/böse

Ausgehend von dieser Einsicht lässt sich dann auch unterscheiden zwischen der Bewertung unseres Handelns als ethisch gut und böse einerseits

28 Vgl. dazu: Summa theologiae I-II, q. 19, a. 5 c.
29 Vgl. dazu: ebd. I-II, q. 19, a. 6 c.
30 Vgl. dazu: ebd. I-II, q. 19, a. 6 ad 1.

und als ethisch richtig und falsch andererseits.[31] Das Begriffspaar »richtig/falsch« zielt dabei darauf, ob eine Handlung in inhaltlicher Hinsicht erlaubt oder unerlaubt, verantwortbar oder unverantwortbar ist. Es bezieht sich auf das Urteil, in dem man immer auch irren und sich täuschen kann. Demgegenüber bezieht sich das Begriffspaar »gut/böse« auf den formalen Aspekt. Eine Handlung wird dann als gut bezeichnet, wenn der Handelnde dem Aufruf des Gewissens, sich von der Vernunft und vom Guten leiten zu lassen, folgt. Sie ist dagegen böse, wenn sich der Handelnde diesem Aufruf verweigert und stattdessen – egoistisch – allein den eigenen Vorteil sucht.

Aufgrund dieser Unterscheidung kann es folgende Konstellationen geben:

1. Eine Handlung ist richtig und gut: Man hilft einem Verletzten allein deshalb, weil ihm geholfen werden muss.
2. Eine Handlung ist falsch und dennoch gut: Man verzieht seine Kinder aus falsch verstandener Liebe.
3. Eine Handlung ist falsch und böse: Man ermordet jemanden auf heimtückische und grausame Weise.
4. Eine Handlung ist richtig und dennoch böse: Man kümmert sich um einen alten kranken Onkel, allein um von ihm mit einer Erbschaft bedacht zu werden.

2.4 Immanuel Kant und das Gewissen als sich selbst richtende moralische Urteilskraft

Die Einsicht des Thomas in die Ursprünglichkeit, Irrtumsfreiheit und Unverlierbarkeit des im Gewissen erfahrbaren grundlegenden ethischen Anspruchs lässt sich durch die entsprechenden Ausführungen Immanuel Kants noch weiter verdeutlichen (vgl. zu Kant auch: 5. Kapitel, 1).

Gewissensspruch als formale Beurteilung der Vernünftigkeit einer Entscheidung

Kant definiert das Gewissen als »die sich selbst richtende moralische Urteilskraft«[32]. In dieser Definition wird deutlich, dass es beim Gewissensspruch nicht um ein konkretes ethisches Urteil der praktischen Vernunft geht, sondern um ein *reflexives*, auf den Urteilenden selbst bezogenes Urteil. Es geht nicht um die *inhaltliche* Entscheidung, ob eine bestimmte Handlung ethisch richtig und damit Pflicht ist oder nicht, sondern um die

31 Vgl. dazu: Bruno Schüller, Die Begründung sittlicher Urteile. Typen ethischer Argumentation in der Moraltheologie, Düsseldorf [2]1980, 133–141.

32 Vgl. Immanuel Kant, Die Religion innerhalb der Grenzen der bloßen Vernunft, A 271.

formale Beurteilung, ob der Handelnde in seinem Urteil wirklich *allein aus Vernunftüberlegungen* heraus geurteilt hat oder ob er von anderen Beweggründen – den Neigungen – geleitet ist.[33] Das Gewissen beurteilt also, ob die jeweilige konkrete Entscheidung dem formalen Prinzip der praktischen Vernunft, dem Kategorischen Imperativ, entspricht. Es beurteilt, ob die entsprechende Handlung wirklich *aus Pflicht* – also aus Anerkennung der Pflicht um der Pflicht willen – geschieht oder ob sie nur äußerlich *pflichtgemäß* getan wird, in Wirklichkeit aber aus anderen, egoistischen Triebfedern – etwa um des eigenen Vorteils willen oder aus Angst – erfolgt. Im Gewissensurteil geht es also nicht um das *objektive* Urteil, ob eine konkrete Handlung Pflicht ist oder nicht, sondern um das *subjektive* Urteil, ob man sein Urteil mit der Vernunft verglichen hat.[34] Im Fall der Karin L. ginge es im Gewissensurteil nicht darum, ob sie objektiv den richtigen Weg gewählt hat, sondern darum, dass sie sich bei ihrer Entscheidung ausschließlich von der Pflicht bzw. von dem Willen zum Guten und nicht von eigenen Vorlieben oder Ängsten hat leiten lassen.

Irrtumsfreiheit und Ursprünglichkeit

Anders als Thomas sieht Kant also die Bedeutung des Gewissens lediglich darin, sich darüber klar zu werden, aus welchen Motiven heraus man letztlich urteilt und handelt. Er schränkt den Gewissensbegriff auf die Prüfung der jeweiligen Entscheidung auf ihre Übereinstimmung mit dem formalen ethischen Anspruch hin ein. Ausgehend von diesem eingeschränkten Gewissensbegriff aber betont Kant nun die *Irrtumsfreiheit* des Gewissensurteils. Ist nämlich mit dem Gewissen nicht das konkrete ethische Urteil, sondern das reflektierende Urteil der praktischen Vernunft über sich selbst gemeint, kann es kein irrendes Gewissen geben. Denn man kann zwar darin irren, was im einzelnen Fall richtig und falsch ist, nicht aber darin, ob man tatsächlich aus Vernunft geurteilt hat.[35] Deshalb ist es, wenn man seinem Gewissen gemäß gehandelt hat, zwar noch möglich, darüber aufgeklärt zu werden, worin die Pflicht im Einzelnen tat-

---

33 Vgl. ebd., A 271: »Das Gewissen richtet nicht die Handlungen als Kasus, die unter dem Gesetz stehen; denn das tut die Vernunft, so fern sie subjektiv-praktisch ist … : sondern hier richtet die Vernunft sich selbst, ob sie auch wirklich jene Beurteilung der Handlungen mit aller Behutsamkeit (ob sie recht oder unrecht sind) übernommen habe, und stellt den Menschen, wider oder für sich selbst, zum Zeugen auf, dass dieses geschehen, oder nicht geschehen sei.«

34 Vgl. Immanuel Kant, Metaphysik der Sitten, Tugendlehre, A 38.

35 Vgl. ebd., A 38: »… aus dem eben Angeführten folgt: dass nämlich ein irrendes Gewissen ein Unding sei. Denn in dem objektiven Urteile, ob etwas Pflicht sei oder nicht, kann man wohl bisweilen irren; aber im subjektiven, ob ich es mit meiner praktischen Vernunft zum Behuf jenes Urteils verglichen habe, kann ich nicht irren, weil ich alsdann praktisch gar nicht geurteilt haben würde; in welchem Fall weder Irrtum noch Wahrheit statt hat.«

sächlich besteht. Aber es kann einem nicht mehr vorgeworfen werden, dass man gegen die Pflicht bzw. gegen das gehandelt habe, wovon man sich gewiss ist, dass es Pflicht ist.[36]

Das Gewissen urteilt also nach Kant nicht darüber, was im einzelnen Fall konkret gut und schlecht ist, sondern stellt dem Menschen die Pflicht überhaupt vor Augen und bringt sie ihm gegenüber *als Pflicht* zur Geltung.[37] Im Gewissen erfährt der Mensch in ursprünglicher Weise den unbedingten ethischen Anspruch. Kant erläutert diese *Ursprünglichkeit* so, dass das Gewissen nicht erst erworben werden müsse und auch keine Pflicht bestehe, das Gewissen zu erwerben. Wenn es nämlich Pflicht wäre, sich in seinem Handeln nach dem Gewissen zu richten, dann müsste es ein weiteres Gewissen geben, das diese Pflicht zur Geltung bringt.[38] Wenn man wirklich kein Gewissen hätte, könnte man gar nicht verstehen, was überhaupt moralische Pflicht ist, man könnte also auch gar nicht die Pflicht verstehen, sich ein Gewissen anzuschaffen. Das Gewissen als Erfahrung des ethischen Anspruchs ist deshalb ursprünglich und unhintergehbar. Entsprechend kann man das Gewissen auch *nicht verlieren.* Wenn man davon spricht, dass jemand kein Gewissen habe, bedeutet das für Kant lediglich, dass er den Aufruf seines Gewissens nicht hören will. Gewissenlosigkeit ist der Hang, sich nicht um den Anspruch seines Gewissens zu kümmern.[39]

Gewissen als innerer Gerichtshof und Stimme Gottes

Ausgehend von diesen Überlegungen rekonstruiert Kant auch die Rede vom Gewissen als Stimme Gottes, indem er seine Aussagen über das Gewissen im Bild vom *inneren Gerichtshof* zusammenfasst.[40] Im Gewissen tritt der Mensch sich selbst als Richter gegenüber. Dieser innere Richter aber ist nicht etwas, das man sich erst macht oder das durch Erziehung entsteht, sondern etwas, das im Menschen ursprünglich gegeben ist und dessen Anspruch unvermeidlich gehört wird, auch wenn man sich nicht darum kümmert. Weil aber Richter und Angeklagter nicht dieselbe Per-

36 Vgl. ebd.

37 Vgl. Immanuel Kant, Metaphysik der Sitten, Tugendlehre A 37: »Zum Gewissen verbunden zu sein, würde soviel sagen als: die Pflicht auf sich haben, Pflichten anzuerkennen. Denn Gewissen ist die dem Menschen in jedem Fall eines Gesetzes seine Pflicht zum Lossprechen oder Verurteilen vorhaltende praktische Vernunft.«

38 Vgl. ebd., A 37 und A 39: »Nach Gewissen zu handeln kann also selbst nicht Pflicht sein, weil es sonst noch ein zweites Gewissen geben müßte, um sich des Akts des ersteren bewußt zu werden.«

39 Vgl. ebd., A 38: »Wenn man daher sagt: Dieser Mensch hat kein Gewissen, so meint man damit: er kehrt sich nicht an den Ausspruch desselben. Denn hätte er wirklich keines, so würde er sich auch nichts als pflichtmäßig zurechnen, oder als pflichtwidrig vorwerfen, mithin auch selbst die Pflicht, ein Gewissen zu haben, sich gar nicht denken können.«

40 Vgl. ebd., A 99–103.

son sein können, wird man genötigt, das Gewissen als Stimme einer anderen Person in sich selbst vorzustellen. Diese andere Person muss aber eine *ideale* Person sein, sie muss – wie Kant sagt – ein *Herzenskundiger* sein, also den Handelnden völlig durchschauen und seine innere Orientierung überprüfen können, und sie muss, weil das Gewissen über alle freien Handlungen der innere Richter ist, *allverpflichtend* sein. Dies aber ergibt den Begriff Gottes, so dass das Gewissen als Anspruch Gottes im Handelnden *vorgestellt* werden kann, auch wenn damit – wie Kant betont – nicht schon die Existenz Gottes objektiv aufgewiesen ist.

Luther: Gewissheit über die eigenen Motive nicht möglich

Mit diesen Überlegungen lässt sich noch einmal gegenüber den Versuchen, das Gewissen psychologisch oder evolutionär zu erklären, die Unableitbarkeit und Unhintergehbarkeit des Gewissens, die schon bei Thomas deutlich wurde, unterstreichen. Andererseits ist an Kants Konzept die Frage zu stellen, ob wir in der Reflexion über die Motive unseres Handelns tatsächlich *Gewissheit* darüber erlangen können, dass wir allein dem Vernunftprinzip folgen und nicht doch letztlich von anderen Antrieben und Neigungen geleitet sind. Ist es nicht vielmehr so, dass wir in der Erforschung unserer Motive uns zwar klar darüber werden können, dass wir letztlich vom eigenen Vorteil und Nutzen oder von Bequemlichkeit und Angst bestimmt sind, dass wir aber umgekehrt solche Motive für unser Handeln nie wirklich ausschließen können? *Martin Luther* jedenfalls sah darin das zentrale Problem des Gewissens. Für ihn kann der Mensch aus sich selbst heraus angesichts des Gesetzes gerade keine solche Gewissheit erlangen, vielmehr muss er an sich verzweifeln. Er kann nie gewiss sein, dass er vor Gott, der die innerste Motivation seines Handelns beurteilt, bestehen kann. Erst vom Evangelium her und allein im Glauben an Jesus Christus kann dieses verzweifelte Gewissen getröstet werden.

3. Konsequenzen aus dem differenzierten Gewissensbegriff

Ausgehend von der Differenzierung im Gewissensbegriff, wie sie bei Thomas und auch bei Kant erreicht ist, ergeben sich für das Verständnis des Gewissens zwei wichtige Aspekte:

Gewissensentscheidung als unvertretbare individuelle Entscheidung

Zum einen ist deutlich geworden, dass uns der grundlegende Anspruch des Gewissens, das Gute zu tun, angesichts der Frage, worin denn das Gute konkret besteht, nicht auf ein dem Handelnden äußerliches Gesetz oder auf irgendeine Autorität verweist, sondern *allein auf die eigene*

Einsicht. Dem unbedingten Anspruch des Gewissens, ethisch gut zu handeln, folgen wir nur dann, wenn wir dem folgen, was *wir selbst* als ethisch gut und richtig erkannt haben. Dies gilt auch dann, wenn diese Autorität eine höhere, irrtumsfreie Einsicht hätte. Sich dem Urteil oder dem Rat einer Autorität anzuschließen ist nur dann nicht unverantwortlich, wenn wir selbst einsehen, dass das, was die Autorität vorschreibt, richtig und gut ist. In diesem Sinne gilt: »Man muss Gott mehr gehorchen als den Menschen« (Apg 5,29). Insofern ruft uns das Gewissen, indem es uns zum ethischen Handeln aufruft, auch immer dazu auf, uns in unserem Handeln nicht von irgendwelchen äußeren Vorgaben – etwa gesellschaftlich selbstverständlichen Verhaltensmustern – bestimmen und leiten zu lassen, sondern allein von der eigenen Einsicht. Das Gewissen ruft – wie die existenzialphilosophische Analyse des Gewissensphänomens herausgestellt hat – dazu auf, uns in unserem Handeln nicht einfach an dem zu orientieren, was »man« eben tut, sondern dazu, *uns selbst* und die eigene Freiheit und Verantwortung zu ergreifen und in diesem Sinne – aus dem »Man« heraustretend – ein »Selbst« zu werden und in *Identität mit sich selbst* zu handeln.

Gewissenurteil beruht nicht auf einem bloßen Gefühl …

Zum anderen aber ist auch deutlich geworden, dass der Anspruch des Gewissens, das Gute zu tun bzw. die Pflicht zu erfüllen, auch die Aufforderung enthält, sich nach Kräften *um ein angemessenes Urteil und um eine verantwortbare Entscheidung zu bemühen.* Thomas betont, dass Irrtümer, die auf bloßer Nachlässigkeit und nicht auf unverschuldetem Unwissen oder Irrtum beruhen, nicht entschuldigen. Und Kant hebt hervor, dass es nicht genügt, bloß zu *meinen*, dass etwas Pflicht sei, sondern dass es einem um *Gewissheit* gehen muss. Man muss sich in der Selbstbeurteilung gewiss sein, dass man bei seinem Urteil, worin im konkreten Fall die Pflicht besteht, alle Behutsamkeit und Sorgfalt hat walten lassen, die möglich war. Zu einem wirklichen Gewissensurteil gehört es also, dass man es – gerade weil man sich im konkreten Urteil irren kann – nicht einfach bei einem bloßen Gefühl oder einer Intuition, was richtig sein könnte, belässt, sondern dass man sich mit aller Sorgfalt und nach Kräften um eine nachvollziehbare Begründung der jeweiligen Entscheidung bemüht. Sich an seinem Gewissen orientieren bedeutet nicht, sich bloß auf sein spontanes moralisches Empfinden zu verlassen, sondern schließt die mühevolle Notwendigkeit mit ein, sich genau zu informieren und die verschiedenen Vor- und Nachteile abzuwägen. Eine wirkliche Gewissensentscheidung erfordert, dass man nicht nur die Richtigkeit der eigenen Überzeugung und der eigenen Entscheidung *behauptet*, sondern dass man bereit ist, dafür, dass man das eigene Handeln für richtig hält, anderen – aber auch bereits sich selbst – gegenüber nachvollziehbare Gründe anzugeben. Gerade weil es im Gewissensurteil um eine verantwortbare

… sondern verlangt Begründung

Entscheidung geht, muss es einem darum zu tun sein, die eigenen Intuitionen und Überzeugungen immer wieder kritisch an der Wirklichkeit zu überprüfen. Dabei ist es gut, den Dialog mit anderen zu suchen und sich mit anderen zu beraten. Zu dieser *Dialogbereitschaft* gehört aber auch die Fähigkeit, das eigene Urteil von anderen in Frage stellen zu lassen, sich für Kritik zu öffnen und gegebenenfalls bereit zu sein, die eigene Auffassung zu korrigieren (*Korrekturoffenheit*).[41] Insgesamt muss es darum gehen, einen möglichst objektiven und *unparteiischen Standpunkt* einzunehmen und nicht einfach nach persönlichen Vorlieben oder Abneigungen zu entscheiden.

3.1 Notwendigkeit der Gewissensbildung

Eine erste Konsequenz aus dieser differenzierten Bestimmung des Gewissens besteht darin, dass das Gewissen und seine Urteilsfähigkeit im Verlauf des Lebens gebildet und weiterentwickelt werden muss. So sehr es richtig ist, dass unser Gewissensurteil – über unsere Grundüberzeugungen – immer auch von internalisierten Geboten und Verboten unserer Eltern, unserer Erzieher und der Gesellschaft bestimmt ist, so sehr besteht zugleich die Verpflichtung, es nicht dabei zu belassen, sondern die Urteilsfähigkeit des eigenen Gewissens in Richtung auf ein selbstbestimmtes Urteil, das auf eigener Einsicht in Gründe beruht, fortzuentwickeln.

Inhaltliche Prägung durch Erziehung und Vorbild

(1) Selbstverständlich besteht Gewissensbildung zunächst immer auch in einer *inhaltlichen Prägung des Verhaltens.* Moralerziehung geschieht zunächst immer auch so, dass konkrete Verhaltensweisen von den Erziehern als gut oder schlecht beurteilt und vom Kind akzeptiert und angenommen werden. Dies ist notwendig, damit überhaupt eine grundlegende Orientierung im Umgang mit sich selbst, mit anderen und mit der Wirklichkeit erlernt wird. Gewissensbildung bedeutet also zunächst durchaus, dass durch Erziehung und Vorbild bestimmte gesellschaftlich tradierte Normen und Werte vermittelt und vom Kind internalisiert werden. Allerdings kann Gewissenbildung nicht auf diesem Niveau stehen bleiben. Gewissensbildung kann nicht bloß bedeuten, eine Fülle von moralischen Geboten und Verboten »einzuhämmern«, sie muss vielmehr darin bestehen, eine *ethische Urteilskompetenz* hervorzubringen. Sie muss Fähigkei-

41 Vgl. dazu: Johannes Gründel, Verbindlichkeit und Reichweite des Gewissensspruches, in: ders., Das Gewissen. Subjektive Willkür oder oberste Norm?, Düsseldorf 1990, 100–109.

ten ausbilden und fördern, durch die der Einzelne in problematischen Situationen eigenständig und selbstverantwortlich ethisch urteilen und handeln kann.

Insofern ist die Kritik Freuds am Über-Ich-Gewissen berechtigt. Unberechtigt scheint lediglich die ausschließliche Identifizierung des Gewissensbegriffs mit solchen reinen Über-Ich-Inhalten zu sein. Entsprechend wurde in der Psychologie nach Freud dieses reduzierte Verständnis des Gewissens mehr und mehr fallen gelassen. An seine Stelle trat zunehmend eine dynamische Sicht des Gewissens als einer sich entwickelnden und reifenden ethischen Urteilsinstanz. Es geht nicht mehr – wie bei Freud – um eine Emanzipation *vom* Gewissen, sondern um eine Emanzipation *des* Gewissens.

Reifung des Gewissens vom Über-Ich zur eigenen Einsicht

(2) Für Erich Fromm etwa stellt das autoritäre Über-Ich-Gewissen nur eine erste, vorläufige Stufe dar, die von der Pubertät an allmählich von der Stufe des persönlichen, »humanistischen« Gewissens abgelöst werden muss.[42]

> »*Gewissen ist also die Re-Aktion unseres Selbst auf uns selbst.* Es ist die Stimme unseres wahren Ich, die uns mahnt, produktiv zu leben und uns voll und harmonisch zu entwickeln – das heißt, *zu dem zu werden, was wir nach unseren Möglichkeiten sein könnten.* Es ist der Wächter unserer Integrität; es bedeutet, für sich gut sagen dürfen und mit Stolz, also auch zu sich Ja sagen dürfen (Nietzsche).«[43]

Die Überwindung des autoritären Gewissens ist dabei eine lebenslange Aufgabe. Damit aber kommt eine Form von Gewissen in den Blick, dessen Inhalt nicht mehr ausschließlich aus Fremdvorstellungen besteht, sondern ein eigenständiges, persönliches Urteil umfasst. Das Gewissen hält danach etwas nicht nur deshalb für gut, weil es andere sagen, sondern deshalb, weil man es selbst als gut einsieht. Im Gewissen geht es nicht mehr um die Identifikation mit den Verboten der Eltern, sondern um die *Identität mit sich selbst.*

Stufen der Moralentwicklung nach Kohlberg

(3) Diese psychologische Entwicklung des Gewissens zu einer selbständigen ethischen Urteilskompetenz ist auch von empirischer Seite eingehend untersucht und beschrieben worden. Auf der Grundlage der Entwicklungspsychologie von Jean Piaget hat insbesondere Lawrence Kohlberg

42 Vgl. dazu: Erich Fromm, Psychoanalyse und Ethik, Stuttgart/Konstanz 1954, 155–187.

43 Ebd., 173f.

Studien zur Entwicklung des moralischen Bewusstseins durchgeführt.[44] In seinen Untersuchungen hat Kohlberg Kindern und Jugendlichen konkrete Dilemmafragen vorgelegt und sie zur eigenen Stellungnahme und vor allem zur Begründung ihrer Stellungnahme aufgefordert. Anschließend wurden die Begründungsmuster klassifiziert. Dabei ergab sich eine Stufung, die sich als Entwicklung vom bloßen Über-Ich-Gewissen hin zu einem selbständigen, autonomen ethischen Urteil lesen lässt. Die Entwicklung umfasst für Kohlberg drei Niveaus bzw. sechs Stufen:

I. Vormoralisches Niveau

1. Stufe der heteronomen Moral: Orientierung an Strafe und Gehorsam. Anordnungen werden befolgt, um Strafe zu vermeiden.
2. Stufe des naiven und instrumentellen Hedonismus: Ein konformes Verhalten erfolgt um einer Belohnung willen.

II. Konventionell-konformistisches Niveau

3. Stufe der Übereinkunft: Das ethische Verhalten dient der Aufrechterhaltung guter Beziehungen.
4. Stufe der Autoritätsmoral: Man will der Kritik durch Autoritätspersonen entgehen und Schuldgefühle vermeiden. Die Orientierung erfolgt an Gesetz und Ordnung.

III. Postkonventionelles Niveau

5. Stufe der individuellen Rechte und des Sozialkontrakts: Man begreift, dass die Rechte des Einzelnen geschützt und respektiert werden müssen. Die legalistische Orientierung wird als sinnvoll und sozial nützlich anerkannt.
6. Stufe der ethischen Prinzipien: Man will vor sich selbst und seinem Gewissen bestehen können. Man will sich nicht verurteilen müssen.

Ausgehend von dieser Klassifizierung unterschiedlicher Begründungsniveaus in der Urteilskompetenz besteht im Weiteren die Pointe dieses An-

44 Vgl. dazu den Überblicksband: Lawrence Kohlberg, Die Psychologie der Moralentwicklung, Frankfurt am Main 1995. Der Band bietet neben dem grundlegenden Beitrag »Moralstufen und Moralerwerb. Der kognitiv-entwicklungstheoretische Ansatz« von 1976 (123–174) Aufsätze Kohlbergs, in denen er seine Theorie nach und nach entwickelt hat, sowie seine Reaktionen auf die spätere Diskussion über seinen Ansatz.

satzes darin, dass man durch wiederholtes Vorlegen von Dilemmafragen und durch gezieltes Training eine jeweils höhere Entwicklungsstufe der Urteilskompetenz erreichen kann. Damit aber haben die Untersuchungen Kohlbergs – trotz aller kritischen Anfragen und Modifikationen – für die Moralpädagogik und Gewissensbildung grundlegende Bedeutung erlangt.

> Eine hauptsächliche Kritik richtet sich darauf, dass – obwohl die Theorie rein empirisch vorzugehen beansprucht – in der 6. Stufe ein Ideal der Humanität in Anlehnung an Kant leitend ist, das selbst nicht weiter empirisch gerechtfertigt wird. Eine andere Kritik – vor allem von feministischer Seite – richtete sich gegen die einseitig kognitiv orientierte Sicht der Gewissensbildung.[45]

Wird Gewissenbildung aber als Ausbildung einer ethischen Urteilskompetenz verstanden, muss der Werte-Pluralismus, der unsere Gesellschaft zunehmend prägt, für den Einzelnen nicht nur eine Bedrohung bedeuten, nämlich zunehmend orientierungslos zu sein und die eigene Identität zu verlieren. Indem der Einzelne immer stärker auf sich selbst und seine eigene Gewissensentscheidung verwiesen ist, kann dies auch die Chance beinhalten, wahrhaft selbstbestimmt und in Identität mit sich selbst leben zu können.

3.2 Toleranz, Gewissensfreiheit und ihre Grenzen

Eine zweite Konsequenz aus dem differenzierten Gewissensbegriff besteht in der Forderung der *Toleranz* gegenüber anderen, die ebenfalls aufgrund ihres Gewissens zu einer anderen oder gegenteiligen Entscheidung als man selbst gelangt sind, sowie in der institutionellen Absicherung dieser Toleranz durch das grundlegende Recht auf *Gewissensfreiheit*. Unter der Voraussetzung nämlich, dass das Gewissen aller Menschen grundsätzlich in konkreten Entscheidungsfragen der Möglichkeit des Irrtums unterliegt, muss die Tatsache, dass verschiedene Menschen zu unterschiedlichen Urteilen und Handlungsoptionen kommen, nicht bedeuten, dass die jeweils anderen böswillig oder uneinsichtig sind. Vielmehr ist es möglich, dass die unterschiedlichen Einschätzungen jeweils aus dem Bemühen um das Gute und Richtige und um ein vernunftgeleitetes Urteil hervorgegangen sind und deshalb Achtung und Respekt verdienen. Andererseits aber er-

---

45 Vgl. dazu: Gertrud Nunner-Winkler (Hg.), Weibliche Moral. Die Kontroverse um eine geschlechtsspezifische Ethik, Frankfurt am Main/New York 1991.

gibt sich aus dem differenzierten Gewissensbegriff auch, dass es – so sehr die Gewissensfreiheit rechtlich zu schützen und vom Staat zu respektieren ist – auch Grenzen in der Ausübung dieser Gewissensfreiheit geben kann und muss. So sehr die persönliche Gewissensentscheidung wegen ihres unbedingt und ursprünglich verpflichtenden Charakters zu achten ist, so sehr besteht andererseits die Gefahr, dass es zu einer inflationären Berufung auf das eigene Gewissen kommt. Unter Berufung auf die Gewissensfreiheit lässt sich – grundsätzlich jedenfalls – die eigene subjektive Willkür oder die jeweilige Gefühlslage mit unbedingtem Gewicht zur Geltung bringen und jeder Begründung und Kritik entziehen.[46]

Wehrdienstverweigerung aus Gewissensgründen

(1) So ist sicher zunächst zu sagen, dass der Staat, der die Gewissensfreiheit der einzelnen Bürger respektieren und schützen will, niemanden zwingen kann, etwas zu tun, das unmittelbar in die eigene Verantwortung des Einzelnen selbst fällt und das derjenige nicht mit seinem Gewissen vereinbaren kann. So kann der Staat niemanden dazu zwingen, auch nicht zum Zweck der Nothilfe oder im Verteidigungsfall, gegen sein Gewissen andere Menschen zu töten. Die Verweigerung des Wehrdienstes aus Gewissensgründen etwa muss der Staat respektieren. Allerdings muss derjenige, der sich weigert, deutlich machen können, dass es sich bei seiner Entscheidung nicht nur um ein bloßes Gefühl oder um eine Ausrede aus Bequemlichkeit oder Angst handelt, sondern um eine wirkliche Gewissensentscheidung. Auch wenn dabei die Echtheit der Gewissensentscheidung nicht wirklich überprüfbar ist und bewiesen werden kann, so muss derjenige, der sich aus Gewissensgründen weigert, doch *bereit sein*, seine Gründe darzulegen und im Blick auf Gegenargumente zu vertreten. Darüber hinaus müsste er im Sinne einer Echtheitsprobe zu einer entsprechenden Ersatzleistung bereit sein, die mit vergleichbaren persönlichen Einschränkungen verbunden ist.

Ziviler Ungehorsam/ Terrorismus aus Gewissensgründen

(2) Wie aber steht es mit der Berufung auf die Gewissensfreiheit angesichts von gesellschaftlich umstrittenen Projekten oder Einrichtungen? Dazu einige Beispiele von unterschiedlichem Gewicht: Muss es der Staat respektieren, wenn Einzelne einen Teil der angesetzten Steuern zurückhalten, weil sie mit der Verteilung des Staatshaushalts – etwa für hohe Rüstungsausgaben – nicht einverstanden sind? Oder: Muss es der Staat respektieren, dass Einzelne versuchen, Atomtransporte zu blockieren, weil sie die technischen Risiken und das Gefahrenpotenzial fürchten?

46 Vgl. dazu auch die Ausführungen bei: Eberhard Schockenhoff, Wie gewiss ist das Gewissen?, a.a.O., 25–36.

Oder: Wie steht es mit dem Terrorismus, für den sich die Akteure in vielen Fällen ebenfalls auf ihre Gewissensüberzeugung berufen? So sehr solche Aktionen – angefangen vom zivilen Ungehorsam bis hin zum Terrorismus – auch auf mögliche ungelöste Probleme unserer Zivilisation und Wohlstandsgesellschaft aufmerksam machen können, so sehr Widerstand aus Gewissensgründen angesichts einer ungerechten Gesetzgebung auch berechtigt und notwendig sein kann, so sehr ist andererseits zu sagen, dass gerade der freiheitlich-demokratische Staat solche Verhaltensweisen nicht dulden kann.

Wenn ein Einzelner aus Gewissensgründen gegen diejenige Rechtsordnung verstößt, die die Grundlage dafür bildet, dass die Gewissensfreiheit aller möglichst weitgehend garantiert ist, so ist diese Rechtsordnung gegen den Einzelnen trotz seiner Gewissensentscheidung zu schützen. Wenn also der Einzelne aus Gewissensgründen gegen demokratisch beschlossene Gesetze verstößt, muss der Staat gegen ihn vorgehen und sein Verhalten sanktionieren. Würden nämlich solche Gewissensentscheidungen zugelassen, könnte man also davon ausgehen, dass Verstöße gegen demokratisch beschlossene Gesetze nicht geahndet werden, so würde die Grundlage der Demokratie einschließlich ihrer Respektierung der Gewissensfreiheit untergraben. Ein solches Verhalten des Staates wäre geradezu kontraproduktiv im Blick auf die Sicherung der Gewissensfreiheit. Wer also mit bestimmten Gesetzen aus Gewissensgründen nicht einverstanden ist, sollte die Wege der demokratischen Willensbildung einschlagen, um seine Überzeugungen einzubringen. Er sollte für seine Gewissensüberzeugung argumentieren, aber auch versuchen, die Argumente für das Wohl der Allgemeinheit von einem unparteiischen Standpunkt aus in die eigene Meinungsbildung einzubeziehen. Andernfalls müsste sich die Echtheit seiner Gewissensentscheidung darin erweisen, dass er bereit ist, die Sanktionen des Staates auf sich zu nehmen.

3.3 Gewissen und Lehramt der Kirche

Aufgrund des erarbeiteten differenzierten Gewissensbegriffs lässt sich schließlich auch das Verhältnis zwischen dem eigenen Gewissen und der Moralverkündigung des kirchlichen Lehramts genauer bestimmen. Dass nämlich die Kirche selbst – wie das Zweite Vatikanische Konzil betont – einerseits das Gewissen des Einzelnen als letzte Instanz der Handlungsorientierung versteht, andererseits aber immer wieder den Anspruch erhebt, in konkreten Fragen des ethischen Handelns den einzig richtigen Weg zu kennen, ist für viele Katholiken ein Problem.

Kirchliche Autorität als Orientierung

(1) Ausgangspunkt der Verhältnisbestimmung ist die Einsicht, dass tatsächlich das Gewissen des Einzelnen – und nicht irgendeine, wenn auch noch so bedeutende Autorität – die letzte verpflichtende Instanz ist, an die man sich in seinem Handeln halten muss, dass aber andererseits das Gewissen des Einzelnen in seinem konkreten Urteil irren kann und deswegen immer auch der kritischen Überprüfung im Hören auf die Gründe anderer bedarf. Damit aber kommt für den katholischen Christen die Moralverkündigung des kirchlichen Lehramts als Orientierung für die eigene Entscheidungsfindung in den Blick.[47] Doch auch hier gilt, dass die Moralverkündigung des Lehramts für den Einzelnen nur dann maßgeblich und verpflichtend sein kann, wenn er die Weisungen des Lehramts als richtig eingesehen hat. Wenn sich jemand demgegenüber zwar in seinem äußeren Handeln nach den lehramtlichen Weisungen richtet, obwohl er sie selbst für falsch und unverantwortlich hält, würde er – zumindest nach der Auffassung des hl. Thomas (vgl. 2.3) – gegen sein Gewissen und damit ethisch schlecht handeln.

Unfehlbarkeit auch in Sachen der Sitten?

(2) Aber – so ließe sich einwenden – kommt dem kirchlichen Lehramt – genauer gesagt den in Übereinstimmung untereinander und mit dem Papst lehrenden Bischöfen wie auch dem Papst selbst, wenn er »ex cathedra« spricht – nicht nur Unfehlbarkeit »in Sachen des Glaubens«, sondern auch »in Sachen der Sitten« zu? Kommt damit dem Lehramt nicht doch eine höhere Autorität in der Kirche zu als dem individuellen Gewissen? Ist es nicht doch möglich, dass der Papst beispielsweise die ethische Beurteilung der künstlichen Empfängnisverhütung durch das bisherige Lehramt zur unfehlbaren Aussage »in Sachen der Sitten« erhebt?

Dazu ist freilich zu sagen, dass sich die Irrtumsfreiheit des Glaubens und damit auch die Unfehlbarkeit des Lehramtes nicht auf Beliebiges bezieht, sondern allein auf das Wort Gottes, das sich *allein im Glauben* und auf sonst keine andere Weise in seiner Wahrheit erweist. Die Irrtumsfreiheit kann sich also gar nicht auf solche Aussagen beziehen, deren Wahrheit prinzipiell auch anders als so, dass man sie glaubt, erwiesen

---

47 Vgl. dazu: Enzyklika »Veritatis splendor« von Papst Johannes Paul II. an alle Bischöfe der katholischen Kirche über einige grundlegende Fragen der kirchlichen Morallehre, 6. August 1993 (Verlautbarungen des Apostolischen Stuhls, Nr. 111, hg. vom Sekretariat der Deutschen Bischofskonferenz), Nr. 64: »*Eine große Hilfe* für die Gewissensbildung haben die Christen *in der Kirche und ihrem Lehramt* ... Die Autorität der Kirche, die sich zu moralischen Fragen äußert, tut also der Gewissensfreiheit keinen Abbruch: nicht nur, weil die Freiheit des Gewissens niemals Freiheit ›von‹ der Wahrheit, sondern immer und nur Freiheit ›in‹ der Wahrheit ist, sondern auch weil das Lehramt an das christliche Gewissen nicht ihm fremde Wahrheiten heranträgt, wohl aber ihm die Wahrheiten aufzeigt, die es bereits besitzen sollte ...«.

werden kann: durch historische, biologische oder sonstige wissenschaftliche Methoden. Unfehlbare Glaubensaussagen beziehen sich nur auf solche Aussagen, *deren Wahrheit grundsätzlich allein im christlichen Glauben selbst zugänglich ist und sich allein so erweist, dass man sich im Glauben auf sie einlässt und auf sie vertraut.* Letztlich geht es um die Zusage des Evangeliums, dass Gott selbst uns Menschen und der Welt in unbedingter Liebe zugewandt ist.

Unfehlbarkeit nicht in konkreten Normen

Das bedeutet aber, dass der Anspruch der Unfehlbarkeit »in Sachen der Sitten« *nicht auf konkrete ethische Normen* zu beziehen ist, für die immer auch Erfahrung, Sachkenntnis und vernünftige Argumentation notwendig ist, deren Wahrheit also auch anders als allein im Glauben zu erweisen ist[48], sondern lediglich auf Grundaussagen des Glaubens im Blick auf das ethische Handeln: etwa das Bekenntnis zur erbsündlichen Verfasstheit des Menschen oder die Aussage, dass wir wahrhaft gut und vor Gott verdienstlich nur aufgrund der Gnade handeln können. In solchen das ethische Handeln mit berührenden Glaubensaussagen kommt dem Lehramt – wie übrigens auch der Gesamtheit der Gläubigen (vgl. LG 12) – Unfehlbarkeit und Irrtumsfreiheit zu. In Stellungnahmen zu einzelnen ethischen Fragen dagegen muss auch das Lehramt immer mithilfe der Vernunft und der Erfahrung argumentieren. Damit aber sind die Aussagen des Lehramts zu konkreten ethischen Weisungen prinzipiell auch irrtumsfähig und können sich auch wandeln.

Für einen Wandel in der lehramtlichen Moralverkündigung lässt sich auf prominente Beispiele verweisen: auf die Bewertung des Zinsnehmens, das spätestens seit der Neuzeit mit ihrem gewandelten Wirtschaftssystem – trotz des in der Bibel bezeugten Verbots (etwa Ex 22,24, Lev 25,36, Dtn 23,20f, Lk 6,34) – nicht mehr abgelehnt wurde; auf die Bewertung der Organspende, die zunächst vom Lehramt abgelehnt, dann aber sogar als Praxis der Nächstenliebe empfohlen wurde; auf die Einrichtung von Hospizen, die ebenfalls zunächst als Abschiebung der Alten abgelehnt, dann aber als Möglichkeit humaner Sterbebegleitung begrüßt wurde. Schließlich lässt sich auf Modifikationen in der Bewertung der Todesstrafe, des Suizids und des gerechten Kriegs hinweisen.

Erfahrungsvorsprung der Kirche

(3) Mit diesen Überlegungen ist die Autorität des Lehramts in ethischen Fragen freilich nicht schlechthin bestritten. Vielmehr lässt sich darauf hinweisen, dass das Lehramt auf einen in vielen Jahrhunderten

48 Vgl. dazu: Alfons Auer, Autonome Moral und christlicher Glaube, Düsseldorf ^{2}1984, 137–148; Johannes Gründel, Verbindlichkeit und Reichweite des Gewissensspruchs, a.a.O., 112–115.

erworbenen Erfahrungsschatz zurückblicken kann. In der Moralverkündigung der Kirche hat sich eine lange Erfahrung mit bestimmten Lebensformen in den unterschiedlichsten kulturellen und gesellschaftlichen Zusammenhängen angesammelt. Damit aber kann die Morallehre der Kirche zum einen eine Entlastung für den Einzelnen darstellen, so dass er sich nicht immer neu in allen Dingen orientieren muss. Zum anderen aber kann das Lehramt in seinen ethischen Weisungen auch Autorität und einen Argumentationsvorteil beanspruchen. Derjenige, der aufgrund seines individuellen Gewissensurteils eine von der bisherigen Moralverkündigung abweichende Auffassung vertritt, trägt daher die Beweislast. Er hat seine von der lehramtlichen Verkündigung abweichende Entscheidung in aller Sorgfalt und kritischen Selbstprüfung zu treffen und soll bei einem Dissens den offenen Dialog mit der Kirche suchen. Entsprechend formuliert der Deutsche Erwachsenenkatechismus:

> »In der Bemühung um die sittliche Wahrheit und um die Begründung konkreter Normen ist die Kirche nicht immer frei von Irrtum und Mängeln gewesen. Es wäre jedoch falsch, daraus den Schluss zu ziehen, das Lehramt würde sich bei seinen Aussagen gewöhnlich täuschen. Deshalb dürfen Urteile über sittliche Fragen, die in den Kompetenzbereich des Lehramts fallen, bis zum Beweis des Gegenteils die Vermutung für sich beanspruchen, dass sie zutreffen. Dennoch können Christen trotz aufrichtiger Bemühungen, bestimmte Lehraussagen anzunehmen, ernsthafte Schwierigkeiten haben, ihre Zweifel auszuräumen ... Wo Schwierigkeiten bestehen, sollten sie, wo immer dies möglich erscheint, nicht nur der persönlichen Gewissensentscheidung überlassen bleiben, sondern ihre Lösung sollte in einem ehrlichen Dialog angestrebt werden, der vom Geist brüderlicher Liebe geprägt ist.«[49]

Lehramt müsste Interesse an Erfahrungen der Menschen haben

Andererseits wäre aber, wenn sich mit den Verhältnissen in Gesellschaft und Kultur auch ethische Normen wandeln können, auch das Lehramt gehalten, seine bisherigen Erfahrungen auf ihre Gültigkeit hin zu überprüfen. Das Lehramt müsste selbst daran interessiert sein zu wissen, welche Erfahrungen Menschen mit seinen Vorschriften machen. Es müsste nicht nur zum Dialog mit den Gläubigen bereit sein und ihre Erfahrungen bedenken, sondern selbst diesen Dialog aktiv suchen.

Schließlich stellt die Autorität des Lehramts in Fragen der Sitten aber auch insofern eine Chance dar, als die Kirche dadurch ihre prophetische Funktion gegenüber der Gesellschaft wahrnehmen kann. Sie kann mit

---

49 Katholischer Erwachsenenkatechismus, Zweiter Band: Leben aus dem Glauben, hg. von der Deutschen Bischofskonferenz, Kevelaer/München u.a. 1995, 117f.

deutlicher und vereinter Stimme auf eklatante Verletzungen der Humanität aufmerksam machen und eine Änderung des Handelns anmahnen.[50] Dies ist zwar nur eine formale Funktion der Paränese bzw. der Motivation von Menschen zum tatsächlichen Handeln und kann die Notwendigkeit der Argumentation für die inhaltliche Richtigkeit dieser Aussagen mit den Mitteln der Vernunft und der Erfahrung nicht ersetzen. Dennoch geht dem Lehramt damit nichts von seiner Relevanz für die Gesellschaft und ihre humane Gestaltung verloren.

Zusammenfassende Thesen:

1. Das Gewissen wird heute einerseits – vor dem Hintergrund der christlichen Deutung als »Stimme Gottes« – als letzte Instanz ethischer Entscheidungen gedeutet, der unbedingte Achtung in Form des Grundrechts auf Gewissenfreiheit einzuräumen ist. Andererseits wird es von den Humanwissenschaften (Psychologie und Verhaltensforschung) als Produkt von Erziehung und Evolution entlarvt.
2. Eine Erklärung dieser widersprüchlichen Deutung wird durch die – bereits in der Scholastik (vor allem bei Thomas von Aquin) entwickelte – Differenzierung zwischen Gewissensanlage (syndéresis) und konkretem Gewissensspruch (conscientia) möglich.
3. In die konkrete Beurteilung einer Handlung durch die *conscientia* fließen neben dem Prinzipienwissen auch Grundüberzeugungen und Sachwissen mit ein, die die Möglichkeit des Irrtums begründen. Mit dem Prinzipienwissen der *syndéresis* ist die ursprüngliche Einsicht in das Grundprinzip der praktischen Vernunft gemeint: Das Gute ist zu tun, das Böse zu meiden. Diese Einsicht ist irrtumsfrei; sie ist angeboren und nicht erworben, weil sie in allen ethischen Urteilen immer schon vorausgesetzt wird; sie ist, auch wenn sie unterdrückt werden kann, unverlierbar. Theologisch liegt hier der Ansatzpunkt, um von der »Stimme Gottes« zu sprechen.
4. Ausgehend von der Analyse des Gewissens ist es für Thomas begründet, dass auch das *irrende* Gewissen verpflichtet. Hält man

50 Alfons Auer (Autonome Moral, a.a.O., 185–197) spricht in diesem Zusammenhang von der integrierenden, stimulierenden und kritisierenden Funktion des kirchlichen Lehramts im Blick auf das ethische Handeln der Menschen (vgl. dazu auch: 9. Kapitel, 3.2).

etwas objektiv Gutes für schlecht, verpflichtet das Gewissen, es zu unterlassen. Hält man etwas objektiv Schlechtes für gut, entschuldigt das Gewissen nur, wenn der Irrtum unvermeidlich war.

5. Immanuel Kant sieht die Tätigkeit des Gewissens nicht im konkreten ethischen Urteilen, sondern allein in der Überprüfung der formalen Vernunftgemäßheit des jeweiligen Handlungsurteils. Darin ist es irrtumsfrei. Insofern es ursprünglich die Pflicht zur Geltung bringt, wird es nicht erworben, sondern immer schon vorausgesetzt.
6. Ausgehend von dem differenzierten Gewissensbegriff bei Thomas ist die eigene Gewissensentscheidung unvertretbar und nicht durch Berufung auf Autorität zu ersetzen. Um Gewissensentscheidung zu sein, verlangt sie aber Argumentationsbereitschaft, Informiertheit, Dialogbereitschaft und Unparteilichkeit.
7. Wegen der Irrtumsmöglichkeit ist *Gewissensbildung* notwendig. Neben inhaltlicher Prägung durch Erziehung und Vorbild muss es um Befreiung vom Über-Ich und um Förderung ethischer Urteilskompetenz gehen.
8. Der *Staat* kann zwar niemanden zu Handlungen zwingen, die unmittelbar in seine Verantwortung fallen und gegen sein Gewissen verstoßen. Wenn aber die Respektierung der Gewissensfreiheit dazu führt, dass die Funktionsfähigkeit demokratischer Willensbildung oder die Grundlagen der Rechtsordnung und damit auch der Schutz der Gewissensfreiheit untergraben werden, muss der Staat die Gesetze gegen den einzelnen Gewissenstäter durchsetzen.
9. Auch gegenüber dem *kirchlichen Lehramt* ist das Gewissen letzte Instanz. Die Unfehlbarkeit in Sachen der Sitten bezieht sich nicht auf konkrete Einzelnormen. Allerdings verlangt der Erfahrungsvorsprung der Kirche auch in ethischen Fragen, dass abweichende Auffassungen im Dialog begründet werden. Doch müsste das Lehramt auch an den Erfahrungen der Menschen mit seinen Weisungen interessiert sein.

4. KAPITEL

Orientierung am natürlichen Sittengesetz

Die Analysen des vorangehenden Kapitels haben erbracht, dass das Gewissen den Einzelnen zwar unbedingt und irrtumsfrei dazu aufruft, sich allein vom Guten, von der Vernunft und nicht vom eigenen Vorteil leiten zu lassen. Es ruft zur Unparteilichkeit im Urteilen und Entscheiden auf. Aufgrund der Ursprünglichkeit und Irrtumsfreiheit lässt sich dieser Aufruf des Gewissens theologisch auch als Stimme Gottes deuten. Im konkreten Urteil aber, worin in der jeweiligen Entscheidungssituation gutes und schlechtes Handeln besteht, kann das Gewissen irren. Für eine wirkliche Gewissensentscheidung genügt es darum nicht, sich in solchen Situationen einfach auf seine spontanen Intuitionen zu verlassen; vielmehr muss man auch bereit sein, seine Entscheidung zu begründen und mit allgemein nachvollziehbaren Gründen zu rechtfertigen. Damit stellt sich die Frage, wie eine solche Rechtfertigung und Begründung aussehen kann. Wie lässt sich feststellen, ob eine Entscheidung und die entsprechende Handlung ethisch richtig oder falsch, verantwortlich oder unverantwortlich ist?

Eine erste, naheliegende Antwort lautet, verantwortliches Handeln bestehe darin, dass wir uns in unseren Entscheidungen an den Vorgaben der *Natur*, ihrer inneren Dynamik sowie an ihren Gesetzmäßigkeiten und Zielen orientieren, dass wir also – als Naturwesen, die wir auch sind – im Rahmen der natürlichen Ordnung bleiben. Unverantwortliches Handeln dagegen bestehe darin, sich in seinem Tun – wie es heute in manchen Formen der Technik der Fall zu sein scheint – einfach über diese Ordnung hinwegzusetzen. Die Unverantwortlichkeit eines solchen Handelns zeige sich daran, dass inzwischen die Natur bereits »zurückschlage«. In der Tradition der Moraltheologie ist die Frage, woran sich die ethische Richtigkeit und Verantwortbarkeit von Entscheidungen und Handlungen bemisst, entsprechend immer wieder unter Hinweis auf ein *natürliches Sittengesetz* (lex naturalis) beantwortet worden. Ausgehend von Röm 2,14f:

> »Wenn Heiden, die das Gesetz nicht haben, von Natur aus das tun, was im Gesetz gefordert ist, so ist für sie das Gesetz wirksam, obwohl sie das Gesetz nicht haben. Sie zeigen damit, dass ihnen die Forderung des Gesetzes ins Herz geschrieben ist.«

griff bereits das frühe Christentum die innerhalb der antiken Philosophie entwickelte Vorstellung eines natürlichen Sittengesetzes auf und integrierte sie in die theologische Entfaltung der Glaubensinhalte. Nach dieser Lehre gründen ethische Normen und Weisungen weder in göttlicher noch in menschlicher Setzung, vielmehr werden sie aus der Natur und ihren Zielvorgaben erkannt. Entsprechend wurden auch die ethischen Weisungen der Heiligen Schrift, insbesondere des Alten Testaments, als Gebote des natürlichen Sittengesetzes gedeutet. Ausgehend von diesem Kriterium verantwortlichen Handelns könnte im Blick auf den Fall der Karin L. die ethische Orientierung darin bestehen, dass sie primär die naturgegebene Verbundenheit zwischen Mutter und Kind in ihrer Entscheidung beachten und verfolgen solle.[1]

Allerdings ist diese traditionelle Lehre vom natürlichen Sittengesetz spätestens seit der Enzyklika »Humanae vitae« von 1968 mit ihrem Verbot aller *künstlichen* Kontrazeptiva und der Beschränkung der erlaubten Methoden der Empfängnisregelung auf ausschließlich *natürliche* Mittel auch innerhalb der theologischen Ethik fragwürdig geworden. Der zugrunde liegende Naturbegriff erschien als zu voraussetzungsvoll, um für eine moderne und pluralistische Gesellschaft konsensfähig zu sein.[2] Im Folgenden soll deshalb gefragt werden, wie es um die Tragfähigkeit der Lehre vom natürlichen Sittengesetz als Konzept der Normbegründung steht. Im Einzelnen ist zu fragen: 1) Worin besteht das ursprüngliche Anliegen dieser Lehre? 2) Wie wurde sie durch ihre Integration in die Theologie verändert? 3) Welche Probleme ergaben sich im Zusammenhang dieser Lehre?

---

1 Die Vorstellung, dass die wirtschaftliche und soziale Emanzipation der Frau keine wirkliche Befreiung bedeutet, sondern eine Entartung des weiblichen Empfindens und der Mutterwürde sowie eine unnatürliche Gleichstellung mit dem Mann bedeutet, findet sich beispielsweise in: Pius XI., Enzyklika »Casti conubii« (31.12.1930) II, 2 b, in: Heilslehre der Kirche. Dokumente von Pius XI. bis Pius XII., hg. von A. Rohrbasser, Freiburg (Schweiz) 1953, n. 1706f.

2 Vgl. dazu als Zeugnisse der Auseinandersetzung: Das Naturrecht im Disput, hg. von F. Böckle, Düsseldorf 1966; Naturrecht in der Kritik, hg. von F. Böckle und E.-W. Böckenförde, Mainz 1973.

1. Das ursprüngliche Anliegen der Lehre vom natürlichen Sittengesetz

Von Menschen gemachte Gesetze – Vorgegebenes Naturgesetz

Das ursprüngliche Anliegen der Lehre vom natürlichen Sittengesetz wird deutlich, wenn man sich die Gründe ihrer Entstehung in der antiken griechischen Philosophie vergegenwärtigt. Ausgangspunkt war, dass in den verschiedenen Stadtstaaten Griechenlands neben gemeinsamen auch zahlreiche unterschiedliche Rechtsvorschriften und Verhaltensnormen existierten. Dies blieb solange unproblematisch, wie die einzelnen Städte voneinander unabhängig waren und kaum miteinander in Kontakt standen. Mit zunehmendem Austausch und Handel stellte sich jedoch immer drängender die Frage, welche der verschiedenen Bestimmungen *zu Recht* Gültigkeit beanspruchen können. In diesem Zusammenhang nahmen die Sophisten eine grundlegende Unterscheidung vor zwischen solchen Gesetzen, die *aufgrund menschlicher Setzung* (durch »thésis«) gelten, und solchen Gesetzen, die *von Natur aus* (»phýsei«) Gültigkeit haben. Der Sophist *Antiphon* nennt für diese zwei Arten von Gesetzen folgende Unterscheidungsmerkmale[3]:

> *Die Gesetze der ersten Art* sind von Menschen selbst gemacht und festgelegt; sie können von Ort zu Ort und von Zeit zu Zeit unterschiedlich ausfallen und können in der einen Stadt anders als in der anderen sein; sie gelten nicht ewig, noch sind sie allgemeinverbindlich; man muss sich

3 Antiphon, aus Fragment A, zitiert in der Übersetzung von: Wilhelm Capelle (Hg.), Die Vorsokratiker, Stuttgart 1968, 376f: »… Gerechtigkeit nun besteht darin, dass man die Gesetze des Staates, in dem man Bürger ist, nicht übertritt. Es dürfte daher ein Mensch für sich selbst am vorteilhaftesten Gerechtigkeit üben, wenn er vor Zeugen die Gesetze (des Staates) achtet, dagegen ohne Zeugen die Gesetze der Natur. Denn die Gesetze (des Staates) sind willkürlich gesetzt, die der Natur dagegen notwendig. Und die Bestimmungen der Staatsgesetze sind das Ergebnis von gegenseitiger Übereinkunft, nicht aber gewachsen. Die der Natur dagegen sind gewachsen, nicht etwa nur Ergebnis gegenseitiger Übereinkunft. – Wenn nun jemand die menschlichen Satzungen verletzt und dabei den Urhebern jener Übereinkunft verborgen bleibt, bleibt er frei von Schande und Strafe; dagegen nicht, wenn er nicht verborgen bleibt. Wenn aber jemand eins der mit der Natur gewachsenen Gesetze nach Möglichkeit übertritt, dann ist der Schaden (für ihn), auch wenn er allen Menschen verborgen bleibt, nicht geringer und, wenn ihn alle dabei sehen, nicht größer. Denn er hat dann Schaden nicht aufgrund menschlichen Vorurteils, sondern in Wahrheit. Es findet aber überhaupt deswegen die Untersuchung hierüber statt, weil die größte Zahl der menschlichen Satzungen im Gegensatz zur Natur gegeben ist. … Der Natur nun sind in keiner Weise die Dinge lieber oder gemäßer, von denen die (menschlichen) Gesetze die Menschen abhalten, als diejenigen, zu denen sie sie antreiben. … Die Vorteile, die auf den (menschlichen) Gesetzen beruhen, sind Fesseln der Natur, dagegen die von der Natur gegebenen (Gesetze) sind frei …«

nicht unbedingt an sie halten, eine Strafe erfolgt nur dann, wenn man beim Verstoß gegen sie gefasst wird.
Die Gesetze der zweiten Art sind nicht von Menschen gesetzt, sondern gelten vorgängig zu allem gesetzgeberischen Handeln des Menschen von Natur aus; sie werden vom Menschen nicht erfunden, sondern vorgefunden; sie verpflichten immer und überall und sind für jedermann verbindlich; ein Verstoß gegen sie ist immer ein Übel und eine Strafe, auch wenn er von niemandem bemerkt und bestraft wird.

Gesellschaftskritisches Potenzial des natürlichen Sittengesetzes

Damit ist das Anliegen der Lehre vom natürlichen Sittengesetz formuliert: Für das menschliche Handeln gibt es Gebote, die unabhängig von der jeweiligen Setzung durch Menschen, unabhängig von bloßer Vereinbarung und Konvention gelten, Normen also, die dem Menschen *vorgegeben* sind. Nach diesen natürlichen Normen wird vor allem dann gefragt, wenn bislang tragende ethische Traditionen und kulturelle Orientierungsmuster in einer Gesellschaft zerbrechen und die bisherigen, durch Alter, Erfahrung oder Religion legitimierten Antworten auf die Frage nach dem richtigen Handeln ihre selbstverständliche Gültigkeit verlieren. Umgekehrt ist mit dem natürlichen Sittengesetz ein Maßstab gegeben, von dem her die menschlichen Gesetze kritisierbar werden. Die Idee eines natürlichen Sittengesetzes ist also nicht konservativ, sondern enthält ein hohes gesellschaftskritisches Potenzial. Allerdings ist mit dieser Unterscheidung noch nicht geklärt, worin dieses natürliche Sittengesetz inhaltlich besteht.

1.1 Besonnenheit und Gerechtigkeit statt Recht des Stärkeren – Sokrates im Gespräch mit Kallikles

Naturgesetz ist nicht das Recht des Stärkeren …

Eine erste, grundlegende inhaltliche Bestimmung des natürlichen Sittengesetzes wird bei Platon gegeben. In seinem Dialog »Gorgias« macht Sokrates im Gespräch mit dem Sophisten Kallikles deutlich, dass dieses Naturgesetz nicht – was naheliegend wäre – im Recht des Stärkeren besteht, sondern in Besonnenheit und Gerechtigkeit. Kallikles vertritt die Auffassung, dass Unrecht-Tun zwar nach *menschlichem* Gesetz als das Schlechtere gilt und verurteilt wird, von *Natur* aus aber das Unrecht-Leiden das Schlechtere sei. Dass die menschlichen Gesetze in dieser Weise das Naturgesetz auf den Kopf stellen, hinge damit zusammen, dass diese Gesetze von den Schwachen und von der großen Masse gemacht werden. Es sei eine Sklavenmoral. Eines Tages aber werde ein Mann aufstehen, der von Natur so stark ist, dass er die Fesseln dieser widernatürlichen Gesetze zerreißen und abschütteln kann.

Gegen diesen »Sozialdarwinismus« des Kallikles unterscheidet Sokrates zunächst zwischen »stärker« und »besser« und wehrt sich gegen die Gleichsetzung von »gut« und »stark«. Wenn nämlich das Stärkere das Bessere wäre, dann hätte immer die (stärkere) Menge gegenüber dem (schwächeren) Einzelnen Recht, damit aber auch gegenüber Kallikles. Kallikles korrigiert deshalb seine Meinung: Im eigentlichen Sinne »stärker« seien nicht die physisch Stärkeren, sondern die Besseren, nämlich die verständigen Staatsmänner. Deren Glück bestehe allerdings nicht darin, mit ihrer Herrschaft anderen zu dienen, sondern von Natur aus bestehe dieses Glück darin, die eigenen Triebe mächtig werden zu lassen und in Luxus, Ungebundenheit und Freiheit auszuleben.

Sokrates wendet sich deswegen in einem zweiten Schritt gegen die Gleichsetzung von »gut« und »angenehm«. Wenn beides identisch wäre, könnte auch das Leben eines Wüstlings gut genannt werden. Kallikles korrigiert daraufhin seine Meinung dahingehend, dass nur bestimmte Lustgefühle gut seien, andere dagegen schlecht. Gut seien die »nützlichen«, schlecht die »schädlichen« Lustgefühle. Nützlich seien dabei die Lustgefühle und Triebe, die etwas Gutes bewirken, schädlich dagegen die, die etwas Schlechtes bewirken. Dann aber können nicht nur angenehme Gefühle, sondern auch Leiden nützlich sein, dann nämlich, wenn durch sie etwas Gutes bewirkt wird.

… sondern besteht im Tun der Pflicht und des Gerechten

Das bedeutet aber – so Sokrates –, dass man mit den Lustgefühlen und Trieben so umgehen soll, dass sie etwas Gutes bewirken. Für den Körper bestehe dieses Gute in der Gesundheit und Kraft des Körpers, für die Seele aber darin, dass in ihr durch Gerechtigkeit und Besonnenheit die rechte Ordnung herrscht. Und darin sieht Sokrates auch das Welt- oder Naturgesetz, wenn es um die Frage geht, wie wir leben und handeln sollen. Es besteht darin, gerecht und besonnen, also in Pflichterfüllung gegenüber jedermann und im Meiden von Zügellosigkeit, zu leben. Für Sokrates schließt das auch ein, dass man bereit ist, lieber Unrecht zu erleiden als Unrecht zu tun. Dies scheint nach dem Gespräch mit Kallikles mit eisernen und stählernen, also zwingenden Beweisgründen festzustehen und der Vernunft zu entsprechen.

1.2 Das natürliche Sittengesetz in der konkreten Gestalt der Polis – Aristoteles

Das von Natur aus Rechte gibt es nur in der konkreten Rechtsordnung

Eine genauere begriffliche Fassung findet die Rede vom natürlichen Sittengesetz bei Aristoteles. Auch er geht von der Unterscheidung zwischen dem positiven, auf menschlicher Setzung beruhenden Recht und dem natürlichen Sittengesetz aus. Aber Aristoteles versteht diese Unterscheidung nicht als einen unvermittelten Gegensatz. Für ihn realisiert sich das von Natur aus Rechte vielmehr immer nur in einer konkreten, von Menschen gesetzten Rechtsordnung und ist auch nur über diese Rechtsordnung zugänglich. Das natürliche Sittengesetz lässt sich nicht im Vorhinein zur geschichtlichen Erfahrung an sich, in seiner idealen Gestalt, erfassen und aus einem Prinzip heraus ableiten, sondern ist allein in der geschichtlichen und politischen Wirklichkeit und ihrer konkreten Rechtsordnung fassbar.

Naturbegriff: Entelechie

Diesem Gedanken liegt bei Aristoteles ein komplexer Begriff von Natur zugrunde. Mit »Natur« nämlich meint Aristoteles nicht die bloße Faktizität der Dinge, sondern das, was etwas im Stande seiner Aktualität und Vollendung ist. Die Natur ist für ihn wesentlich Telos, jene Zielgestalt eines Seienden also, die in ihm in Form der Entelechie angelegt ist. »Entelechie« meint dabei dasjenige Prinzip und diejenige innere Dynamik, die etwas mit Notwendigkeit auf das hintreibt und auf das hin werden lässt, worin seine jeweilige Vollendung besteht. Die Natur ist also erst in der Verwirklichung dessen gegeben, was etwas aufgrund seiner Potenzialitäten sein kann. Und erst in der konkreten Verwirklichung lässt sich erfassen, worin die Natur eines Seienden besteht.

In der Polis realisiert sich das von Natur aus Rechte

Ausgehend von diesem Naturbegriff lässt sich sagen, dass sich die Natur des Menschen erst in der Polis, in der staatlichen Gemeinschaft, realisiert. Der Mensch ist für Aristoteles von Natur aus ein politisches Wesen (zôon politikón), und erst in der Polis und durch sie kann er das werden, was er von Natur aus ist. Die Polis ist die Verwirklichung seiner Natur. Das von Natur aus Rechte realisiert und zeigt sich daher in dem, was in der wesentlichen Gemeinschaft von Menschen, in der Polis also, als recht und lobenswert gilt, und lässt sich auch erst dort mithilfe der Vernunft erheben, wo die menschliche Praxis ihre vollendete Gestalt in der staatlichen Gemeinschaft von Freien und Gleichen gefunden hat. Dabei kann sich das von Natur aus Rechte für Aristoteles durchaus auch in verschiedenen Staatsverfassungen manifestieren; es kann Veränderungen und Unterschiede in der jeweiligen Rechtssetzung geben.

In den Tugenden realisiert der Mensch seine innere Zielbestimmung

Auch für die Tugendlehre des Aristoteles ist sein Naturbegriff leitend. Tugenden nämlich sind nicht einfach die Fähigkeiten, die jemand *von Natur aus* als Anlagen mitbringt, sondern Resultat der Ausbildung der natürlichen Anlagen durch Übung und Gewöhnung unter Leitung der Vernunft. Sie sind die Realisierung dessen, worauf der Mensch aufgrund seiner Natur hingeordnet ist, was aber erst durch die Vernunft zur Entfaltung und Verwirklichung kommt. Dabei ist es auch hier wiederum die Polis und das Zusammenleben der Menschen in Freiheit und Gleichheit, wodurch die einzelnen Tugenden erst ihr Maß und ihre Wirklichkeit haben. Der Natur gemäßes Recht und Tugend erreicht der Mensch also nicht dadurch, dass er Kultur und Rechtsordnungen einfach abstreift und den natürlichen Trieben ihren Lauf lässt. Vielmehr muss er dazu die Unmittelbarkeit der Natur gerade hinter sich lassen und versuchen, seine Vollendungsgestalt, auf die er von seiner Natur her angelegt ist, nämlich das vernünftige Zusammenleben in der Polis, zu verwirklichen.

1.3 Das natürliche Sittengesetz als Vernunftgesetz – Die Philosophie der Stoa

Eine weitere Ausarbeitung findet die Konzeption des natürlichen Sittengesetzes in der Philosophie der Stoa. Es wird nun als universal gültiges Vernunftgesetz verstanden, das den letzten Maßstab und Grund ethischen Handelns überhaupt bildet.

Entscheidend für diese Entwicklung ist realgeschichtlich die Ablösung der griechischen Polis durch das hellenistische Großreich. Mit dem damit entstehenden Kosmopolitismus wird das Individuum aus dem begrenzten Verband des Stadtstaates herausgelöst, damit aber auch aus dessen festem Normgefüge. Dies führt zu Verunsicherung und wirft die Frage nach der richtigen Handlungsorientierung auf. Das Interesse an der Ethik rückt ins Zentrum, in der nun aber das natürliche Sittengesetz neu, unabhängig von dem Bezug auf die Polis, bestimmt wird.

Secundum naturam vivere – Leben gemäß der Natur

Für die Stoa beruht die Gültigkeit des positiven, durch Staaten und Regierungen gesetzten Rechts auf einem ungeschriebenen ewigen Recht, das das Richtmaß allen positiven Rechts ist. Dieses Naturrecht ist das allgemeine, mit der Weltvernunft identische Weltgesetz. Dabei sind die Stoiker der Ansicht, dass dieses von Natur aus Rechte von sich aus einleuchtet, da es mit der Vernunft als solcher bereits gegeben ist. Wer sie besitzt, hat damit auch schon ein Wissen davon, was recht ist und was nicht. Auf dieser Grundlage ist menschliches Handeln dann gut, wenn es dem natürlichen Gesetz entspricht. Ethisch handeln bedeutet daher der Natur gemäß leben (secundum naturam vivere).

Was »*secundum naturam vivere*« im Einzelnen beinhaltet, wird dabei aus der konkreten Natur, aus den natürlichen (biologischen) Eigenschaften, Gesetzmäßigkeiten und Zielen des Menschen und seiner physisch-organischen Ausstattung ermittelt. Was gut und schlecht ist, bestimmt sich wesentlich anhand dieser naturalen Vorgaben. So ist etwa von Epiktet die Meinung überliefert, dass sich Männer den Bart nicht scheren dürften, weil dieser doch von Natur aus wachse.[4]

4 Vgl. Epiktet, Unterredungen (Diatribai) I, 16. – Zur Einschätzung dieses Arguments im Denken Epiktets vgl. auch: Bruno Schüller, Die Begründung sittlicher Urteile, Düsseldorf [2]1980, 216f.

Der Natur liegt die göttliche Vernunft zugrunde

Allerdings geht es der Stoa nicht um einen blanken Biologismus in der Ethik. Im Hintergrund dieser Auffassung steht vielmehr die Vorstellung, dass die Welt und Natur von einem göttlichen Prinzip – dem Logos – bzw. von der göttlichen Vernunft durchwaltet und geformt ist. Aufgrund dieser Annahme, dass hinter den Naturphänomenen und Naturgesetzen die göttliche Vernunft steht, kommen die Stoiker dazu, aus diesen natürlichen Gesetzen ethische Handlungsanweisungen abzuleiten. Dazu kommt, dass der göttliche Logos in besonderer Weise in der menschlichen Vernunft präsent und am Werk ist. Der Mensch ist deshalb in der Lage, die vernünftige Ordnung in der Natur zu erkennen und in Handlungsanweisungen umzusetzen. Das »secundum naturam vivere« kann deshalb auch als »secundum rationem vivere« verstanden werden. Naturgemäß handeln und vernunftgemäß handeln ist für die Stoa nicht unterschieden. Die Vernunft kann nichts anderes gebieten als die Natur und die Natur nichts anderes als die Vernunft.

Das Anliegen der Lehre vom natürlichen Sittengesetz

Das ursprüngliche Anliegen der antiken Lehre vom natürlichen Sittengesetz lässt sich also folgendermaßen zusammenfassen:

- Das natürliche Sittengesetz ist – im Unterschied zu allen positiven, von Menschen aufgestellten Gesetzen – ein dem Menschen vorgegebenes Gesetz. Der Grund seiner Gültigkeit liegt in der Natur, in dem, was von sich her bereits da ist.
- Das natürliche Sittengesetz beinhaltet – im Unterschied zum Recht des Stärkeren oder zum Ausleben der Triebe – die Ordnung der naturhaften Antriebe im Menschen durch die Vernunft. Sie sind in ihre Vollendungsgestalt hineinzuführen.
- Das natürliche Sittengesetz meint damit – im Unterschied zum beherrschenden und beliebigen Umgang mit den Dingen – die Entfaltung der wesentlichen natürlichen Zielbestimmung des Menschen und der Dinge, die die Vernunft erfasst.

2. Integration der Lehre vom natürlichen Sittengesetz in den Kontext des christlichen Glaubens

Der Gedanke des natürlichen Sittengesetzes, wie er in der antiken Philosophie erarbeitet worden war, wurde im Rahmen der christlichen Theologie von Anfang an als Maßstab ethischen Handelns aufgegriffen und in den Zusammenhang der theologischen Entfaltung der Glaubensinhalte integriert.

2.1 Heilsgeschichtliche Grundlegung der Integration durch die Kirchenväter

Was eine solche Integration möglich machte, war der – etwa bei *Irenäus von Lyon* und *Klemens von Alexandrien* entwickelte – Gedanke, die ganze Geschichte stelle einen einzigen göttlichen Erziehungsprozess (paidagogía) dar, in dem die Menschen über verschiedene Stufen – Naturgesetz, Gesetz des Alten Testaments, Evangelium – zu immer vollkommenerer Einsicht in das geführt würden, worin ethisch gutes Handeln besteht. Die letzte Grundlage für diese Sicht der Geschichte bildet die Auffassung, dass die Welt in Christus, im Logos Gottes, geschaffen ist und dass der Logos – die Vernunft Gottes selbst – sich bereits auch in der vorchristlichen Philosophie und Ethik manifestiert habe, in Jesus Christus allerdings endgültig offenbar geworden sei.

Geschichte als göttlicher Erziehungsprozess

Auf dieser Basis konnte – spätestens nach der Konstantinischen Wende – von christlicher Seite die pagane Ethik in die christliche Gesamtschau der Wirklichkeit eingefügt werden. So geht *Ambrosius von Mailand* in seinem Werk »De officiis ministrorum«, einer der bekanntesten und frühesten systematischen Gesamtdarstellungen der christlichen Ethik, nicht nur so weit, in der Philosophie der Heiden die Präsenz der Vernunft und des Logos Gottes anzuerkennen, er übernimmt und paraphrasiert vielmehr unverändert große Teile von *Ciceros* »De officiis«.

Ambrosius übernimmt große Teile der Ethik Ciceros

Mit der Integration der Lehre vom natürlichen Sittengesetz in den Kontext des christlichen Glaubens steht aber nicht mehr – wie in der antiken Philosophie – der Aufweis des natürlicherweise Rechten, das immer und überall gültig ist, im Unterschied zu fehlbaren und wandelbaren menschlichen Festsetzungen im Mittelpunkt des Interesses, sondern die Verhältnisbestimmung zwischen dem von Natur aus Rechten und der göttlichen Gnade und Offenbarung.

Frage nach dem Verhältnis von Natur und Gnade

Augustinus beantwortet diese Frage in einer für die Theologiegeschichte prägenden Weise. Ausgangspunkt ist für ihn die Auffassung, dass die menschliche Natur durch die Erbsünde grundlegend beschädigt ist. Damit ist der Mensch aus eigener Freiheit heraus nur noch zum Bösen fähig, einen wahrhaft guten Willen kann er ausschließlich aufgrund der Gnade Gottes haben (vgl. 8. Kapitel, 3.2). Auch das natürliche Sittengesetz kann er, obwohl es grundsätzlich als solches für die geschaffene Vernunft erkennbar ist, erst aufgrund der Offenbarung des Willens Gottes im geschriebenen Gesetz des Alten Testament und schließlich im Evangelium erkennen. Die wahre Natur der Dinge erschließt sich nicht durch einen unmittelbaren Einblick in die Natur, sondern erst im Glauben. Entsprechend gilt im Blick auf den ethischen Begründungszusammenhang, dass sich das, was der wahren Natur des Menschen entspricht, nicht aus

Augustinus: Natürliches Sittengesetz wird erst durch die Offenbarung erkannt der Erfahrung entnehmen lässt, sondern erst im Licht des Glaubens erkennbar ist.

Naturrechtsdefinition bei Gratian

Deutlich greifbar wird diese Auffassung vor allem in den von Augustinus beeinflussten Dekreten des *Gratian*, einer Sammlung kirchenrechtlicher Bestimmungen aus dem frühen 12. Jahrhundert, das die nachfolgende kirchenrechtliche Tradition nachhaltig bestimmt hat. Mit seiner bekannten Definition »Naturrecht ist das, was im Gesetz und Evangelium enthalten ist« (Ius naturae est quod in lege et evangelio continetur)[5] macht Gratian deutlich, dass das entscheidende Kriterium für die wahre Erkenntnis des natürlichen Sittengesetzes die Offenbarung in Gesetz und Evangelium ist. Was dem nicht entspricht, kann nicht wahre ethische Erkenntnis sein.

13. Jahrhundert: Natürliches Sittengesetz als evidente Prinzipien

Mit der Rezeption der aristotelischen Schriften zu Beginn des 13. Jahrhunderts, nicht zuletzt der Nikomachischen Ethik, kommt es im Rahmen der theologischen Reflexion allerdings gegenüber Augustinus zu einer neuen Akzentsetzung. Im Mittelpunkt steht nicht mehr wie bei Augustinus und Gratian, dass der Mensch zur Erkenntnis des natürlichen Sittengesetzes konstitutiv auf Offenbarung angewiesen ist. Vielmehr wird nun herausgearbeitet, dass das natürliche Sittengesetz im Sinne *erster, aus sich selbst heraus einsichtiger und bekannter Prinzipien* in der praktischen Vernunft selbst grundgelegt und damit menschlicher Erkenntnis zugänglich ist. Auf dieser Grundlage lässt sich das natürliche Sittengesetz als ein Gesetz verstehen, das die praktische Vernunft des Menschen selbst hervorbringt, wenn sie ihrer eigenen inneren Gesetzlichkeit, ihrer *Autonomie* also, folgt. In ihrer für die Folgezeit maßgeblichen und bis heute in der theologischen Ethik diskutierten Form findet sich diese Konzeption der Lehre vom natürlichen Sittengesetz bei *Thomas von Aquin* in dessen Gesetzestraktat der Summa theologiae (I-II, qq. 90–108).

2.2 Gott – Vernunft – Natur: Die Konzeption des natürlichen Sittengesetzes bei Thomas von Aquin

Für das Verständnis der Konzeption des natürlichen Sittengesetzes (lex naturalis) bei Thomas von Aquin ist es zum einen entscheidend, die Grundlegung der lex naturalis im ewigen Gesetz Gottes zu erläutern, zum anderen die inhaltliche Entfaltung des natürlichen Sittengesetzes unter Bezugnahme auf die natürlichen Neigungen des Menschen (inclinationes naturales) nachzuvollziehen.

5 Gratian, Decretum I (Concordia discordantium), distictio 1.

2.2.1 Grundlegung des natürlichen Sittengesetzes im ewigen Gesetz Gottes

Das Gesetz als Regel und Maß

Seine Bestimmung des natürlichen Sittengesetzes erarbeitet Thomas ausgehend von der Frage, ob es in uns irgendein natürliches Gesetz gibt.[6] Dazu unterscheidet er zwei Weisen, wie ein Gesetz, das er als Regel oder Maßgabe versteht, überhaupt in einem Seienden sein kann. Zum einen nämlich kann das Gesetz als Regel und Maß so in einem Seienden sein, dass dieses selbst das *Geregelte und Gemessene* ist, zum anderen aber auch so, dass es selbst *regelnd und maßgebend* ist.

Ausgehend von dieser Unterscheidung gilt zunächst, dass alles Geschaffene, weil es als Geschaffenes der göttlichen Vorsehung untersteht, vom ewigen Gesetz Gottes her auch Regel und Maß empfängt. Thomas erläutert dabei dieses Empfangen der Regel und des Maßes aus dem ewigen Gesetz Gottes als ein Geregelt- und Gemessenwerden, wodurch das einzelne Seiende jeweils die Hinneigung *zu den ihm selbst eigentümlichen Akten und Zielen* empfängt. Das Geregelt- und Gemessenwerden durch das ewige Gesetz Gottes bedeutet also nicht, dass den Dingen ein äußerliches Maß übergestülpt und aufgezwungen würde, das seine Eigengesetzlichkeit einschränkt oder außer Kraft setzt, sondern bedeutet, dass dem jeweiligen Seienden sein eigenes *inneres Maß* gegeben wird. Durch die Teilhabe am ewigen Gesetz wird die Eigengesetzlichkeit der einzelnen Geschöpfe nicht beschnitten, sondern allererst ermöglicht und in Kraft gesetzt.

Teilhabe der Vernunft am ewigen Gesetz ermöglicht die gesetzgebende Tätigkeit der Vernunft

Im Blick auf das vernunftbegabte Geschöpf – also den Menschen – besteht nach Thomas aber noch eine Besonderheit vor allen anderen Geschöpfen. Denn es hat an der göttlichen Vorsehung in der Weise teil, dass *es selbst* diese regelnde und messende Tätigkeit der Vorsehung für sich und die anderen Geschöpfe ausübt.

> »Unter den anderen Geschöpfen ist nun das vernunftbegabte Geschöpf in einer ausgezeichneteren Weise der göttlichen Vorsehung unterstellt, insofern es auch selber an der Vorsehung teilnimmt, da es für sich und andere ›vorsehen‹ kann.«[7]

Natürliches Gesetz = Resultat der gesetzgebenden Tätigkeit der Vernunft

Das vernünftige Geschöpf hat also nicht nur so an der Regel und dem Maß des ewigen Gesetzes teil, dass es dadurch geregelt und gemessen ist, sondern es hat so an diesem ewigen Gesetz teil, *dass es zugleich an der re-*

6 Vgl. zum Folgenden: Thomas von Aquin, Summa theologiae I-II, q. 91, a.2.

7 Ebd.: »Inter cetera autem rationalis creatura excellentiori quodam modo divinae providentiae subjacet, inquantum et ipsa fit providentiae particeps, sibi ipsi et aliis providens.«

gelnden und maßgebenden Tätigkeit der ewigen Vernunft Gottes selbst teilhat und somit selbst regelnd und maßgebend tätig ist. Gerade darin besteht die natürliche Neigung des vernünftigen Geschöpfes zu dem ihm angemessenen Vollzug und zu dem ihm angemessenen Ziel. Diese regelnde und gesetzgebende Tätigkeit des vernünftigen Geschöpfes aber, die es aus der Teilhabe an der ewigen Vernunft Gottes und seiner regelnden und maßgebenden Vorsehung gewinnt, wird *natürliches Gesetz* (lex naturalis) genannt. Das natürliche Sittengesetz ist also Resultat der regelnden und maßgebenden Tätigkeit der praktischen Vernunft, die der Mensch aus der Teilhabe am ewigen Gesetz Gottes empfangen hat.

2.2.2 Entfaltung des natürlichen Sittengesetzes

Wie aber ist das Verhältnis von Teilhabe am ewigen Gesetz Gottes und eigener gesetzgebender Tätigkeit näher zu verstehen? Ist die Entfaltung der Inhalte des natürlichen Sittengesetzes als bloße *Weitergabe* dessen zu verstehen, was der Vernunft von Gott eingegeben ist? Worin besteht dann aber die Teilhabe an der regelnden und maßgebenden Tätigkeit Gottes? Oder handelt es sich um eine *schöpferische* Tätigkeit der praktischen Vernunft? Worin besteht dann aber die Teilhabe am ewigen Gesetz? Thomas entgeht diesem Dilemma dadurch, dass er die Entfaltung des natürlichen Sittengesetzes als mehrstufigen Prozess beschreibt.

Der Prozess der inhaltlichen Entfaltung der *lex naturalis* führt nach Thomas von den obersten grundlegenden Prinzipien der praktischen Vernunft hin zu den vielen konkreten Einzelvorschriften des natürlichen Sittengesetzes:[8]

Grundprinzip der praktischen Vernunft:

»Das Gute ist zu tun, das Schlechte zu meiden«

(1) Bei den obersten grundlegenden Prinzipien der praktischen Vernunft handelt es sich – parallel zu den Prinzipien der theoretischen Vernunft – um solche Grundsätze, die *durch sich selbst bekannt* sind (principia per se nota), die also von der Vernunft nicht erst durch Schlussfolgerung oder aufgrund von Erfahrung erkannt werden, sondern die sie *unmittelbar* einsieht. Sie sind allen Menschen bekannt und für alle Menschen auch klar. Diese durch sich selbst bekannten Prinzipien bestehen bei der theoretischen Vernunft etwa im Nichtwiderspruchssatz oder in Grundsätzen wie »Jedes Ganze ist größer als seine Teile« oder »Was ein und demselben gleich ist, ist auch untereinander gleich«. Bei der praktischen Vernunft handelt es sich nach Thomas um den Grundsatz: »Das Gute ist zu tun, das Schlechte zu meiden« (bonum faciendum, malum vitandum).

8 Zur Herleitung der durch sich selbst bekannten und einleuchtenden Prinzipien (principia per se nota) vgl.: Summa theologiae I-II, q. 94, a.2.

Prinzipien auf der Grundlage der natürlichen Neigungen

(**2**) Zu den Prinzipien der praktischen Vernunft zählt Thomas dann aber – über diesen rein formalen Grundsatz hinaus – auch noch eine Reihe von inhaltlich bestimmten Grundgeboten des natürlichen Sittengesetzes. Auch diese Grundgebote sind für ihn unmittelbar einleuchtend und bedürfen keines weiteren Beweises, um sie als wahr einzusehen. Allerdings sind sie nicht allen Menschen immer schon klar, vielmehr bedarf es zu ihrer Erkenntnis der Vermittlung durch die konkrete Erfahrung. Im Bereich der theoretischen Vernunft sind dies Sätze wie etwa »Der Mensch ist vernunftbegabt« oder »Ein Schimmel ist weiß«. Diese Sätze sind zwar analytisch wahr, dennoch bedarf man der Erfahrung, was ein Mensch bzw. ein Schimmel ist. Im Bereich der praktischen Vernunft ergeben sich diese aus sich selbst einsichtigen Grundgebote des natürlichen Sittengesetzes auf der Basis der *natürlichen Neigungen* (inclinationes naturales) des Menschen. Unter diesen natürlichen Neigungen sind solche Strebungen des Menschen zu verstehen, die – im Unterschied zu individuellen und bei verschiedenen Menschen unterschiedlichen Strebungen – allen Menschen gemeinsam sind. Es sind Strebungen, in denen die innere Dynamik der Natur des Menschen zu ihrer Entfaltung drängt. Wenn sie bekannt sind, ergeben sich daraus unmittelbar erste Grundgebote des natürlichen Sittengesetzes.

Aus dem Grundsatz »Das Gute ist zu tun, das Schlechte zu meiden« folgt nämlich, dass all diejenigen Vorschriften zur *lex naturalis* gehören, die sich auf solche Güter beziehen, die die praktische Vernunft als *menschliche Güter* wahrnimmt. Als menschliche Güter aber kommen für Thomas diejenigen Güter in Betracht, die Ziele der natürlichen Neigungen des Menschen sind und darum von diesem angestrebt werden. Diese Ziele der natürlichen Neigungen erfasst die Vernunft – wie Thomas schreibt – auf natürliche Weise als Güter und schreibt sie unter Anwendung ihres Grundprinzips »Das Gute ist zu tun, das Schlechte zu meiden« dann auch als im Handeln zu verfolgen vor.

Die natürlichen Neigungen

Inhaltlich nennt Thomas folgende natürlichen Neigungen und Ziele:

- Wie alles Seiende neigt der Mensch zur Erhaltung seiner selbst. Dementsprechend gehört all das zum natürlichen Sittengesetz, wodurch das Leben des Menschen bewahrt und das Gegenteil verhindert wird.
- Wie alle Lebewesen neigt der Mensch zur Erhaltung seiner Art. Dem entsprechend gehört alles das zum natürlichen Sittengesetz, was die Zeugung von Nachkommenschaft und deren Erziehung betrifft und alles weitere, was damit zusammenhängt (Ehe, Lebensgemeinschaft von Mann und Frau).
- Eine dritte, dem Menschen allein eigentümliche Neigung besteht schließlich darin, die Wahrheit über Gott zu erkennen und in Gemein-

schaft mit anderen Menschen zu leben. Daher gehören die entsprechenden Verhaltensweisen zum natürlichen Sittengesetz, etwa dass er die Unwissenheit und den Irrtum meidet und dass er andere nicht verletzt, mit denen er Gemeinschaft pflegt.

Konkrete Einzelvorschriften als nächstliegende Folgerungen

(3) Eine weitere Differenzierung ergibt sich schließlich dadurch, dass die praktische Vernunft in ihrem Fortschreiten vom Allgemeinen zum Besonderen sich den zufälligen Dingen des menschlichen Handelns zuwendet. Aus den Grundgeboten – etwa »Schädige andere nicht« – lassen sich durch Schlussfolgerungen im Blick auf konkrete Fälle und Situationen konkrete Einzelvorschriften – z.B. das Verbot zu stehlen – ableiten.[9] Während die allgemeinen Grundsätze des natürlichen Sittengesetzes hinsichtlich ihrer Gültigkeit und ihrer Bekanntheit dabei für alle gleich sind, kommt den aus diesen Grundsätzen abgeleiteten *nächstliegenden Folgerungen* wegen der Verschiedenheit der Menschen und Situationen eine zunehmende Variabilität, aber auch Fehlermöglichkeit zu. Auch können in Einzelfällen und entsprechend den jeweiligen Situationen, in denen sich die Handelnden befinden, sonst gültige ethische Grundsätze ihre Geltungskraft verlieren. Der Grundsatz »Hinterlegtes Gut muss zurückgegeben werden« etwa wird unvernünftig und darum ungültig, wenn es sich dabei um verderbliches Gut handelt. Und ebenso können bestimmte Einzelvorschriften nicht allen Menschen bekannt sein. Als Beispiel nennt Thomas, dass – jedenfalls nach der Überlieferung Caesars – bei den Germanen Raub kein Vergehen gewesen sei.

2.2.3 Theonomie und Autonomie der praktischen Vernunft in der Entfaltung des natürlichen Sittengesetzes

Wie lässt sich nun – ausgehend vom Entfaltungsprozess des natürlichen Sittengesetzes – das Verhältnis zwischen der Teilhabe der praktischen Vernunft am ewigen Gesetz Gottes und ihrer eigenen gesetzgebenden Tätigkeit bestimmen?

Theonomie als Ermöglichung von Autonomie

Zunächst lässt sich das oberste Prinzip der praktischen Vernunft »Das Gute ist zu tun, das Schlechte zu meiden« als die vom ewigen Gesetz Gottes her empfangene Regel der praktischen Vernunft verstehen. Dieses Prinzip ist für die praktische Vernunft unhintergehbar, also immer schon vorgegeben, und es ist zugleich ihr inneres, konstitutives Prinzip, weil es überhaupt erst ihren Vollzug als praktische Vernunft ermöglicht. Insofern

9 Vgl. dazu: Summa theologiae I-II, q.94, a.4.

lässt sich davon sprechen, dass dieses Prinzip der praktischen Vernunft von Gott her vorgegeben – also *theonom* – ist (vgl. 3. Kapitel, 2.2), die Vernunft aber dadurch in ihrem Vollzug und in ihrer Tätigkeit nicht eingeschränkt wird, sondern sich in der Anwendung dieses Prinzips gerade ihrem inneren Gesetz gemäß, also *autonom*, vollzieht.

Das Zusammenspiel von Vernunft und natürlichen Neigungen

Schwieriger ist die Frage im Blick auf die ersten grundlegenden Gebote des natürlichen Sittengesetzes zu beantworten, die durch die natürlichen Neigungen vorgezeichnet sind. Als dem Menschen vorgegebene und nicht von ihm selbst gewählte natürliche Ausrichtungen seines Strebens sind auch sie für Thomas Manifestation des ewigen Gesetzes Gottes. Sind damit aber – über das rein *formale* Grundprinzip hinaus – nicht auch diese ersten *inhaltlichen* Grundgebote der Vernunft durch die Teilhabe am ewigen Gesetz vorgegeben? Es stellt sich mithin die Frage, wie in dem Vorgang, in dem die Vernunft die Ziele der natürlichen Neigungen auf natürliche Weise als menschliche Güter erfasst, das Zusammenspiel von Vernunft und natürlichen Neigungen genauer zu bestimmen ist. Zwei extreme Interpretationsmöglichkeiten lassen sich dabei ausschließen:

Vernunft ist nicht nur bloßes Ableseorgan

- Die Aufgabe der Vernunft bestehe lediglich darin, das Streben der natürlichen Neigungen unmittelbar mit dem ethisch richtigen Handeln zu identifizieren. Sie beschränke sich darauf, das naturhafte Streben des Menschen zu ratifizieren und gut zu heißen, also die naturhaften Strebungen möglichst unverfälscht zu registrieren und unverändert normativ zur Geltung zu bringen. Die praktische Vernunft wäre damit ein bloßes *Ableseorgan.*[10] Dem widerspricht, dass Thomas die Tätigkeit der praktischen Vernunft als Teilhabe an der regelnden und gesetzgebenden Tätigkeit der göttlichen Vorsehung bestimmt. Entgegen dieser ersten Auffassung ist deshalb festzuhalten, dass die praktische Vernunft die Aufgabe hat, die naturhaften Hinneigungen des Menschen auf die ihm wesentlichen Güter *auszugestalten*, und zwar so, dass dieses Streben wahrhaft human wird. Thomas weist ausdrücklich darauf hin, dass die Vernunft im Menschen herrscht und den anderen Vermögen befiehlt und dass alle natürlichen Neigungen, die zu den anderen Vermögen als der Vernunft gehören, gemäß der Vernunft geordnet werden müssen.[11]

10 Gegen eine solche Interpretation wenden sich etwa: Karl-Wilhelm Merks, Theologische Grundlegung der sittlichen Autonomie. Strukturmomente eines autonomen Normbegründungsverständnisses im lex-Traktat der Summa theologiae des Thomas von Aquin, Düsseldorf 1978; Wilhelm Korff, Der Rückgriff auf die Natur. Eine Rekonstruktion der thomanischen Lehre vom natürlichen Gesetz, in: PhJ 94 (1987) 285–296.

11 Vgl. Summa theologiae I-II, q. 94, a. 4 ad 3: »Ad tertium dicendum quod, sicut

Natürliche Neigungen sind nicht nur Rohmaterial

- Die natürlichen Neigungen haben überhaupt keine Bedeutung und Hinweisfunktion im Blick auf das, was gelungenes Menschsein ausmacht, sondern können von der praktischen Vernunft entsprechend den selbst entworfenen Zielen und Zwecken des Menschen beliebig gestaltet werden. Damit würden die natürlichen Strebungen des Menschen auf ein unbegrenzt formbares und gestaltbares *Rohmaterial* reduziert.[12] Das aber widerspricht den Aussagen des Thomas, nach denen es die Ziele der natürlichen Neigungen sind, die die Vernunft als Güter und damit als zu Tuendes und im Handeln zu Verfolgendes erfasst. Entgegen dieser zweiten Auffassung ist deshalb festzuhalten, dass die natürlichen Neigungen als Dynamik auf die Vollendungsgestalt des Menschen hin einen *Grundriss* abstecken, der die inhaltliche Ausgestaltung des natürlichen Sittengesetzes vorstrukturiert. In diesem Sinne sind auch die *inclinationes naturales* Bestandteil des Naturgesetzes und als solche Manifestation des ewigen Gesetzes. Aber die *inclinationes naturales* und die durch sie dem Menschen gesteckten Ziele werden erst durch die ordnende Tätigkeit der praktischen Vernunft zu ihrer wirklichen normativen Ausgestaltung geführt.

Natürliche Neigungen richten den Menschen auf seine Grundgüter aus

Positiv gewendet bedeutet dies[13]: Die Bedeutung der natürlichen Neigungen besteht darin, dass sie den Menschen auf bestimmte *Grundgüter des Menschseins* ausrichten, auf bestimmte Tätigkeiten und Vollzüge, in denen sich Menschsein überhaupt erst erfüllen kann. Diese Ausrichtungen und Verwiesenheiten sind vom Menschen nicht beliebig festzulegen, sondern sind ihm aufgrund seiner natürlichen Verfasstheit vorgegeben. Ohne diese vorgegebene Ausgerichtetheit des Menschen auf seine Güter würde sich das Problem stellen, wie er überhaupt etwas als gut für sich wahrnehmen und seine grundlegenden Güter, die ihn wirklich erfüllen können, festlegen sollte. Andererseits lassen sich aus diesem vorgegebenen Ausgerichtetsein des Menschen auf seine Grundgüter noch keine konkreten ethischen Normen ableiten. Diese ergeben sich erst ausgehend von der Frage, *wie* die jeweiligen Grundgüter des Menschen anzustreben sind, sodass sie sich wahrhaft als Güter des Menschen erweisen und als solche

---

ratio in homine dominatur et imperat aliis potentiis, ita oportet quod omnes inclinationes naturales ad alias potentias pertinentes ordinentur secundum rationem.«

12 Gegen ein solches Verständnis wendet sich insbesondere: Martin Rhonheimer, Natur als Grundlage der Moral. Eine Auseinandersetzung mit autonomer und teleologischer Ethik, Innsbruck/Wien 1987.

13 Vgl. dazu ausführlicher etwa: Eberhard Schockenhoff, Naturrecht und Menschenwürde. Universale Ethik in einer geschichtlichen Welt, Mainz 1996, 169–174. – Vgl. ebenso die genannten Beiträge von Karl-Wilhelm Merks und Wilhelm Korff.

verwirklicht werden. Soll die durch ihre Realisierung intendierte Erfüllung des Menschen erreicht und verwirklicht werden, so bedarf das Streben nach diesen Grundgütern des Menschen noch der normativen Konkretion und Ausformulierung. Welche Verhaltensweisen im Umgang mit diesen Gütern dienen tatsächlich der Erfüllung des Menschen, welche widerstreiten ihr?

Vernunft ermittelt, wie die Grundgüter anzustreben sind

Dies zu ermitteln ist die aktive ordnende und regelnde Leistung der praktischen Vernunft als *Klugheit*, die hierzu die geeigneten Mittel und Wege erkundet und die einzelnen konkreten Gebote und Verhaltensnormen für unser Handeln formuliert. Dabei kann sie nichts Beliebiges als normativ vorschreiben, sondern muss sich an der inneren Logik und an der Natur der Sache selbst orientieren, um die es sich bei den natürlicherweise angestrebten Gütern handelt. Ihnen kann sie nicht widersprechen. Die natürlichen Neigungen stellen also für das ethische Handeln *Anspruch* und *Grenze* dar, nicht aber eine positive und konkrete Determination.[14] Deshalb ist es für Thomas auch möglich, dass das Streben nach den Grundgütern selbst noch einmal relativiert wird. So kann die natürliche Neigung zur Erhaltung des eigenen Lebens durch die Bereitschaft zum Martyrium und die natürliche Neigung zur Vereinigung von Mann und Frau durch die Bereitschaft zur Jungfräulichkeit bzw. zum Zölibat legitimerweise relativiert werden.[15] Auch die Grundgüter selbst können also in bestimmten Fällen in einen Abwägungsprozess einbezogen werden.

Was lässt sich nach diesen Überlegungen auf die Frage nach der eigenen gesetzgeberischen Tätigkeit der praktischen Vernunft hinsichtlich der Entfaltung der inhaltlichen Normen des natürlichen Sittengesetzes sagen? Die praktische Vernunft kann als Inhalte des natürlichen Sittengesetzes nichts Beliebiges festlegen, sondern ist an die Vorgegebenheiten der Wirklichkeit von Mensch und Welt und deren Eigengesetzlichkeiten gebunden. Diese Vorgegebenheiten sind die Bedingung dafür, dass die Vernunft überhaupt durch die abwägende Tätigkeit der Klugheit zu inhaltlichen

14 Vgl. dazu: Ludger Honnefelder, Güterabwägung und Folgenabschätzung in der Ethik, in: H. M. Sass/H. Viefhues (Hgg.), Güterabwägung in der Medizin. Ethische und ärztliche Probleme, Berlin/Heidelberg/New York u.a. 1991, 51. – L. Honnefelder beruft sich dabei auf die Ausführungen von: Wolfgang Kluxen, Ethik und Ethos, Freiburg/München 1974, 27–49.

15 Zur Legitimation des Martyriums vgl. Summa theologiae II-II, q. 124, a.1; q. 123, a. 12 und q. 126, a. 1, zur Legitimation der Jungfräulichkeit vgl. Summa theologiae II-II, q. 152. – Zum Ganzen: Karl-Wilhelm Merks, Theologische Grundlegung der sittlichen Autonomie, a.a.O., 295f.

ethischen Normen finden kann, in denen sie ihrem eigenen Grundprinzip, dass das Gute zu tun und das Schlechte zu meiden ist, folgt. Die natürlichen Vorgegebenheiten sind deshalb keine Einschränkung ihrer Autonomie, sondern die Bedingungen, unter denen sich diese Autonomie überhaupt erst realisieren kann.

2.3 Die nachfolgende Entwicklung zum Naturrecht

Natürliche Neigungen als Ansatzpunkt für den Dialog mit Humanwissenschaften

(1) Die Skizze der Lehre vom natürlichen Sittengesetz bei Thomas von Aquin kann einen Einblick in die Differenziertheit seiner Sicht von der unbedingten und bedingten Gültigkeit der Vorschriften des natürlichen Sittengesetzes geben. Die Allgemeingültigkeit und Unwandelbarkeit im strengen Sinne trifft dabei nur für dessen oberste Prinzipien zu. Auf der Ebene der konkreten Normen gibt es dagegen Variabilität des Gebotenen und Richtigen. Dabei ist auch zu bedenken, dass es sich bei der beispielhaften Beschreibung, die Thomas von den Grundgütern des Menschen als Zielen der natürlichen Neigungen gibt, um *Aussagen einer mittelalterlichen Anthropologie* handelt. Diese können nicht als zeitlos gültig erachtet werden, sondern müssen durch die empirische Forschung der Humanwissenschaften weiter differenziert und modifiziert werden. Ja, indem Thomas die ersten Konkretisierungen des natürlichen Gesetzes auf solchen anthropologischen Aussagen aufbaut, wird es nahegelegt, bei der Gewinnung und Begründung normativer ethischer Aussagen humanwissenschaftliche Erkenntnisse über den Menschen, seine natürlichen Strebungen und deren innere Sachlogik im interdisziplinären Dialog einzubeziehen. Hier ist ein Ansatzpunkt für den Dialog der theologischen Ethik mit den Humanwissenschaften bereits grundgelegt.[16] Thomas selbst jedenfalls geht sogar davon aus, dass die Natur des Menschen wandelbar ist. In diesem interdisziplinären Dialog mit den Humanwissenschaften ist freilich auch damit zu rechnen, dass die Vorstellung von dem, worin erfülltes Menschsein besteht, offener und differenzierter beschrieben wird, als dies für Thomas möglich war.

---

16 Vgl. dazu Wilhelm Korff, Der Rückgriff auf die Natur, a.a.O., 289: »Mit seinem Rekurs auf ein naturales Substrat menschlichen Handelns, von ihm im Begriff der inclinationes naturales gefasst, wird der Blick auf Wirkgesetzlichkeiten gelenkt, die sich ihrer naturhaften Anspruchsgestalt nach als genuin empirisch und darin zugleich als empirisch weiter erforschbare Größen darbieten. Von daher erscheint im Ansatz des Thomas der Raum für eine Ausweitung der ethischen Frage auf die Frage ihrer empirisch-anthropologischen Grundlegung prinzipiell freigegeben. Der in der Entwicklung der modernen Human- und Sozialwissenschaften beschrittene Weg gewinnt hieraus seine volle philosophische und theologische Legitimation.«

Handlungen *gegen die Natur*

Andererseits ist – entgegen dieser normativen Offenheit der Lehre vom natürlichen Sittengesetz – zu konstatieren, dass Thomas selbst außerhalb des lex-Traktats an einigen Stellen auch konkrete Einzelnormen für unbedingt verbindlich und die gegenteilige Handlung als dem natürlichen Sittengesetz widersprechend erklärt. So kommt er etwa zu einer naturgesetzlichen Begründung der Kirchensteuer: Die natürliche Vernunft schreibe vor, dass das Volk denjenigen, die den Gottesdienst zum Heil des ganzen Volkes versehen, die notwendigen Lebensmittel zukommen lassen müsse.[17] Ebenso sei jede Falschaussage Sünde, weil die Worte natürlicherweise Zeichen für die Gedanken sind und es deshalb unnatürlich ist, mit Worten etwas auszudrücken, was man nicht im Sinn hat.[18] Im Bereich der Sexualität zählt Thomas eine Reihe von Handlungen auf, die *contra naturam* seien, also gegen die Natur und ihre innere Zielausrichtung, nämlich die Ausrichtung auf Zeugung von Nachkommenschaft, verstoßen und deshalb immer als *peccatum gravissimum* – als sehr schwere Sünde – einzustufen seien.[19] Damit werden konkrete materiale anthropologische Aussagen, die über die dargestellte Skizzierung der *inclinationes naturales* hinausgehen, als unwandelbar gültige Einsichten über den Menschen verstanden und so die Möglichkeit einer Einzelbeurteilung zurückgenommen.

Neuzeit: Allgemeines Naturrecht – Menschenrechtsethik

(**2**) Diese Tendenz hat sich in der Folgezeit vor allem innerhalb der Barockscholastik – Franz von Vitoria (1480–1546), Francisco Suarez (1548–1619), Gabriel Vasquez (1551–1604) – im Zuge der Gegenreformation weiter verstärkt. Hier kommt es zunächst zum Gedanken eines allgemeinen *Naturrechts* (ius naturale). Kulturgeschichtlich ist dabei bedeutsam, dass es nach der Entdeckung Amerikas im Jahre 1492 und der anschließenden kolonisatorischen Unterwerfung der neuen Welt nun gerade im Blick auf die unterworfenen Völker galt, die elementaren Menschenrechte und Verhaltensnormen als universal gültig und verbindlich auszuweisen. Ausgehend von der Lex-naturalis-Lehre des Thomas wurde dazu aus der vernunftbestimmten Natur des Menschen eine naturrechtlich fundierte Menschenrechtsethik abgeleitet.

---

17 Vgl. Summa theologiae II-II, q.87, a.1.

18 Vgl. Summa theologiae II-II, q.110, a.3.

19 Vgl. Summa theologiae II-II, q. 154, a. 11. Thomas vertritt hier die Auffassung, Unzucht (nicht-ehelicher Geschlechtsverkehr) widerspreche nicht nur der richtigen Vernunft, sondern zugleich auch der natürlichen Ordnung des sexuellen Aktes, die der menschlichen Art zukommt (vitium contra naturam). Ferner gelte dies für »mollities« (Hervorrufung des Samenergusses allein zum Vergnügen ohne Beiwohnung), »bestialitas« (Verkehr mit nicht-menschlichen Wesen), Homosexualität sowie für die Nichteinhaltung der natürlichen Weise des Verkehrs. In q. 154, a. 12 wird solches Handeln *contra naturam* zugleich als peccatum gravissimum bezeichnet.

Dieser Gedanke findet seine Entsprechung bei einer Reihe von Philosophen und Juristen, etwa bei Hugo Grotius (1583–1645), Samuel Pufendorf (1632–1694), Christian Thomasius (1655–1728) und Christian Wolff (1679–1754), die diesen Gedanken weiterentwickeln und den Boden für ein am Gedanken der Menschenwürde orientiertes neuzeitliches Völkerrecht bereitet haben. Vernunft und Natur werden dabei zunehmend aus ihrem theologischen Kontext gelöst, von der lex aeterna Gottes getrennt und als eigenständige Größen verstanden. Das Naturrecht gilt auch ohne Gott (etsi Deus non daretur).

Andererseits stellt die Naturrechtslehre der Barockscholastik den Ausgangspunkt für die Formulierung konkreter naturrechtlicher Normen dar, die aus einer als vorgegeben erachteten *metaphysischen Wesensnatur* des Menschen abgeleitet wurden. Dabei wurden nicht nur allgemeine Grundsätze des Handelns als *Naturrecht* abgeleitet, sondern auch eine Vielzahl von konkreten Einzelnormen festgelegt, die als Rechtssätze formuliert und deren Bestimmungen – da naturrechtlich begründet – als unveränderlich und universal gültig angesehen wurden.

Entwicklung in der Neuscholastik

(**3**) Seine Fortsetzung findet dieses Bemühen im Rahmen der Neuscholastik des 19. und 20. Jahrhunderts. Hier wird der Versuch unternommen, aus den ethischen Grundprinzipien sowie wiederum aus einer metaphysischen »Natur des Menschen« durch Deduktion mit Notwendigkeit alle konkreten Sätze des Naturrechts abzuleiten. Diese seien Forderungen, die den Grund ihrer Geltung in der Natur bzw. im Sein des Menschen haben und die deshalb ebenso unveränderlich gelten wie das Sein des Menschen selbst unveränderlich ist. Die Aufgabe der Vernunft beschränkt sich in diesem Zusammenhang darauf, die natürlichen normativen Vorgaben zur Geltung zu bringen. Sie entnimmt die ethischen Normen aus der vorhandenen Wirklichkeit, aus der Natur und ihrer Finalität, die es im naturgemäßen und damit ethischen Handeln zu verwirklichen gilt. Im Bereich der Sexualethik führt dies zu der strikten Forderung, dass menschliche Sexualität immer offen auf Zeugung sein müsse und nur innerhalb der Ehe gerechtfertigt sei, während alles davon abweichende sexuelle Verhalten grundsätzlich als eine Sünde eingestuft wurde, die bereits aufgrund ihrer Gattung schwer (ex toto genere suo grave) sei und bei der es keine »leichte Materie« (materia levis), sondern nur schwerwiegende Tatbestände gebe.[20]

---

20 Als klassisches Beispiel neben vielen anderen Handbüchern dieser Art kann angeführt werden: Heribert Jone, Katholische Moraltheologie, Paderborn [18]1961, insb. Nr. 222–244; 749–760. – Die Auffassung, dass der Sexualverkehr von Natur aus auf Zeu-

Die reine Ableitungstheorie führte schließlich auch zu Kuriositäten und absurden Folgerungen. So glaubte man in den ersten Jahrzehnten des 19. Jahrhunderts, Straßenbeleuchtung sei naturrechtlich verboten, weil die Nacht von Natur aus dunkel sei. Papst Gregor XVI. leistete Widerstand gegen die Einführung der Eisenbahn im Kirchenstaat, weil medizinische Gutachten ergeben hätten, dass es eine maximale Geschwindigkeitstoleranz des menschlichen Körpers gebe, die bei 30 Stundenkilometern liege. Aber auch positive Gesetze des Staates bis hin zu Steuer- und Zollgesetzen, Bestimmungen über das Erbrecht oder über die Dauer der Amtsperiode des amerikanischen Präsidenten wurden als naturrechtliche Forderungen verstanden.[21]

3. Problematisierung des Naturrechtsgedankens

Parallel zu dieser Entwicklung wurden freilich in der Neuzeit die Grundlagen und zentralen Elemente der Konzeption eines natürlichen Sittengesetzes zunehmend in Frage gestellt. Die mittelalterliche Vorstellung einer metaphysischen Naturordnung, insbesondere einer natürlichen Teleologie, aus deren Erkenntnis sich klar vorgegebene und unwandelbar feststehende ethische Normen ableiten ließen, zerbrach mehr und mehr. Seit der Aufklärung wurden deshalb innerhalb der Philosophie entsprechend neue Ansätze einer Begründung der Ethik entwickelt (vgl. 5. Kapitel), die allerdings keinen Eingang in die Morallehre des Lehramts der katholischen Kirche fanden. Im Gegenteil lässt sich das Festhalten der Kirche am Naturrechtsdenken, das zu der erwähnten juridisch-kasuistischen Erstarrung im 19. und zu Beginn des 20. Jahrhunderts führte, als Reaktion auf die ethischen Entwürfe der Aufklärung und der Moderne verstehen. Zwar wurden bereits im 18./19. Jahrhundert – inspiriert vom Deutschen Idealismus und der Romantik – vor allem im Rahmen der Tübinger Schule auch Neuansätze der Moraltheologie entwickelt.

---

gung von Nachkommenschaft ausgerichtet sei und deshalb alle sexuellen Praktiken, die diesen Zweck ausschließen, ethisch verwerflich seien, prägt bis heute die entsprechenden Aussagen von lehramtlicher Seite. Vgl. dazu: Katechismus der Katholischen Kirche, Nr. 2357.

21 Zu diesen Beispielen vgl.: Eberhard Schockenhoff, Naturrecht und Menschenwürde, a.a.O., 46–48.

Zu nennen sind hier – aufbauend auf den Gedanken von Johann Michael Sailer (1751–1832) – vor allem Johann Baptist Hirscher (1788–1865) und Franz Xaver Linsenmann (1835–1898). Gegen einen bloß äußerlichen Legalismus und Rationalismus in der Ethik stellten sie die heilsgeschichtlich vermittelte und vom Glauben getragene persönliche Sittlichkeit des Handelnden heraus. Insbesondere Linsenmann stellte die christliche Freiheit im paulinischen Sinne in den Mittelpunkt. Zentral sind für ihn die personale Entscheidung des Handelnden und die Einsicht der eigenen Vernunft in die innere Wahrheit des Sittlichen.

Allerdings konnten sich diese Ansätze gegen die Dominanz der Neuscholastik und die starken antimodernistischen Strömungen in ihrer Zeit nicht durchsetzen. Erst nach dem Zweiten Vatikanischen Konzil fand eine breitere Rezeption der Aufklärung und Moderne auch innerhalb der Moraltheologie statt. Fragen wir deshalb, welche Entwicklungen im Übergang vom Mittelalter zur Neuzeit die Grundlagen der Lehre vom natürlichen Sittengesetz erschüttert haben und worin der zentrale Einwand gegen diese Lehre besteht.

3.1 Zerbrechen der mittelalterlichen Weltordnung

Die Konzeption des natürlichen Sittengesetzes baut bereits bei Aristoteles auf der Annahme einer Zielgerichtetheit der Natur (Teleologie) auf. Bei Thomas von Aquin kehrt dieser Gedanke im Kontext der natürlichen Neigungen wieder, deren Zielgüter auf eine Zielgestalt des Menschen hinweisen, die es zu entfalten und zu verwirklichen gilt. Zugrunde liegt ein Wirklichkeitsverständnis, das die Welt und den Menschen – Makrokosmos und Mikrokosmos – als eine Ordnung (ordo) versteht, die aus dem Willen und Plan des Schöpfers hervorgegangen ist und die sich diesem Plan Gottes entsprechend weiter entfalten und verwirklichen soll. Diese Voraussetzung einer natürlichen planvollen Zielgerichtetheit wurde jedoch am Ende des Mittelalters und mit dem Beginn der Neuzeit zunehmend fragwürdig. Mehrere Gründe lassen sich dafür nennen:

Krisen in der Naturerfahrung

- Zum einen lässt sich auf die tiefgreifende *Krise in der Naturerfahrung* der Menschen dieser Zeit verweisen, die das Vertrauen in eine gute und vernünftige Ordnung der Welt nachhaltig erschütterten: die Erfahrung der großen Pestepidemien, die seit dem 14. bis ins 17. Jahrhundert in Europa grassierten und die alle bisherigen Vorstellungen der Menschen von der bedrohlichen Seite der Natur – ja selbst vom Dämonischen in der Welt – sprengten, sowie die Erfahrung des Erdbebens von Lissabon 1755 mit mehreren Zehntausend Toten.

- Zum anderen waren es die *Krisenerfahrungen der Kirche*: die Erfahrung des Großen Abendländischen Schismas (1378–1418), die Erfahrung der Reformation und Kirchenspaltung (ab 1517) sowie des anschließenden Dreißigjährigen Krieges (1618–1648), durch die das Vertrauen in die Einheit und in die Wahrheit der Weltdeutung im Glauben grundlegend verunsichert wurde.

Krisenerfahrungen der Kirche

- Endgültig unterminiert wurde das teleologische Weltbild schließlich durch die *Naturwissenschaften*. Ausgehend vom Anspruch strikter Beweisbarkeit durch empirische Beobachtung, Messung und wiederholbare experimentelle Erprobung ließ sich eine Zielgerichtetheit des Naturprozesses nämlich nicht nachweisen. In den Naturwissenschaften kam es deshalb in der Folge zu einer methodischen Reduzierung in der Beschreibung von Naturvorgängen, die sich allein auf *kausalursächliche* Zusammenhänge beschränkte und nicht mehr auf finalursächliche Erklärungen zurückgriff.

Naturwissenschaftlicher Zugang zur Welt

> Dagegen stellt es auch keinen Einwand dar, etwa auf die durchgängige und immer wieder staunenswerte Zweckmäßigkeit und Zielgerichtetheit der Lebewesen, ihrer Gestalt und Verhaltensweisen, im Zusammenspiel mit der Umwelt zu erinnern. Ein solches Zusammenpassen lässt sich unter Rückgriff auf evolutionäre Anpassungsprozesse und die Prinzipien von Mutation und Selektion erklären. Die Unerklärlichkeit und Unwahrscheinlichkeit der Evolution der verschiedenen Arten von Lebewesen ergibt sich nur dann, wenn man von vornherein davon ausgeht, dass sich der ganze Prozess von Anfang an auf den Zustand hin habe entwickeln müssen, in dem er sich heute befindet.

Erfolge der Technik

Mit der Reduzierung auf kausalursächliche Zusammenhänge kommt es aber auch zu einer zunehmenden *Naturbeherrschung* durch den Menschen. Er fühlt sich immer weniger an eine angeblich vorgegebene Ordnung der Natur und einen dahinterstehenden Plan ihres Schöpfers gebunden, sondern kann nun – in Kenntnis der Naturgesetzlichkeiten – die Natur zur Verwirklichung eigener, selbst gesetzter Ziele und Zwecke einsetzen. Mit den Naturwissenschaften und ihrem Zugang zur Wirklichkeit wird zugleich technische Entwicklung und infolge dessen Naturbeherrschung in einem bis dahin nicht gekannten Maß möglich. Und mit dem Erfolg der Technik wird wiederum die Vorstellung von einer vorgegebenen und für das menschliche Handeln verbindlichen normativen Naturordnung weiter zurückgedrängt. Der Mensch erfährt sich selbst als das *autonome Subjekt*, das nicht mehr in die Natur eingebettet ist, sondern das der Natur als *Objekt* gegenübersteht.

3.2 Der Einwand des »Naturalistischen Fehlschlusses«

Auseinanderfallen von Sein und Sollen

Mit dem Zerbrechen der Vorstellung einer Zielgerichtetheit der Natur ist als weitere Konsequenz die Einsicht verbunden, dass sich aus Aussagen über die Wirklichkeit der Natur keine Aussagen über das ethisch richtige Handeln ableiten lassen. Solange man ein teleologisches Naturverständnis voraussetzt, ist durch die Angabe des jeweiligen Zieles, auf das die Naturprozesse ausgerichtet sind, nicht nur eine Erklärung der faktischen Ordnung in der Natur, sondern zugleich auch der Anspruch gegeben, dass diese Zielausrichtung für den Menschen und sein Handeln maßgeblich und verbindlich ist. Mit dem *Sein* ist, weil es aus dem Plan und Willen des Schöpfers hervorgeht, zugleich immer auch schon ursprünglich ein *Sollen* verbunden. Fällt diese Voraussetzung jedoch weg, so fällt auch der Bereich des Seins und des Sollens auseinander.

Diese Trennung kündigt sich bereits am Ende des Mittelalters etwa bei Johannes Duns Scotus an. Duns Scotus definiert das Seiende als »id cui non repugnat esse«, also allein dadurch, dass es nicht in sich widersprüchlich ist.[22] Mit dieser Definition setzt er sich radikal vom Wirklichkeitsverständnis ab, das für die gesamte patristische und mittelalterliche Metaphysik prägend war. Während dort nämlich das Sein des Seienden stets in Analogie zum Sein Gottes gedacht wurde und damit auch immer schon in seinem Sein etwas von der ewigen Ordnung Gottes in sich enthielt und widerspiegelte, ist nun bei Duns Scotus der Bereich des Seienden lediglich dadurch bestimmt und vorstrukturiert, dass in ihm nichts Widersprüchliches möglich ist. Für die Annahme, dass im Seienden und in der Natur von vornherein der Plan Gottes wirksam und prägend ist, bleibt daher kein Platz. Ebensowenig ist dann aber im Seienden von vornherein ein Sollen mitgegeben, und ebensowenig lassen sich aus irgendwelchen Aussagen über das, was ist, Aussagen über das, was wir tun sollen, entnehmen.

Hume'sches Gesetz

Ihre Ausformulierung findet die Einsicht, dass sich aus Ist-Aussagen keine Sollens-Aussagen ableiten lassen, erstmals bei dem schottischen Aufklärungsphilosophen David Hume. Er schreibt:

»In jedem Moralsystem, das mir bisher vorkam, habe ich immer bemerkt, dass der Verfasser eine Zeitlang in der gewöhnlichen Betrachtungsweise vorgeht, das Dasein Gottes feststellt oder Beobachtungen über menschliche Dinge vorbringt. Plötzlich werde ich damit überrascht, dass mir anstatt

22 Vgl. Johannes Duns Scotus, Ordinatio IV, d. 8, q. 1, n. 2 (Opera omnia XVII,7) Paris 1891. Vgl. dazu auch: Ludger Honnefelder, Scientia transcendens. Die formale Bestimmung der Seiendheit und Realität in der Metaphysik des Mittelalters und der Neuzeit. Duns Scotus – Suarez – Wolff – Kant – Peirce, Hamburg 1990, 56–74.

> der üblichen Verbindungen von Worten mit *›ist‹* und *›ist nicht‹* kein Satz mehr begegnet, in dem nicht ein *›sollte‹* oder *›sollte nicht‹* sich fände. Dieser Wechsel vollzieht sich unmerklich; aber er ist von größter Wichtigkeit. Dies *sollte* oder *sollte nicht* drückt eine neue Beziehung oder Behauptung aus, muß also notwendigerweise beachtet und erklärt werden. Gleichzeitig muß ein Grund angegeben werden für etwas, das sonst ganz unbegreiflich scheint, nämlich dafür, wie diese neue Beziehung zurückgeführt werden kann auf andere, die von ihr ganz verschieden sind.«[23]

G. E. Moore: Naturalistischer Fehlschuss

Im Rahmen der analytischen Ethik des 20. Jahrhunderts wurden schließlich Verstöße gegen das »Hume'sche Gesetz«, wonach aus Tatsachenaussagen nicht ohne Weiteres Sollensaussagen gefolgert werden können, von George Edward Moore als »naturalistic fallacy«, als naturalistischer Fehlschluss bzw. Irrtum, bezeichnet.[24] Als Beispiel für einen naturalistischen Fehlschluss kann etwa folgender Syllogismus dienen:

(1) Alle Menschen streben nach Lust.
(2) Dasjenige, wonach alle Menschen streben, ist gut.
(3) Also ist das Streben nach Lust gut.

Das Problem dieses Schlusses liegt darin, dass das Wort »gut« entweder in einem allgemeinen, nicht-ethischen Sinne als »erstrebenswert« verstanden wird oder bereits die Bedeutung von gut im ethischen Sinne hat. Wird dabei in (2) das Wort »gut« in einem nicht-ethischen Sinn verstanden, in (3) dagegen im ethischen Sinne, so bedarf es einer Begründung, warum alles, was Menschen faktisch erstrebenswert finden, zugleich auch im ethischen Sinne gut ist und von allen Menschen in ihrem Handeln verwirklicht werden soll. Wird dagegen sowohl in (2) als auch in (3) das Wort »gut« im ethischen Sinne verstanden, ist der Satz (2) erklärungsbedürftig; wird es jedoch im nicht-ethischen Sinne verstanden, liegt überhaupt keine Begründung eines ethischen Urteils vor. An diesem Beispiel wird deutlich, warum im Rahmen des neuzeitlichen Denkens die Vernunft aus der Zielausrichtung der natürlichen Neigungen, die Thomas beschreibt, nicht unmittelbar evidente ethische Normen entnehmen kann.

---

23 David Hume, Ein Traktat über die menschliche Natur, III. Buch, 1. Abschnitt, hg. von R. Brandt, Hamburg 1973, 211.

24 Vgl. George Edward Moore, Principia Ethica, Stuttgart 1970, 74–101. – Dazu auch: Handbuch Ethik, a.a.O., 437–440.

3.3 Reaktionen der Ethik auf die Krise des natürlichen Sittengesetzes

Fasst man die bisher dargestellte Problematisierung der Lehre vom natürlichen Sittengesetz zusammen, so lassen sich die folgenden beiden Aspekte der Kritik benennen:

- Es wird in Frage gestellt, dass eine Naturteleologie, die für ethisches Handeln maßgeblich ist, überhaupt existiert bzw. zweifelsfrei erkannt werden kann.
- Selbst wenn eine Naturteleologie besteht und erkannt werden kann, wird bestritten, dass eine solche natürliche Zielausrichtung für das ethische Handeln maßgeblich ist, dass also eine Handlung schon allein deswegen als ethisch richtig und verantwortlich angesehen werden kann, weil sie dieser Zielausrichtung entspricht.[25]

Wird aber in dieser Weise der Lehre vom natürlichen Sittengesetz der Boden entzogen, stellt sich die Frage, wie eine Begründung ethischer Normen noch möglich sein kann. Solange man dabei weiterhin von der Voraussetzung ausgeht, dass ethische Normen – um universal und objektiv gültig sein zu können – auf normativen Vorgaben der Natur beruhen müssten, sind grundsätzlich zwei Reaktionen möglich: Entweder wird die Möglichkeit bestritten, ethische Normen überhaupt begründen zu können, oder es wird versucht, die Bedeutung der Natur und ihrer inneren Zielgerichtetheit neu für die Ethik zu entdecken.

Kritischer Rationalismus: Ethische Normen sind überhaupt nicht begründbar

(1) Die Konsequenz, dass ethische Normen überhaupt nicht begründbar sind, begegnet etwa im *Kritischen Rationalismus*. So geht Hans Albert – neben Karl Popper einer der maßgeblichen Vertreter des Kritischen Rationalismus – selbstverständlich davon aus, dass die Vorstellung des naturrechtlichen Denkens, ethische Normen und Werte seien objektive, dem Menschen vorgegebene Wirklichkeiten, die vom Menschen wie Tatsachen erkannt werden können, in der Neuzeit mit dem Auseinanderfallen von Sein und Sollen überwunden ist. Die sich damit stellende Frage, wie sich ethische Urteile, die ja Sollensaussagen darstellen, dann noch begründen lassen, beantwortet Hans Albert negativ. Für jeden Versuch, ethische Normen zu begründen, stelle sich nämlich das gleiche Problem, das sich auch bei der Begründung theoretischer Aussagen ergibt: Einzelne

25 Beide Argumente gegen das Naturrechtsdenken begegnen auch bei: Norbert Hoerster, Ethik und Interesse, Stuttgart 2003, 86–90. Ebenso bei: Dieter Birnbacher, Analytische Einführung in die Ethik, Berlin 2003, 374–381.

Aussagen dadurch begründen zu wollen, dass auf vorausliegende Gründe verwiesen wird und sie aus diesen Gründen hergeleitet werden (axiomatisches Denken), führt notwendig in das sog. *Münchhausen-Trilemma.*[26]

Münchhausen-Trilemma

> Das Münchhausen-Trilemma besagt, dass ein Verfahren der Begründung durch Verweis auf vorausliegende Gründe entweder
> 1. in einen *infiniten Regress* führt, der dadurch zustande kommt, dass man in der Suche nach Gründen immer weiter zurückgehen muss, ohne dass man an ein begründetes Ende und damit an eine sichere Grundlage käme;
> 2. oder in einen *logischen Zirkel* führt, der dadurch entsteht, dass man im Begründungsverfahren auf Aussagen zurückgreift, die vorher schon als begründungsbedürftig aufgetreten waren;
> 3. oder zu einem *Abbruch des Verfahrens* an einem beliebigen Punkt führt, der eine willkürliche Verweigerung der Begründung und eine dogmatistische bzw. fundamentalistische Position bedeutet.

So würde etwa eine Ethik, die – als Reaktion auf die Unmöglichkeit einer naturrechtlichen Begründung ethischer Werturteile – auf eine Intuition, d.h. auf eine unmittelbare Werteinsicht, zurückgreift, an dieser Stelle die Begründungskette abbrechen und damit den Vorwurf auf sich ziehen, dass sie bestimmte tradierte und kulturell bedingte Wertvorstellungen einfach dogmatisiert.[27]

Dezisionismus

Hans Albert stellt fest, dass sich aufgrund dieses Begründungsproblems nach dem Zerbrechen des naturrechtlichen Denkens und der Ableitung des Sollens aus dem Sein eine Auffassung verbreitet hat, nach der ein unüberbrückbarer Graben zwischen neutraler und objektiver Erkenntnis aufgrund von empirischen Tatsachen einerseits und nicht-neutraler, subjektiver Entscheidung andererseits besteht. Während im Bereich der empirischen Fakten objektive Erkenntnis grundsätzlich möglich ist, *beruhen wertende Aussagen und Normen allein auf einer subjektiven und nicht weiter begründbaren Entscheidung (Dezision) des einzelnen Subjekts.*[28] Albert vertritt also in der Ethik einen klaren *Dezisionismus.*

Ethische Normen als Hypothesen

Allerdings bedeutet dies für Albert nicht, dass ethische Normen keiner rationalen Überprüfung zugänglich wären. Die Grundeinsicht des kritischen Rationalismus, wonach bei wissenschaftlichen verallgemeinernden Aussagen keine Verifizierung, sondern nur eine Falsifizierung von Hypothesen möglich ist, lässt sich auch auf ethische (normative)

26 Vgl. dazu: Hans Albert, Traktat über kritische Vernunft, Tübingen [4]1980, 13.
27 Vgl. ebd., 56.
28 Vgl. ebd., 59.

Aussagen anwenden. Ethische Urteile und Normen werden demnach als *Hypothesen* verstanden, die auf subjektiven Entscheidungen beruhen und damit einen Wertpluralismus zulassen. Sie können zwar nicht positiv begründet werden, wohl aber ist es möglich, ethische Aussagen und die ihnen zugrunde liegenden Wertentscheidungen kritisch auf ihre jeweiligen Schwächen hin zu befragen und Verbesserungsvorschläge zu machen.[29] Es geht also nicht um die Verifizierung ethischer Normen, sondern lediglich um eine mögliche Falsifizierung.

Brückenprinzipien

Als Kriterien für eine solche kritische Prüfung lässt sich dabei eine Reihe von *Brückenprinzipien* angeben, die es ermöglichen, Werturteile, die auf subjektiven Entscheidungen beruhen, unter Bezugnahme auf Sachaussagen wissenschaftlich zu kritisieren und als falsch auszuschließen.[30] Sie machen also eine Überbrückung des Grabens zwischen Sein- und Sollens-Sätzen, zwischen Wissenschaft und Ethik möglich. Ein erstes Brückenprinzip besteht darin, dass getroffene Wertentscheidungen *nicht widersprüchlich* werden dürfen. Ein zweites Brückenprinzip besteht in der *Realisierbarkeit* der wertgestützten Ziele, wie es sich in dem Grundsatz ausspricht, dass Sollen immer Können voraussetzt. Ein drittes Brückenprinzip ist schließlich das *Kongruenz-Postulat*, wonach normative Aussagen und Wertentscheidungen keine Voraussetzungen machen dürfen, die für die wissenschaftliche Erkenntnis nicht in Betracht kommen, etwa die Annahme eines höheren Wesens, das bestimmte Befehle erteilt hat, und Ähnliches.

Wiederentdeckung der Naturteleologie

(2) Die andere Konsequenz, der Versuch nämlich, die *Naturteleologie wiederzuentdecken*, hat ihren Anlass in der Erfahrung, dass die Naturbeherrschung mittels der Technik, wie sie durch die Ausblendung zielursächlicher Naturbetrachtung möglich geworden ist, sich heute zunehmend als ambivalent erweist. Einerseits nämlich ist es dem Menschen mithilfe der Technik gelungen, sich der Natur gegenüber zu behaupten, sich gegen die unberechenbaren und ängstigenden Gewalten und Gefahren der Natur zu sichern, von harter Arbeit zu entlasten und Wohlstand, Komfort, Gesundheit und somit mehr Lebensqualität zu schaffen. Andererseits aber hat sich spätestens seit der zweiten Hälfte des 20. Jahrhunderts auch das zerstörerische Potenzial der Technik in aller Deutlichkeit gezeigt. Zu verweisen ist auf die zerstörerische Kraft der Atombombe, die Grenzen des Wachstums und die ökologischen Krisen in Folge unseres Wirtschaftens, Produzierens und Konsumierens, die problematischen Auswirkungen

29 Vgl. ebd., 73–75.
30 Vgl. ebd., 76f.

der Medien und Computertechnik auf die Arbeits- und Kommunikationsbedingungen der Menschen sowie auf die durch den Fortschritt der Medizin selbst hervorgebrachten Probleme.

Anthropozentrismus versus biozentrischer, physiozentrischer oder holistischer Ansatz der Ethik

Im Rahmen einer ökologischen Ethik konzentrierte sich die Kritik darauf, dass die ursprüngliche Einheit von Mensch und Natur, seine ursprüngliche Einbezogenheit in den Haushalt und das Gleichgewicht der Natur, zerrissen sei. An ihre Stelle sei ein dualistisches Weltbild getreten, in dem – im Sinne eines Anthropozentrismus – der Mensch als herrschendes *Subjekt* der Natur als seinem *Objekt* gegenüberstehe, das er allein nach eigenen Zwecksetzungen als Material, Rohstoff und Ressourcenlager gebrauchen könne, ohne dabei auf die Eigenzwecke der Natur Rücksicht zu nehmen. Entgegen einer solchen anthropozentristischen Sicht, in der sich der Mensch von der Natur und damit von sich selbst entfremdet, komme es heute darauf an, diese rein instrumentelle Beziehung des Menschen zur Natur zu überwinden und stattdessen einen neuen, biozentrischen, physiozentrischen oder holistischen Standpunkt *in* der Natur und *mit* der Natur wiederzugewinnen.

In diesem Zusammenhang wird allerdings auch die Option laut, die unheilvolle Expansion technischer Naturbeherrschung durch eine Rückbesinnung auf den aristotelischen Gedanken der Naturteleologie wieder zu begrenzen.

So wirft etwa Robert Spaemann[31] der fortschreitenden Herrschaft des Menschen über die Natur, in der die Beachtung der Naturteleologie preisgegeben wird und durch die der Mensch heute das Leben der eigenen Gattung bedroht, einen Rückfall in eine pure Naturwüchsigkeit vor. Wahrhafte Überschreitung der Natur, auf die der Mensch angelegt ist, sei dagegen erst dort gegeben, wo die Natur im Handeln des Menschen als Maß des Handelns erinnernd bewahrt wird. Die eigentliche Freiheit des Menschen, in der er die Natur überschreitet, bestehe dagegen im Verzicht auf die Unterjochung eines Unterjochbaren, im Akt des »Seinlassens«. Konkret folgt für Spaemann aus der Respektierung vorgegebener natürlicher Zwecksetzungen etwa, dass die Erhaltung einer möglichst großen Artenvielfalt in der Natur absoluten Vorrang vor technisch-wissenschaftlichen Interessen haben muss. Ebenso folgt auch das totale Verbot gentechnischer Eingriffe beim Menschen, weil dieser dadurch in seiner »basalen Naturwüchsigkeit« verletzt werde.

31 Vgl. dazu: Robert Spaemann, Philosophische Essays, Stuttgart 1994, darin vor allem die Beiträge »Natur« und »Die Aktualität des Naturrechts«; ders., Technische Eingriffe in die Natur als Problem der politischen Ethik, in: Ökologie und Ethik, hg. von D. Birnbacher, Stuttgart 1996, 180–206.

3.4 Rückfragen und Fazit

Mit der grundsätzlichen Bestreitung der Begründbarkeit ethischer Normen einerseits und dem Bemühen um eine Wiederentdeckung der Eigengesetzlichkeit der Natur andererseits begegnen Ansätze der Ethik, die sich als Reaktionen auf die Krise der Lehre vom natürlichen Sittengesetz verstehen lassen. Es sind Reaktionen, die – ablehnend oder befürwortend – dem Gedanken einer Begründung ethischer Weisungen unter Rekurs auf normative Vorgaben in der Natur verhaftet bleiben. Die Möglichkeit, ethische Normen auch ohne diese Voraussetzung rational begründen zu können, kommt dabei nicht in den Blick. Entsprechend lassen sich an die beiden genannten Reaktionen auch einige kritische Rückfragen stellen:

Suche nach alternativen Begründungsformen

- So lässt sich im Blick auf den Kritischen Rationalismus und das hier zur Geltung gebrachte Münchhausen-Trilemma fragen, ob damit tatsächlich jede Möglichkeit einer rationalen Begründung ethischer Normen ausgeschlossen ist. Zwar ist zu Recht jeder Versuch fragwürdig geworden, ethische Aussagen dadurch zu begründen, dass man sie auf vorausgehende Aussagen zurückführt, aus denen sie sich ableiten lassen. Dennoch ist damit nicht ausgeschlossen, dass es alternative Begründungsformen gibt, die durch das Münchhausen-Trilemma nicht erfasst sind. Im folgenden 5. und 6. Kapitel sollen solche Alternativen vorgestellt und auf ihre Tragfähigkeit hin untersucht werden.

Suche nach der Relevanz natürlicher Eigendynamik

- Im Blick auf die Wiederentdeckung der Naturteleologie lässt sich fragen, ob tatsächlich eine ungebrochene Rückkehr zu einer ethische Normen ursprünglich *begründenden* Bedeutung der Naturzwecke möglich ist. Zwar wird zu Recht darauf hingewiesen, dass sich der willkürliche und grenzenlose Wille des Menschen zur Naturbeherrschung, die Herrschaft also des Menschen als des autonomen Subjekts über die Natur als bloßes Objekt, in der Konsequenz gegen den Menschen selbst kehren kann. Dies macht darauf aufmerksam, dass verantwortliches und moralisches Handeln die eigenen Ziele und Zwecke des Menschen nicht *gegen* die Eigengesetzlichkeit und die innere Dynamik der Natur verwirklichen kann, sondern immer nur *unter deren Berücksichtigung.* Damit werden die Natur und ihre Eigengesetzlichkeiten – negativ – als *Grenze* menschlichen Handelns in ihrer ethischen Relevanz beachtet (vgl. dazu auch das 6. Kapitel). Das Bemühen dagegen, einsichtig zu machen, warum eine den angeblichen Zwecken der Natur entsprechende Handlung auch schon – positiv – verantwortliches Handeln sein soll, scheint wenig tragfähig zu sein. Was – so lässt sich fragen – unterscheidet etwa den aufgrund der Erfahrung von Naturzwecken gespürten inneren Anspruch, einer möglichst großen Artenvielfalt unbedingten Vorrang einzuräumen, von einem bloßen subjektiven Gefühl oder einer Intuition, die zwar verbreitet sein mag, die aber deswegen noch nicht objektiv und rational ausweisbar begründet ist?

Zusammenfassend lässt sich festhalten: Auch wenn eine direkte Ableitung konkreter einzelner Handlungsnormen aus natürlichen Gegebenheiten und Zielausrichtungen wenig aussichtsreich erscheint, so bedeutet dies nicht, dass damit auch schon das gesamte Anliegen der Lehre vom natürlichen Sittengesetz seine Bedeutung für die Ethik verloren hätte. Die Einsicht der antiken Philosophie, dass der ethische Anspruch nicht erst durch eine zufällige Festsetzung durch die Menschen zustandekommt, sondern dem Menschen von Natur aus vorgegeben ist, dass also das Maß für ethisch richtiges und falsches, verantwortliches und unverantwortliches Handeln ein *vor-positives Maß* ist, ist jedenfalls auch durch den Kritischen Rationalismus nicht zwingend widerlegt. Vielmehr gilt es nach alternativen Begründungsformen zu fragen. Ebensowenig aber hat die Einsicht, dass unserem Handeln die natürlichen Gesetzmäßigkeiten und die innere Eigendynamik der Naturwesen als *Grenze des Verantwortbaren* vorgegeben sind, an Aktualität verloren. Im Gegenteil, mit den ökologischen Krisenerscheinungen wächst vielmehr das Bewusstsein für unsere Verantwortung und Sorge für die Natur als eigenständiger und eigengesetzlicher Wirklichkeit, in die wir selbst eingebettet sind.

Zusammenfassende Thesen:

1. Das ursprüngliche Anliegen der Lehre vom natürlichen Sittengesetz in der antiken Philosophie besteht darin, hinter aller bloß menschlichen Gesetzgebung einen vorgegebenen Maßstab des richtigen Handelns zu finden. Die antike philosophische Ethik sieht diesen Maßstab zunehmend in der natürlichen Zielbestimmung des Menschen, die im Vollzug seiner Vernunft besteht.
2. Im Rahmen des Christentums wird die philosophische Lehre vom natürlichen Sittengesetz – ausgehend von Röm 2,14f – aufgegriffen und heilsgeschichtlich integriert. Während nach Augustinus dabei das natürliche Sittengesetz erst durch die Offenbarung voll erkennbar wird, ist es nach Thomas von Aquin im Sinne erster, aus sich selbst heraus einsichtiger und bekannter Prinzipien in der praktischen Vernunft grundgelegt.

3. Das natürliche Sittengesetz ist für Thomas Resultat der eigenständigen gesetzgebenden Tätigkeit der menschlichen Vernunft, die die spezifische Teilhabe des Menschen am ewigen Gesetz Gottes und dessen gesetzgebender Tätigkeit darstellt.
4. Der Prozess der Entfaltung des natürlichen Sittengesetzes umfasst für Thomas 1) das oberste aus sich selbst bekannte Prinzip »Das Gute ist zu tun, das Böse zu meiden«, 2) als weitere Prinzipien die Grundgebote, die sich auf der Basis der natürlichen Neigungen (inclinationes naturales) ergeben, 3) die Folgerungen aus den Prinzipien für die konkrete Situation, die irrtumsanfällig und veränderbar sind.
5. Die natürlichen Neigungen richten den Menschen auf bestimmte Grundgüter aus, in denen sich Menschsein erfüllt. Sie sind nicht beliebig festlegbar, sondern mit der Eigenwirklichkeit des Menschen gegeben. Konkrete Normen aber ergeben sich erst ausgehend von der Frage, *wie* diese Güter anzustreben und zu verwirklichen sind. Dies zu ermitteln ist Aufgabe der ordnenden und regelnden Tätigkeit der Vernunft als Klugheit.
6. In der Folgezeit der Entwicklung hin zum *Naturrecht* wurden, vor allem in der Neuscholastik, zunehmend aus einer vermeintlichen Wesensnatur des Menschen konkrete Einzelnormen abgeleitet, die damit einen unveränderlichen Status erhielten. Dabei spielte vor allem der Bereich der Sexualethik eine zentrale Rolle, in der es nur schwere Sünde (materia-gravis-Lehre) gab.
7. Der Naturrechtsgedanke wurde in der Neuzeit vor allem problematisiert 1) durch die In-Frage-Stellung einer natürlichen Teleologie, 2) durch den Einwand des Naturalistischen Fehlschlusses aufgrund der strikten Trennung von Sein und Sollen.
8. Als Reaktionen auf diese Problematisierung lassen sich ansehen: 1) Der Kritische Rationalismus bestreitet die Begründbarkeit ethischer Normen (Münchhausen-Trilemma); aber: Sind deduktive Begründungsformen wirklich die einzig möglichen? 2) Wiederentdeckung der Naturteleologie im Rahmen ökologischer Ethik; aber: Wie lassen sich Ziele der Natur ideologiefrei erkennen und warum sollten solche Ziele handlungsleitend sein?

5. KAPITEL

Orientierung an der autonomen Vernunft

Die Überlegungen des vorhergehenden Kapitels haben gezeigt, in welche Probleme die Lehre vom natürlichen Sittengesetz seit der Neuzeit geführt hat. Die Plausibilität eines teleologischen Naturverständnisses, in dem Sein und Sollen als ursprüngliche Einheit verstanden wurden, zerbrach. Die Ableitung ethischer Normen aus Tatsachenaussagen erwies sich in der Folge als naturalistischer Fehlschluss. Ausgehend von dieser Einsicht stellt sich nun für die theologische Ethik die Frage, ob damit tatsächlich jeder objektive und universale ethische Anspruch, den der christliche Glaube als Anknüpfungspunkt voraussetzt, bereits als Illusion entlarvt ist. Gibt es nicht doch – jenseits der traditionellen Lehre vom natürlichen Sittengesetz – eine Normbegründungstheorie, die einsichtig machen kann, dass es objektiv und kategorisch gültige, allgemein verbindliche ethische Normen gibt, die sich mithilfe der Vernunft erkennen lassen, die aber dennoch weder die starken metaphysischen Voraussetzungen einer Naturteleologie erforderlich machen noch in ihrer Begründungsstrategie in das Münchhausen-Trilemma führen?

Eine Konzeption, die diesen Bedingungen entspricht, könnte in der transzendentalphilosophischen Begründung der Ethik durch Immanuel Kant vorliegen. Für Kant nämlich ist eine Handlung nicht mehr dadurch als ethisch gut und richtig zu erkennen, dass sie einer bestimmten natürlichen Zielausrichtung des Menschen entspricht, sondern dadurch, dass sie dem rein formalen Verfahrensprinzip der praktischen Vernunft selbst folgt, nämlich dem *Kategorischen Imperativ*. Mithilfe dieses Prinzips lässt sich überprüfen, ob eine Handlung ethisch richtig und gut ist oder nicht. Dieses Verfahrensprinzip selbst ist dabei für Kant nicht wieder aus dem Sein – aus der Erfahrung oder der Natur – abgeleitet, sondern ein *ursprüngliches*, der praktischen Vernunft selbst immer schon – vor aller Erfahrung (a priori) – innewohnendes Gesetz. Es lässt sich selbst nicht wieder durch Rückführung auf eine vorausliegende Tatsache begründen, sondern lediglich als unhintergehbare Voraussetzung der praktischen Vernunft aufweisen.

Im Folgenden soll dieser Ansatz Kants näher erläutert und auf seine Tragfähigkeit hin überprüft werden (1). Dabei wird – angesichts einiger Begründungsschwierigkeiten bei Kant – der Alternativentwurf des *Utilitarismus* ebenso zur Sprache kommen (2) wie die Weiterführung des Kant'schen Konzepts durch die *Diskursethik* von Jürgen Habermas (3), die derzeit von einer ganzen Reihe neuerer Ansätze der theologischen Ethik als modernes nachmetaphysisches Konzept einer universalistischen Ethik rezipiert wird.[1] Schließlich soll die grundlegende Kritik an allen Verfahrensprinzipien zur Begründung ethischer Normen vorgestellt werden, wie sie im Zuge einer rein auf *Interessen basierten Ethik* heute formuliert wird (4).

1. Immanuel Kant und der Kategorische Imperativ

Kant geht in seiner Konzeption der Ethik ganz selbstverständlich davon aus, dass sich das Sollen nicht aus dem Sein und somit ethische Normen nicht aus Tatsachenaussagen und Erfahrungen ableiten lassen. Handlungen lassen sich nicht dadurch als ethisch richtig und gut begründen, dass sie etwa das Glück des Menschen steigern, also seine Bedürfnisse und Wünsche befriedigen. Ethisch gutes Handeln ist nach Kant nicht schon dort gegeben, wo sich Menschen in ihrem Wollen und Handeln von den natürlichen Neigungen und Antrieben bestimmen lassen, sondern erst dort, wo sich der Wille und das Handeln des Menschen allein von dem Gesetz bestimmen lassen, das der praktischen Vernunft ursprünglich – vor aller Erfahrung (a priori) – innewohnt und das sich im Kategorischen Imperativ ausspricht. Die Frage, wie dieses Gesetz des Kategorischen Imperativs lautet, lässt sich deshalb nicht so beantworten, dass man auf die Erfahrung zurückgreift. Kant leitet die Formulierung dieses Gesetzes vielmehr aus dem Begriff des ethisch guten Willens selbst ab.

---

1 Vgl. etwa: Josef Römelt, Vom Sinn moralischer Verantwortung. Zu den Grundlagen christlicher Ethik in komplexer Gesellschaft, Regensburg 1996, 123–126; ders., Christliche Ethik in moderner Gesellschaft, Bd. 1: Grundlagen, Freiburg/Basel/Wien 2008, 145–148; Walter Lesch/Alberto Bondolfi (Hgg.), Theologische Ethik im Diskurs, Tübingen/Basel 1995.

1.1 Herleitung des Kategorischen Imperativs aus dem Begriff des guten Willens

Unbedingt gut ist allein ein guter Wille

(**1**) In seiner »Grundlegung zur Metaphysik der Sitten« beginnt Immanuel Kant mit der Feststellung, dass es in dieser Welt nichts gibt, das uneingeschränkt als gut bezeichnet werden kann und damit *unbedingten* Wert besitzt, als allein ein ethisch guter Wille.[2] Alles andere – Kant nennt die Anlagen und Talente eines Menschen, aber auch Glücksgaben wie Macht, Reichtum, Ehre und Gesundheit – ist zwar *in bestimmter Hinsicht* gut, weil man damit bestimmte Ziele verwirklichen kann. Aber diese Dinge können immer auch zum Bösen missbraucht werden und sind deshalb nicht in sich und unbedingt gut. Dasjenige, was dagegen in jeder Hinsicht gut ist und nicht zum Bösen missbraucht werden kann, was in sich und unbedingt gut ist, ist allein der ethisch gute Wille. Worin aber besteht dieser gute Wille?

Wille = Sich selbst bestimmen nach Maximen

Für Kant ist der Wille ein Vermögen des Menschen, sich gemäß der Vorstellung gewisser Gesetze oder Grundsätze zum Handeln zu bestimmen. Der Wille ist also nicht ein instinkthaftes Getriebenwerden und Bestimmtwerden des Menschen von äußeren Neigungen, sondern ein Sich-selbst-zum-Handeln-Bestimmen nach Grundsätzen[3], etwa von der Art: »Ich will immer die Wahrheit sagen« oder »Ich will alles tun, was meiner Karriere dient«. Die Grundsätze, nach denen sich das einzelne Subjekt zum Handeln bestimmt (subjektive Handlungsgrundsätze) bezeichnet Kant auch als *Maximen* des Handelns.[4]

Guter Wille: nicht aus Neigung, sondern aus Pflicht

Im Blick auf die Frage, was den ethisch guten Willen ausmacht, führt Kant zunächst negativ aus, dass er nicht schon dann gegeben ist, wenn die Maximen den *Neigungen* des Handelnden entsprechen, ihm also Vorteile (Lust, Bequemlichkeit) verschaffen oder Nachteile (Angst, Unlust) ersparen. Kant argumentiert gegen diese Bestimmung des guten Willens mit folgender Überlegung: Wäre wirklich das Wohlergehen und die Glückseligkeit des Menschen der eigentliche Zweck seiner Natur, dann hätte ihn die Natur besser mit einem Instinkt, der auch die angemessenen Mittel findet, ausgestattet als mit der praktischen Vernunft, die im Blick auf die Verwirklichung der Glückseligkeit und die Erfüllung aller Neigungen nur unzureichend ist. Worin aber kann dann der gute Wille bestehen?

---

2 Vgl. Immanuel Kant, Grundlegung zur Metaphysik der Sitten, BA 1: »Es ist überall nichts in der Welt, ja überhaupt auch außer derselben zu denken möglich, was ohne Einschränkung für gut könnte gehalten werden, als allein ein guter Wille.«

3 Vgl. Immanuel Kant, Kritik der praktischen Vernunft, A 36.

4 Vgl. ebd., A 49f, Anm.

Pflichtgemäß – aus Pflicht

Kant führt zur Beantwortung dieser Frage – als Gegenbegriff zur Neigung – den Begriff der *Pflicht* ein. Im ethischen Sinne gut ist allein derjenige Wille, der nicht von der Neigung, sondern allein von der Pflicht – d.h. nicht um eines äußerlichen Zweckes, etwa um eines Vorteils willen, sondern wegen des Gebotenseins der Handlung selbst – geleitet ist. Die Wahrheit sagen anstatt zu lügen, ist nicht schon dann im ethischen Sinne gut, wenn man dies aus Angst vor Strafe oder aus Hoffnung auf einen eigenen Vorteil tut, sondern erst dann, wenn man es deswegen tut, weil es Pflicht ist. Entscheidend ist also, dass die Handlung nicht nur äußerlich als Pflichterfüllung erscheint, also bloß *pflichtgemäß* erfolgt, sondern dass sie auch innerlich allein *aus Pflicht* getan wird. Erst dann, wenn auch die innere, der Handlung zugrunde liegende letzte Ausrichtung des Willens, seine Maxime, nicht wieder auf die Erreichung eines äußeren, von den Neigungen geleiteten Zweckes, sondern auf die Erfüllung der Pflicht um ihrer selbst willen zielt, ist der Wille unbedingt und in sich gut. Ihm kommt damit *Moralität* und nicht nur *Legalität* zu.

Hypothetischer/ kategorischer Imperativ

(2) Worin aber kann die Pflicht inhaltlich bestehen, wenn die Erfüllung irgendwelcher Neigungen gerade nicht in Frage kommt? Kant beantwortet diese Frage in mehreren Gedankenschritten:

Zunächst kann dieser Inhalt nur in einem Gesetz bestehen, das die reine praktische Vernunft, also ohne Bezugnahme auf die Neigungen, dem Willen vorschreibt. Ein solches Gesetz würde dann auch nicht nur unter bestimmten Bedingungen gelten, etwa nur dann, wenn man durch seine Befolgung die eigenen Neigungen erfüllt, sondern es würde unbedingt gelten, unabhängig davon, ob es den Neigungen entgegenkommt oder nicht. Kant unterscheidet in diesem Zusammenhang zwischen einem *hypothetischen* und einem *kategorischen* Imperativ. Während der hypothetische Imperativ eine Vorschrift darstellt, die nur unter bestimmten Bedingungen gilt und durch ein »wenn ... dann ...« ausgedrückt wird, gilt der kategorische Imperativ nicht nur unter bestimmten Bedingungen, sondern unbedingt und drückt sich als ein uneingeschränktes »Du sollst ...« aus.

Besteht aber der Inhalt der Pflicht in einem unbedingten Gesetz, in einem kategorischen Imperativ also, dann steht – und dies ist der entscheidende Punkt in Kants Argumentation – mit dieser formalen Bestimmung des Gesetzes auch bereits sein Inhalt fest. Anders gesagt: Die Formulierung des Kategorischen Imperativs lässt sich – a priori – aus dem Begriff des Kategorischen Imperativs selbst ableiten. Bei einem hypothetischen Imperativ ist dies nicht möglich; denn wie die jeweilige Handlungsaufforderung heißt, ergibt sich erst dann, wenn man die jeweiligen Bedingungen kennt. Die Aufforderung etwa, dass ich mich der

Anstrengung des Lernens unterziehen soll, ergibt sich erst aus der Bedingung, dass ich ein gutes Examen machen will und dies ohne Lernen nicht erreichen kann. Beim Kategorischen Imperativ dagegen ist die Ableitung seines Inhalts aus seinem Begriff möglich.

Kategorischer Imperativ als reines Gesetz – Form der Allgemeinheit

Wenn nämlich der Begriff des Kategorischen Imperativs gerade darin besteht, dass er nicht nur unter bestimmten Bedingungen gilt, lässt er sich nur als *reines* Gesetz verstehen. Ein reines Gesetz aber besteht darin, dass es eben nicht nur der subjektive Handlungsgrundsatz (Maxime) eines Einzelnen ist, sondern dass es *allgemein* gilt. Wesentlich für das Gesetz als Gesetz ist die Form der Allgemeinheit, nach der sich der einzelne Handelnde und damit alle einzelnen Handelnden in ihren Maximen zu richten haben. Diese Form der Allgemeinheit macht das Gesetz überhaupt erst zum Gesetz.[5]

Formeln des Kategorischen Imperativs

Dann aber ergibt sich, dass die Pflicht darin bestehen muss, nach einer solchen Maxime zu handeln, die die Form der Allgemeinheit des Gesetzes hat. Entsprechend kommt Kant zu folgender Formulierung des Kategorischen Imperativs:

> »Handle nur nach derjenigen Maxime, durch die du zugleich wollen kannst, dass sie ein allgemeines Gesetz werde.«[6]

Diese Formulierung versteht Kant als Grundformel. Er unterscheidet von ihr weitere Unterformeln, die bestimmte Aspekte des einen praktischen Gesetzes hervorheben:

- Die erste Unterformel stellt den Charakter von Allgemeinen Gesetzen als *Naturgesetze* heraus, indem sie formuliert: »Handle so, als ob die Maxime deiner Handlung durch deinen Willen zum allgemeinen Naturgesetz werden sollte.«[7]
- Die zweite Unterformel stellt den *Selbstzweck-Charakter* jedes Menschen als Inhalt des Kategorischen Imperativs vor Augen: »Handle so, dass du die Menschheit, sowohl in deiner Person, als in der Person eines jeden anderen, jederzeit zugleich als Zweck, niemals bloß als Mittel brauchest.«[8]

---

5 Vgl. Immanuel Kant, Grundlegung der Metaphysik der Sitten, BA 51/52: »Denke ich mir aber einen kategorischen Imperativ, so weiß ich sofort, was er enthält. Denn da der Imperativ außer dem Gesetze nur die Notwendigkeit der Maxime enthält, diesem Gesetz gemäß zu sein, das Gesetz aber keine Bedingung enthält, auf die es eingeschränkt war, so bleibt nichts als die Allgemeinheit eines Gesetzes überhaupt übrig, welchem die Maxime der Handlung gemäß sein soll, und welche Gemäßheit allein den Imperativ eigentlich als notwendig vorstellt.«

6 Ebd., BA 52.

7 Ebd., BA 52.

8 Ebd., BA 67f.

- Die dritte Unterformel verbindet schließlich den Gesichtspunkt des Naturgesetzes mit dem des Selbstzweck-Charakters jedes Menschen, indem sie fordert, »dass alle Maximen aus eigener Gesetzgebung zu einem möglichen Reich der Zwecke, als einem Reich der Natur, zusammenstimmen sollen.«[9]

1.2 Anwendung des Kategorischen Imperativs auf einzelne Normen

Mit diesen Überlegungen hat Kant den Inhalt des Kategorischen Imperativs ohne Rückgriff auf die Erfahrung, also den grundlegenden ethischen Sollens-Anspruch ohne Rückgriff auf das Sein und bestimmte Tatsachenaussagen hergeleitet. Was aber ist mit diesen Formulierungen des Kategorischen Imperativs gewonnen? Sicher sind damit noch keine konkreten Handlungsanweisungen gegeben. Aber mit diesem Imperativ ist ein *Verfahrensprinzip* an die Hand gegeben, durch dessen Anwendung konkrete Maximen daraufhin überprüft werden können, ob sie ethisch gut und erlaubt sind oder nicht. Es ist der eine Kategorische Imperativ, mit dessen Hilfe sich viele einzelne, konkrete kategorische Imperative ermitteln lassen. Kant selbst hat dieses Verfahren der Überprüfung einzelner Maximen an mehreren Beispielen – für Pflichten gegen sich selbst und gegen andere sowie für vollkommene und unvollkommene Pflichten – modellhaft durchgeführt:[10]

Suizidverbot

- Im ersten Beispiel geht es um den Suizid. Kant argumentiert gegen seine Erlaubtheit unter Anwendung der Naturgesetz-Formel des Kategorischen Imperativs. Die Maxime nämlich, sich das Leben abzukürzen, wenn es mehr Übel als Annehmlichkeit bringt, kann nicht zum Allgemeinen Naturgesetz werden. Denn dann würde die Natur, deren Bestimmung es ist, zur Förderung des Lebens anzutreiben, zugleich das Leben zerstören und damit sich selbst widersprechen.

Falsches Versprechen

- Das zweite Beispiel stellt einen Menschen vor, der sich aus Not Geld leihen will und verspricht, es zurückzuzahlen, obwohl er genau weiß, dass er dies nie zurückzahlen kann. Ein solches falsches, lügenhaftes Versprechen mag zwar – so Kant – dem eigenen Vorteil dienen, erweist sich aber durch die Anwendung des Kategorischen Imperativs als ethisch unerlaubt. Wenn nämlich diese Maxime allgemeines Gesetz würde, würden alle Versprechen unglaubwürdig und damit die Möglichkeit, sich durch falsche Versprechen Vorteile zu verschaffen, untergraben.

---

9 Ebd., BA 80.
10 Vgl. ebd., BA 53–57.

Entfaltung der eigenen Anlagen

- Ein drittes Beispiel handelt davon, die eigenen Naturanlagen aus Bequemlichkeit brachliegen zu lassen und nicht zu entfalten. Kant gibt zunächst zu, dass eine Natur, in der diese Maxime zum allgemeinen Gesetz würde, durchaus bestehen könne und nicht widersprüchlich würde. Dennoch – so argumentiert er – kann man nicht *wollen*, dass diese Maxime allgemeines Gesetz wird. Denn dies widerspricht der Vernunft, wonach der Mensch notwendig die Entfaltung all seiner Vermögen und Naturanlagen will.

Hilfsbereitschaft

- Im vierten Beispiel geht es um mangelnde Hilfsbereitschaft gegenüber Not leidenden Mitmenschen. Auch hier gibt Kant zu, dass die Menschheit selbst dann weiter bestehen könnte, wenn eine solche egoistische Maxime allgemeines Naturgesetz würde. Dennoch – so argumentiert er auch hier – können wir es unmöglich wollen, dass ein solches Prinzip Naturgesetz wird. Denn damit würde man sich die Möglichkeit nehmen, in Fällen, in denen man selbst Not leidet, die Hilfe anderer zu erfahren.

Mithilfe des Kategorischen Imperativs lassen sich also – so will Kant mit diesen Beispielen zeigen – einzelne Maximen daraufhin überprüfen, ob sie als ethisch erlaubt oder unerlaubt gelten können. Die entsprechend formulierten Gebote und Verbote gelten dann selbst kategorisch und unbedingt. Sie lassen sich auch dann nicht in Frage stellen, wenn der Verstoß gegen ein solches Verbot einem guten Zweck dient. So führt Kant hinsichtlich der Lüge aus, dass sie aufgrund des Kategorischen Imperativs als unerlaubt erkannt werden könne, weil die Maxime, zu lügen, unter den Bedingungen, dass sie zum allgemeinen Gesetz würde, widersprüchlich wäre. Ist aber die Lüge durch dieses Verfahren als unerlaubt erkannt, kann sie auch dann nicht gerechtfertigt werden, wenn sie zur Rettung des Lebens eines Verfolgten eingesetzt wird.[11]

1.3 Problematisierung des Kategorischen Imperativs

Mit der Formulierung des Kategorischen Imperativs hat Kant ein Verfahrensprinzip angegeben, nach dem allgemein nachvollziehbar erkannt werden kann, ob eine Handlung ethisch richtig oder falsch und damit erlaubt oder unerlaubt ist. Andererseits hat er dieses Verfahrensprinzip nicht unter Rückgriff auf empirische Tatsachenaussagen hergeleitet, son-

11 Vgl. dazu ausführlich: Immanuel Kant, Über ein vermeintes Recht aus Menschenliebe zu lügen, A 301–314.

dern als ursprünglich in der praktischen Vernunft gegebenen Sollensanspruch aufgewiesen. Kant entgeht damit einerseits dem Vorwurf des Naturalistischen Fehlschlusses, ohne andererseits den Anspruch, ethische Normen erkennen zu können, zugunsten eines Dezisionismus aufzugeben. Kants Konzept geht damit wesentlich über den Gedanken des natürlichen Sittengesetzes hinaus. Dennoch lassen sich auch hier einige Anfragen an die Leistungsfähigkeit und Begründetheit seines Grundprinzips der Ethik stellen.

Anfragen an die Leistungsfähigkeit des kategorischen Imperativs

(1) So kann man im Blick auf die *Leistungsfähigkeit* des Kategorischen Imperativs bei näherem Hinsehen zunächst feststellen, dass sich das Grundprinzip, eine Maxime dürfe bei Verallgemeinerung nicht in sich widersprüchlich werden, bereits für die meisten Beispiele, die Kant selbst gibt, nicht ohne weitere starke Voraussetzungen anwenden lässt:[12]

- Lediglich das zweite Beispiel ist unproblematisch: Bei Verallgemeinerung der Maxime, sich Vorteile durch falsche Versprechen zu verschaffen, wird tatsächlich die Glaubwürdigkeit untergraben und damit die Verfolgung der Maxime unmöglich. Aufgrund dieser Widersprüchlichkeit handelt es sich um eine Maxime, von der man nicht wollen kann, dass sie Allgemeines Gesetz werde.
- Diese klare Begründungslogik lässt sich jedoch in den anderen Beispielen nicht mehr durchhalten. Bereits beim ersten Beispiel lässt sich zwar noch die Widersprüchlichkeit der Maxime aufweisen, aber nur unter Voraussetzung der Annahme einer Naturteleologie, dass nämlich die Natur den Zweck der Lebensförderung verfolge.
- Beim dritten Beispiel lässt sich eine innere Widersprüchlichkeit gar nicht mehr aufweisen, vielmehr wird als entscheidender argumentativer Faktor vorausgesetzt, dass der Mensch als Vernunftwesen notwendig die Entfaltung seiner Vermögen wolle. Dieser Voraussetzung, die sich an einem ganz bestimmten konkreten Menschenbild orientiert, fehlt aber ihre zwingende Plausibilität.
- Auch im vierten Beispiel schließlich besteht keine innere Widersprüchlichkeit der Maxime bei Verallgemeinerung mehr. Dass man anderen Menschen Hilfe leistet, weil man selbst in Notlagen Hilfe erfahren möchte, ist zwar kein schwaches Argument, dennoch ist es durchaus möglich, dass ein Egoist seinen Egoismus auch trotz des Risikos, selbst keine Hilfe zu erfahren, weiter verfolgt. Er kann seine egoistische Maxime auch bei Verallgemeinerung wollen.

12 Vgl. zu dieser Kritik etwa: Norbert Hoerster, Ethik und Interesse, Stuttgart 2003, 108–118.

Die ethische Unerlaubtheit der genannten Handlungen wird also in den Beispielen Kants nicht allein durch die Anwendung des Kategorischen Imperativs aufgewiesen. Die Begründung ihrer Unerlaubtheit setzt vielmehr weitere Zusatzannahmen voraus. Diese aber erhalten ihre Berechtigung nur dadurch, dass offenbar im Vorhinein zur Prüfung der jeweiligen Maximen mithilfe des Kategorischen Imperativs bereits feststeht, dass die jeweiligen Handlungen ethisch verwerflich sind.[13]

Achtung der Würde gebietet nur formal, andere vernunftgemäß zu behandeln

Eine weitere Anfrage an die Leistungsfähigkeit des Kategorischen Imperativs betrifft seine Formulierung in der Selbstzweckformel. Diese mahnt dazu, Menschen nicht zu instrumentalisieren und allein als Mittel zu eigenen Zwecken zu gebrauchen. Sie klagt damit die Anerkennung ihrer *unbedingten Würde* als Menschen ein. Doch ist damit für die Frage, was dies im konkreten Verhalten anderen gegenüber bedeutet, noch nicht viel gewonnen. Mit der Selbstzweckformel nämlich ist lediglich gesagt, dass man jeden Menschen so behandeln soll, dass dieser vernünftigerweise zustimmen könne.[14] Worin allerdings das vernünftige Handeln inhaltlich konkret besteht, in das der andere aufgrund seiner Vernunft einstimmen können muss, ist damit noch nicht gesagt. Dies erfordert weitere Überlegungen zu den realen Folgen des eigenen Handelns unter den Bedingungen der Universalisierung. Die Selbstzweckformel ist damit allerdings nicht überflüssig. Sie mahnt dazu, alle anderen Menschen nicht nach eigenen Interessen und nach Gutdünken, sondern nach vernünftigen, ihnen und prinzipiell jedermann gegenüber zu rechtfertigenden, mithin verallgemeinerbaren Maßstäben zu behandeln.

Anfragen an die Begründetheit des Kategorischen Imperativs

(2) Aber nicht nur die Leistungsfähigkeit des Kategorischen Imperativs zur Begründung konkreter ethischer Normen lässt sich in Frage stellen, sondern auch die *Begründetheit* dieses Verfahrensprinzips selbst. Ist mit der Herleitung des Kategorischen Imperativs aus seinem Begriff wirklich die objektive Gültigkeit dieses Grundprinzips der Ethik und des darin ausgedrückten unbedingten Sollens bereits begründet? Warum sollte man dieses Prinzip anerkennen und auf die eigenen Handlungen anwenden? Wie lässt es sich begründen, dass man so handeln sollte, dass die eigenen Maximen zum allgemeinen Gesetz werden könnten? Warum sollte man so handeln, dass man den anderen als Zweck an sich selbst behandelt?

---

13 Vgl. dazu auch im Blick auf die Argumentation Kants gegen die Selbsttötung: H. J. Paton, Der Kategorische Imperativ. Eine Untersuchung über Kants Moralphilosophie, Berlin 1962, 184.

14 Vgl. Friedo Ricken, Allgemeine Ethik, Stuttgart [4]2003, 147f. unter Bezugnahme auf: Kant, Kritik der praktischen Vernunft, A 156.

Freiheit und Kategorischer Imperativ setzen sich gegenseitig voraus

Nach Kant lassen sich diese Fragen nicht so beantworten, dass man auf ein äußeres Interesse und die mögliche Erfüllung der eigenen Neigungen verweist, etwa: Man soll sich deshalb nach diesem Prinzip richten, weil es einem dann gut geht und man glücklich wird. Dann würde es sich gerade nicht um einen kategorischen, sondern um einen hypothetischen Imperativ handeln. Stattdessen versucht Kant, die Realität und objektive Gültigkeit des Kategorischen Imperativs dadurch zu erweisen, dass nur dann, wenn es diesen unbedingten Anspruch gibt, die Voraussetzung gegeben ist, um Freiheit des Menschen denken zu können. Freiheit des Willens als Freiheit von aller Determination durch natürliche, empirische Ursachen kann es nämlich nur geben, wenn sich der Wille von einem apriorischen Gesetz, dem Kategorischen Imperativ, bestimmen lässt. Lässt er sich dagegen von den Neigungen leiten, unterliegt er der Naturkausalität und ihrer Determination und ist so nicht frei. Freiheit als Autonomie des Willens setzt also die Existenz des apriorischen Sittengesetzes voraus. Andererseits muss man aber auch sagen, dass die Annahme, der Mensch verfüge über Freiheit und könne frei und autonom wollen, ihrerseits darin begründet ist, dass nur unter dieser Voraussetzung ein Sittengesetz und der Anspruch unbedingten Sollens überhaupt sinnvoll ist. Ohne die Voraussetzung von Freiheit würde der ethische Sollensanspruch ins Leere stoßen.

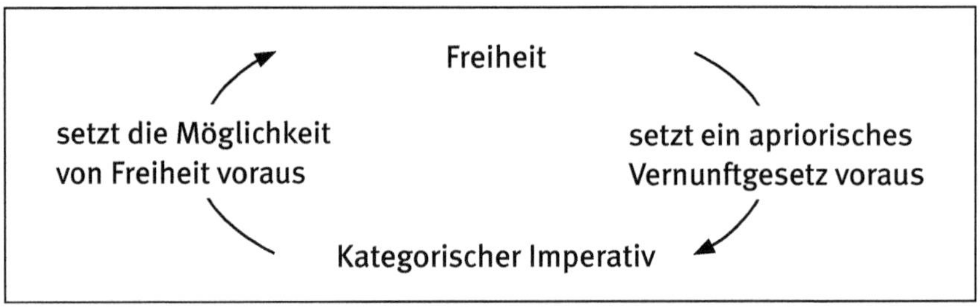

Der Versuch, die unbedingte Gültigkeit des Kategorischen Imperativs auf die Idee der Freiheit zurückzuführen, erweist sich so – wie Kant selbst auch ausdrücklich feststellt – als ein Zirkelschluss:

> »Es zeigt sich hier, man muß es frei gestehen, eine Art von Zirkel, aus dem, wie es scheint nicht heraus zu kommen ist. Wir nehmen uns in der Ordnung der wirkenden Ursachen als frei an, um uns in der Ordnung der Zwecke unter sittlichen Gesetzen zu denken, und wir denken uns nachher als diesen Gesetzen unterworfen, weil wir uns die Freiheit des Willens beigelegt haben, denn Freiheit und eigene Gesetzgebung des Willens sind beides Autonomie, mithin Wechselbegriffe, davon aber einer eben um deswillen nicht dazu gebraucht werden kann, um den anderen zu erklären

> und von ihm Grund anzugeben, sondern höchstens nur, um, in logischer Absicht, verschieden scheinende Vorstellungen von eben demselben Gegenstande auf einen einzigen Begriff zu bringen.«[15]

Faktum der Vernunft

Kant hat es deshalb auch in seiner »Kritik der praktischen Vernunft« aufgegeben, eine Begründung des Kategorischen Imperativs unter Verweis auf die Freiheit zu versuchen. Stattdessen bezeichnet er das Bewusstsein dieses Grundgesetzes als ein *Faktum der Vernunft*.[16] Dieses Bewusstsein ist ein ursprüngliches Datum der reinen praktischen Vernunft, das sich selbst nicht wiederum aus anderen, vorausliegenden Prämissen ableiten lässt. Eine Begründung des Anspruchs des moralischen Sollens kann also für Kant nicht den Charakter eines Beweises haben, sondern lediglich den Charakter eines Aufweises, indem man den anderen auf die ursprüngliche Erfahrung des unbedingten Sollens aufmerksam macht und sie ihm zu Bewusstsein bringt.

Mit dieser Antwort entgeht Kant zwar dem Begründungsproblem des infiniten Regresses. Andererseits aber weist er das moralische Grundprinzip als Faktum der Vernunft nicht selbst noch einmal in einem methodisch reflektierten Verfahren auf, sondern behauptet es einfach, sodass man ihm vorwerfen kann, die Frage, warum der ethische Anspruch unbedingt (kategorisch) gilt, mit einem willkürlichen Begründungsabbruch zu beantworten und sich damit gegen weitere Anfragen zu immunisieren. Kant kann also demjenigen, der nicht schon den Standpunkt der Ethik eingenommen hat, keinen triftigen Grund angeben, warum er sich für das ethische Handeln gemäß dem Kategorischen Imperativ entscheiden solle.[17]

---

15 Immanuel Kant, Grundlegung zur Metaphysik der Sitten, BA 104f.

16 Vgl. Immanuel Kant, Kritik der praktischen Vernunft, A 56: »Man kann das Bewußtsein dieses Grundgesetzes ein Faktum der Vernunft nennen, weil man es nicht aus vorhergehenden Datis der Vernunft, z.B. dem Bewußtsein der Freiheit (denn dieses ist uns nicht vorher gegeben), herausvernünfteln kann, sondern weil es sich für sich selbst uns aufdringt als synthetischer Satz a priori, der auf keiner, weder reinen noch empirischen Anschauung gegründet ist, ob er gleich analytisch sein würde, wenn man die Freiheit des Willens voraussetzte, wozu aber, als positiver Begriff, eine intellektuelle Anschauung erfordert würde, die man hier nicht annehmen darf.«

17 So schreibt etwa Peter Singer, Wie sollen wir leben? Ethik in einer egoistischen Zeit, Erlangen 1996, 208: »Wenn diejenigen, die auf der Pflicht um der Pflicht willen bestehen, alle Hilfe von seiten der Neigung oder des Eigeninteresses zurückweisen, schreiben sie die Spaltung von Moral und Eigeninteresse (wie weit dieses auch immer gefaßt wird) auf ewig fest. Die Moral bleibt ein in sich geschlossenes System. Wenn Sie ›die Stimme des moralischen Bewußtseins‹ anerkennen, dann werden Sie auch anerkennen, daß Sie nicht weiter fragen sollten. Doch für jene, die sich nicht schon zum Leben nach dem Diktat der Pflicht bekennen, wird die Grundfrage, wie wir leben sollen, unbeantwortbar, weil die Moral, eine der Hauptkandidatinnen, sich in

2. Die Alternative des Utilitarismus

Angesichts der genannten Defizite in Kants Konzeption der Begründung ethischen Handelns stellt der – im Zuge der Aufklärung im angelsächsischen Raum entstandene – Utilitarismus eine erste, naheliegende und auch in der gegenwärtigen philosophischen Ethik verbreitete Alternative dar. Während Kant versuchte, den naturalistischen Fehlschluss dadurch zu vermeiden, dass er das ethische Sollen nicht aus der Erfahrung ableitete, sondern als apriorisches Vernunftprinzip aufwies, geht der Utilitarismus ganz bewusst von der empirischen Tatsache des menschlichen Strebens nach Glück bzw. nach Lust als letzter Grundlage der Ethik aus.

2.1 Der Grundgedanke des Utilitarismus und seine Entfaltung

Größtmögliches Glück der größtmöglichen Anzahl

(1) Der Grundgedanke des Utilitarismus besteht darin, dass sich die Bewertung von Handlungen als ethisch gut oder schlecht dadurch begründet, dass sie sich als nützlich (utilis) oder als schädlich erweisen im Blick auf das Ziel, *das größtmögliche Glück für die größtmögliche Anzahl der Menschen* zu verwirklichen. Ethisch gut sind demnach alle Handlungen, die das Ausmaß des Glücks in einer Gesellschaft – den »Gesamtnutzen« – fördern, schlecht dagegen alle Handlungen, die den Gesamtnutzen mindern.[18] Entscheidend für die ethische Bewertung einer Handlung sind somit ausschließlich ihre *Folgen*. Eine Handlung ist nicht schon in sich selbst ethisch gut oder schlecht noch spielt die gute oder böse Gesinnung des Handelnden für ihre Bewertung eine Rolle. Eine Handlung ist vielmehr dann gut, wenn die positiven bzw. nützlichen Folgen die negativen oder schädlichen Folgen überwiegen.

---

sich gekehrt und jede Antwort verweigert hat. Wenn Sie den moralischen Standpunkt nicht anerkennen, gibt es gemäß dieser Betrachtungsweise keine Möglichkeit, Ihnen einen Grund zu liefern, der Sie zu seiner Anerkennung bewegen könnte.«

18 Vgl. zur grundlegenden Darstellung: Dieter Birnbacher, Art.: »Utilitarismus/Ethischer Egoismus«, in: Handbuch Ethik, hg. von M. Düwell u.a., Stuttgart/Weimar 2002, 95–107. Birnbacher unterscheidet fünf Grundeigenschaften des Utilitarismus: Konsequentialismus, Teleologie, Ein-Gut-Axiologie, Maximierungsprinzip, Universalisierung. – Franz Furger, Art.: »Utilitarismus«, in: Neues Lexikon der christlichen Moral, Innsbruck/Wien 1990, 816–821, unterscheidet dagegen als Charakteristika des Utilitarismus vier Prinzipien, nämlich: Folgenprinzip, Nutzenprinzip, Lustprinzip, Sozialprinzip.

Darin liegt der entscheidende Unterschied zu Kants Ansatz: Während es Kant um eine deontologische Normbegründung (vom griech. tò déon = die Pflicht) geht, in der bestimmte Maximen ohne Rücksicht auf die weiteren tatsächlichen Folgen des Handelns als in sich gut oder schlecht qualifiziert werden, sodass eine einmal als schlecht qualifizierte Maxime auch nicht durch noch so gute Folgen gerechtfertigt werden kann, geht es im Utilitarismus um eine teleologische (vom griech. tò télos = Ziel, Ausgang) bzw. konsequentialistische Normbegründung, in der Handlungen ausschließlich aufgrund ihrer Folgen als gut oder schlecht beurteilt werden.

Deontologische versus teleologische Normbegründung

Das *Ziel*, hinsichtlich dessen sich eine Handlung als nützlich oder schädlich erweisen muss, ist im Utilitarismus nicht von jedem Einzelnen festzulegen. Es geht nicht um individuelle Ziele des Einzelnen, vielmehr sind die Einzelziele auf das gemeinsame Ziel des Glücks der größten Anzahl der Menschen in einer Gesellschaft zu relativieren und hinzuordnen. Dadurch unterscheidet sich der Utilitarismus trotz struktureller Ähnlichkeiten von antiken Vorbildern wie etwa dem Epikureismus, der das größtmögliche Glück, das es zu fördern gilt, individualistisch als das jeweils eigene Glück des Einzelnen verstand. Stattdessen wird im Utilitarismus ein Standpunkt vorausgesetzt, der den Nutzen der Handlung von einem übergeordneten, *universalen* Standpunkt aus beurteilt.

Universaler Standpunkt

(2) Worin das Glück inhaltlich besteht, wird im Utilitarismus freilich nicht einheitlich verstanden. Hauptsächlich lassen sich die Auffassung des klassischen Utilitarismus und des Präferenzutilitarismus unterscheiden:[19]

- Für den *klassischen Utilitarismus*, vertreten durch Jeremy Bentham (1748–1832), John Stuart Mill (1806–1873) und Henry Sidgwick (1838–1900), ist eine Handlung dann ethisch gut, wenn sie sich als nützlich für die Maximierung von Wohlbefinden, Freude bzw. Lust (pleasure) erweist. Für die Abwägung verschiedener Arten von *pleasure* sind für Bentham allein quantitative Gesichtspunkte entscheidend wie die Dauer und Intensität der Lust, während Mill auch qualitative Gesichtspunkte heran-

Klassischer Utilitarismus

19 Zu den folgenden Unterscheidungen vgl. etwa: M. Kayß, Art.: »Utilitarismus«, in: Lexikon der Ethik, hg. von J.-P. Wils/Chr. Hübenthal, Paderborn 2006, 388–394. – Zur historischen Entfaltung: A. Hügli/B.-Ch. Han, Art.: »Utilitarismus«, in: Historisches Wörterbuch der Philosophie, Bd. 11, Darmstadt 2001, 503–510. – Weiterhin als Einführung die Sammlung mit Originaltexten der wichtigsten Utilitaristen: Otfried Höffe, Einführung in die utilitaristische Ethik, Tübingen/Basel [3]2003; darin bes. die Einleitung von O. Höffe, 7–51.

zieht. Doch auch bei der Berücksichtigung qualitativer Gesichtspunkte bleibt die Frage, welche Lust jeweils vorzuziehen ist, problematisch.

Handlungs-utilitarismus

● Der *Präferenz-Utilitarismus* – vertreten etwa durch Peter Singer[20] – verweist deswegen in der Frage, was unter Glück zu verstehen ist, auf die jeweiligen Präferenzen, also die Interessen und Wünsche der Betroffenen. Beim Präferenz-Utilitarismus geht es also nicht darum, von außen und für alle objektiv zu beurteilen, welche Lust gegenüber einer anderen Lust höherwertig ist, sondern darum, in welchem Grad eine Handlung mit den individuellen Interessen aller anderen von der Handlung betroffenen Wesen übereinstimmt. Der Handelnde muss die Interessen aller, die von der Handlung betroffen sind, berücksichtigen und abwägen und dann denjenigen Handlungsverlauf wählen, bei dem die Erfüllung der Interessen der Betroffenen maximiert wird.

(3) Eine weitere Unterscheidung innerhalb des Utilitarismus betrifft die Art, wie die Handlungsnormen aus dem Ziel der Glücksmaximierung abgeleitet werden. Muss jede einzelne Handlung in ihrer Nützlichkeit auf dieses Ziel beurteilt werden, oder wird sie bewertet, indem sie an Regeln gemessen wird, die ihrerseits bereits in ihrer Nützlichkeit erwiesen sind?

Handlungs-utilitarismus

● Der *Handlungsutilitarismus* geht davon aus, dass man im Prinzip für jede einzelne Handlung feststellen muss, ob sie im Blick auf das größtmögliche Glück der größtmöglichen Anzahl der Menschen nützlich, weniger nützlich oder schädlich ist. Zwar kann es Grundsätze und Erfahrungswerte geben. Aber das entbindet nicht von der Aufgabe, noch einmal zu überprüfen, ob in dem jeweiligen speziellen und einmaligen Fall das Handeln nach einem bestimmten Grundsatz oder nach einer Faustregel tatsächlich den Gesamtnutzen der Gesellschaft am besten fördert oder ob nicht eine andere Handlungsalternative nützlicher ist. So mag es zwar grundsätzlich sinnvoll sein, dass man an einer roten Ampel anhält; wenn man allerdings um Mitternacht an eine unbelebte Kreuzung kommt und dringend nach Hause möchte, wäre zu prüfen, ob es im Blick auf den Gesamtnutzen wirklich erforderlich ist, an der roten Ampel stehen zu bleiben. In dieser ursprünglichen einfachen Form des Utilitarismus stellt sich jedoch das Problem, dass die Anwendung eines solchen Nützlichkeitsprinzips auf jede einzelne Handlung nicht praktikabel ist: Wie kann man im Einzelfall beurteilen, ob die Folgen der Handlung den Gesamtnutzen wirklich fördern und nicht schädigen? Es kann leicht zu riskanten Fehleinschätzungen kommen.

---

20 Vgl. dazu grundlegend: Peter Singer, Praktische Ethik, Stuttgart ²1994.

Regelutilitarismus

● Um diese Probleme zu vermeiden, wendet der *Regelutilitarismus* das Nützlichkeitsprinzip nicht auf jede einzelne Handlung an, sondern auf Regeln, Normen und Gesetze, von denen geprüft wird, ob sie im Blick auf das Gesamtwohl der Gesellschaft von Nutzen sind. Wenn dies von einer Regel erst einmal feststeht, hat man sich *in jedem Fall* an diese Regel zu halten, selbst wenn es im Einzelfall handlungsutilitaristisch gesehen besser wäre, anders zu handeln und gegen diese Regel zu verstoßen. Der Regelutilitarist würde also auch in dem genannten Fall an der roten Ampel stehen bleiben, weil die Regel, dass man rote Ampeln beachtet, nützlich ist. Dabei können in einzelnen Fällen für einzelne Personen unnötige Nachteile entstehen, im Ganzen aber dient es dem größtmöglichen Gemeinwohl am meisten, wenn man sich den Regeln immer unterwirft.

2.2 Problematisierung des Utilitarismus

Benachteiligung von Minderheiten

Sowohl für den Handlungs- wie für den Regelutilitarismus entsteht aber noch ein weiteres Problem, das zugleich auch die Grenze des Utilitarismus deutlich macht. Wenn es nämlich im Utilitarismus darum geht, das größtmögliche Glück der größtmöglichen Zahl zu befördern, also den Gesamtnutzen für die Gesellschaft zu maximieren, kann dies dazu führen, dass die Interessen von Minderheiten immer vernachlässigt und nicht berücksichtigt werden. Das größte Glück der größten Zahl kann unter Umständen am besten dadurch verwirklicht werden, dass das Glück einer geringen Anzahl gemindert wird und einzelne Menschen oder Gruppen benachteiligen werden. So könnte der Utilitarismus bei der Frage, wie die immer knapper werdenden finanziellen Mittel im Gesundheitswesen verteilt werden sollen, dazu kommen, eine Altersrationierung vorzunehmen. Doch kann man wirklich das Alter als Kriterium einer gerechten Verteilung ansetzen? Werden damit alte Menschen nicht diskriminiert und als minderwertig eingestuft? Widerspricht dies nicht unseren Vorstellungen von Gerechtigkeit, nach denen jede einzelne Person einen unbedingten Wert hat, sodass ihre Ansprüche und Bedürfnisse nicht einfachhin zugunsten von Mehrheitsinteressen geopfert werden dürfen?

John Rawls: Gerechtigkeit als Fairness

(1) Ausgehend von solchen Befürchtungen hat der amerikanische Ethiker *John Rawls* (1921–2002) in Absetzung gegen den Utilitarismus eine *Theorie der Gerechtigkeit als Fairness* entwickelt.[21] Für Rawls sind solche

---

21 Vgl. dazu: John Rawls, Eine Theorie der Gerechtigkeit, Frankfurt am Main [9]1996. Rawls hat ursprünglich selbst einen Utilitarismus vertreten, sich dann aber davon

Grundstrukturen der Gesellschaft gerecht, auf die sich alle Mitglieder der Gesellschaft in einem fiktiven Urzustand einigen würden, in dem sie unter dem sogenannten *Schleier des Nichtwissens* stehen, also nicht wissen, welche Position sie selbst später einmal in der von ihnen geregelten Gesellschaft einnehmen werden. Sie kennen weder den sozialen Status, den sie einnehmen werden, noch ihr Los bei der Verteilung natürlicher Gaben wie Intelligenz oder Körperkraft noch ihre Vorstellung vom Guten und ihre besonderen psychologischen Neigungen. Dieser Schleier des Nichtwissens gewährleistet, dass bei der Bestimmung der Gerechtigkeitsstrukturen – der Grundsätze einer gerechten Gesellschaft – niemand durch die Zufälligkeiten der Natur oder der gesellschaftlichen Umstände bevorzugt oder benachteiligt wird. Da sich alle in der gleichen Lage befinden und niemand Grundsätze ausdenken kann, die ihn aufgrund seiner besonderen Verhältnisse bevorzugen, sind die Grundsätze der Gerechtigkeit das Ergebnis einer fairen Übereinkunft oder Vereinbarung.

Gerechtigkeitsgrundsätze – Unterschiedsprinzip

Rawls weist nun in seinen Überlegungen auf, dass sich die Menschen in diesem Urzustand auf folgende Grundsätze einigen würden[22]:

> *Erster Grundsatz*
> Jedermann soll gleiches Recht auf das umfangreichste System gleicher Grundfreiheiten haben, das mit dem gleichen System für alle anderen verträglich ist.
> *Zweiter Grundsatz*
> Soziale und wirtschaftliche Ungleichheiten sind so zu gestalten, dass (a) vernünftigerweise zu erwarten ist, dass sie zu jedermanns Vorteil dienen, und (b) sie mit Positionen und Ämtern verbunden sind, die jedem offenstehen.

Im Blick auf das Problem des Utilitarismus, dass es zur Benachteiligung von Minderheiten kommen kann, kommt der Regel 2a, die Rawls auch als *Unterschiedsprinzip* bezeichnet, entscheidende Bedeutung zu. Nach diesem Prinzip nämlich kann eine gerechte Grundstruktur der Gesellschaft zwar soziale Unterschiede zulassen; sie muss also nicht allen Mitgliedern

---

abgesetzt. Zum utilitaristischen Ansatz von John Rawls vgl.: ders., Zwei Regelbegriffe, in: O. Höffe (Hg.), Einführung in die utilitaristische Ethik, a.a.O., 135–166. – In »Eine Theorie der Gerechtigkeit« (45) schreibt Rawls zum Utilitarismus: »Diese Sicht der gesellschaftlichen Zusammenarbeit ist die Folge der Ausdehnung des Entscheidungsprinzips für den Einzelmenschen auf die Gesellschaft, die so zu Werke geht, dass in der Vorstellung des unparteiisch mitfühlenden Beobachters alle Menschen zu einem zusammengefasst werden. Der Utilitarismus nimmt die Verschiedenheit der einzelnen Menschen nicht ernst.«

22 Vgl. John Rawls, Eine Theorie der Gerechtigkeit, a.a.O., 81.

das Gleiche zuteilen. Aber solche sozialen Unterschiede darf es nur dann geben, wenn die Besserstellung und Förderung der Privilegierten nicht zugleich zu einer Schlechterstellung und zum Nachteil der am schlechtesten Gestellten und Armen führt, sondern deren Situation nach Möglichkeit verbessert oder zumindest unbeeinflusst lässt.[23]

Prinzip des abnehmenden Grenznutzens

(2) Mit diesem nicht-utilitaristischen, sondern vertragstheoretischen Ansatz einer gerechten Verteilung der Grundgüter in einer Gesellschaft lässt sich das genannte Problem des Utilitarismus vermeiden. Allerdings hat auch der Utilitarismus selbst Strategien entwickelt, wie er diesem Einwand begegnen kann. Zentral ist dabei der Hinweis auf das *Prinzip des abnehmenden Grenznutzens.*[24] Dieses Prinzip macht deutlich, dass es nicht gleichgültig ist, ob etwa von 100 Äpfeln je einer an 100 Personen verteilt wird oder ob alle 100 Äpfel einer Person gegeben werden und die übrigen 99 Personen leer ausgehen. Dem ersten Anschein nach könnte man zwar meinen, dass in beiden Fällen der Verteilung derselbe Grad an Lust erreicht und der Durchschnittsnutzen in der Gesellschaft gleich ist. Tatsächlich aber ist das Maß der erzielten Lust davon abhängig, wie man die Äpfel verteilt. Nach dem Prinzip des abnehmenden Grenznutzens nimmt die erzielte Lustempfindung beim Essen des zweiten, dritten und jedes folgenden Apfels gegenüber dem vorhergehenden Apfel ab, sodass durch die Zuteilung aller Äpfel an eine Person deutlich weniger Lust erzielt wird als durch die Verteilung je eines Apfels an jede der 100 Personen. Aufgrund dieses Prinzips kann auch der Utilitarismus eine Gleichbehandlung aller begründen.

Gefahr der Destabilisierung der Gesellschaft

Eine andere Strategie des Utilitarismus, Ungerechtigkeiten gegenüber Minderheiten zu vermeiden, besteht in dem Argument, dass die Benachteiligung von Minderheiten in einer Gesellschaft mehr und mehr zu Unmut und dann auch zu Unruhen und Umsturz führen würde. Damit aber würde die Stabilität der Gesellschaft und ihrer Ordnung gefährdet, was aber nicht im Interesse der meisten liegt. So trägt eine sozial gerechte Verteilung der Grundgüter zwar nicht direkt, wohl aber *indirekt* zu einer Maximierung der Befriedigung der Interessen der meisten bei und ist deshalb gerade auch aus utilitaristischen Gründen vorzuziehen.

---

23 Zugrunde liegt das aus der Ökonomie bekannte »Pareto-Prinzip«. Danach ist eine Verteilung dann pareto-besser, wenn es mindestens eine Person gibt, die sie vorzieht, und wenn es keine Person gibt, die eine andere Verteilung vorzieht.

24 Vgl. dazu: Arno Anzenbacher, Einführung in die Ethik, Düsseldorf 1992, 38f; Otfried Höffe (Hg.), Einführung in die utilitaristische Ethik, a.a.O., 45f.

Einwände gegen die Universalisierung

(3) Über das Problem der möglichen Benachteiligung von Minderheiten hinaus lässt sich auch das zentrale Prinzip des Utilitarismus problematisieren, dass es einem in seinem Handeln nicht nur um die Maximierung des eigenen Glücks, sondern um die Maximierung des Glücks für möglichst viele gehen soll. Der Nutzen des eigenen Handelns ist – so die Aussage des Utilitarismus als ethischer Theorie – nicht nur unter individuellem Gesichtspunkt einzuschätzen, sondern von einem universalen und unparteiischen Standpunkt aus zu beurteilen. Gegen diese Aufforderung zur universalisierenden Übersteigung der eigenen Interessen hin auf das Gesamtglück der Gesellschaft lassen sich aber mindestens folgende Einwände machen:

Verabsolutierung der faktischen Glücksvorstellungen der Gesellschaft

- Mit der Aufforderung zur Universalisierung wird dasjenige zum letzten Wert jedes Handelns und zum letzten Bezugspunkt einer umfassenden Güterabwägung gemacht, was die *faktischen* Interessen aller real Beteiligten am besten erfüllt. Alle anderen Güter und Werte aber werden im Hinblick auf dieses letzte Ziel instrumentalisiert, disponibel und abwägbar. Damit aber ist es grundsätzlich möglich, dass Beliebiges, wenn auch durchaus Wichtiges, zum letzten und einzigen Bezugspunkt der Ethik und der Abwägung von Nutzen und Schaden gemacht wird. Es ist möglich, dass etwa der Wert der Schmerz- und Leidfreiheit aller über den Wert des Lebens von einzelnen Menschen gestellt und der Einschätzung von Eltern, Angehörigen oder der Gesellschaft überlassen wird. Von hier aus aber scheint es nur noch ein kleiner Schritt zu sein, dass menschliches Leben auch im Blick auf das wirtschaftliche Gesamtinteresse als Grundlage des größtmöglichen Glücks (Beispiel »Altersrationierung«) verrechnet wird. Der entscheidende Punkt dieses Problems liegt darin, dass *faktische* Glücksvorstellungen einer Gesellschaft zur Grundlage ethischer Handlungsbewertung gemacht werden, *ohne sie noch einmal eigens rational zu begründen* und zu verantworten.

Universalisierungsgebot ist eine nicht-empirische Voraussetzung

- Mit der Anweisung, sein Handeln unter universalem Gesichtspunkt und von einem unparteiischen Standpunkt aus zu betrachten, wird eine Forderung vorausgesetzt, die selbst nicht noch einmal begründet wird. Vom Standpunkt einer ausschließlich auf den eigenen individuellen Interessen aufbauenden Ethik jedenfalls, wie sie unten (5. Kapitel, 4) vorgestellt wird, lässt sich diese grundsätzliche Universalisierungsvorschrift selbst nicht als notwendig aufweisen.[25] Sie liegt – bei aller Nähe des Utilitarismus zur Empirie – auf der Ebene metaphysischer und nicht-empiri-

25 Vgl. Norbert Hoerster, Ethik und Interesse, a.a.O., 149–161.

scher Voraussetzungen, die selbst nicht noch einmal allgemein nachvollziehbar begründet werden können.

3. Weiterentwicklung der Ethik Kants in der Diskursethik von Jürgen Habermas

Angesichts der Defizite in Kants Begründung ethischer Normen bietet sich aber nicht nur die Alternative des Utilitarismus. Es bietet sich ebenso die Möglichkeit an, die grundlegende Idee, wie sie sich in Kants Kategorischem Imperativ als Grundprinzip der Ethik ausspricht, so weiterzuentwickeln und zu transformieren, dass die genannten Mängel vermieden werden. Eine der gegenwärtig prominentesten Konzeptionen dieser Richtung ist die Diskursethik von Jürgen Habermas.[26]

3.1 Der Universalisierungsgrundsatz

Moralprinzip: Verallgemeinerungsfähigkeit von Maximen

Jürgen Habermas geht aus von der grundlegenden Idee der Kant'schen Ethik, die er etwa so wiedergibt: Das Prinzip des Kategorischen Imperativs schließt solche Normen als ungültig aus, die nicht die Zustimmung aller möglichen Betroffenen finden können, und akzeptiert nur solche Normen als gültig, die einen allgemeinen Willen ausdrücken. Das Moralprinzip fordert also die *Verallgemeinerungsfähigkeit* (Universalisierbarkeit) von Handlungsweisen, Maximen und Interessen. Der entscheidende Punkt des Moralprinzips bei Kant sei dabei der innere Widerspruch, der bei Universalisierung entsteht, dass nämlich eine Maxime nur dadurch zum Ziel führen kann, dass sie nicht die allgemeine Verhaltensweise ist.[27]

Intersubjektive Anerkennung – Diskurs – Rollentausch

Dieses Grundprinzip führt Habermas nun in spezifischer Weise weiter. Damit nämlich Normen für ihre Gültigkeit die Anerkennung vonseiten aller Betroffenen finden, reicht es für ihn – in ausdrücklicher Absetzung gegen Kant – nicht aus, dass nur der Einzelne – monologisch – die Universalisierbarkeit der fraglichen Normen prüft. Damit die Folgen und Nebenwirkun-

26 Die folgende Darstellung stützt sich vor allem auf: Jürgen Habermas, Diskursethik – Notizen zu einem Begründungsprogramm, in: ders., Moralbewusstsein und kommunikatives Handeln, Frankfurt am Main 1999, 53–125.
27 Vgl. ebd., 74.

gen, die sich aus der allgemeinen Befolgung für die Befriedigung der Interessen eines jeden Einzelnen ergeben, wirklich von allen akzeptiert werden können, damit Normen wirklich intersubjektive Anerkennung und ein Einverständnis finden, das einen gemeinsamen Willen zum Ausdruck bringt, ist vielmehr ein *realer Diskurs* erforderlich, an dem alle Betroffenen argumentierend teilnehmen können und in dem alle Teilnehmenden versuchen, sich im Sinne eines *universellen Rollentauschs* in die Situation und die Interessen aller anderen hineinzuversetzen und sie mit zu berücksichtigen.

Ergebnis: Reflexives Einverständnis

Nur ein solcher intersubjektiver Verständigungsprozess kann zu einem *reflexiven Einverständnis* führen, zu einem Einverständnis also, in dem alle Beteiligten auch wissen, dass sie sich gemeinsam von etwas überzeugt und einen Konsens gefunden haben.[28] Der Kategorische Imperativ müsste deshalb dahingehend umformuliert werden, dass man seine Maxime zum Zweck der diskursiven Prüfung ihres Universalitätsanspruchs allen anderen vorlegen muss.

Ausgehend von dieser Umformulierung des Moralprinzips stellt sich für Habermas die Frage, wie sich die Gültigkeit dieses Moralprinzips selbst begründen lässt. Warum ist das Universalisierungsprinzip dasjenige Moralprinzip, nach dem sich moralische Normen in ihrer objektiven Gültigkeit begründen lassen? Warum ist dieses Prinzip nicht lediglich eine kulturabhängige Intuition westlicher Moralvorstellungen, die aber keine Allgemeinverbindlichkeit beanspruchen kann? Wie lässt sich gegen diesen Vorwurf eines »ethnozentrischen Fehlschlusses« argumentieren?[29]

3.2 Transzendentalpragmatische Begründung des Universalisierungsgrundsatzes

Während Kant den Kategorischen Imperativ nicht weiter begründen konnte, sondern lediglich als Faktum der Vernunft bezeichnete, greift Habermas zur Begründung des Universalisierungsprinzips und damit zur Letztbegründung der Ethik überhaupt auf ein Begründungsverfahren zurück, das – wie er ausdrücklich betont – nicht dem Münchhausen-Trilemma unterliegt. Im Anschluss an Karl-Otto Apel[30] nämlich bedient er sich der Methode der transzendentalpragmatischen Begründung.

28 Vgl. ebd., 75f.
29 Vgl. ebd., 87 und 89.
30 Vgl. Karl-Otto Apel, Das Apriori der Kommunikationsgemeinschaft und die Grundlagen der Ethik, in: ders., Transformation der Philosophie, Bd. 2, Frankfurt am Main 1976, 358–435.

Performativer Widerspruch

Die Figur der Begründung beruht darauf, dass man bestimmte Aussagen dadurch als wahr aufweist, dass die Behauptung ihres Gegenteils in einen performativen Widerspruch führt, in dem der Sprechende in seiner Sprechhandlung implizit Voraussetzungen macht, die der faktisch ausgesprochenen Behauptung widersprechen. Wer etwa sagt: »Es gibt keine Wahrheit«, widerlegt die – auf der semantischen Ebene liegende – Aussage dieses Satzes gerade dadurch, dass er – auf der pragmatischen Ebene – mit dem Aussprechen dieses Satzes bereits den Anspruch auf Wahrheit erhebt und Wahrheit voraussetzt.

Reflexive – nicht deduktive – Begründung

Dass es Wahrheit gibt, wird in diesem Verfahren also nicht durch den Hinweis auf einen vorausliegenden Grund – also nicht deduktiv – erwiesen, sondern – reflexiv (bzw. retorsiv = auf sich selbst zurückgebogen) – dadurch, dass die in einer Aussage implizit immer schon gemachten und damit transzendentalen Voraussetzungen thematisiert werden. Damit aber führt dieses Verfahren weder in einen infiniten Begründungsregress noch zu einem Zirkelschluss noch zu einem Begründungsabbruch.

Solche impliziten und unhintergehbaren Voraussetzungen lassen sich aber nicht nur für einzelne Sprechakte aufweisen, sondern für die argumentative Rede überhaupt. Wer nämlich beginnt, andere in argumentativer Weise von bestimmten Behauptungen zu überzeugen, hat sich damit schon implizit auf bestimmte unausweichliche Voraussetzungen des argumentativen Sprachspiels eingelassen. Für Habermas stellt sich deshalb die Frage: Lässt sich zeigen, dass die Leugnung des Universalisierungsprinzips mit solchen unhintergehbaren Voraussetzungen der moralischen Argumentation oder des Argumentierens überhaupt in einen performativen Widerspruch gerät? Wenn dies der Fall ist, wäre das Universalisierungsprinzip in seiner Allgemeinverbindlichkeit und objektiven Gültigkeit begründet. Es muss also gezeigt werden, dass jeder, der sich auf einen Diskurs über moralische Normen und damit auf argumentative Rede einlässt und der weiß, was es heißt, eine Handlungsnorm zu rechtfertigen, implizit und unhintergehbar die Gültigkeit des Universalisierungsgrundsatzes unterstellt.[31]

Unhintergehbare Voraussetzungen des Diskurses

In seiner Untersuchung dieser Frage arbeitet Habermas drei Ebenen der unhintergehbaren Argumentationsvoraussetzungen heraus:

- *Erste Ebene:* Insofern Argumentationen überzeugende Argumente produzieren sollen, sind logische Regeln wie etwa das Nichtwiderspruchs-

31 Vgl. ebd., 97.

prinzip oder semantische Regeln notwendige Voraussetzungen des Argumentierens.

- *Zweite Ebene:* Insofern Argumente unter prozeduralen Gesichtspunkten auch Verfahren sind, um strittige Geltungsansprüche prüfen zu können, sind weiterhin Regeln der kooperativen Wahrheitssuche vorausgesetzt, etwa dass jeder Sprecher nur das behauptet, was er selbst glaubt.
- *Dritte Ebene:* Insofern Argumentationen unter Prozessaspekten auch einen Kommunikationsvorgang darstellen, der auf das Ziel eines rational motivierten Einverständnisses hingeordnet ist, ist dann auch eine ideale Sprechsituation, die frei von Repression und Ungleichheit ist und in der die Teilnehmer in einem reziprok-egalitären Verhältnis zueinander stehen, unumgängliche Voraussetzung der Argumentation.

Die Teilnehmer an einer Argumentation können also der Voraussetzung nicht ausweichen, dass ihre Kommunikation jeden Zwang außer dem des besseren Arguments ausschließt.[32] Damit ist zugleich auch eine prinzipiell unbegrenzte Kommunikationsgemeinschaft impliziert, an der grundsätzlich jedes sprach- und handlungsfähige Subjekt teilnehmen darf.[33]

Dass auch diese Diskursregeln der dritten Ebene unausweichliche Voraussetzungen der Argumentation sind, zeigt Habermas dadurch, dass ihre Leugnung oder Ignorierung in einen performativen Widerspruch führt. So zeigt er etwa für den Satz »Ich habe A durch eine Lüge davon überzeugt, dass p gilt«, dass derjenige, der die Wahrheit dieses Satzes argumentativ verteidigen will, schon die Voraussetzung macht, dass man durch eine Lüge niemanden »überzeugen« kann.[34]

Begründung des Universalisierungsprinzips

Lassen sich aber auf diese Weise die Diskursregeln als unhintergehbare Voraussetzungen der Argumentation überhaupt aufweisen, dann ist darin im Blick auf die Begründung des Universalisierungsprinzips eingeschlossen: Jeder, der den ernsthaften Versuch unternimmt, normative Geltungsansprüche diskursiv einzulösen, setzt damit Verfahrensbedingungen voraus, die das Universalisierungsprinzip enthalten. Denn gerade

32 Im Einzelnen nennt Habermas, a.a.O., 99, folgende Diskursregeln:
(1) Jedes sprach- und handlungsfähige Subjekt darf an Diskursen teilnehmen.
(2) a. Jeder darf jede Behauptung problematisieren; b. Jeder darf jede Behauptung in den Diskurs einführen; c. Jeder darf seine Einstellungen, Wünsche und Bedürfnisse äußern.
(3) Kein Sprecher darf durch innerhalb oder außerhalb des Diskurses herrschenden Zwang daran gehindert werden, seine in 1) und 2) festgelegten Rechte wahrzunehmen.

33 Vgl. ebd., 97–99.

34 Vgl. ebd., 100f.

aus den genannten Diskursregeln ergibt sich, dass eine Norm unter den Teilnehmern eines praktischen Diskurses nur dann Zustimmung finden kann, wenn der Universalisierungsgrundsatz gilt, wenn also die Folgen und Nebenwirkungen, die sich bei allgemeiner Befolgung der Norm ergeben, von allen zwanglos akzeptiert werden können.

3.3 Problematisierung der Diskursethik

Mit diesem Konzept erfüllt Habermas die Desiderate, die im Ansatz Kants noch offen geblieben waren. Allerdings lassen sich auch hier Fragen an die Leistungsfähigkeit und die Begründetheit des ethischen Grundprinzips stellen.

Konsens garantiert noch nicht die objektive Gültigkeit einer Norm

(1) Dadurch, dass Habermas das Universalisierungsprinzip im Sinne eines Konsenses fasst, den eine Norm im Diskurs aller von der Norm Betroffenen finden muss, ist es für ihn – anders als für Kant – nicht notwendig, zusätzliche naturrechtliche oder metaphysisch-anthropologische Voraussetzungen in die Begründung einzubringen. Andererseits ergeben sich daraus, dass Habermas die Begründung moralischer Normen *allein* vom Konsens aller Betroffenen unter den Bedingungen des Diskurses abhängig macht, andere Schwierigkeiten. Zum einen kann es in den allermeisten Fragen des richtigen und verantwortlichen Handelns mehrere Lösungen geben, sodass es daher nie zu einem tatsächlichen und noch nicht einmal zu einem möglichen Konsens kommen kann. Zum anderen aber kann selbst dann, wenn ein Konsens über eine Norm zustande gekommen sein sollte, dieser Konsens allein noch kein Grund für die *objektive* Gültigkeit dieser Norm sein. Dass ein Konsens über eine bestimmte Norm herrscht, mag zwar ihre *intersubjektive* Gültigkeit begründen, bedeutet aber noch nicht, dass die *objektive* Gültigkeit dieser Norm erkannt ist.[35] Die als Konsens gefundene Aussage wird nicht erst durch den Konsens wahr, vielmehr müsste vorausgesetzt werden, dass sie auch schon vorher wahr gewesen ist.[36]

35 Zu diesen Einwänden vgl. auch: Norbert Hoerster, Ethik und Interesse, a.a.O., 124–133.

36 Vgl. dazu auch: Eberhard Schockenhoff, Zur Lüge verdammt. Politik, Medien, Medizin, Justiz, Wissenschaft und die Ethik der Wahrheit, Freiburg/Basel/Wien 2000, 163f: »Ist bei dem wahrheitskonstitutiven Konsens ausschließlich an den in einer idealen Kommunikationssituation möglichen Konsens gedacht, so lässt sich im Zweifelsfall nicht klar entscheiden, ob ein empirischer Konsens tatsächlich zu wahren Ergebnissen führte; soll es sich dagegen um den faktischen Konsens handeln, stellt sich

Voraussetzung der Diskursregeln bedeutet noch nicht ihre Anerkennung

(2) Mit dem transzendentalpragmatischen Aufweis, dass das Universalisierungsprinzip ebenso wie andere ethische Grundnormen im Diskurs unhintergehbar vorausgesetzt wird und damit objektiv gültig ist, hat es Habermas – anders als Kant, der den Sollensanspruch lediglich als Faktum der Vernunft konstatiert – unternommen, eine *Begründung* des Moralprinzips zu liefern, die nicht dem Münchhausen-Trilemma unterliegt. Auf der anderen Seite bleibt aber auch für Habermas die Schwierigkeit bestehen, dass die Unausweichlichkeit der Voraussetzungen des Diskurses noch nicht deren *Anerkennung* bedeutet. Aus der Tatsache, dass man beim Eintritt in einen realen Diskurs unhintergehbar und unvermeidbar bestimmte Diskursnormen *mitsetzt*, folgt noch nicht zwingend, dass man diese mitgesetzten und vorausgesetzten Diskursnormen auch schon *als verbindlich anerkennt*. Der Diskursteilnehmer kann sich zwar im realen Diskurs nach diesen Normen im Sinne äußerer Legalität verhalten. Das bedeutet aber noch nicht, dass er diese Normen damit auch schon in sich und für sich selbst als verbindlich bejaht.[37] Damit ist ein Einwand genannt, der generell gegen die transzendentalpragmatische Begründungsstrategie geltend gemacht werden kann. Diese Art der Begründung vermag zwar die implizite und unhintergehbare Voraussetzung von bestimmten Grundnormen im Diskurs – wie etwa dem Universalisierungsprinzip – und die Inkonsistenz gegenteiliger Verhaltensweisen einsichtig zu machen. Und es ist evident, dass derjenige, der bereits zur Moralität entschlossen ist, diese unhintergehbar vorausgesetzten Normen auch als sittlich verbindlich für sich anerkennen wird. Aber sie vermag keine zwingende Begründung dafür zu liefern, warum man überhaupt den ethischen Standpunkt einnehmen muss. Mit der unhintergehbaren Mitsetzung bestimmter Normen ist nicht zugleich auch die freie Anerkennung der Verpflichtung dieser Normen verbunden. Dies setzt vielmehr schon die Entschiedenheit für die Ethik überhaupt voraus.

---

die Frage, ob die Aussage, wenn sie jetzt wahr ist, nicht bereits vor dem Erreichen des Konsenses wahr gewesen sein musste, sodass sie durch diesen nur entdeckt oder allenfalls verbürgt, aber eben nicht in ihrer Wahrheit hervorgebracht werden konnte.«

37 Vgl. dazu die zusammenfassenden Ausführungen mit den entsprechenden Hinweisen vor allem auf Karl-Otto Apel bei: Hansjürgen Verweyen, Gottes letztes Wort. Grundriss der Fundamentaltheologie, Düsseldorf ^{2}1991, 182–188.

4. Die Kritik aller objektiven Normbegründung im Rahmen der rein interessenfundierten Ethik Norbert Hoersters

So unterschiedlich die Ansätze der transzendentalen Begründung der Ethik und des Utilitarismus sind, sie haben doch die Auffassung gemeinsam, dass sich ethische Normen aufgrund eines bestimmten Verfahrensprinzips als *objektiv begründet* und *mit der Vernunft erkennbar* ausweisen lassen. Es handelt sich also jeweils um *kognitivistische* Ansätze der Fundamentalethik. Allerdings weisen die Schwierigkeiten, in die diese Ansätze führen, darauf hin, dass auch sie letztlich keine zwingende Begründung der Ethik leisten können, sondern bestimmte nicht-empirische oder metaphysische Voraussetzungen machen, die nicht allgemein nachvollziehbar sind. So jedenfalls lautet die Kritik am Kognitivismus, die gegenwärtig von Seiten einer Konzeption der Ethik vorgebracht wird, die ethische Normen ausschließlich ausgehend von den Interessen des Handelnden begründen möchte. Damit aber sind weder ethische Normen noch Verfahrensprinzipien zur Begründung solcher Normen im eigentlichen Sinne als vorgegebene Wirklichkeiten objektiv erkennbar. Eine wirklich voraussetzungslose und metaphysikfreie Normbegründung sei dagegen allein so möglich, dass ethische Normen durch einen – wenn auch nicht real und ausdrücklich vollzogenen – Vertragsschluss (Kontrakt) auf der Basis der subjektiven Interessen der einzelnen Individuen zustande kommen. Diese *non-kognitivistische* Position eines interessenfundierten Kontraktualismus wird derzeit in ihrer ganzen Radikalität etwa von Norbert Hoerster vertreten.[38]

Als Begründer des ethischen Kontraktualismus gilt der englische Philosoph Thomas Hobbes (1588–1679), demzufolge rechtliche und moralische Normen aus einer Abmachung resultieren, die Menschen zur Wahrung ihrer fundamentalen Interessen – etwa dem Schutz des Lebens – treffen, um damit dem Zustand der Anarchie, dem Krieg aller gegen alle, zu entkommen.

---

38 Norbert Hoerster hat seinen Ansatz einer interessenfundierten kontraktualistischen Ethikbegründung ausführlich vor allem in seiner Schrift »Ethik und Interesse« (Stuttgart 2003) vertreten. Daneben hat er diesen Ansatz in komprimierter und auch weiter differenzierter Form in einer Reihe von weiteren Aufsätzen und Beiträgen vorgestellt: Norbert Hoerster, Zur Begründung einer Minimalmoral, in: Ethik – Grundlagen, Probleme und Anwendungen (Akten des 5. Internationalen Wittgenstein-Symposions), Wien 1981, 131–133; ders., Rechtsethik ohne Metaphysik, in: Juristenzeitung 1982, 265–272; 714–716; ders., Moralbegründung ohne Metaphysik, in: Aufklärung und Kritik 7 (2003) 22–32; ders., Ethik und Interesse, in: Erwägen – Wissen – Ethik 17 (2006/4) 439–447.

Weiterführende Impulse erfuhr der Kontraktualismus durch David Hume (1711–1776). Ansätze dieser Form der Normbegründung finden sich aber bereits in der Antike. So kann etwa in Platons »Staat« der Sophist Glaukon, aber auch Epikur als Vertreter eines solchen Kontraktualismus gelten. Zu den zeitgenössischen Vertretern zählen im angelsächsischen Sprachraum John L. Mackie[39] und David P. Gauthier[40], im deutschen Sprachraum außer Norbert Hoerster vor allem Peter Stemmer[41].

4.1 Interessenfundierte Normbegründung nach Norbert Hoerster

Norbert Hoerster geht davon aus, dass eine metaphysikfreie Begründung moralischer Normen allein auf der Basis der subjektiven Interessen des einzelnen handelnden Individuums möglich ist.

Aufgeklärtes Interesse

(1) Was Hoerster unter *Interesse* versteht, erläutert er ausgehend von der Frage, wann eine Handlung für den Handelnden *rational begründet* ist. Dafür, dass eine Handlung rational begründet ist, reicht es nämlich nicht aus, dass sie geeignet ist, einen Wunsch, den der Handelnde hat, zu realisieren. Über diese bloße Zweckrationalität der Handlung hinaus muss auch der jeweilige Wunsch selbst rational sein. Dass ein Wunsch rational ist, bedeutet, dass er überhaupt realisierbar ist. Wünsche, die sich nicht realisieren lassen, wie etwa der Wunsch, ohne Hilfsmittel fliegen zu können oder 500 Jahre alt zu werden, sind keine realistischen Wünsche und können deshalb auch keine Grundlage für eine rational begründete Handlung sein. Allgemein lässt sich sagen, dass ein Wunsch dann rational ist, wenn ihn der Wünschende *in einem urteilsfähigen und informierten Zustand* hat. Weiterhin ist zu bedenken, dass zwei Wünsche, die sich nicht zugleich realisieren lassen, keine Basis für ein rational begründetes Handeln abgeben können. In solchen Fällen ist eine Abwägung und eine Vorzugswahl notwendig, die dann rational ist, wenn sie denjenigen Wunsch vorzieht, der größeres Gewicht hat. Schließlich ist auch zu sehen, dass sich Wünsche nicht nur auf das eigene Handeln, sondern auch auf das Handeln anderer und auf jeden beliebigen Weltzustand richten können. All dies erfordert einen komplexen Abwägungsprozess aller relevanten Umstände einer Handlung. Erst das, was man unter Berücksichtigung all

39 Vgl. John L. Mackie, Ethik. Die Erfindung des Richtigen und Falschen, Stuttgart 1983.
40 Vgl. David Gauthier, Morals by Agreement, Oxford 1986.
41 Vgl. Peter Stemmer, Handeln zugunsten anderer, Berlin 2000.

dieser Umstände wünscht, kann für Hoerster am Ende Inhalt eines rationalen Wunsches sein. Solche rationalen Wünsche, Wünsche also, die man unter den angegebenen Rationalitätsbedingungen hat, bezeichnet Hoerster als *aufgeklärtes Interesse*, im Unterschied zu *spontanen Interessen*, womit jeder beliebige Wunsch – ob rational oder nicht – gemeint ist.[42]

(2) Handlungen, die im Interesse des Handelnden liegen, sind also für den Handelnden rational begründet. Wie nun auf der Grundlage solcher subjektiver Interessen Moralnormen, ihre Vertretung und Akzeptanz, rational begründet werden können, lässt sich am besten am Beispiel der Begründung des allgemeinen Tötungsverbots zeigen.[43] Hoerster geht dazu in mehreren Argumentationsschritten vor:

Interessenfundierte Begründung des Tötungsverbots

- Eine Handlung ist für eine Person (P) genau dann rational begründet, wenn sie zur Erreichung und Verwirklichung eines bestimmten Ziels dieser Person notwendig ist. So ist es für denjenigen, der überleben möchte, notwendig und daher auch rational begründet, Nahrung zu sich zu nehmen. Darüber hinaus aber wird es vom eigenen Überlebensinteresse her ebenso notwendig sein, dafür zu sorgen, dass ihn seine Mitmenschen nicht umbringen. Es ist deshalb für ihn von seinem Überlebensinteresse her ebenfalls begründet, eine Norm zu erlassen, die es allen verbietet, P umzubringen. Allerdings ist es damit nicht getan; P muss zugleich auch alle anderen dazu bringen, diese Norm für sich selbst als verbindlich und begründet zu akzeptieren. Nach Hoerster aber lässt sich durchaus zeigen, dass die Norm, die das Töten aller anderen verbietet, für (fast) alle Individuen begründet ist.
- Dazu geht er zunächst in einem zweiten Schritt davon aus, dass so gut wie jeder Mensch ein Überlebensinteresse hat. Deshalb ist für so gut wie jeden einzelnen Menschen die Norm begründet, die es allen verbietet, ihn umzubringen. Doch ist damit noch nicht gezeigt, dass das Tötungsverbot, das allen die Tötung aller verbietet, für alle begründet ist.
- Um dies zu zeigen, führt Hoerster in einem dritten Schritt zwei weitere, durchaus realistische Prämissen ein: Zum einen, dass so gut wie jeder (Ausnahmen sind etwa Selbstmordattentäter) ein größeres Interesse am eigenen Überleben als am gelegentlichen Töten hat; zum anderen, dass jeder Einzelne – als endliches und verletzliches Wesen – sein Überleben in der Gesellschaft nur dadurch sichern kann, dass er auf sein gelegentliches Tötungsinteresse verzichtet. Dann aber ist es für so gut wie jeden

42 Vgl. dazu: Norbert Hoerster, Ethik und Interesse, a.a.O., 37f.
43 Vgl. ebd., 163–167; ders., Moralbegründung ohne Metaphysik, a.a.O., 24–26.

Einzelnen begründet, ein allgemeines Tötungsverbot zu wollen und auch tatsächlich als Norm in der Gesellschaft zu etablieren.

Keine objektive, nur intersubjektive Begründung

Mit diesem Begründungsweg beansprucht Hoerster nicht, eine *objektive* Begründung des Tötungsverbots zu geben, wohl aber – und dies ohne metaphysische Voraussetzungen und unbegründete Postulate – zeigen zu können, dass das Tötungsverbot für so gut wie jedermann und damit im weitesten Umfang *intersubjektiv* begründet ist. Es findet seine Begründung darin, dass so alle ihr Überlebensinteresse verwirklichen und absichern können. Doch nicht nur das Tötungsverbot lässt sich für Hoerster interessenfundiert und intersubjektiv begründen. Er geht davon aus, dass sich in analoger Weise auch ein allgemeines Lügenverbot, die Garantie des wirtschaftlichen Existenzminimums, der Schutz der körperlichen Unversehrtheit, ein gewisses Maß an Bewegungs- und Handlungsfreiheit, der Schutz des Privateigentums sowie die Sicherstellung der Einhaltung von Versprechen und Verträgen intersubjektiv begründen lassen.[44] So kann er auf seinem Begründungsweg jene zentralen Sozialnormen rekonstruieren, die sich im Wesentlichen mit den Geboten der Zweiten Tafel des Dekalogs decken und die auch sonst in allen Kulturen als grundlegende Normen menschlichen Verhaltens aufgestellt wurden.

Kategorische Geltung durch Androhung von Sanktionen

(3) Entscheidend an Hoersters Ansatz ist weiterhin, dass das Interesse, etwa nicht getötet oder nicht belogen zu werden, erst dann verwirklicht ist und der eigene Verzicht auf Tötung oder Lüge nicht umsonst und somit unbegründet ist, wenn den entsprechenden Normen des Tötungs- und Lügenverbots in der Gesellschaft tatsächlich *Geltung* verschafft ist. Denn der Vorteil, den jeder aus diesen Normen zieht, hängt davon ab, dass diese Normen in der Gesellschaft faktisch in Geltung sind. Deshalb müssen die Normen, auch wenn sie durch einen hypothetischen Imperativ begründet sind, dennoch *kategorisch* gelten. Sie müssen als kategorische Gebote in der Gesellschaft akzeptiert werden. Dazu gehört es auch und ist es im Interesse von jedermann mitbegründet, dass Verstöße gegen das Gebot mit entsprechenden *Sanktionen* (Tadel, Verachtung, Erziehung, soziale Druckmittel, aber auch interne Sanktionen durch das »Gewissen«) belegt werden.[45]

---

44 Vgl. ders., Ethik und Interesse, a.a.O., 167–172; ders., Moralbegründung ohne Metaphysik, a.a.O., 26.
45 Vgl. ebd., 29f.

Minimalmoral schließt Altruismus und Nächstenliebe nicht aus

(**4**) Hoerster gibt zu, dass es sich bei seiner Ethik um eine *Minimalmoral* handelt. Diese hat allerdings den Vorteil, dass sie intersubjektiv begründet und faktisch akzeptiert ist. Damit sei aber nicht ausgeschlossen, dass viele Menschen darüber hinaus altruistisch gesinnt sind und ihre altruistischen Interessen auch verwirklichen. Hoerster bestreitet niemandem, nach einer anspruchsvolleren Moral, etwa nach dem christlichen Liebesgebot, zu leben und dies auch anderen zu empfehlen, sofern dies mit der Minimalmoral vereinbar ist. Aber er vermutet, dass sich die daraus entspringenden Handlungen kaum als intersubjektiv gültig begründen lassen. Auch hat Hoersters Ansatz nichts mit Egoismus zu tun. Zwar sind die moralischen Regeln interessenfundiert begründet. Das schließt aber keineswegs aus, dass sie im konkreten Einzelfall Forderungen stellen, die den unmittelbaren Interessen des Einzelnen widersprechen.[46] Ebenso wenig lassen sich schließlich mit Hoersters Ansatz ungerechte gesellschaftliche Verhältnisse rechtfertigen, in denen eine starke Mehrheit eine schwache Minderheit unterdrückt. Im Gegenteil führt für Hoerster sein Ansatz dazu, gleiche Rechte für alle zu begründen. Die Unterdrücker nämlich müssten Aufstände und Vergeltungsmaßnahmen fürchten, sei es gegen sie selbst, sei es gegen Kinder und Enkel, mit denen sie aber gefühlsmäßig verbunden sind. Weiterhin könnte die altruistische Einstellung und gefühlsmäßige Verbundenheit der Unterdrücker mit den Unterdrückten dazu führen, sich für die Gleichstellung der Unterdrückten einzusetzen. Und schließlich müsste, da Unterdrückung einer bestimmten Minderheit die Mentalität der Unterdrückung von Minderheiten überhaupt fördert, jeder fürchten, zu irgendeiner Minderheit zu gehören und möglicherweise unterdrückt zu werden.[47]

4.2 Problematisierung des interessenfundierten Kontraktualismus

Dieser Ansatz der interessenfundierten Normbegründung hat gegenüber den bisher vorgestellten Modellen zweifellos den Vorteil, dass man so vermutlich jedem – auch dem eingefleischtesten – Egoisten plausibel machen kann, warum es auch für ihn rational begründet ist, die soziale Geltung bestimmter Handlungsnormen, auch wenn es sich nur um die wenigen Normen einer Minimalmoral handelt, zu wünschen sowie diese Normen

46 Vgl. ebd., 28.
47 Vgl. ebd., 30–32.

– gegen alle Versuchung zum Trittbrettfahren – auch zu befolgen und zu akzeptieren, also innerlich zu bejahen.[48]

Keine ethisch verwerflichen Handlungen?

Andererseits aber kommt man kaum umhin festzustellen, dass mit diesem Ansatz einige weitere Konsequenzen verbunden sind, die – mindestens *prima facie* – irritieren, weil sie dem gewöhnlichen Verständnis von Ethik und ethischem Handeln zu widersprechen scheinen. Ausgehend von Hoersters Ansatz nämlich kann man nicht mehr wirklich davon sprechen, dass es ethisch verwerfliche Handlungen gibt. Es gibt nur noch Handlungen, in denen man langfristig seinen eigenen aufgeklärten Interessen widerspricht. Ebenso gibt es keine ethische Schlechtigkeit und Bosheit mehr, sondern nur noch Unaufgeklärtheit, Torheit oder Fanatismus. Es lässt sich kein objektives Kriterium mehr angeben, von dem her man bestimmte Handlungen, Praktiken oder Systeme – wie etwa Sklaverei, Gladiatorenkämpfe, Vergewaltigung, sexuellen Missbrauch von Kindern etc. – bereits *an sich* als ethisch unerlaubt und falsch bezeichnen könnte. Es ist nicht mehr möglich, bestimmte Handlungen – etwa Töten aus reiner Mordlust oder Tierquälerei – eindeutig als Verbrechen anzuklagen oder bestimmte Personen als böse, als Unmenschen oder als Verbrecher zu bezeichnen. All dies nämlich würde gerade voraussetzen, dass ethische Normen objektiv begründet und erkennbar sind. Stattdessen können Normen, die solche Handlungen verbieten, ausschließlich deshalb als begründet gelten, weil sie nicht den langfristigen Interessen der Mehrheit entsprechen. Auch ließe sich nicht mehr über die Wahrheit von ethischen Normen oder Werturteilen diskutieren, was aber faktisch geschieht. Wir empfinden es durchaus als sinnvoll, für die Wahrheit unserer ethischen Anschauungen zu argumentieren oder andere für ihre Werturteile nach einem einsichtigen Grund zu fragen.

Angesichts dieser kontraintuitiven Konsequenzen einer rein interessenfundierten Ethik bleibt deshalb zu fragen, ob die Behauptung Hoersters, dass alle kognitivistischen Anätze der Normbegründung starke und unbewiesene metaphysische Annahmen voraussetzen, tatsächlich zutrifft. Ebenso wäre zu fragen, ob sich Hoersters eigene Konzeption der Normbegründung tatsächlich durchgängig begründen lässt und tatsächlich ohne unbewiesene Annahmen auskommt. Diese Frage soll im folgenden Kapitel weiter verfolgt werden.

48 Hinsichtlich der Befolgung verweist Norbert Hoerster (Ethik und Interesse, a.a.O., Kap. 9) zum einen auf äußere *formelle und informelle Sanktionen*, zum anderen auf wirkliche Normakzeptanz, sei es wegen der Vorteile der *persönlichen Integrität*, sei es aus der Lebenseinstellung der *Fairness* heraus.

Zusammenfassende Thesen:

1. Ausgehend von der Einsicht, dass das Sollen nicht aus dem Sein abgeleitet werden kann, lassen sich für Immanuel Kant ethische Normen nicht mehr im Sinne eines hypothetischen Imperativs aus der Erfüllung der Neigungen begründen. Ein moralisch guter Wille ist vielmehr nur dann gegeben, wenn man nicht nur um der Erfüllung der eigenen Neigungen willen pflichtgemäß handelt, sondern aus Pflicht.
2. Die Pflicht kann inhaltlich nur in einem kategorischen, nicht in einem hypothetischen Imperativ bestehen. Inhaltlich lässt sich diese Pflicht aus dem Begriff des unbedingten Gesetzes bzw. des kategorischen Imperativs herleiten: Sie besteht darin, dass die Maximen des Handelns die Form der Allgemeinheit haben müssen.
3. Probleme ergeben sich für den Kategorischen Imperativ zunächst hinsichtlich seiner Leistungsfähigkeit: Kant muss für die Begründung konkreter Einzelnormen weitere Zusatzannahmen machen; die Selbstzweckformel, die zur unbedingten Achtung der Würde des Menschen aufruft, bleibt rein formal.
4. Problematisch ist weiterhin die Begründetheit des Kategorischen Imperativs. Er lässt sich nicht wieder aus einer vorausliegenden Wirklichkeit herleiten, sondern kann nur als Faktum der Vernunft aufgewiesen werden. Kant entgeht damit zwar dem Problem des infiniten Regresses, kann aber nicht begründen, warum man überhaupt gemäß dem Kategorischen Imperativ handeln soll.
5. Der Utilitarismus geht deshalb von der Tatsache des Strebens nach Lust bzw. Glück aus. Eine Handlung ist ethisch richtig, wenn sie im Blick auf das größtmögliche Glück der größtmöglichen Zahl von Menschen nützlich ist. Im Präferenzutilitarismus geht es nicht um die Abwägung der nur schwer messbaren Lust, sondern um die Abwägung der Interessen der Einzelnen. Der Regelutilitarismus soll das Problem des Handlungsutilitarismus vermeiden, dass es zu Fehleinschätzungen in der Beurteilung von einzelnen Handlungen kommt.
6. Probleme des Utilitariusmus: 1) Minderheiten könnten benachteiligt werden. 2) Das faktische Interesse aller wird zum letzten Bezugspunkt aller Güterabwägung, sodass Schmerz- und Leidfreiheit über den Wert des Lebens gestellt werden können. 3) Es wird nicht begründet, warum man den universalen Standpunkt des Allgemeinnutzens einnehmen soll.

7. Eine Alternative zum Utilitarismus stellt John Rawls' Theorie der Gerechtigkeit als Fairness dar. Gerechte Grundsätze einer Gesellschaft entstehen durch Aushandlung unter dem Schleier des Nichtwissens. Zentraler Grundsatz ist dabei das Unterschiedsprinzip.
8. Als Weiterentwicklung der Ethik Kants geht Jürgen Habermas davon aus, dass Normen dann als begründet gelten können, wenn sie im Diskurs die Zustimmung aller erhalten können, also universalisierbar sind. Die Gültigkeit des Universalisierungsprinzips selbst begründet Habermas reflexiv durch den Aufweis, dass derjenige, der im Diskurs eine Handlungsnorm begründen will, dieses Prinzip bereits unhintergehbar voraussetzt.
9. Probleme der Diskursethik: 1) Durch Konsens im Diskurs kann nur intersubjektive, keine objektive Geltung erreicht werden. 2) Dass man das Universalisierungsprinzip unausweichlich voraussetzt, bedeutet nicht auch, dass man es anerkennt. Die Anerkennung setzt schon die Entschiedenheit zum ethischen Standpunkt voraus.
10. Ausgehend von der Kritik an aller kognitivistischen Ethik entwickelt Norbert Hoerster eine rein auf subjektiven, aufgeklärten Interessen begründete Minimalmoral. Das Problem dieses Ansatzes besteht darin, dass sich Handlungen, die intuitiv als Verbrechen gewertet werden, nicht mehr in einem objektiven Sinne als ethisch schlecht und verwerflich qualifizieren lassen.

6. KAPITEL

Orientierung an der Verhältnismäßigkeit der Mittel

Die im vorgegangenen Kapitel vorgestellten repräsentativen Ansätze neuzeitlicher und moderner philosophischer Ethik stellen Versuche dar, ausgehend von der Einsicht, dass sich das Sollen nicht aus dem Sein ableiten lässt, eine wissenschaftlich tragfähige Konzeption der Begründung ethischer Normen zu entwickeln. Dabei wurde deutlich, dass das konsequente Bemühen, metaphysische Grundannahmen möglichst zu vermeiden, auf eine Position hinausläuft, in der ethische Normen nicht mehr als objektive und allgemein erkennbare Vorgaben verstanden werden können, sondern lediglich als Vereinbarungen, die im aufgeklärten Interesse der meisten Mitglieder einer Gesellschaft liegen.

Damit ergibt sich für die theologische Fundamentalethik die Frage, wie sie sich zu diesen Entwürfen der Ethik verhalten soll. Kann sie diese Ansätze als Möglichkeiten der Normbegründung für die Ausformulierung einer christlichen Ethik aufgreifen und integrieren – ähnlich wie auch in der frühen Kirche die Lehre vom natürlichen Sittengesetz, die ihr aus der antiken Philosophie bereits vorlag, in die Reflexion christlicher Ethik übernommen und integriert wurde? Oder lassen sich grundlegende Einwände gegen diese Ansätze philosophischer Ethik erheben, die eine solche Integration in die christliche Ethik unmöglich machen? Welche Alternative für eine Begründung der Ethik aber bietet sich dann an?

Ausgehend von diesen Fragen soll in den folgenden Überlegungen zunächst auf die gegenwärtige kritische Sicht des kirchlichen Lehramts gegenüber den Entwürfen der neuzeitlichen und modernen Ethik eingegangen werden. Anschließend soll ein Begründungskonzept entwickelt werden, das einerseits das Anliegen der lehramtlichen Kritik aufgreift, andererseits aber auch nicht hinter die Anforderungen an eine heute wissenschaftlich tragfähige Ethik zurückfällt. Dieses Konzept geht davon aus, dass verantwortliches Handeln dann gegeben ist, wenn man in seinem Handeln jeweils die Verhältnismäßigkeit der Mittel wahrt.

1. Lehramtliche Kritik an der neuzeitlichen und modernen Ethik

Die Möglichkeit, die Ansätze neuzeitlicher philosophischer Ethik in eine theologische Ethik zu integrieren, wird von Seiten des kirchlichen Lehramts skeptisch gesehen. Zusammengefasst findet sich die entsprechende Kritik in der von Papst Johannes Paul II. verfassten Enzyklika »Veritatis splendor« von 1993.[1] Dabei werden zugleich auch einige Ansätze der Moraltheologie, die sich nach dem Zweiten Vatikanischen Konzil entwickelt haben, in eine Linie mit diesen kritisierten Konzeptionen neuzeitlicher und moderner Ethik gestellt (n. 34; 36). Die Hauptpunkte der Kritik betreffen zum einen das Verständnis von Autonomie, zum anderen die teleologische Begründung ethischer Normen.

1.1 Die zentralen Kritikpunkte der Enzyklika »Veritatis splendor«

Erster Vorwurf: Verabsolutierung der Freiheit

(1) Der erste zentrale Einwand der Enzyklika gegen »manche moderne Denkströmungen« besteht darin, sie verabsolutierten die Freiheit des Menschen und lösten sie von der Wahrheit ab (n. 32). Diese Verabsolutierung der Freiheit bestehe darin, dass sie als Quelle aller Werte verstanden werde. Man sei zu einer radikal subjektivistischen Konzeption des sittlichen Urteils gelangt, in der man dem Gewissen des Einzelnen das Vorrecht zugestehe, die Kriterien für Gut und Böse autonom festzulegen und entsprechend zu handeln. Dies führe dazu, dass manche der heutigen kulturellen Strömungen den Einzelnen und sozialen Gruppen die Fähigkeit und Befugnis zuschreiben, über Gut und Böse zu entscheiden. Die Freiheit könne die Werte *schaffen* und würde den Primat über die Wahrheit besitzen, ja die Wahrheit sei als eine Schöpfung der Freiheit anzusehen (n. 35).

Dagegen: Rückbindung der Freiheit an das Gesetz Gottes

Eine solche Vorstellung von ethischer Autonomie, die sie als absolute Souveränität betrachtet und die ihren Einfluss auch im Bereich der katholischen Moraltheologie ausgeübt habe, wird aber zurückgewiesen. Sie reduziere die Bedeutung Gottes (und des Lehramts) auf ein Minimum

---

1 Enzyklika »Veritatis splendor« von Papst Johannes Paul II. an alle Bischöfe der katholischen Kirche über einige grundlegende Fragen der kirchlichen Morallehre, 6. August 1993 (Verlautbarungen des Apostolischen Stuhls, Nr. 111, hg. vom Sekretariat der Deutschen Bischofskonferenz, Bonn 1993).

(n.37). Gott sei nicht mehr Urheber der Gesetze, sondern die Vernunft, die durch eine *Gesamtermächtigung* Gottes in ihre Autonomie freigesetzt sei. Diesem falschen Verständnis von Autonomie wird dann das richtige Verständnis gegenübergestellt (n. 40). Danach ist die Vernunft des Menschen im Blick auf ethische Normen *an das ewige und unwandelbare Gesetz Gottes zurückgebunden.* Allerdings ist dieses Gesetz Gottes für die Vernunft kein äußerliches, ihr fremdes Gesetz, sondern – da die Vernunft des Menschen aus der göttlichen Weisheit stammt und an dieser teilhat – das der Vernunft eigene Gesetz.

Zweiter Vorwurf: Ethische Bewertung allein von den Folgen her

(**2**) Der zweite zentrale Kritikpunkt betrifft die Methode, wie sich die ethische Bewertung von Handlungen begründen lässt. Zurückgewiesen werden alle Ansätze, die die ethische Qualität einer Handlung *allein von ihren Folgen her* begründen wollen, also alle teleologischen – bzw. konsequentialistischen und proportionalistischen – Normbegründungstheorien (n. 75). In diesen Ansätzen nämlich würden die Kriterien der ethischen Bewertung aus der Abwägung nicht-sittlicher Güter gewonnen, wobei die Güter maximiert und die Übel minimiert werden sollten; genannt werden der Utilitarismus und der Pragmatismus. Demgegenüber wird hervorgehoben, dass sich die ethische Qualität von Handlungen primär von ihrem *Objekt* her bemisst, das die Art der Handlung (etwa als Mord, Ehebruch, Diebstahl, Lüge etc.) festlegt. Aufgrund des Objektes aber könne es Handlungen geben, die bereits – wie die Tradition der kirchlichen Morallehre immer festgehalten habe – *in sich schlecht* (intrinsece malum) seien (n. 80) und deshalb nicht mehr durch den Hinweis auf irgendwelche guten Folgen oder auf die gute Absicht gerechtfertigt werden können. Die Folgen werden stattdessen ausschließlich zu den Umständen gerechnet, die die Art der Handlung nicht verändern (n. 77). Als Beispiele für solche in sich schlechten Handlungen werden folgende Tatbestände genannt: Mord, Völkermord, Abtreibung, Euthanasie, freiwilliger Selbstmord, Verstümmelung, körperliche und seelische Folter, unmenschliche Lebensbedingungen, willkürliche Verhaftung, Verschleppung, Sklaverei, Prostitution, Mädchenhandel sowie schließlich auch unwürdige Arbeitsbedingungen (n. 80). Von diesen Handlungen habe bereits das Zweite Vatikanum in »Gaudium et spes« (n. 27) gesagt, sie seien an sich schon eine Schande, eine Zersetzung der menschlichen Kultur und entwürdigten weit mehr jene, die das Unrecht tun, als jene, die es erleiden.

Dagegen: Betonung des Objekts und der in sich schlechten Handlungen

In Abwehr der Vorstellung, der Mensch könne subjektivistisch und völlig souverän moralische Normen beliebig festlegen und ändern, betont die Enzyklika also die Vorgegebenheit und Objektivität moralischer Normen. Dies macht sie vor allem daran fest, dass es *in sich schlechte Handlungen* gibt, die immer und unter allen Umständen verboten sind.

Entgegen einer alles verrechnenden Nutzen- und Schadensabwägung wird festgehalten, dass auch ein noch so guter Zweck nicht das ethisch schlechte Mittel heiligt. Hier liegt das zentrale Anliegen der Enzyklika; denn wenn es in sich schlechte Handlungen gibt, ist damit auch die Vorstellung absoluter Souveränität der Freiheit vermieden, die Autonomie begrenzt und die Gefahr des Relativismus (n. 1) gebannt.

1.2 Anliegen und Voraussetzungen der Kritik in »Veritatis splendor«

Wie nicht anders zu erwarten, wurden die Vorwürfe der Enzyklika gegen die neuere Moraltheologie von Seiten der Moraltheologie selbst zurückgewiesen.[2] Die Vorstellung einer Autonomie, derzufolge der Mensch sich selbst die Werte beliebig schaffen könne, sei in der Moraltheologie nie vertreten worden – auch nicht in der sogenannten *Autonomen Moral.*[3] Der Gebrauch der autonomen Vernunft – nicht der autonome Gebrauch der Vernunft – bedeute keine subjektivistische Beliebigkeit gemäß den eigenen Interessen und Zwecksetzungen des Menschen, sondern Bindung an das innere, dem Menschen vorgegebene Vernunftgesetz. Ebenso aber wurde der Vorwurf zurückgewiesen, die neuere Moraltheologie bestreite die Möglichkeit von in sich schlechten Handlungen. Dass Ehebruch, Mord, Diebstahl, Lüge und anderes immer und in sich ethisch schlecht sind, habe kein Moraltheologe jemals bestritten.[4]

Theologische Notwendigkeit einer objektiven Ethik

So sehr damit die Vorwürfe der Enzyklika gegenüber der Moraltheologie zurückgewiesen wurden, so sehr ist ihr aber andererseits in ihrem Anliegen durchaus Recht zu geben. Die Idee der Möglichkeit von in sich schlechten Handlungen ist im Rahmen einer theologischen Ethik unverzichtbar. Es muss prinzipiell möglich sein, Verbrechen gegen die Menschlichkeit, wie sie etwa das Zweite Vatikanum in »Gaudium et spes« aufzählt, auch als solche zu identifizieren und benennen, ohne sie dann doch wieder durch den Hinweis auf ungünstige Umstände oder gute Folgen zu relativieren und aus der Welt zu schaffen. Gerade um der Opfer solcher Verbrechen willen ist es unverzichtbar, dass sich solche Handlungen eindeutig als Unrecht festhalten lassen. Die Enzyklika hat deshalb Recht,

2 Vgl. dazu: Moraltheologie im Abseits? Eine Antwort auf die Enzyklika Veritatis splendor, hg. von D. Mieth (QD 153), Freiburg/Basel/Wien ^{2}1994.

3 Vgl. Karl-Wilhelm Merks, Autonome Moral, in: Moraltheologie im Abseits, a.a.O., 57.

4 Vgl. die Beiträge von Josef Fuchs und Werner Wolbert in: Moraltheologie im Abseits?, a.a.O.

wenn sie die Vorgegebenheit und Objektivität moralischer Normen, ihre universale und kategorische Gültigkeit betont. Dies ist heute im Diskurs mit bestimmten Richtungen der philosophischen Ethik hervorzuheben. Gerade in Auseinandersetzung mit einer rein interessenfundierten Vertragsethik im Sinne Norbert Hoersters (vgl. 5. Kapitel, 4), die also die Gültigkeit von Normen ausschließlich darin begründet sieht, dass sie im subjektiven Interesse eines jeden sind, scheint es für die theologische Ethik notwendig zu sein, nach Möglichkeiten zu suchen, wie sich die Objektivität und Universalität ethischer Wertungen begründen lassen. Ohne diese Annahme verlieren die Botschaft des Evangeliums und der christliche Glaube, die zur Erfüllung des ethischen Anspruchs befreien wollen und ihn damit bereits immer schon als gegeben voraussetzen, ihren universalen Anknüpfungspunkt in der Wirklichkeit dieser Welt.

Problem der Begründung in sich schlechter Handlungen

Andererseits stellt sich die Frage, wie die innere ethische Schlechtigkeit einer Handlung begründet werden kann. Der Hinweis darauf, dass Handlungen, die bereits ethisch abwertend bezeichnet werden, also etwa als Mord, Diebstahl, Ehebruch, Lüge usw., immer in sich schlecht sind, ist selbstverständlich und hilft wenig weiter. Stattdessen müsste aufgewiesen werden, dass eine bestimmte Handlung bereits *aufgrund ihrer inneren Natur bzw. ihrer inneren Struktur* als ethisch schlecht zu qualifizieren ist. Von Seiten der Enzyklika wird dazu geltend gemacht, es sei für den Aufweis in sich schlechter Handlungen wichtig, dass der Leib des Menschen nicht – wie dies im Gedanken einer absoluten Autonomie enthalten sei – als bloßes »Rohmaterial« (n. 46) verstanden werde, mit dem man beliebig nach eigenen Zielsetzungen umgehen könne, sondern dass die Vernunft, die mit dem freien Willen »in alle leiblichen Strukturen und sinnlichen Kräfte« eingebunden ist, nun den besonderen Wert einiger Güter, denen die menschliche Person von Natur aus zuneigt, entdeckt (n. 48). Mit diesen Überlegungen ist vermutlich gemeint, dass der Mensch bei der Auffindung ethischer Normen nicht nur die allgemeine Bedeutung seiner Leiblichkeit und die Eigengesetzlichkeit der Natur für seine ethischen Entscheidungen einbeziehen muss, sondern dass er *in seiner Natur* bereits sittliche Verpflichtungen vorfindet, die von der Vernunft *intuitiv* erfasst werden.

Dieser Ansatz ist freilich im Rahmen des gegenwärtigen philosophisch-ethischen Diskurses alles andere als unumstritten. Er vermag kaum eine überzeugende Alternative zu einer rein interessenfundierten Vertragsethik, zum Utilitarismus oder auch zu einer formalen Verfahrensethik zu bieten. Wenn aber christliche Ethik einen universalen Anspruch erhebt und nicht als in sich geschlossenes und sich immunisierendes Sonderethos gelten will, muss sie sich auf den Diskurs mit solchen Ansätzen einlassen. Das bedeutet aber nicht, dass damit der Gedanke der in sich schlechten Handlungen undenkbar geworden wäre. Denn auch auf metaphysisch enthaltsameren Wegen lässt sich bei bestimmten Handlungen eine innere Struktur aufweisen, aufgrund deren sie bereits als unverantwortlich und ethisch schlecht bezeichnet werden können. Im Weiteren soll deshalb ein Ansatz vorgestellt werden, der einerseits das Anliegen der Enzyklika aufgreift, dass es in sich schlechte Handlungen gibt und der Zweck nicht das schlechte Mittel heiligt, andererseits aber dieses Anliegen im Dialog mit der modernen philosophischen Ethik zur Geltung bringt, und zwar gerade im Ausgang vom Extrem einer rein interessenfundierten Ethik.

2. Weiterführender Ansatz der Normbegründung

Für den Versuch, einen solchen weiterführenden Ansatz der Normbegründung zu entwickeln, soll noch einmal auf den Fall der Karin L. zurückgegriffen werden, den wir zu Beginn des Ersten Teils vorgestellt haben. Es ging um das Dilemma, ob die junge Frau bei ihrem Kind in Erfurt bleiben soll, dafür aber die Möglichkeit einer Ausbildung und damit auch die Aussicht auf einen Arbeitsplatz ausschlägt, oder ob sie die Ausbildung in Köln antreten soll, dafür aber in Kauf nimmt, dass ihr Kind bei den Großeltern aufwächst und sie das Kind nur am Wochenende sehen kann. Wie lässt sich in dieser Situation begründen, welche Handlungsweise verantwortlich ist und welche nicht?

2.1 Die Unumgänglichkeit einer verantwortlichen Abwägung von Gütern und Übeln

Verwirklichung des Guten bewirkt immer zugleich auch Übel und Schäden

(1) Entscheidend, um in dieser Frage weiterzukommen, ist die Einsicht, dass es in der geschilderten Situation keine Möglichkeit gibt, *nur* Gutes zu tun. Vielmehr ist es so, dass jede Alternative der Entscheidung zwar immer etwas Gutes bewirkt, dass aber in jedem Fall dieses Gute immer nur um den Preis erreicht werden kann, dass man zugleich ein Übel oder einen Schaden verursacht oder in Kauf nimmt. Egal wie Karin L. sich entscheidet, ob sie in Erfurt bei ihrem Kind bleibt oder ob sie nach Köln geht, jeweils liegt ihrer Entscheidung der Wunsch zugrunde, etwas Gutes zu erreichen und zu verwirklichen. Sowohl bei ihrem Kind zu bleiben als

auch die Ausbildung in Köln anzutreten, stellt jeweils ein Gut für sie dar und liegt in ihrem Interesse. Und doch kann sie – so oder so – das jeweilige Gut immer nur so erreichen und verwirklichen, dass sie dabei etwas tut, was ein Übel oder einen Schaden darstellt und ihrem Interesse widerspricht. Dass sie keine Ausbildung hat und ohne Arbeit bleibt, ist ebenso ein Übel oder ein Schaden wie die Tatsache, dass sie nicht bei ihrem Kind bleiben kann. Die Entscheidung lässt sich also als Interessenskonflikt oder auch als Konflikt von Gütern und Übeln beschreiben.

Notwendigkeit der Abwägung von Gütern und Übeln

Eine verantwortliche Entscheidung in dieser Situation kommt deshalb nicht um die Notwendigkeit herum, die sich bei den verschiedenen Handlungsalternativen ergebenden Güter und Übel gegeneinander abzuwägen. Auch wer sich auf sein Gewissen beruft, wird an einer solchen Abwägung nicht vorbeikommen, wenn anders eine wirkliche Gewissensentscheidung darin besteht, nicht willkürlich nach Gutdünken oder spontanem Gefühl, sondern begründet zu entscheiden. Aber auch derjenige, der sich auf die Natur – etwa auf die natürliche Bestimmung der Mutter, bei ihrem Kind zu bleiben – beruft, kann die Augen nicht davor verschließen, dass sich auch aus der entsprechenden Entscheidung Probleme wie etwa die dauerhafte Arbeitslosigkeit ergeben, für die man ebenfalls Verantwortung trägt. Die angemessene Weise, solche Entscheidungen verantwortlich zu treffen, scheint deshalb allein durch eine Güter- und Übelabwägung möglich zu sein. Auch wer sich auf die natürliche Zielbestimmung beruft, muss zumindest begründen, warum das dadurch erreichte Gut die anderen mitentstehenden Probleme und Übel aufwiegt.

Mit diesem Hinweis auf die Notwendigkeit einer Abwägung der jeweiligen Güter und Übel ist ein Ansatz gefunden, der es nicht nur in dem geschilderten speziellen – auf den ersten Blick vielleicht sehr extrem erscheinenden – Fall möglich macht, verantwortliches Handeln zu begründen, sondern der einen generellen Zugang zur Unterscheidung zwischen ethisch gutem und schlechtem, verantwortlichem und unverantwortlichem Handeln bietet. Die im Fall der Karin L. geschilderte Ambivalenz der Handlungsmöglichkeiten trifft nämlich nicht nur auf diesen und einige andere Ausnahmefälle zu, sondern ist für menschliches Handeln generell charakteristisch. Auch in weniger dramatischen Situationen liegt unserem Handeln immer ein Interesse bzw. das Streben nach einem Gut zugrunde, bei dessen Verwirklichung wir zugleich doch Konsequenzen in Kauf nehmen müssen, die unseren Interessen widersprechen, weil sie ein Übel oder einen Schaden darstellen. Wer mit dem Auto fährt statt die Bahn zu nehmen, kann es dabei zwar genießen, dass er schnell und direkt zu seinem Zielort gelangt, andererseits trägt er mit dem CO_2-Ausstoß seines Wagens zum Problem des Treibhauseffekts bei. Aber selbst derjenige, der nur einen harmlosen Spaziergang unternimmt, nimmt dabei in Kauf, dass er andere Möglichkeiten, an denen er ebenfalls ein Interesse hat, nicht verwirklichen kann. In vielen Fällen ist dabei völlig klar, dass das erstrebte Gut die mitgesetzten Übel überwiegt, sodass keine ethisch problematische Entscheidung entsteht. Vom Prinzip her trifft aber diese Ambivalenz auf alle unsere Handlungen zu.

Handeln immer sub ratione boni als Handlungsgrund

(**2**) Dass in allem Handeln ein Gut erstrebt wird, das seinerseits den *Grund der Handlung* darstellt, ist in der Tradition der theologischen Ethik so ausgedrückt worden, dass wir immer nur *unter der Hinsicht eines Gutes* (sub ratione boni) wollen und handeln können. Niemand strebt letztlich ein Übel in sich selbst oder einen Schaden als solchen an, sondern immer nur um eines anderen Gutes willen.

> Wer eine bittere Medizin einnimmt, tut dies, weil er dadurch seine Gesundheit oder sein Leben erhalten will. Wer die Mühen einer Lehre oder eines Studiums auf sich nimmt, tut dies, weil er damit einen Beruf erlernen, seinen Lebensunterhalt verdienen und schließlich auch Anerkennung erlangen möchte. Aber auch Verbrecher, die andere umbringen oder bestehlen, tun dies nicht, weil sie den Schaden als solchen wollen, sondern weil sie sich davon ein Gut für sich selbst versprechen. Selbst demjenigen, der andere sadistisch umbringt, geht es letztlich um die Lust oder die Selbstwerterfahrung, die er dabei empfindet, dass er andere quält oder vernichtet. Auch bei Suizidenten lässt sich schließlich sagen, dass sie sich selbst das Leben nicht deswegen nehmen wollen, weil sie das Übel des Todes erstreben oder das Gut des Lebens zerstören möchten, sondern weil sie dem für sie unerträglich gewordenen Übel des Lebens entgehen möchten und sich kein anderer Weg zeigt.

Umgekehrt ist dabei – ebenfalls nach der Tradition der theologischen Ethik – ein Gut dadurch bestimmt, *dass es vom Menschen angestrebt werden kann.* Thomas von Aquin formuliert dies so: »Das Gute besteht darin, dass es etwas Anstrebbares ist.«[5] Das Übel wäre entsprechend vor diesem Hintergrund als das zu verstehen, was man gerade nicht erstrebt. Es kann in einem Mangel dessen bestehen, was man erstrebt, oder in einem Hindernis bzw. in der Unmöglichkeit, es zu erreichen.

Relativität aller geschaffenen Güter

Dass weiterhin in jeder Handlung nicht nur ein Gut erstrebt, sondern immer auch ein Übel oder ein Schaden mitverursacht wird, hängt – auch dies ist Einsicht der theologischen Tradition – damit zusammen, dass alle Wirklichkeiten, die uns in dieser Welt begegnen, zwar jeweils *Güter* dar-

5 Thomas von Aquin, Summa theologiae I, q. 5, a. 1 ad 1: »Bonum consistit in hoc quod sit aliquid appetibile.« Vgl. auch ebd. I, q. 5, a. 3 ad 1 und ad 5; q. 6, a. 1 und 2.

stellen, dass sie aber immer auch nur begrenzte und *relative* Güter sind. Sie können immer nur so erstrebt oder verwirklicht werden, dass man andere Güter vernachlässigt und nicht verwirklicht. Diese *Relativität* aller geschaffenen Güter hat dabei nichts mit einem *Relativismus* zu tun, sondern ergibt sich – gerade theologisch – aus dem Schöpfungsglauben. Alles Geschaffene ist danach als Geschaffenes zwar immer ein Gut und kann deswegen auch vom Menschen gewollt und erstrebt werden, aber es ist immer auch nur ein relatives Gut und nie ein absolutes Gut. Dies gilt in der theologischen Tradition selbst für so grundlegende Güter wie das menschliche Leben oder die Freiheit. Auch sie dürfen nicht verabsolutiert werden. Im Gegenteil würde der Versuch, irgendein geschaffenes Gut zu verabsolutieren und als nicht mehr abwägbar zu erklären, bedeuten, einem partikularen geschaffenen Gut den Platz Gottes einzuräumen. In der Konsequenz führt ein entsprechendes Handeln, das ein weltliches Gut verabsolutiert, in einen Totalitarismus.

2.2 Der Ausgangspunkt für eine verantwortliche Abwägung von Gütern und Übeln

Angestrebtes Gut muss die mitverursachten Übel rechtfertigen können

(1) Mit den bisherigen Überlegungen ist klar geworden, *dass* wir in allen ethischen Entscheidungen nicht um eine Abwägung derjenigen Güter und Übel herumkommen, die durch die jeweils gewählte Handlung verursacht werden. Damit ist allerdings noch nicht die Frage beantwortet, *wie* eine solche Abwägung erfolgen sollte, damit die anschließend gewählte Entscheidung wirklich verantwortlich ist.

Eine naheliegende Antwort auf diese Frage könnte darin bestehen, eine Handlung sei dann verantwortlich, wenn das in der Handlung erstrebte Gut die zugleich durch die Handlung mitverursachten Übel oder Schäden *aufwiegen* oder *rechtfertigen* kann. Wenn sich Karin L. etwa dazu entscheiden würde, die Ausbildung in Köln anzutreten, so ließe sich argumentieren, dass dadurch zwar erhebliche Probleme und Übel entstehen: Das Kind muss die Mutter entbehren, die Mutter muss auch ihr Kind loslassen, die Großeltern müssen ihre Zeit für die Kindererziehung bereitstellen usw. Andererseits ließe sich sagen, dass die abgeschlossene Ausbildung Aussichten eröffnet, die letztlich allen, auch dem Kind, zugute kommen und damit ein Gut darstellt, das die vorübergehenden Übel aufwiegt und rechtfertigt. Ähnlich ließe sich in einem anderen Beispiel sagen, dass ein Arzt, der einen schmerzhaften Eingriff vornimmt, damit zwar ein Übel und evt. auch einen Schaden verursacht, dass aber dieses Übel dadurch aufgewogen und gerechtfertigt ist, dass auf diese Weise das Gut der Gesundheit wiederhergestellt oder das Gut des Lebens gerettet werden kann. Man müsste sogar sagen: Wenn tatsächlich durch den schmerzhaften Eingriff die Gesundheit wiederhergestellt bzw. das Leben gerettet werden kann, dann muss man es tun. Wenn Karin L. tatsächlich durch die Ausbildung die Situation letztlich für alle verbessert, dann ist sie verpflichtet, dies zu tun, und es wäre unverantwortlich, es nicht zu tun.

Ausgehend von diesen Überlegungen lässt sich also in einem ersten Hinblick zusammenfassend sagen, dass eine Handlung dann *im ethischen Sinne gut* ist, *wenn das in ihr angestrebte Gut, das auch die Handlung selbst begründet, die durch die Handlung ebenfalls mitverursachten Übel und Schäden rechtfertigen kann.* Im ethischen Sinne schlecht ist eine Handlung dagegen dann, wenn die durch die Handlung mitverursachten Übel und Schäden nicht durch das in der Handlung letztlich angestrebte Gut gerechtfertigt werden können.

Gut und schlecht – ethische und nicht-ethische Bedeutung

(2) In dieser vorläufigen Formulierung eines Kriteriums, nach dem sich verantwortliches und unverantwortliches, ethisch gutes und schlechtes Handeln unterscheiden lässt, wird deutlich, dass wir gewöhnlich die Wörter »gut« und »schlecht« sowohl in einem *ethischen* als auch in einem *nicht-ethischen* Sinne gebrauchen. Wir sprechen nicht nur von ethisch guten und schlechten Handlungen oder Menschen, sondern auch davon, dass ein Stuhl gut zum Sitzen ist und ein Auto gut zur raschen Fortbewegung, dass Sport treiben gut für die Gesundheit ist, aber auch davon, dass es schlecht für die Gelenke sein kann.

Bonum/malum physicum

Bonum/malum morale

Diese Unterscheidung ist in der Theologie geläufig. Sie findet sich bei Augustinus ebenso wie in den mittelalterlichen scholastischen Summen und ist auch in den neuscholastischen Handbüchern der Moraltheologie beheimatet. Hier wird unterschieden zwischen dem *physisch* bzw. *ontisch* Guten und Schlechten (bonum/malum physicum) auf der einen Seite und dem *ethisch* Guten und Schlechten (bonum/malum morale) auf der anderen Seite.

Zugleich wird deutlich, dass nach dem angegebenen Kriterium für ethisch gutes und schlechtes Handeln das entsprechende Urteil zwar *nicht* aus dem physisch Guten und Schlechten unmittelbar *abgeleitet* wird, andererseits aber auch *nicht ohne* Bezug auf das im nicht-sittlichen Sinne Gute und Üble bzw. Schädliche erfolgt.

Ethisch Gutes ist nicht aus physisch Gutem ableitbar …

Einerseits ist also festzuhalten, dass das ethisch Gute und Schlechte strikt vom physisch Guten und Schlechten zu unterscheiden ist. Die Sphäre des Ethischen ist strikt zu unterscheiden von der Sphäre des Physischen oder der Tatsachen. Das Verdikt des *naturalistischen Fehlschlusses* verbietet es gerade, das ethisch Gute und Schlechte auf das physisch Gute und Schlechte zu reduzieren oder aus ihm ableiten zu wollen: Eine Handlung ist nicht schon dann ethisch gut, wenn in ihr ein physisches Gut verwirklicht wird, und sie ist nicht schon dann ethisch schlecht, wenn in ihr ein physisches Übel oder ein Schaden verursacht wird.

… aber auch nicht unabhängig vom physisch Guten zu bestimmen

Andererseits wird das ethisch Gute und Schlechte auch nicht völlig unabhängig vom physisch Guten und Schlechten bestimmt. Dies würde bedeuten, dass ethische Wertungen und Urteile nur noch durch Berufung auf eine besondere Intuition und Werteinsicht legitimiert, nicht mehr jedoch durch Angabe von Gründen und unter Rückbezug auf die physische Wirklichkeit und Tatsachenurteile begründet und diskutiert werden könnten.

Was eine Handlung ethisch gut oder schlecht macht, liegt also nicht schon darin begründet, dass durch sie irgendein physisches Gut verwirklicht oder irgendein physischer Schaden angerichtet wird, sondern *ist in dem Verhältnis begründet, das zwischen dem in der Handlung erstrebten physisch Guten und den durch sie mitverursachten physischen Schäden besteht.* Nicht *was* in einer Handlung erstrebt wird, begründet ihre ethische Qualität, sondern *wie* es jeweils erstrebt wird.

Doch: Wann kann ein physisches Gut die Verursachung eines physischen Schadens oder Übels rechtfertigen? Wodurch ist ein Schaden größer als ein anderer Schaden? Beim Eingriff des Arztes erscheint dies unmittelbar einsichtig zu sein. Aber das ist nicht in allen Fällen so. Lässt sich also ein Kriterium angeben, anhand dessen festgestellt werden kann, wann das in einer Handlung angestrebte physisch Gute die zugleich durch sie mitverursachten physischen Übel rechtfertigen kann und wann nicht? Ein solches Kriterium wäre dann ein Prinzip, nach dem sich ethisch gutes und schlechtes Handeln erkennen und unterscheiden ließe.

2.3 Das Prinzip der Verhältnismäßigkeit der Mittel

(1) Ein mögliches Kriterium dafür, wann die in der Handlung mitgesetzten Schäden und Übel gerechtfertigt sind, könnte darin bestehen, dass man das Prinzip der Verhältnismäßigkeit der Mittel beachtet. Die beim Streben nach einem Gut mitverursachten Schäden sind dann gerechtfertigt, wenn man sie möglichst gering hält, wenn man also denjenigen Weg zum Ziel wählt, der die geringsten Übel verursacht. Bereits Thomas von Aquin beantwortet die Frage nach der Gewaltanwendung zum Zweck der Selbstverteidigung mit dem Verweis auf die Verhältnismäßigkeit der Mittel.[6] Und auch von lehramtlicher Seite wird – etwa im Blick auf die

6 Vgl. Thomas von Aquin, Summa theologiae II-II, q. 64, a. 7.

Frage des Behandlungsverzichts und Behandlungsabbruchs am Ende des Lebens – als Kriterium die Unterscheidung zwischen verhältnismäßigen und unverhältnismäßigen Mitteln angeführt.[7] Doch: Wann sind die Übel, die man verursacht, verhältnismäßig, wann sind sie unverhältnismäßig?

Geeignet – erforderlich – angemessen

Eine präzise Fassung des Prinzips der Verhältnismäßigkeit der Mittel bzw. des Übermaßverbots findet sich im Bereich der Rechtswissenschaften. Zweck dieses Grundsatzes ist es, vor übermäßigen Eingriffen des Staates in Grundrechte, vor allem in die allgemeine Handlungsfreiheit zu schützen. Danach müssen Eingriffe in die Grundrechte der Bürger im Blick auf das angestrebte Ziel 1) geeignet, 2) erforderlich und 3) angemessen bzw. verhältnismäßig im engeren Sinne sein. Alle drei Bedingungen müssen dabei der Reihe nach erfüllt sein, damit eine Maßnahme als verhältnismäßig im weiteren Sinne gelten kann:

- Zunächst ist das *Geeignetheitsprinzip* zu erfüllen. Durch die jeweilige Maßnahme muss das angestrebte Ziel tatsächlich erreicht oder zumindest gefördert werden. Dabei kann es durchaus verschiedene geeignete Wege geben. Ausgeschlossen werden lediglich die Maßnahmen, die im Blick auf das Ziel nichts ausrichten und bewirken.
- Sind die ungeeigneten Maßnahmen ausgeschlossen, verlangt das *Erforderlichkeitsprinzip*, dass von den geeigneten Maßnahmen diejenige gewählt werden muss, die die geringsten negativen Folgen für die Betroffenen mit sich bringt. Könnte man dasselbe Ziel auch auf einem Weg erreichen, der weniger Übel und Schäden anrichten würde, so handelt man unverantwortlich und moralisch schlecht, wenn man dennoch den ersten Weg wählt.

---

7 Vgl. etwa: Erklärung der Kongregation für die Glaubenslehre zur Euthanasie, 20. Mai 1980 (Verlautbarungen des Apostolischen Stuhls, Nr. 20, hg. vom Sekretariat der Deutschen Bischofskonferenz, 11): »Muss man nun unter allen Umständen alle verfügbaren Mittel anwenden? Bis vor kurzem antworteten die Moraltheologen, die Anwendung ›außerordentlicher‹ Mittel könne man keinesfalls verpflichtend vorschreiben. Diese Antwort, die als Grundsatz weiter gilt, erscheint heute vielleicht weniger einsichtig, sei es wegen der Unbestimmtheit des Ausdrucks oder wegen der schnellen Fortschritte in der Heilkunst. Daher ziehen es manche vor, von ›verhältnismäßigen‹ und ›unverhältnismäßigen‹ Mitteln zu sprechen. Auf jeden Fall kann eine richtige Abwägung der Mittel nur gelingen, wenn die Art der Therapie, der Grad ihrer Schwierigkeiten und Gefahren, der benötigte Aufwand sowie die Möglichkeiten ihrer Anwendung mit den Resultaten verglichen werden, die man unter Berücksichtigung des Zustandes des Kranken sowie seiner körperlichen und seelischen Kräfte erwarten kann.« – Vgl. ebenso: Enzyklika »Evangelium vitae«, Nr. 65 (Verlautbarungen des Apostolischen Stuhls, Nr. 120, hg. vom Sekretariat der Deutschen Bischofskonferenz, 25. März 1995, 80): »Der Verzicht auf außergewöhnliche oder unverhältnismäßige Heilmittel ist nicht gleichzusetzen mit Selbstmord oder Euthanasie; er ist vielmehr Ausdruck dafür, daß die menschliche Situation angesichts des Todes akzeptiert wird.«

- Doch selbst wenn diese Kriterien erfüllt sind, kann es noch sein, dass die negativen Folgen dieser Maßnahme in keinem angemessenen Verhältnis zum angestrebten Ziel stehen. Daher verlangt das *Angemessenheitsprinzip* oder auch *Verhältnismäßigkeitsprinzip im engeren Sinne*, dass die negativen Folgen der jeweils gewählten Maßnahme in einem angemessenen Verhältnis zu den erreichten Vorteilen stehen; Zweck und Mittel dürfen also nicht in ein völliges Missverhältnis geraten. In einer Abwägung der Güter und Übel ist zu prüfen, ob bei der Schwere des Eingriffs angesichts des in Aussicht stehenden Nutzens noch die Grenze des Zumutbaren gewahrt ist. So kann es etwa sein, dass Online-Durchsuchungen zur Terroristenbekämpfung zwar geeignet und auch erforderlich sind, dass die Durchführung aber einen so schweren Eingriff in die Privatsphäre und Freiheitsrechte der Bürger mit sich bringen würde, dass dieses Projekt als unzulässig abgewiesen werden muss.

(2) Mit dem Hinweis, man müsse – gemäß dem Übermaßverbot – die Verhältnismäßigkeit der Mittel wahren, scheint also eine klare Regel gegeben zu sein, nach der eine verantwortliche Abwägung von Gütern und Übeln erfolgen kann. Allerdings kann dieses Prinzip nicht wirklich befriedigen. Denn der Hinweis in der dritten Regel auf die Notwendigkeit, Güter und Übel, Nutzen und Schaden abzuwägen und die Grenze der Zumutbarkeit zu wahren, löst die Frage nach dem Kriterium verantwortlichen Handelns nicht, sondern wirft nur noch mehr Fragen auf. Denn die Aufforderung, zwischen den verschiedenen Gütern, die von einer Handlung betroffen sind und die eventuell durch sie beschädigt werden, eine Über- und Unterordnung aufzustellen, lässt die Frage stellen, nach welchem Maßstab denn eine solche Über- und Unterordnung verschiedener Güter und Übel begründet möglich ist.

Hierarchie der Güter und Werte

In der Tradition der Moraltheologie wurde diese Frage mit dem Hinweis auf eine zu beachtende, objektiv vorgegebene Stufenfolge oder *Hierarchie der Güter und Werte* beantwortet. So bilden Sachwerte wie Nahrung, Wohnung, Kleidung und Besitzgüter die materielle Grundlage. Darüber stehen Güter des gesellschaftlichen Lebens wie Ehre, guter Ruf, freie Lebensgestaltung und Berufswahl, darüber wiederum Güter wie Gesundheit und Lebenskraft oder geistige, sittliche und religiöse Werte. Diese Hierarchie der Güter wurde als vorgegebene Ordnung verstanden und daher als objektiver und verbindlicher Maßstab einer Güterabwägung angesehen.[8] Spätestens seit dem Zweiten Vatikanum wurde allerdings in

8 Bereits innerhalb der phänomenologischen Wertethik finden sich unterschiedliche Auffassungen über die Kriterien der Vorzugswürdigkeit. Während für Max

der Moraltheologie eine solche Begründung der Güterhierarchie in Frage gestellt.

Probleme objektiver Wertehierarchien

Johannes Gründel etwa hat darauf verwiesen, dass die Dringlichkeit eines Wertes für die jeweilige Existenzverwirklichung eines Menschen die Hierarchie der Werte relativieren kann. So kann in einer stark gestörten ehelichen Beziehung für die gute Erziehung der vorhandenen Kinder wie für die Existenzverwirklichung beider Partner eine Trennung der Ehegatten als notwendig erachtet werden, selbst wenn die Ehe als höherer Wert erscheinen mag.[9] – Sehr viel deutlicher noch hat Rudolf Ginters die Vorstellung einer Hierarchie der Güter in Frage gestellt. Für ihn ist jeder derartige Versuch von vornherein zum Scheitern verurteilt. Denn welches Einteilungskriterium für eine solche Wertehierarchie soll man heranziehen: das der Werthöhe, das der Dringlichkeit, das der relativen Fundierung oder welches sonst in den Vorzugsregeln formulierte Kriterium? Und wie konkret soll eine solche Hierarchie formuliert werden?[10] – Schließlich wurden in den traditionellen Wertehierarchien nicht-ethische Güter und ethische Werte nicht unterschieden, sondern gleicherweise einander zugeordnet und miteinander verglichen.[11]

Übelminimierungs- und Übelabwägungsregel

An die Stelle des Versuchs, solche material bestimmten Wertehierarchien aufzustellen, ist daher das Bemühen getreten, *formale* Abwägungsregeln zu formulieren, nach denen eine Unter- und Überordnung von Gütern und Übeln begründet werden kann. So hat etwa Wilhelm Korff eine Übelminimierungsregel und eine Übelabwägungsregel vorgeschlagen.[12]

Scheler (Der Formalismus in der Ethik und die materiale Wertethik, Bern 1954, 107–120) der höhere Wert den Vorzug verdient, betont Nikolai Hartmann (Ethik, Berlin 1949, 607) demgegenüber, dass es Situationen geben kann, in denen der niedrigere, aber dringlichere Wert (etwa Nahrung und Gesundheit) vor den höheren Werten (Güte, Selbstlosigkeit etc.) den Vorzug verdient, und kommt zu der Auffassung, dass der höhere Wert der bedingtere, der niedrigere Wert aber der unbedingtere sei.

9 Vgl. Johannes Gründel, Normen im Wandel. Eine Orientierungshilfe für christliches Leben heute, München [2]1984, 191f.

10 Vgl. Rudolf Ginters, Werte und Normen. Einführung in die philosophische und theologische Ethik, Düsseldorf 1982, 231f.

11 Vgl. Franz Böckle, Fundamentalmoral, München 1985, 23f; 259f: »als Güter verstehen wir reale Gegebenheiten, die unabhängig vom persönlichen Denken und Wollen existieren, die aber unserem Handeln vorgegeben sind. ... Dazu zählen beispielsweise das Leben, die leibliche Integrität, das geistige wie das materielle Eigentum, aber auch die sogenannten Freiheiten (des Gewissens, der Meinungsäußerung usw.) oder institutionelle Größen wie Ehe, Familie, Staat. ... Im Unterschied dazu bezeichnen wir als Werte bestimmte stereotype Werthaltungen (Tugenden), die nur als Qualitäten des Willens als real existent angesehen werden können. Gerechtigkeit, Treue oder Solidarität sind solche Werte. ... Hier handelt es sich um handlungsbezogene, also bereits sittliche Werte«.

12 Vgl. Wilhelm Korff, Die Energiefrage auf dem Prüfstand, in: ders. (Hg.), Die

Die Übelminimierungsregel, die dem Erforderlichkeitsprinzip entspricht, lautet:

> »Ein Handeln, das einem sittlich guten Ziel dienen soll, ist ethisch nur dann gerechtfertigt, wenn die mit ihm verknüpften negativen Nebenwirkungen auf das jeweils geringstmögliche Maß gebracht werden.«

Die Übelabwägungsregel, die Ähnlichkeit zum Verhältnismäßigkeitsprinzip im engeren Sinne aufweist, besagt dagegen:

> »Ein Handeln, das einem sittlich guten Ziel dienen soll, ist ethisch nur dann gerechtfertigt, wenn die als Nebenfolge eintretenden Übel geringer sind als die Übel, die aus einem Handlungsverzicht erwachsen würden.«

Mit dieser letzten Regel ist eine gewisse Präzisierung des juristischen Übermaßverbots erreicht. Andererseits bleibt auch mit diesen Abwägungsregeln noch die Frage unbeantwortet, nach welchem Kriterium eine Abwägung zwischen den als Nebenfolgen eingetretenen Übeln einerseits und den Übeln, die aus dem Handlungsverzicht folgen würden, andererseits erfolgen kann. Nach welchem Maßstab kann man bestimmen, welches von zwei Übeln geringer oder größer ist?

2.4 Das Kriterium des entsprechenden Grundes nach Peter Knauer

Eine Möglichkeit, die hier bleibende Lücke zu schließen, bietet der Normbegründungsansatz von Peter Knauer.[13] Für Knauer kann der Grund einer Handlung die mit ihr gesetzten Übel und Schäden genau dann rechtfertigen, wenn der Grund ein *entsprechender* Grund ist bzw. wenn die Handlung ihrem Grund *entspricht* und nicht widerspricht. Dass eine Handlung einen entsprechenden Grund hat bzw. dass sie ihrem Grund entspricht, bedeutet dabei, dass sich die Handlung im Hinblick auf ihren Grund *auf die Dauer* und *im Ganzen* betrachtet als *nicht-kontraproduktiv* erweist. Dieses Kriterium zur Unterscheidung ethisch guten und schlechten Handelns soll im Folgenden näher erläutert werden.

Energiefrage. Entdeckung ihrer ethischen Dimension, Trier 1992, 9–26, bes. 25. – Ebenso: Wilhelm Korff, Art.: »Güter- und Übelabwägung«, in: LThK[3], Bd. 4, 1118–1119.

13 Vgl. zum Folgenden vor allem: Peter Knauer, Handlungsnetze. Über das Grundprinzip der Ethik, Frankfurt am Main 2002; ders., Fundamentalethik: Teleologische als deontologische Normenbegründung, in: ThPh 55 (1980) 321–360.

2.4.1 Das Grundprinzip: Die Nicht-Kontraproduktivität der Handlung

Kontraproduktivität: Durch die Nebenfolgen wird das angestrebte Gut zerstört oder gemindert

Dass eine Handlung nicht kontraproduktiv werden darf, bedeutet, dass die durch die Handlung mitverursachten Übel und Schäden das *in der Handlung selbst angestrebte Gut* nicht mindern oder untergraben dürfen. Wird das in der Handlung angestrebte Gut dagegen durch die mit der Handlung zugleich gesetzten negativen Folgen gemindert oder zerstört, lässt sich die Handlung als *kontraproduktiv* bezeichnen. Sie ist dann in sich widersprüchlich, weil sie das Gut, das sie eigentlich verwirklichen soll und ihren Grund darstellt, faktisch verringert oder gar zerstört.[14]

Als Beispiele für solche kontraproduktiven Handlungsweisen ließen sich anführen:

- Man hat es eilig, möchte möglichst viel in möglichst wenig Zeit erledigen, und bereitet sich dadurch einen solchen Stress, dass man letztlich weniger erledigt, als wenn man langsam und der Reihe nach gearbeitet hätte.
- Man möchte sich gesund ernähren, wählt dazu aber eine einseitige Ernährung, die faktisch zu Gesundheitsschäden führt.
- Man möchte Überschwemmungen durch Flüsse verhindern und befestigt sie mit Ufermauern. Mit der Zeit, wenn ein großer Teil des Flusslaufs eingegrenzt ist, führt dies dazu, dass es punktuell zu noch schlimmeren Überschwemmungen kommt.
- Die unkontrollierte Anwendung von Antibiotika schon bei geringfügigen Anlässen führt auf die Dauer dazu, dass das Immunsystem des Körpers weniger Antikörper gegen Krankheitserreger bildet und damit die Anfälligkeit für Krankheiten steigt.
- Steuererhöhungen zum Zwecke höherer Staatseinnahmen führen ab einem bestimmten Steuersatz dazu, dass Steuern hinterzogen werden oder Kapital in Länder transferiert wird, in denen Steuerfreiheit gewährt wird. So kommt es dazu, dass die Steuereinnahmen des Staates sinken.

Angewandt auf unser Ausgangsbeispiel (s. S. 29) wäre eine solche kontraproduktive Handlungsweise etwa dann gegeben, wenn Karin L. tatsächlich bei ihrem Kind in Erfurt bliebe, um das Beste für ihr Kind zu tun,

---

14 Vermutlich zielt auch die von Dietmar Mieth (Was wollen wir können? Ethik im Zeitalter der Biotechnik, Freiburg i. Br. 2002, 9) formulierte Problemlösungsregel »Man soll Probleme nicht so lösen, dass die Problemlösung mehr Probleme schafft, als sie löst« darauf, dass Handlungen aufgrund ihrer problematischen Nebenfolgen nicht kontraproduktiv werden dürfen. – Eine sachliche Parallele zum Prinzip der Nicht-Kontraproduktivität findet sich auch bei: Alfons Auer, Autonome Moral und christlicher Glaube, a.a.O., 30f. In einem Zitat von Heinrich Rombach ist hier davon die Rede, dass sich eine ethische Norm dann als unzureichend erweist, »wenn sie an gewissen Stellen ihres Zusammenhangs gegen sich selbst steht, wenn also Mißverhältnisse auftreten, die die Form der Selbstbehinderung haben«.

dabei aber durch die anhaltende Arbeitslosigkeit unzufrieden und damit eine schlechte Mutter würde und ihrem Kind nicht die Lebenschancen bieten könnte, die sie ihm, wenn sie die Ausbildung in Köln machen würde, – trotz vorübergehender Trennung – auf der Grundlage eines gesicherten Berufs bieten könnte.

Kriterium: Handlung widerspricht oder entspricht ihrem Grund

Ausgehend von diesem Gedanken der Kontraproduktivität bzw. Nicht-Kontraproduktivität von Handlungen lässt sich klar bestimmen, wann das in einer Handlung angestrebte Gut die zugleich mit der Handlung mitgesetzten Übel rechtfertigen kann und wann nicht: In den Fällen nämlich, in denen die Handlung kontraproduktiv wird, kann eindeutig nicht davon die Rede sein, dass das in der Handlung angestrebte Gut die durch die Handlung mitgesetzten Übel rechtfertigen kann. Die Handlung steht vielmehr *in Widerspruch zu ihrem Grund.* In den Fällen dagegen, in denen die Handlung nicht kontraproduktiv wird, sondern in denen sie tatsächlich geeignet ist, das angestrebte Gut zu verwirklichen oder zu fördern, kann das in der Handlung angestrebte Gut die mitgesetzten Übel rechtfertigen. Die Handlung hat dann – trotz der durch sie als Nebenfolgen verursachten Übel – einen rechtfertigenden Grund. Knauer spricht hier auch davon, dass die Handlung in dem angestrebten Gut einen *entsprechenden* Grund hat.[15]

Ultima ratio

Allerdings gilt auch dann noch, dass die durch die Handlung mitgesetzten Übel möglichst gering zu halten sind. Hier gelten die bereits genannten Regeln des Übermaßverbots bzw. die Übelabwägungsregel. So lässt sich etwa im Blick auf den Fall der Selbstverteidigung sagen: Wer von einem anderen bedroht wird und daraufhin den Angreifer tötet, obwohl er sich auch mit weniger gravierenden Maßnahmen der Bedrohung hätte entziehen können, handelt unverantwortlich. Die Anwendung von Gewalt darf also immer nur die letzte Möglichkeit, die *ultima ratio* darstellen, wie man sich gegen bereits zuvor ausgeübte Gewalt wehren und diese damit eindämmen kann.

2.4.2 Die universale Perspektive: Auf die Dauer und im Ganzen

Das Prinzip der Nicht-Kontraproduktivität einer Handlung allein reicht jedoch noch nicht als Kriterium für die Unterscheidung von verantwortlichem und unverantwortlichem Handeln aus. Nach Knauer müssen noch zwei weitere Kriterien erfüllt sein, die die entscheidende Perspektive

---

15 Vgl. Peter Knauer, a.a.O., 47: »Der ›Grund‹ einer Handlung ist kein ›entsprechender‹, sowohl wenn die Handlung den angestrebten Wert oder Werteverbund letztlich untergräbt und damit im Widerspruch zu ihm steht, wie wenn sie den Schaden oder Verbund von Schäden, den sie vermeiden will, letztlich vergrößert.«

des Ethischen ausmachen, nämlich die Gesichtspunkte des *auf die Dauer* und *im Ganzen*:[16]

Langfristigkeit und Nachhaltigkeit

- Mit dem Aspekt »auf die Dauer« ist gemeint, dass die Nicht-Kontraproduktivität der Handlung nicht nur kurzfristig oder vorübergehend gewahrt ist, sondern dass sie auch langfristig gesehen Bestand hat. Dass Karin L. bei ihrem Kind bleibt, mag vielleicht zunächst für beide das Beste sein, während die Trennung zunächst eine große Belastung bedeutet. Langfristig gesehen kann sich aber die Beurteilung grundlegend ändern. Dass für eine verantwortliche Entscheidung die Folgen einer Handlung langfristig gesehen werden müssen, spielt beispielsweise auch im Bereich der Umweltethik eine zentrale Rolle, wenn es darum geht, in der Weise, wie wir unseren Wohlstand erstreben, das Prinzip der *Nachhaltigkeit* zu wahren.

Universale Formulierung des angestrebten Gutes

- Aber mit dem Aspekt der Langfristigkeit ist das Kriterium für verantwortliches Handeln noch nicht vollständig bestimmt. Nach diesem Prinzip könnte ebensogut eine Räuberbande oder auch die Mafia vorgehen. Dieses Prinzip ist noch nicht von einem langfristig klugen, also aufgeklärten Egoismus zu unterscheiden. Entscheidend ist daher, dass man das Gut, um das es in der jeweiligen Handlung geht, nicht nur als partikulares Gut versteht und nicht nur als Gut für mich oder für meine Gruppe anstrebt, sondern versucht, das jeweilige Gut *im Ganzen* zu verwirklichen und zu fördern. Damit eine Handlung verantwortlich ist, muss man also das Gut, das man in einer Handlung jeweils erstrebt, *universal* formulieren und dann im Blick auf dieses universal formulierte Gut überprüfen, ob die Handlung langfristig gesehen dieses Gut tatsächlich fördert oder ob sie es faktisch mindert oder zerstört. Wenn einer Handlung etwa das Streben nach Besitz zugrunde liegt, bedeutet der Aspekt des »im Ganzen«, dass es in der Handlung nicht nur um Besitz für einen selbst gehen muss, sondern um die Verwirklichung und Förderung des Gutes »Besitz« überhaupt und damit gerade auch für alle. Für den Fall der Karin L. könnte man sagen, dass es ihr bei ihrer Entscheidung nicht nur um ihren persönlichen beruflichen Erfolg gehen darf, sondern um das Wohl *aller* Beteiligten. Dabei ist jedoch nicht ausgeschlossen, dass ihr beruflicher Erfolg zugleich die Voraussetzung dafür bildet, dass sich die Situation nicht nur für sie, sondern auch für alle Beteiligten verbessert. Dass etwas auch der eigenen Selbstverwirklichung dient, bedeutet nicht schon, dass es ethisch fragwürdig wäre.

---

16 Vgl. Peter Knauer, a.a.O., 54–59. – Auch dic Formulierung »im Ganzen und auf die Dauer« findet sich bei Alfons Auer, a.a.O., 28.

Zusammenfassend lässt sich das Kriterium für verantwortliches Handeln folgendermaßen formulieren: Eine Handlung ist dann unverantwortlich, wenn sie das in ihr erstrebte, universal formulierte Gut auf Dauer schädigt oder zerstört. Sie widerspricht dann ihrem eigenen Grund. Eine Handlung ist dagegen verantwortlich, wenn sie das jeweilige universal formulierte Gut langfristig erhält und fördert. Sie entspricht dann ihrem Grund, und umgekehrt haben die durch die Handlung verursachten, aber möglichst gering gehaltenen Übel in diesem Gut einen entsprechenden Grund. Allerdings ist dabei zu beachten: Während sich die Unverantwortlichkeit einer Handlung an den Folgen eindeutig aufzeigen lässt, ist dies für die Verantwortlichkeit einer Handlung nicht mit Sicherheit festzumachen

2.4.3 Der Güterkonflikt: Notwendigkeit und Grenze des Kompromisses

In den bisherigen Überlegungen wurde die einzelne Handlung isoliert betrachtet. Tatsächlich kommt es jedoch ständig vor, dass man nicht nur *ein* Gut, sondern *mehrere* Güter erstrebt, die möglicherweise zueinander in Konkurrenz stehen oder sich ausschließen. So führt der Bau von immer neuen Straßen zwar nicht dazu, dass der Verkehr selbst unsicherer oder schwieriger wird, aber dazu, dass andere Güter wie Gesundheit oder Erholung bedroht und gemindert werden.

Ansatz beim Fundierungsverhältnis verschiedener Güter

Doch auch in solchen Konfliktsituationen ist keine vorgegebene Werte- und Güterhierarchie notwendig, sie lassen sich vielmehr ebenfalls nach dem Grundsatz der Nicht-Kontraproduktivität lösen. Die Verwirklichung des einen Gutes nämlich stellt oft die notwendige Voraussetzung dafür dar, dass man das andere Gut verwirklichen kann. So ist etwa die Gesundheit die Voraussetzung dafür, dass man arbeiten kann, Arbeit die Voraussetzung dafür, Geld zu verdienen usw. Diese Zuordnung hat nichts mit metaphysisch begründeten Wertehierarchien zu tun, sondern beruht auf einem *Fundierungsverhältnis*, das sich aus der Erfahrung ergibt. Ist ein solches Fundierungsverhältnis gegeben, wäre es kontraproduktiv und damit unverantwortlich, wenn man das bedingte Gut anstrebt und verwirklichen will, dabei aber das Gut, das die Voraussetzung dafür darstellt, vernachlässigt oder gar zerstört.

Kompromiss

Auch kommt es vor, dass man um ein Gut verwirklichen zu können, zwei sich wechselseitig voraussetzende und fundierende Aspekte berücksichtigen muss. Wenn man ein Messer haben möchte, das gut schneidet, wird man zunächst daran denken, es möglichst scharf zu machen. Eine scharfe Klinge muss sehr dünn sein, womit sie wiederum zerbrechlich wird. Also wird man – je nach Anwendungszweck – einen *Kompromiss* finden, indem nicht der eine Aspekt auf Kosten des anderen und damit auf Kosten des Ganzen verfolgt wird. Die verschiedenen Güter in einer Gesellschaft angemessen und verhältnismäßig zu fördern und dabei auch *Kompromisse* zu schließen, ist Aufgabe der Politik und des öffentlichen Diskurses.

Menschliches Leben – fundamentales, wenn auch nicht absolutes Gut

Allerdings gibt es auch Güter, die so fundamental sind, dass sie praktisch in keinem Fall in Frage gestellt oder relativiert werden können. Dies gilt etwa für das Gut des menschlichen Lebens. Das menschliche Leben nämlich ist die Voraussetzung für die Erfahrung und Verwirklichung aller anderen Güter und kann deshalb auch nicht um eines Kompromisses willen gegen eines dieser Güter – wenn auch ein durchaus wichtiges Gut – abgewogen und im Vergleich zu ihnen relativiert werden. So kann es nicht zulässig sein, etwa schwerbehinderte Kinder oder alte und kranke Menschen unter Verweis auf ihre schlechte Lebensqualität und die Vermeidung von Übeln zu töten. Eine Relativierung des menschlichen Lebens ist nur dann gerechtfertigt, wenn nur so – im Sinne der ultima ratio – die willkürliche Bedrohung des menschlichen Lebens abgewehrt werden kann. Tötung im Fall von Notwehr oder Nothilfe ist deshalb im Extremfall erlaubt. Zugespitzt könnte man sagen, dass die Tötung eines Menschen nur in solchen Situationen moralisch erlaubt ist, wenn diese Tötung dem Schutz des menschlichen Lebens dient, dem auch das Tötungsverbot selbst dienen will. Das menschliche Leben ist also zwar ein *fundamentales* Gut, *nicht aber ein absolutes Gut.* Die in kirchlichen Äußerungen zum Lebensschutz oft zu hörende Rede von der »Heiligkeit« des menschlichen Lebens ist in diesem Sinne zu verstehen.[17]

---

17 In diesem Sinne äußert sich bereits Werner Schöllgen, Aktuelle Moralprobleme, Düsseldorf 1955, 399: »In den Auseinandersetzungen über die eugenischen Maßnahmen des Dritten Reiches wurde in den letzten Jahren als Argument von voller Durchschlagskraft gerne der Ausdruck ›Heiligkeit des Lebens‹ belasteten Ärzten entgegengehalten. Ich gestehe offen, dass ich diesen vieldeutigen, missverständlichen und allzu oft missverstandenen Ausdruck nicht schätze. Er kann seinen richtigen und guten Sinn haben, wenn damit gemeint sein soll, das vitale Leben habe seinen Platz in der Gottesordnung als das gottbestimmte Werkzeug und Mittel, im Dienste am Mitmenschen wie an der eigenen inneren Entwicklung Gutes zu leisten und zu wirken. Will aber dieser Ausdruck dem Leben die Würde des obersten Wertes verleihen, so wird die Vitalität aufgehöht zum Götzenbild, zu einer Fata Morgana reiner Diesseitigkeit ... Eine solche Ethik lässt den Lebenswert zum allgewaltigen Tyrannen werden, der nicht dient, sondern herrscht und alles nach seinem Maß bestimmt ... Am wenigsten kann der Arzt diese Überhöhung des Vitalwertes zur Würde der Absolutheit nachvollziehen.«

3. Weitere Entfaltung des ethischen Grundprinzips

Ausgehend von dem vorgestellten Grundprinzip der ethischen Normbegründung lassen sich nun Schwierigkeiten vermeiden, die sich bei den bisherigen Ansätzen der Ethik gezeigt hatten. Einerseits kommt den realen Folgen und der Erfahrung eine konstitutive Bedeutung für die Normbegründung zu, andererseits kann der Gedanke der in sich schlechten Handlungen und der Grundsatz, dass der gute Zweck nicht das schlechte Mittel heiligt, gewahrt werden. Deontologisch gültige Normen werden teleologisch begründet. Einerseits lassen sich ethische Normen als objektiv begründet aufweisen, andererseits kommt diese Begründung ohne metaphysische oder sonstige nicht ausweisbare Annahmen aus.

3.1 Die Bedeutung der Folgen und der Erfahrung

Eine Handlung ist nur als unverhältnismäßig oder als kontraproduktiv erkennbar, wenn man die *realen Folgen* beachtet, die eine Handlung hat, und sie in Bezug zum eigentlich angestrebten Gut setzt.

Notwendigkeit der Sachkenntnis für ethische Entscheidungen

Das bedeutet, dass für ethische Entscheidungen möglichst umfassende *Sachkenntnis* erforderlich ist. So ist es etwa im Bereich medizinischen Handelns notwendig, mögliche unverhältnismäßige oder kontraproduktive Auswirkungen bestimmter Medikamente oder Eingriffe zu kennen. Bei der Einführung technischer Innovationen wie etwa der Gentechnik oder der neuen Kommunikationsmedien ist es unumgänglich, die möglichen Folgen genau zu ermitteln und die Erkenntnisse der Human- und Naturwissenschaften in den Normfindungsprozess mit einzubeziehen. Aber auch in Alltagsentscheidungen sind Sachkenntnis und Erfahrung unverzichtbar. Ob Karin L. ihr Kind bei den Großeltern lassen sollte, um eine Ausbildung machen zu können, oder ob sie arbeitslos bleiben sollte, dafür aber bei ihrem Kind sein kann, ist eine Entscheidung, die sehr genaue Kenntnis der konkreten Gegebenheiten und möglicher Handlungsalternativen voraussetzt.

Unüberschaubarkeit der Handlungsfolgen ist kein Einwand

Oft lassen sich aber die tatsächlichen Folgen im Voraus gar *nicht absehen.* Sie überlagern sich mit unvorhergesehenen Ereignissen und gestalten sich in der Wirklichkeit anders, als man es sich vorgestellt hat. Die Auswirkungen von Handlungen verlaufen nicht nur eindeutig linear, sondern verbinden sich mit anderen Ursachenketten und können sich ungeahnt verstärken. Oder die zerstörerische Wirkung von Handlungen tritt erst nach längerer Zeit zutage. So zeigt sich erst in letzter Zeit, dass die Anwendung von Sonnenschutzmitteln Auswirkungen auf die Fortpflanzungsfähigkeit bestimmter Meerestiere und damit Auswirkungen auf die Meeresökologie insgesamt hat und damit auch Rückwirkungen auf die Gesundheit des Menschen zeitigen könnte. Auch kann es sein, dass eine Handlung zunächst nicht kontraproduktiv ist, dann aber ab einem bestimmten Maß der Anwendung problematisch wird. Die Eindämmung von Flüssen kann zunächst dazu beitragen, Überschwemmungen zu verhindern, aber ab einem bestimmten Maß ihrer Anwendung können solche Uferbefestigungen zu noch größeren Überschwemmungen führen.

Diese Unüberschaubarkeit der Folgen bedeutet aber nicht, dass eine solche teleologische, an den Folgen orientierte Normbegründung ungeeignet wäre; einfache Lösungen sind wohl kaum eine verantwortliche Alternative. Wohl aber wird dadurch deutlich, dass die Begründung ethischer Normen oft ein sehr komplexer und schwieriger Prozess ist. Auf der Ebene politischer Entscheidungen oder der Einführung neuer riskanter Techniken ist es daher notwendig, Gremien zur Technikfolgenabschätzung und -bewertung (z.B. eine Enquêtekommission) einzusetzen. Im medizinischen Bereich ist es sinnvoll, sog. Ethikkomitees einzusetzen. Im Blick auf Lebensentscheidungen des Einzelnen ist es ratsam, sich mit Freunden oder auch Experten zu beraten oder sich für eine bestimmte Zeit aus dem Alltagsgeschäft zurückzuziehen.

Handlungsfolgen immer wieder überprüfen

Auch ist es ratsam, langsam und in kleinen Schritten vorzugehen. Wenn man sich dafür entscheidet, gentechnisch veränderte Pflanzen in der landwirtschaftlichen Produktion einzusetzen, wäre es unverantwortlich, die Innovation sofort flächendeckend anzuwenden. Stattdessen sollte man die möglichen Auswirkungen auf andere Pflanzen und auf die Gesundheit des Menschen erst in begrenzten und *begrenzbaren* Versuchen erproben. Ist dann eine Entscheidung gefallen, ist es notwendig, die tatsächlichen Folgen in der Wirklichkeit immer wieder zu überprüfen. Man muss immer wieder darauf achten, welche Erfahrungen man mit einer bestimmten Technik bzw. mit bestimmten Handlungsweisen macht. Werden im Lauf der Zeit doch kontraproduktive Folgen erkennbar, so ist es ethisch gefordert, dass man das Vorgehen stoppt oder verändert. Andernfalls handelt man wissentlich unverantwortlich.

Möglichkeit und Notwendigkeit eines Normenwandels

Mit der Bedeutung, die die realen Folgen für die ethische Bewertung der Handlung haben, wird auch die Möglichkeit und Notwendigkeit eines *Normenwandels* verständlich. Stellt sich nämlich heraus, dass eine Handlung, die bislang unproblematisch war, jetzt beginnt, unverhältnismäßig oder kontraproduktiv zu werden, sind solche Handlungen verboten bzw. nach dem Prinzip des Übermaßverbots einzuschränken. Umgekehrt sind bisherige Verbote zu lockern oder aufzuheben, wenn das Verbot gerade das Gegenteil dessen erreicht, was man eigentlich will. Wenn eine strikte Verbotsregelung in Bezug auf die Gentechnik dazu führt, dass die entsprechenden Forschungslabors ins Ausland verlagert werden und die Wissenschaftler abwandern, dort aber unter weniger kontrollierten Bedingungen forschen, kann es notwendig sein, das entsprechende Gesetz zu modifizieren. Wenn sich zeigt, dass bestimmte strikte Verbote im Bereich der Sexualmoral zu einer Doppelmoral führen oder sogar krank machen, anstatt eine erfüllte Sexualität und ein geglücktes Zusammenleben von Mann und Frau zu ermöglichen, sollten sie geändert werden.

Eine Norm, die sich unter bestimmten geschichtlichen, kulturellen oder gesellschaftlichen Bedingungen als sinnvoll erwiesen hat, kann also unter gewandelten gesellschaftlichen und kulturellen Bedingungen sinnlos werden und muss daher, gerade um dasselbe Gut weiterhin zu schützen und zu fördern, modifiziert oder durch eine andere Norm ersetzt werden. Und entsprechend kam es immer wieder auch in der lehramtlichen Moralverkündigung zu Änderungen in den normativen Aussagen (vgl. 3. Kapitel, 3.3). Andererseits gibt es Normen – wie etwa die Verbote der zweiten Tafel des Dekalogs –, deren Beachtung sich in den unterschiedlichsten Gesellschaften als sinnvoll und notwendig herausstellt. Zwar beruhen auch sie letztlich auf Erfahrung und geschichtlicher Einsicht und wären prinzipiell wandelbar.[18] Faktisch erweisen sie sich aber in dieser Welt zu allen Zeiten und in allen Kulturen als gültig.

3.2 Die objektive Gültigkeit ethischer Normen und die Bedeutung der Natur

Objektivierbarkeit ethischer Normen

(1) Aus der zentralen Bedeutung, die den Folgen und der Erfahrung für die Normbegründung zukommt, ergibt sich aber nicht nur die Wandelbarkeit von Normen, sondern auch, dass sich die ethische Bewertung von Handlungen an empirisch feststellbaren Tatsachen festmachen und *ob-*

18 So wurde in der scholastischen Theologie des Mittelalters die Auffassung vertreten, dass im Urstand das Gebot, dass alles allen gemeinsam gehört, immer verpflichtend war, während es nach dem Sündenfall nur in Ausnahmesituationen extremer Not gilt. Vgl. etwa: Wilhelm von Auxerre, Summa aurea III,18,1, Ed.: J. Ribaillier, Bd. III/1 (SpicBon 18a), Paris/Grottaferrata 1986, 371,47–49.

jektivieren lässt. Zwar ist es zunächst Sache der eigenen Entscheidung des Handelnden, welches Gut er jeweils anstrebt, und auch, auf welche Weise und mit welchen Mitteln er dieses Gut verwirklichen will. Ob aber die Handlung dann dem in ihr angestrebten Gut wirklich entspricht oder widerspricht, ist selbst nicht wieder in die eigene Entscheidung des Handelnden gelegt, es hängt nicht von seinen guten Absichten, sondern von der Wirklichkeit ab, in der er handelt und um die es in der Handlung geht. Damit eine Handlung ethisch richtig und verantwortlich ist, genügt es also nicht, es bloß gut zu meinen oder etwas Gutes zu wollen. Vielmehr muss sich die Handlung aufgrund ihrer realen Folgen im Blick auf das angestrebte Gut als förderlich und nicht als zerstörerisch erweisen lassen.

Dabei mag es sein, dass sich die Frage, ob eine konkrete Handlung bereits kontraproduktiv ist oder nicht, *in der Praxis* nicht eindeutig beantworten lässt. Es mag sein, dass die tatsächliche Feststellung der Kontraproduktivität nicht möglich ist oder sich wegen der Komplexität der Zusammenhänge schwierig gestaltet. Es mag sein, dass die Fakten nicht eindeutig sind, dass unterschiedliche Erfahrungen, Untersuchungsergebnisse oder Statistiken vorliegen oder dass die Untersuchungsergebnisse unterschiedlich interpretiert werden. All dies ändert aber nichts daran, dass die innere Widersprüchlichkeit der Handlung ihre Grundlage in der Realität hat und nicht erst aufgrund ihrer faktischen (und einmütigen) Feststellung gegeben ist.

Ob eine Handlungsweise ethisch richtig oder falsch, verantwortlich oder unverantwortlich ist, hat seine Grundlage also nicht nur – wie bei *Jürgen Habermas* – im Konsens, der im Diskurs aller Betroffenen über die jeweilige Handlungsoption oder den jeweiligen Normvorschlag erzielt wurde, sondern *in der Realität der Sache*, um die es jeweils in der fraglichen Handlung geht. Andererseits hat Habermas sicher darin Recht, dass die Feststellung der möglichen Kontraproduktivität von Handlungen auf einen Diskurs und auf ein gemeinsames Suchen konstitutiv angewiesen ist. Das Gespräch, in dem sich alle Gesprächsteilnehmer wechselseitig als gleichberechtigte Partner anerkennen und in dem sie eine Haltung der Unparteilichkeit einnehmen, ist eine wesentliche Voraussetzung für die Bereitschaft, auf die Rückmeldungen aus der Wirklichkeit einzugehen und die Fakten nicht aufgrund von eigenen egoistischen Interessen oder Ängsten zu vertuschen. Der Konsens aller Betroffenen macht es wahrscheinlich, dass eine solche Haltung der Offenheit für die Wirklichkeit gegeben ist.

Grundlage in der *Natur* der Sache

(2) Ethische Normen sind deshalb auch nicht von Menschen beliebig festlegbar, sondern haben ihre Grundlage in der menschlichen und außermenschlichen Realität oder auch – anders ausgedrückt – in der *Natur*

der Sache. Ob es zu noch größeren Überschwemmungen kommt, wenn man die Flüsse weitestgehend eindämmt, hat seinen Grund nicht darin, ob diejenigen, die die Dämme bauen, dies wollen oder nicht wollen, sondern allein in physikalischen Grundgesetzen und somit in Vorgegebenheiten der Natur. Dass unser *Körper* nicht nur eine dinghafte Maschine ist, die wir *haben* und deren wir uns beliebig bedienen können, sondern dass wir zugleich in unserem Körper *da sind* und dieser so zugleich auch die Weise der Gegenwart unserer selbst und in diesem Sinne *Leib* ist, dass unser Körper auch eigenen Gesetzen, Dynamismen und Rhythmen folgt, ist nicht davon abhängig, ob wir dem zustimmen oder nicht, sondern ist mit unserem Menschsein gegeben. Das rein dinghafte Verständnis des Körpers und der Wille, willkürlich über ihn zu verfügen, erweisen sich jedenfalls immer wieder – etwa durch Krankheitssymptome – als zerstörerisch.

Bezug zum natürlichen Sittengesetz

Ausgehend von dieser Einsicht lässt sich auch das eigentliche Anliegen der Lehre vom natürlichen Sittengesetz erfassen. Denn auch wenn das, was ethisch gutes und schlechtes Handeln ist, nicht positiv aus der Natur selbst und einer in ihr liegenden Teleologie und Sinnhaftigkeit entnommen werden kann, sondern im Prinzip der Verhältnismäßigkeit und der Nicht-Kontraproduktivität zu suchen ist, stellt die menschliche und außermenschliche Natur mit ihrer Eigengesetzlichkeit und inneren Eigendynamik eine entscheidende Grenze und Vorgabe für die Ermittlung und Begründung ethisch guten und schlechten Handelns dar. Darin, dass die *Natur der Sache* für ethisches Urteilen entscheidende Bedeutung hat, liegt der – in nachmetaphysischer Zeit – bleibende Wahrheitskern der Lehre vom natürlichen Sittengesetz.

Damit ist auch dem Anliegen der Enzyklika »Veritatis splendor« entsprochen, dass der Mensch sich nicht selbst beliebig seine Werte und ethischen Richtlinien schaffen kann. Vielmehr sind diese dem Menschen, seiner subjektiven Einschätzung und Willkür aufgrund der Eigengesetzlichkeit der Natur sowie der spezifischen Verfasstheit des Menschen vorgegeben.

3.3 Die »in sich« schlechten Handlungen und das »Objekt« der Handlung

In sich schlecht aufgrund der inneren Handlungsstruktur

(1) Auf der Grundlage, dass eine Handlung dann objektiv schlecht und unverantwortlich ist, wenn sie sich als kontraproduktiv erweist und ihrem Handlungsgrund widerspricht, lässt sich auch die traditionelle Lehre von den »in sich« schlechten Handlungen (actiones intrinsece malae) verständlich machen, auf die die Enzyklika »Veritatis splendor« gegen al-

len Relativismus nachdrücklich hinweist. Eine solche Handlung nämlich ist bereits aufgrund ihrer *inneren Struktur* – also in diesem Sinne »in sich selbst« – und nicht erst aufgrund weiterer Folgen als ethisch schlecht zu erkennen und zu beurteilen. Zwar ist es richtig, dass die innere Widersprüchlichkeit der Handlung auch von den realen Folgen der jeweiligen Handlung im Blick auf das sie begründende angestrebte Gut abhängt. Insofern ist auch die innere Schlechtigkeit einer Handlung *teleologisch* begründet. Ist aber eine Handlung erst einmal als in sich widersprüchlich und damit als in sich schlecht erkannt, kann man sie nicht noch einmal dadurch nachträglich rechtfertigen, dass sie als Grundlage für die Verwirklichung eines weiteren Gutes dient. Gegenüber solchen weiteren Folgen kann sie *deontologisch* als schlecht gelten. Auch ein noch so guter Zweck kann dann das bereits als ethisch schlecht erkannte Mittel nicht heiligen. Wer etwa andere bestiehlt und damit Geld und Besitz auf eine Weise an sich bringen will, die dieses Gut im Ganzen gerade untergräbt und zerstört, kann diese Handlung nicht noch einmal im Nachhinein dadurch rechtfertigen, dass er das gestohlene Geld zur Unterstützung der Armen einsetzt. Es wäre stattdessen nach anderen Wegen der Armenfürsorge zu suchen.

Der entscheidende Unterschied zum Utilitarismus liegt darin, dass bereits im Blick auf *jedes einzelne* Gut, das einer Handlung zugrunde liegt, nach der »Nützlichkeit« bzw. nach der Geeignetheit und Angemessenheit der Handlung gefragt wird, und nicht nur im Blick auf das *eine* Gut des gesamtgesellschaftlichen Wohlbefindens. Auf diese Weise nämlich lässt sich bereits bei einzelnen Handlungen eine in sich widersprüchliche und damit unverantwortliche Struktur ausmachen, die es verbietet, diese Handlung auf den Gesamtnutzen der Gesellschaft zu beziehen und von dorther zu rechtfertigen.

Art der Handlung

(2) Mit diesen Überlegungen lässt sich weiterhin auch verstehen, was mit der *Artbestimmung* (Spezifizierung) einer Handlung im ethischen Sinne gemeint ist. Ob nämlich eine Handlung zur Art der »Tötung aus Notwehr« oder zur Art »Mord« gehört und als solche zu bezeichnen ist, hat sein Kriterium darin, ob die Tötung eines Menschen verhältnismäßig ist und einen rechtfertigenden Grund – etwa die Rettung des Lebens von willkürlich bedrohten Menschen – hat oder nicht. Ob eine Handlung als »Inhaftierung« oder als »Freiheitsberaubung« zu bezeichnen ist, bemisst sich daran, ob es für das Einsperren eines Menschen ins Gefängnis einen rechtfertigenden Grund gibt – etwa den Schutz der Freiheit in einer Gesellschaft – oder nicht. Ob eine Falschaussage als »Lüge« zu gelten hat oder nicht, hat seinen Grund darin, ob durch diese Falschaussage der Wert der Wahrheit und Wahrhaftigkeit untergraben wird oder ob es etwa

durch diese Falschaussage gelingt, einen Angriff auf die Wahrheit zu unterbinden.[19]

Im Blick auf die Artbestimmung einer Handlung ist also zu unterscheiden zwischen dem physischen und zumeist empirisch beobachtbaren Ablauf des Geschehens einerseits und seiner jeweiligen bereits ethisch gewerteten Charakterisierung andererseits. Dabei ist mit der physischen Beschreibung noch nichts über die ethische Wertung gesagt. So ist es in der Ethik wichtig darauf zu achten, sprachlich sauber zu unterscheiden zwischen Tötung und Mord, Falschaussage und Lüge, Wegnahme fremden Eigentums und Diebstahl, Entfernung eines Organs bzw. eines Körperteils und Verstümmelung, vorzeitiger Beendigung einer Schwangerschaft und Abtreibung, Einsatz von Waffen und Gewalttätigkeit usw. Nur von einem »Mord« – der bereits als Tötung ohne entsprechenden Grund und damit als ethisch unberechtigte Tötung definiert ist – kann man sagen, dass er immer ethisch schlecht und unerlaubt sei. Das schließt aber nicht aus, dass es Fälle geben kann, in denen die Tötung eines Menschen ethisch gerechtfertigt ist. Ebenso kann man nur von einem »Diebstahl« – der bereits als unberechtigte Wegnahme fremden Eigentums definiert ist – sagen, dass er ethisch immer schlecht und unerlaubt ist. Und doch kann es Fälle geben, in denen die Wegnahme fremden Eigentums ethisch gerechtfertigt ist, etwa bei der zwangsweisen Beschlagnahmung von Eigentum durch einen Gerichtsvollzieher oder im Katastrophenfall etc.

Objekt der Handlung

(3) Mit der ethischen Artbestimmung der Handlung ist zugleich das erfasst, was in der Enzyklika »Veritatis splendor« mit der Rede vom *Objekt* der Handlung gemeint ist. Mit dem Objekt der Handlung ist nämlich nicht einfach das gemeint, was in der Handlung physisch oder auch empirisch beobachtbar geschieht, sondern die bereits ethisch spezifizierte Art der Handlung. So ist beispielsweise nicht der physische Vorgang der Tötung als solcher schon das Objekt der Handlung im ethischen Sinne, sondern das Objekt wird erst durch die Bezeichnung der Handlung als »Mord« oder als »Notwehr« angegeben.

Drei Quellen der Moralität

Diese Rede vom Objekt der Handlung hat ihren ursprünglichen Ort im Rahmen der traditionellen Lehre von den Quellen der Moralität (fontes moralitatis), die auch die Enzyklika »Veritatis splendor« zugrunde

19 Dietrich Bonhoeffer berichtet einmal folgenden Vorfall: »Ein Kind wird von seinem Lehrer vor der Klasse gefragt, ob es wahr sei, dass sein Vater oft betrunken nach Hause komme? Es ist wahr, aber das Kind verneint es.« – Kann hier wirklich von einer ethisch verwerflichen Lüge die Rede sein, oder geht es dem Kind nicht vielmehr darum, sich gegen den Angriff des Lehrers auf Wahrhaftigkeit und Vertrauen zur Wehr zu setzen?

legt. Gemäß dieser Lehre von den fontes moralitatis ergibt sich die ethische Beurteilung einer Handlung aus drei Quellen: aus dem *Objekt* der Handlung, aus der Absicht bzw. *Intention* des Handelnden und aus den jeweiligen *Umständen*, unter denen die Handlung stattfindet. Im ethischen Sinne gut ist nach dieser Lehre eine Handlung nur dann, wenn sie aufgrund aller drei Bestimmungen gut ist, ethisch schlecht ist sie dagegen bereits, wenn eines dieser drei Elemente schlecht ist.

Intention des Handelnden

Ist also eine Handlung bereits aufgrund ihres Objekts etwa als Mord oder als Lüge und damit als ethisch schlecht zu qualifizieren, kann sie auch durch eine noch so gute Absicht nicht gut werden. Eine als Mord bestimmte Handlung kann nicht dadurch gerechtfertigt werden, dass auf diese Weise etwa der Ruin einer Firma aufgehalten wird und damit viele Arbeitsplätze erhalten bleiben. Andererseits aber ist es möglich, dass eine Handlung, deren Objekt gut ist, also etwa in einer Hilfeleistung besteht, durch die Intention moralisch schlecht wird. Wer etwa einem alten und kranken Menschen nur deshalb hilft, weil er sich dadurch erwartet, eine bedeutende Erbschaft zu machen, handelt aus ethisch schlechten Motiven und verdirbt damit auch die Handlung des Helfens. Sie ist dann nicht mehr als »Hilfeleistung«, sondern als »Erbschleicherei« zu bezeichnen.

Umstände, unter denen die Handlung stattfindet

Mit den Umständen sind dann weitere, situationsabhängige Gegebenheiten gemeint, die nicht mehr das Objekt der Handlung verändern können, sondern lediglich den Grad ihres Gut- bzw. Schlechtseins steigern oder abschwächen können. So ändert es zwar nichts an der Bestimmung der Handlung als Mord, ob der Mord rasch und schmerzlos oder ob er im Affekt geschieht oder mit besonderer Heimtücke geplant ist. Wohl aber wird dadurch die Schwere der Schlechtigkeit und der Schuld des Handelnden modifiziert. Ebenso ist es bei unterlassener Hilfeleistung entscheidend, ob man durch seine Garantenstellung als Arzt oder als Eltern zur Lebenserhaltung verpflichtet ist oder ob dies nicht der Fall ist. Auch die mit der Lebensrettung verbundene Gefahr oder Risikolosigkeit kann für die Beurteilung des Schuldmaßes wichtig sein.

3.4 Direkt beabsichtigt – indirekt in Kauf genommen

Beispiel: direkte und indirekte Sterbehilfe

Ausgehend von dem vorgestellten Modell der Normbegründung lässt sich schließlich auch ein geeigneter Verstehenszugang zu der in der Tradition der Moraltheologie gängigen Unterscheidung zwischen *direkt beabsichtigten* und bloß *indirekt in Kauf genommenen* schlechten Handlungsfolgen gewinnen.

Eine zentrale Bedeutung hat diese Unterscheidung heute etwa im Bereich der Sterbehilfe. Hier wird davon ausgegangen, dass es zwar immer ethisch unerlaubt und schlecht ist, einen schwerstkranken Krebspatienten auch auf seinen Wunsch hin zu töten, dass es aber ethisch vertretbar und gerechtferigt ist, diesem Patienten Schmerzmittel auch in einer solch hohen Dosis zu verabreichen, dass dadurch sein Leben verkürzt wird. Während nämlich im ersten Fall der Tod direkt beabsichtigt und intendiert sei, sei im zweiten Fall das direkt Beabsichtigte die Schmerzstillung, der dadurch verursachte vorzeitige Tod sei dagegen lediglich indirekt in Kauf genommen. Er sei außerhalb der Absicht (praeter intentionem), weshalb die Handlung ihrer Art nach nicht als »Tötung eines Unschuldigen« oder als »Mord« zu bestimmen sei.

> Gegen eine solche Unterscheidung wird heute vielfach eingewendet, dass die jeweilige Absicht des Handelnden, der durch seine Handlung in beiden Fällen den Tod verursacht und herbeiführt, doch wohl kaum eine so gravierende Unterscheidung in der ethischen wie in der rechtlichen Bewertung begründen kann. Für Dieter Birnbacher etwa ist sowohl die aktive, direkte wie auch die indirekte Sterbehilfe in gleicher Weise vorsätzlich und deshalb auch grundsätzlich gleich zu beurteilen.[20] Und Peter Singer geht noch einen Schritt weiter, wenn er die Rede von der indirekten Sterbehilfe als unehrliche Kompromisslösung der katholischen Kirche darstellt, um ihre Position der Heiligkeit des Lebens aufrechterhalten zu können. Für ihn steht in Wahrheit hinter der Unterscheidung von beabsichtigter Leidensverminderung und dem in Kauf genommenen Tod als unbeabsichtigter Nebenfolge bereits das uneingestandene Urteil, dass das Leben des Patienten von so dürftiger Qualität sei, dass es sich nicht mehr lohne, es zu verlängern.[21] An Stelle so scheinheiliger Unterscheidungen aufgrund der Absicht solle man ehrlicherweise eingestehen, dass auch hinter der Gabe von lebensverkürzenden Schmerzmitteln ein Urteil über die Lebensqualität und die Absicht, den Tod herbeizuführen, steht.

Absicht im psychologischen und im ethischen Sinne

Diese Einwände sind in der Tat berechtigt, solange man die Absicht und die Intention in einem *psychologischen* Sinne versteht. Ob der Arzt bei der Gabe der Schmerzmittel faktisch an die Leidensverminderung denkt und sie anstrebt oder ob er vielmehr an den vorauszusehenden vorzeitigen Tod denkt und ihn insgeheim erstrebt, kann tatsächlich wohl kaum für die Beurteilung der Handlung entscheidend sein. Sonst dürfte auch ein Dieb, der nicht an den Schaden denkt, den er dem Bestohlenen zufügt, sondern nur an die Freude, die ihm der leicht erworbene Besitz bereitet, nicht verurteilt werden. Andererseits lässt sich ausge-

---

20 Vgl. dazu: Dieter Birnbacher, Tun und Unterlassen, Stuttgart 1995, 345f.

21 Vgl. Peter Singer, Leben und Tod. Der Zusammenbruch der traditionellen Ethik, Erlangen 1998, 75f.

hend von dem vorgestellten Modell der Normbegründung die Unterscheidung von »direkt intendiert« und »indirekt in Kauf genommen« in einem *ethischen* Sinne unabhängig von der jeweiligen psychologischen Absicht klar bestimmen.

Das Gemeinte lässt sich beispielhaft daran deutlich machen, dass sich etwa die ethische Intention eines Arztes, der einen lebensrettenden Eingriff vornimmt, auf die Lebensrettung richtet, auch wenn er – psychologisch gesehen – lediglich an die Durchführung der Operation oder auch an sein Ansehen denkt. Und umgekehrt richtet sich die ethische Intention eines Diebes, der beim Einbruch lediglich an seinen Besitz denkt, auf die Schädigung der Institution »Eigentum« im Ganzen. Der Unterschied zwischen »direkt intendiert« und »indirekt in Kauf genommen« ist also daran festzumachen, ob die in einer Handlung mitverursachten Schäden und Übel in dem angestrebten Gut einen rechtfertigenden Grund haben oder nicht. Ist die Handlung geeignet, das sie begründende Gut tatsächlich zu fördern, ist die Förderung dieses Gutes das direkt Intendierte, die zugleich mitgesetzen Schäden sind dagegen nur in Kauf genommen und bleiben »praeter intentionem«. Ist dagegen die Handlung nicht geeignet, das in ihr angestrebte Gut zu fördern, sondern führen die mitverursachten Schäden dazu, dass schließlich auch das angestrebte Gut selbst im Ganzen und dauerhaft gemindert oder zerstört wird, dann sind die Schäden direkt intendiert und nicht nur in Kauf genommen.

Ziel des medizinischen Handelns

Was lässt sich ausgehend von dieser Unterscheidung zwischen direkt und indirekt im Blick auf die Frage der Sterbehilfe sagen?[22] Grundlegend ist zunächst die Einsicht, dass unter den Bedingungen der heutigen technisch perfektionierten Intensivmedizin das Ziel ärztlichen und medizinischen Handelns nicht mehr einfach mit *Lebenserhaltung* angegeben werden kann. Vielmehr ist zwischen dem rein *biologischen Leben* und dem *Lebensvollzug* des Menschen, dass er nämlich sein Leben lebt, zu unterscheiden. Denn die Intensivmedizin kann den Organismus auch dann noch am Funktionieren erhalten, wenn der Mensch – wie beim irreversiblen Hirntod – sein Leben definitiv nie mehr vollziehen kann. Wenn man es in diesem Fall für gerechtfertigt hält, lebenserhaltende Geräte abzustellen, wird deutlich, dass das biologische Leben lediglich im Blick darauf unbedingt erhaltenswert ist, dass es die Voraussetzung für den Lebensvollzug des Menschen darstellt. Dann aber lässt sich das Ziel medizinischen und ärztlichen Handelns nicht mehr einfach mit Lebenserhal-

22 Vgl. zum Folgenden: Stephan Ernst, Verhältnismäßige und unverhältnismäßige Mittel. Eine bedenkenswerte Unterscheidung in der lehramtlichen Bewertung der Sterbehilfe, in: MThZ 58 (2007) 43–57.

tung angeben, sondern besteht darin, *dem Patienten im Rahmen des noch Möglichen optimale Bedingungen für seinen Lebensvollzug zu schaffen und zu erhalten.*

Schmerzlinderung mit lebensverkürzender Wirkung

Ausgehend von diesem Ziel aber lässt sich sagen, dass Behandlungsmaßnahmen wie etwa starke Schmerzmittel, die bei einem Krebspatienten im Endstadium die Möglichkeit des Lebensvollzugs den Umständen entsprechend verbessern oder wiederherstellen, auch dann ethisch gerechtfertigt sind, wenn sie das Leben faktisch abkürzen. Allerdings ist dabei im Sinne der Verhältnismäßigkeit darauf zu achten, dass die gewählte Dosierung wirklich erforderlich ist. Nur dann kann davon die Rede sein, dass sich die Intention *direkt* auf die Schmerzlinderung und damit auf die Verbesserung des Lebensvollzugs und nicht auf die Lebensverkürzung richtet, dass der voraussehbare Tod vielmehr *außerhalb der Intention* bleibt. Sind die Schmerzmittel dagegen nicht notwendig, kann auch nicht mehr im eigentlichen Sinne von indirekter Sterbehilfe gesprochen werden; die Kritik Singers und Birnbachers trifft dann zu.

Behandlungsverzicht und -abbruch

Weiterhin lässt sich sagen, dass mögliche Behandlungsmaßnahmen, die im Blick auf die Optimierung des Lebensvollzugs keine Verbesserung darstellen oder die Möglichkeit des Lebensvollzugs eher einschränken – also etwa eine schwere Operation am Ende des Lebens – unterbleiben oder auch abgebrochen werden können. Auch dann ist der vorzeitig eintretende Tod nur indirekt in Kauf genommen und nicht direkt beabsichtigt. Was eine Optimierung des Lebensvollzugs bedeutet, ist dabei möglichst im Dialog mit dem Patienten zu klären und nicht über ihn zu verfügen.

4. Warum überhaupt ethisch handeln? – Die Frage nach dem Grund des Sollens

Mit den bisherigen Überlegungen ist zwar die Leistungsfähigkeit der Normbegründung durch Orientierung an der Verhältnismäßigkeit der Mittel dargestellt worden. Eine entscheidende Grundfrage der Ethik ist damit aber bisher noch nicht angesprochen worden: *Warum* sollen wir eigentlich so handeln, dass unser Tun auf Dauer und im Ganzen verhältnismäßig bleibt und nicht kontraproduktiv wird? Warum sollen wir eigentlich das Gut, das wir jeweils in unserer Handlung anstreben, universalisieren? Warum sollen wir eigentlich ethisch und nicht egoistisch handeln?

Für eine rein interessenfundierte Ethik, wie sie etwa Norbert Hoerster vertritt, lässt sich diese Frage nicht beantworten, ohne sich auf metaphysische und damit nicht allgemein nachweisbare Voraussetzungen zu berufen. Für sie nämlich zählen allein die eigenen, individuellen Interessen; und Normen, die diese unmittelbaren Interessen einschränken, lassen sich ausschließlich dadurch begründen, dass sie wiederum im weiteren oder umfassenderen Interesse des einzelnen Individuums liegen. Darin liegt auch der Grund, warum man sich an diese Einschränkungen halten sollte.

Fehlender rechtfertigender Grund für mögliche Schäden

Eine erste mögliche Antwort auf diesen Einwand der interessenfundierten Ethik könnte darauf verweisen, dass sonst – wenn bei der Überprüfung der Folgen des eigenen Handelns für das jeweils angestrebte Gut dieses Gut nicht universal gefasst wird – in der Gesamtwirklichkeit ein Schaden verursacht oder zugelassen wird, ohne dass man dafür einen *rechtfertigenden* Grund angeben kann. Doch auch hier könnte ein Vertreter der interessenfundierten Ethik fragen, warum man überhaupt einen rechtfertigenden Grund für sein Handeln angeben müsse, wenn doch dieser Schaden die eigenen Interessen völlig unberührt lasse?

Haltung der Willkür

Die Antwort hierauf kann nur noch lauten: Weil man sonst die möglichen Fragen anderer, warum man diesen Schaden verursacht oder zulässt, nicht unter Angabe von *sachbezogenen* Gründen rechtfertigen kann, sondern allein so, dass man auf die jeweils eigenen Interessen verweist, die davon – auch langfristig – unberührt bleiben. Auf die Anfragen, warum man eine bestimmte, im Ganzen kontraproduktive Handlung nicht unterlasse, kann man keinen *in der Sache selbst* liegenden Grund nennen, sondern lediglich sagen, dass einen das Ganze nicht interessiert. Das aber bedeutet, dass man letztlich nicht bereit ist, gegenüber jedermann das eigene Handeln mit *sachlichen* Gründen zu rechtfertigen und zu verantworten, sondern in manchen Fällen das Gespräch mit dem Hinweis auf die anders gearteten Interessen einfach *abbricht*. Damit aber liegt der eigenen Umgangsweise mit anderen wie auch mit der Wirklichkeit im Ganzen – zumindest vom Prinzip her – die Haltung der *Willkür* zugrunde. Man entzieht sich willkürlich der Offenheit und Argumentationsbereitschaft gegenüber jedermann. Ein solches Verhalten aber kann seinerseits nicht mehr rational begründet und gerechtfertigt werden.

Mit diesem Hinweis kann derjenige, der in der Begründung ethischer Normen ausschließlich von seinen eigenen individuellen Interessen ausgeht, zwar nicht dazu gebracht werden, sich nun doch an sachlich rechtfertigenden Gründen zu orientieren. Es ist damit nicht ausgeschlossen, dass sich jemand dennoch in dieser Weise willkürlich verhält, etwa weil er die Macht hat. In seiner Freiheit kann sich der Mensch immer auch dem Zwang des Arguments entziehen und verweigern. *Aber er kann dann nicht beanspruchen, sich konsequent und durchgängig rational zu verhalten.*

Zusammenfassende Thesen:

1. Der neuzeitlichen Ethik wird vom Lehramt der katholischen Kirche eine Tendenz zum *Relativismus* vorgeworfen, die durch eine Überbewertung der Autonomie und der Folgen in der Normbegründung bedingt sei. Dagegen wird das Anliegen betont, dass es *in sich schlechte Handlungen* geben müsse, die nicht wieder durch einen guten Zweck geheiligt werden können.
2. In Entscheidungssituationen steht man zumeist vor dem Problem, dass in jeder der möglichen Handlungsalternativen zwar ein Gut angezielt und verwirklicht wird, zugleich aber immer auch Übel verursacht werden.
3. Eine Handlung ist nicht schon dann *ethisch gut*, wenn in ihr ein *physisches Gut* angezielt und verwirklicht wird; ebensowenig ist eine Handlung dann ethisch schlecht, wenn durch sie ein Schaden verursacht wird. Eine Handlung ist vielmehr dann ethisch gut, wenn das angezielte physische Gut die in der Handlung mitverursachten Schäden und Übel *rechtfertigen* kann, sie ist schlecht, wenn das Gut die Schäden nicht rechtfertigen kann.
4. Für die Frage, wann ein Gut die mitverursachten Schäden rechtfertigen kann, lässt sich zunächst auf das Prinzip der *Verhältnismäßigkeit der Mittel* verweisen: Eine Maßnahme, die Schäden verursacht, muss geeignet, erforderlich und dem Ziel angemessen sein. Die Übel sind möglichst gering zu halten.
5. Weiterführend lässt sich sagen, dass eine Handlung dann schlecht und unverantwortlich ist, wenn die darin verursachten Übel das in ihr angezielte Gut untergraben oder mindern, die Handlung also *kontraproduktiv* ist. Entscheidend für die *ethische* Beurteilung sind dabei die Aspekte, dass eine Handlung *auf Dauer* und *im Ganzen* nicht kontraproduktiv ist (Peter Knauer).
6. Ausgehend von diesem Prinzip sind zum einen die realen *Folgen* einer Handlung für ihre ethische Beurteilung entscheidend und *Wandlungen* in der ethischen Beurteilung denkbar. Zum anderen ist die ethische Beurteilung nicht von der subjektiven Absicht abhängig, sondern lässt sich *objektivieren* und ist an die *Natur der Sache* zurückgebunden.
7. Weiterhin gilt: Wenn eine Handlung langfristig und im Blick auf das universalisierte angezielte Gut (= im Ganzen) kontraproduktiv ist, ist sie bereits *aufgrund ihrer Struktur* in sich *widersprüchlich*. Sie ist damit *in sich schlecht* und kann dann nicht wieder dadurch gerechtfertigt werden, dass sie die Voraussetzung für eine andere gute Handlung darstellt.

8. Auf die grundsätzliche Frage, warum man überhaupt das angestrebte Gut universalisieren soll, lässt sich zunächst sagen, dass man sonst einen Schaden in der Gesamtwirklichkeit verursacht, für den man keinen rechtfertigenden Grund angeben kann. Auf die Nachfrage, warum man so handelt, kann man keinen *sachlichen* Grund mehr angeben, sondern nur noch die eigene subjektive *Willkür*.

ZWEITER TEIL

Wie sich ethisch gutes Handeln wollen lässt

Im Ersten Teil ging es um die Frage, wie sich im Rahmen einer *theologischen* Ethik erkennen und begründen lässt, welche Handlungen ethisch gut und richtig und welche Handlungen schlecht und unverantwortlich sind. Ausgehend von nahe liegenden Möglichkeiten der Orientierung am Willen Gottes, an der Heiligen Schrift, am Gewissen oder auch an der Natur hat sich gezeigt, dass ethische Normen letztlich mithilfe der menschlichen Vernunft und der Erfahrung durch die Abwägung von Gütern und Übeln zu finden und zu begründen sind. Weder die Begründung, warum eine Entscheidung oder Handlung gut oder schlecht ist, noch der unbedingte ethische Anspruch als solcher ist erst im Glauben an Gott einsehbar. Beides ist vielmehr bereits mit der weltlichen Wirklichkeit als solcher gegeben und kann prinzipiell auch außerhalb des Glaubens erkannt werden. Nur insofern die Wirklichkeit der Welt im Ganzen – theologisch gesehen – auf Gott als den Schöpfer zurückzuführen ist, können auch ethische Normen und der ethische Anspruch selbst als Teil dieser Wirklichkeit auf Gott zurückgeführt werden. Sie sind jedoch nicht Resultat einer spezifischen göttlichen Offenbarung.

Allerdings ist es mit der bloßen Erkenntnis des ethisch Richtigen und Guten und mit der Einsicht, dass wir verantwortlich handeln sollen, noch nicht getan. Mit dieser Erkenntnis nämlich ist noch keineswegs garantiert, dass man das Erkannte auch tatsächlich in seinem Handeln umsetzt. Die folgende Beispielgeschichte kann das Problem anschaulich machen:

Beschwingt startet Abteilungsleiter Ludwig M. seinen Wagen. Der Tag in der Firma ist lang, aber erfolgreich gewesen. »Wirklich ein guter Tropfen, den der Chef zum Geschäftsabschluss spendiert hat. Hab' ich zwei oder drei Viertel gekippt? Ist egal – jetzt nach Hause!« Der vertraute Heimweg bietet auch in der Dunkelheit keine Schwierigkeiten. Der Tacho zeigt 100. In der lang gezogenen Rechtskurve kommt einer entgegen. »Blöder Kerl, blend endlich ab!« Herr M. kneift seine Augen zusammen. Ist da vorne rechts nicht ein Schatten? Ein Radfahrer! Im gleichen Augenblick spürt er einen dumpfen Schlag gegen den Wagen. Er will bremsen und anhalten, da überfällt es ihn heiß: »Du hast getrunken! Du bist Familienvater!«

Im Unterschied zur Beispielgeschichte von Karin L. am Beginn des Ersten Teils (S. 29) dürfte es hier kaum fraglich sein, was in dieser Situation das ethisch Richtige und Verantwortliche ist: Herr M. sollte aussteigen, sich um den Verletzten kümmern, die Polizei und den Krankenwagen rufen. Dennoch befindet sich Herr M. in einem inneren Konflikt. Eine Fülle von Ängsten und Überlegungen schießt ihm in diesem Moment durch den Kopf. Wenn der Radfahrer schwer verletzt oder gar tot ist, würde er vermutlich zu einer Haftstrafe verurteilt. Seine Karriere, die sich gerade im Aufwind befindet, wäre beendet, seine Familie hätte erheblich darunter zu leiden. All diese Befürchtungen erzeugen einen inneren Druck, der ihn am Ende – vielleicht – dazu bringt, einfach weiterzufahren und das gerade nicht zu tun, wovon er weiß, dass er es eigentlich tun sollte.

Die Geschichte kann ins Nachdenken bringen. Ist es wirklich so – wie Sokrates meinte[1] –, dass der Mensch, wenn er erst einmal das Gute und Richtige erkannt hat, dies auch tun wird? Zeigt die Erfahrung nicht vielmehr, dass Menschen allzu oft gerade nicht das tun, was sie als richtig und gut erkannt haben, sondern genau das Gegenteil? Zeigt die Erfahrung nicht, dass sie sich nicht vom Guten und Verantwortlichen, sondern von ihren Gefühlen, Aggressionen, Ängsten, Vorlieben und Interessen leiten lassen, dass sie unter Zwängen aller Art stehen? Ist es nicht allzu oft so, dass wir die Augen vor dem verschließen, was eigentlich notwendig wäre, und dass wir nach Gründen suchen, um zu rechtfertigen, warum wir uns versagen? Mit der Freiheit, die für die selbstverständliche Umsetzung des als gut Erkannten vorausgesetzt wird, scheint es bei näherem Hinsehen nicht weit her zu sein. Es scheint eher so zu sein, wie es – ganz anders als Sokrates – Paulus im Römerbrief formuliert hat:

1 Vgl. Platon, Protagoras, 352A–C. – Aristoteles erwähnt diese Auffassung des Sokrates in: Nikomachische Ethik, 1145 b 26–27.

> »Ich begreife mein Handeln nicht: Ich tue nicht das, was ich will, sondern das, was ich hasse. ... Ich weiß, dass in mir, das heißt in meinem Fleisch, nichts Gutes wohnt; das Wollen ist bei mir vorhanden, aber ich vermag das Gute nicht zu verwirklichen. Denn ich tue nicht das Gute, das ich will, sondern das Böse, das ich nicht will.« (Röm 7,15–20)

Im nun folgenden Zweiten Teil geht es deshalb um die zweite Grundfrage der Fundamentalethik: Wie kann man das, was man mithilfe der Vernunft als das ethisch Richtige und Verantwortliche erkannt hat, auch tatsächlich wollen und in seinem Handeln verwirklichen? Wie ist es möglich, sich dem Anspruch des Ethischen wirklich zu stellen? Wie gelingt es einem umgekehrt, das, was man als ethisch falsch und unverantwortlich erkannt hat, zu unterlassen? Damit stellt sich die Frage nach der Freiheit des Menschen: Wie frei ist der Mensch, das zu tun, was er als richtig und verantwortlich erkannt hat? Ist der Mensch überhaupt frei? Was hindert ihn an der Verwirklichung seiner Freiheit? Und was macht ihm eine freie Entscheidung möglich? Diesen Fragen soll in diesem Zweiten Teil der theologischen Fundamentalethik nachgegangen werden. In diesem Zusammenhang wird die Bedeutung des Glaubens für das ethische Handeln – nachdem sie im Ersten Teil eher zurückgenommen wurde – nun erst eigentlich zur Geltung kommen.

7. KAPITEL

Bestreitung der Freiheit – Der Einwand des Determinismus

Wenn wir davon ausgehen, dass wir das, was wir als richtig und verantwortlich erkannt haben, auch wollen und in die Tat umsetzen können, setzen wir damit Freiheit voraus. Sie ist die Bedingung dafür, dass von ethischem, verantwortlichem und damit auch zurechenbarem Handeln des Menschen gesprochen werden kann. Ohne die Annahme dass wir uns bewusst und frei entscheiden und zwischen alternativen Handlungsmöglichkeiten wählen können, scheint es sinnlos zu sein, dem Menschen Gebote und Verbote, Ratschläge und Empfehlungen vorzulegen, die an seine eigene Einsicht, an seine Verantwortung und an seine freie Zustimmung appellieren. Wenn das Verhalten des Menschen durchgängig determiniert, festgelegt und von außen gesteuert wäre, so wäre es sinnlos, von ethischer Verpflichtung und ethischem Anspruch an den Menschen zu sprechen. Es wäre sinnlos, von seiner Verantwortung zu sprechen oder ihn für seine Entscheidungen und sein Tun verantwortlich zu machen. Es wäre schließlich auch sinnlos, von Schuld zu sprechen. Doch: Ist diese Voraussetzung der Freiheit wirklich gegeben oder ist sie nur eine Illusion?

Freiheit und Autonomie als zentraler Wert der modernen Gesellschaft

(1) Sicher lässt sich einerseits feststellen, dass seit der Aufklärung die Freiheit zu den obersten Werten der Gesellschaft gehört. Freiheit im Sinne von »Autonomie«, von Selbstgesetzgebung und Selbstbestimmung des Einzelnen also gemäß seiner eigenen Vernunft und Einsicht, bildet das Zentrum ihrer Ideale. Diese Freiheit und Autonomie des Menschen macht nach Immanuel Kant seine Würde aus und begründet die Verpflichtung zu unbedingter Achtung jedes Menschen als Person. Entsprechend wandte sich die Aufklärung gegen jede Bevormundung des Menschen durch weltliche und kirchliche Autoritäten. Diese Emanzipationsbestrebungen führten in der Folge dazu, dass zunehmend diejenigen gesellschaftlichen und politischen Rahmenbedingungen verändert wurden, die die freie Entfaltung jedes Einzelnen behinderten. Als Markstein dieser Entwick-

lung kann die Allgemeine Erklärung der Menschenrechte von 1948 gelten, in der es zu Beginn heißt:

> »Alle Menschen sind frei und gleich an Würde und Rechten geboren. Sie sind mit Vernunft und Gewissen begabt und sollen einander im Geist der Brüderlichkeit begegnen.« (Art. 1)

Im Anschluss daran wird die menschlichen Freiheit durch bestimmte einzelne Rechte und Verbote gesichert, etwa durch das Recht auf Leben, das Verbot der Sklaverei, die Freiheit der Religionsausübung, die Freiheit der Meinungsäußerung, die Versammlungsfreiheit, die Wahlfreiheit, das allgemeine Wahlrecht, die Freiheit der Eheschließung, die Pressefreiheit, Redefreiheit, die Mitbestimmungsrechte, das Recht auf Freizeit, die Freiheit des Kulturlebens. Insbesondere die Erfahrung mit totalitären Systemen hat gezeigt, wie gefährdet und kostbar der Wert der Freiheit ist und welchen hohen Wert der freiheitliche Rechtsstaat darstellt, in dem jedem Einzelnen ein Höchstmaß an persönlicher Freiheit in der Lebensgestaltung und an individueller Selbstverwirklichung zugestanden und gegen äußere und innere Bedrohungen gesichert wird.

Humanwissenschaftliche Einsicht in die Determiniertheit des Menschen

(2) Andererseits ist aber mit der Absicherung *äußerer Handlungsfreiheit* durch eine liberale Gesellschaft und einen freiheitlichen Staat noch nicht gesagt, dass dem auch eine *innere Willensfreiheit* des Menschen entspricht. Im Gegenteil haben – parallel zur Erkämpfung und Verteidigung der Freiheit gegen allen äußeren Zwang – die Humanwissenschaften zunehmend auf die innere Bedingtheit und Determiniertheit des menschlichen Wollens aufmerksam gemacht. Die Erkenntnis, dass auch das menschliche Wollen vielfältigen Bedingungen unterliegt, ließ die Überzeugung von der Realität der freien Willensentscheidung zunehmend fraglich werden. So hat die Einsicht in die biologische Herkunft des Menschen aus dem Tierreich durch *Charles Darwin* deutlich gemacht, dass unser Handeln in Vielem dem Verhalten von Tieren gleicht und daraus erwachsen ist, auf Erfordernisse von Lebenssituationen früherer evolutionärer Stadien zurückgeht und durch die genetische Struktur auf Verhaltensmuster festgelegt ist, die der Arterhaltung und dem eigenen Überleben dienen. Durch die Psychoanalyse seit *Sigmund Freud* wurde klar, wie sehr menschliches Verhalten durch unbewusste Konflikte und Ängste, durch Erziehung und verinnerlichte Handlungserwartungen oder Verbote und damit auch durch die jeweilige Gesellschaft, ihre Konventionen und Sitten sowie ihre Kultur bestimmt ist.

Heute wird die Wirklichkeit der Willensfreiheit vor allem von psychologischer Seite durch den *Behaviorismus*, von Seiten der Verhaltensforschung durch die *Soziobiologie* und in letzter Zeit vor allem von manchen Vertretern der *Neurobiologie* skeptisch beurteilt. Immer wieder wird versucht, den Nachweis zu erbringen, dass unser alltäglicher Eindruck, frei entscheiden zu können, was wir tun wollen, in Wirklichkeit nichts anderes ist als eine Illusion. Menschliches Verhalten beruhe nicht auf freien und darum dem Handelnden auch zurechenbaren Willensentscheidungen. Auch wenn wir subjektiv das Gefühl haben, für unser Tun verantwortlich zu sein und unter Umständen juristisch für die Folgen unseres Handelns aufkommen müssen, so könne in Wirklichkeit von Schuld und Verdienst im ethischen Sinne keine Rede sein.

Wie also steht es um die menschliche Freiheit? Ist sie tatsächlich nichts anderes als eine Illusion? Oder liegt den Bestreitungen möglicherweise ein unangemessener Begriff von Freiheit zugrunde, der dann zu Recht zurückgewiesen wird? Im Folgenden werden zunächst einige wichtige Ansätze vorgestellt, die die Existenz der Willensfreiheit in Frage stellen. Anschließend soll ein Begriff der Freiheit erarbeitet werden, der diesen Bestreitungen entgeht.

1. Einwände gegen die menschliche Willensfreiheit

1.1 Konditionierung statt Freiheit – Der Einwand des Behaviorismus

Reiz und Reaktion

Der Behaviorismus (von engl. »behavior« = Verhalten) ist eine Richtung der empirischen Psychologie, die ausschließlich objektiv beobachtend vorgeht und die Introspektion, also die innere unmittelbare Erfahrung des Subjekts von sich selbst, als wissenschaftliche Erkenntnisquelle ablehnt. Der Ansatz besteht darin, *alles* Verhalten von Tieren und Menschen als Reflexe, d.h. als Reaktion (*response*) auf einen vorangehenden Reiz (*stimulus*) zu erklären.[2]

2 Eine gute Darstellung des Behaviorismus und eine Auseinandersetzung aus moraltheologischer Sicht bietet: Florian Huber, Menschlich leben lernen. Das behavioristische Menschenbild B. F. Skinners aus moraltheologischer Sicht, Würzburg 1988.

Die Grundlagen des Behaviorismus wurden am Beginn des 20. Jahrhunderts von John B. Watson (1878–1958) gelegt und von E. C. Tolman (1886–1959) und C. L. Hull (1884–1952) weiterentwickelt. Die gegenwärtige Lernpsychologie und Pädagogik ist stark vom Behaviorismus beeinflusst. Einer der bekanntesten, weil radikalsten Vertreter ist Burrhus F. Skinner (1904–1990), der ausgehend von diesem Ansatz versucht hat, auch Freiheit und Moral ausschließlich auf das Zusammenspiel von Reiz und Reaktion zu reduzieren.

Konditionierte Reflexe

Wichtige Erklärungsmuster auf der Basis des kausalen Zusammenhangs von Reiz und Reaktion stellen die konditionierten Reflexe und die operante Konditionierung dar.[3]

Bei der Erzeugung von *konditionierten Reflexen* wird durch Gewöhnung der Reiz, der ursächlich eine bestimmte Reaktion hervorruft, mit einem zweiten Reiz verbunden, sodass auch dieser zweite Reiz ohne kausale Beziehung dieselbe Reaktion hervorrufen kann.

Bekannt sind die Experimente des russischen Physiologen Iwan Pawlow mit Hunden. Das Grundschema der konditionierten Reflexe lässt sich aber in allen möglichen Bereichen anwenden. So werden in der Werbung gezielt Produkte mit bestimmten alltäglichen Reizen in Verbindung gebracht, sodass man jedes Mal, wenn der Reiz erfolgt, an das Produkt denkt. Auch kann ein einziger Reiz eine Gesamtheit von Reaktionen auslösen. Ein Schmerz oder eine Angst machende Situation etwa kann zu Schweißausbruch, Beschleunigung der Atmung, Kontraktion der Blutgefäße, Aufstellen der Haare usw. führen. Eine solche Fluchtreaktion kann aber durch Konditionierung auch auf andere Reize übertragen werden, die als solche keine Angst machen würden, etwa auf Worte wie »schlecht« oder »falsch«, die oft einer tatsächlichen Angst machenden Bestrafung vorausgehen oder mit ihr verbunden sind. So kann bereits ein Tadel mit Worten diese Reaktionen auslösen. Schließlich ist es auch möglich, solche Reaktionen durch Konditionierung bereits unmittelbar mit der getadelten Tat als Reiz selbst zu verbinden. Wenn etwa Lügen immer bestraft wird, so werden Reaktionen, die bei Angst und Furcht auftreten, bereits mit der Tat des Lügens selbst verbunden, auch wenn die Strafe in manchen Fällen faktisch ausbleibt, weil die Lüge gar nicht entdeckt wird.

Operante Konditionierung

Der *operanten Konditionierung* liegt die Beobachtung zugrunde, dass sich spontanes Verhalten durch positive Reaktionen, etwa durch Belohnung, verstärken lässt (Dressur), sodass dieses Verhalten immer häufiger bzw. regelmäßig erfolgt, um die positive Reaktion zu erzielen.

---

3 Vgl. dazu etwa: Burrhus F. Skinner, Wissenschaft und menschliches Verhalten (Science and Human Behavior), München 1953, 51–106; 213–225.

Durch unruhiges Verhalten etwa erreichen Kinder höhere Aufmerksamkeit, was das unruhige Verhalten weiter verstärkt. Bei bestimmten Krankheiten (z.B. Rückenschmerzen) kann erhöhte Zuwendung und Aufmerksamkeit das Krankheitsverhalten verstärken und zur Chronifizierung der Symptome führen. Umgekehrt lassen sich auf diese Weise – etwa durch Strafe und Sanktionen – auch bestimmte Verhaltensweisen reduzieren oder ganz abstellen.

Selbstkontrolle

Ausgehend von konditionierten Reflexen und operanter Konditionierung will der Behaviorismus auch die *Selbstkontrolle* des eigenen Verhaltens erklären, durch die wir unser Verhalten beeinflussen und die wir gewöhnlich auf unseren freien Willen zurückführen.

Ein Beispiel ist das Anhalten der Luft unter Wasser, bei dem das unwillkürliche reflexhafte Atemholen durch das willentliche Verhalten des Luftanhaltens kontrolliert wird. In der behavioristischen Analyse erklärt sich dies so: Durch die positive Erfahrung, dass durch Luftanhalten kein Wasser in die Lunge kommt, wird dieses Verhalten – entgegen der unmittelbaren Reaktion – operant verstärkt. Ein anderes Beispiel: Jemand stellt den Wecker und sorgt so dafür, dass er rechtzeitig aufsteht und nicht zu spät zu einem wichtigen Termin kommt. Die Erklärung sieht so aus, dass das kontrollierende Verhalten des Weckerstellens dadurch verstärkt wird, dass der Weckvorgang Erfolg hat und so negative Reize des Sich-Hetzens und des Zuspätkommens mit den entsprechenden Sanktionen vermieden werden.

Der Mensch als reagierendes Wesen ohne freien Willen

Ausgehend von diesen Einsichten des Behaviorismus ist Skinner nicht nur der Auffassung, dass sich so das Gewissensphänomen sowie alle erfahrbaren ethischen Gebote und Verbote und auch das Sollensphänomen auf der Basis des Zusammenhangs von Reiz und Reaktion erklären lassen (vgl. 3. Kapitel, 1.2). Er ist vielmehr auch der Auffassung, dass *alles* scheinbar *frei gewollte* Handeln des Menschen auf dieses Erklärungsschema zurückgeführt werden kann. In der Konsequenz sieht Skinner den Menschen nicht als geist-voll agierendes Wesen, sondern als ausschließlich oder primär reagierendes Wesen.[4] Sein Handeln erklärt sich vollständig aus dem komplexen Zusammenspiel zwischen dem eigenen Verhalten und den konditionierenden Reaktionen der Umwelt. Die Konsequenz, die Skinner durch seine empirischen Verhaltensforschungen bestätigt sieht, ist schließlich ein *vollständiger Determinismus* auch des menschlichen Verhaltens, in dem kein Platz für Freiheit ist.[5]

---

4 Vgl. Florian Huber, Menschlich leben lernen, a.a.O., 97.
5 Vgl. Burrhus F. Skinner, a.a.O., 15–17; 407–410.

Mehr Moral durch Verhaltenssteuerung

Entsprechend ließe sich – so Skinner – menschliches Verhalten auch beeinflussen und steuern. Reaktionen lassen sich nicht nur beobachten, sondern durch bestimmte Reize auch gezielt hervorbringen oder verhindern. Dies eröffnet Möglichkeiten, die von der Werbung bis hin zur Therapie psychischer Krankheiten reichen. Das eigentliche Anliegen, das Skinner aber auf dieser Basis formuliert, besteht darin, mittels behavioristischer Einsichten in die Gründe menschlichen Verhaltens eine bessere, glücklichere Welt zu gestalten. Da die bisherige Geschichte gezeigt habe, dass es aussichtslos sei, eine bessere Welt oder mitmenschliches Verhalten durch Appelle an die Einsicht und den guten Willen der Menschen herbeizuführen, schlägt Skinner eine Verhaltens- oder Sozialtechnologie vor, in der durch geeignete Verhaltenssteuerung und Konditionierung Menschen dazu gebracht werden, sich nicht mehr aggressiv, sondern moralanalog zu verhalten.[6] Skinner will also die Illusion der Freiheit des Menschen überwinden, um durch gezielte Determination und Steuerung endlich Humanität und das Glück des Menschen herbeizuführen.

1.2 »Egoismus der Gene« statt Freiheit – Der Einwand der Soziobiologie

Die Soziobiologie stellt den Versuch dar, das Verhalten aller Lebewesen, auch des Menschen, vollständig unter Rückbezug auf die den Lebensprozessen zugrunde liegenden Gene zu erklären. Sie ist als Theorie aus dem Bemühen entstanden, bestimmte Erklärungslücken der klassischen Evolutionstheorie bzw. der Verhaltensforschung zu schließen.

> Die Entwicklung der Soziobiologie verbindet sich vor allem mit dem Namen Edward O. Wilson (*1929, bis 1976 Professor für Zoologie in Harvard) und dessen 1975 veröffentlichtem Buch »Sociobiology. The New Synthesis«. Prominente Vertreter der Soziobiologie sind weiterhin Richard Dawkins (»Das egoistische Gen«) und Wolfgang Wickler (»Das Prinzip Eigennutz. Zur Evolution sozialen Verhaltens«).

Evolutionstheorie: Prinzip der Selbsterhaltung

Die Evolutionstheorie geht in ihrer Erklärung der Entwicklung aller Arten von Lebewesen von zwei Prinzipien aus: zum einen kommt es aufgrund genetischer Veränderungen (Mutationen) immer wieder zu Umbildungen der Beschaffenheit der Lebewesen, zum anderen kommt es zur Auslese (Selektion) derjenigen Arten und Individuen, die am besten der

6 Vgl. Burrhus F. Skinner, Jenseits von Freiheit und Würde, Hamburg 1973, 9–11.

Umwelt angepasst sind und damit die größten Überlebens- und Fortpflanzungschancen haben. Nach diesem Grundprinzip glaubte Darwin, die Entstehung aller Lebewesen, auch des Menschen, aus einem zusammenhängenden Entwicklungsgang erklären zu können. Zugleich nahm er an, dass der Motor für das Entwicklungsgeschehen der *Kampf ums Dasein* (»struggle for life«) ist. Jedes individuelle Lebewesen strebt egoistisch nach *Selbsterhaltung und Fortpflanzung*, wobei die Angepassten sich durchsetzen und überleben, während die Unangepassten aussterben.

Verhaltensforschung: Prinzip der Arterhaltung

Nach diesem Modell lässt sich jedoch nicht erklären, dass sich bei bestimmten Tierarten auch anscheinend *altruistische, uneigennützige Verhaltensweisen* beobachten lassen, z.B. Vögel, die ihre Artgenossen warnen und dabei sich selbst in Lebensgefahr bringen, oder Arbeiterinnen im Insektenstaat, die zu Gunsten ihrer Königin auf Fortpflanzung verzichten. In der Verhaltensforschung wurde deshalb die Annahme entwickelt, dass nicht Selbsterhaltung, sondern *Arterhaltung* das Prinzip der Evolution und das Erklärungsprinzip allen Verhaltens ist. Dass bestimmte Individuen bereit sind, sich für andere zu opfern, hat seinen Grund darin, dass dieses Verhalten die Überlebenschancen der eigenen Art erhöht. Populationen, die aus Individuen zusammengesetzt sind, die sich altruistisch verhalten, sind anderen Populationen, die nur aus Egoisten bestehen, überlegen. Sie haben einen Selektionsvorteil.

»Egoismus der Gene«

Doch auch hier blieben Erklärungslücken. So wurde etwa im Verhalten von Löwen beobachtet, dass Löwenmännchen, wenn sie den Harem eines konkurrierenden Artgenossen erobert haben, den gesamten frisch geborenen Nachwuchs töten und anschließend mit den eroberten Weibchen neuen, eigenen Nachwuchs zeugen. Dieses Verhalten lässt sich nicht durch das Prinzip der Arterhaltung erklären. Ausgehend von diesem Problem hat die Soziobiologie vorgeschlagen, das alles Verhalten steuernde und erklärende Prinzip sei der sogenannte »Egoismus der Gene«.[7] Alles Verhalten der Lebewesen lasse sich dadurch erklären, dass es der optimalen Verbreitung der Gene des jeweiligen Individuums nützt. Gene, die Lebewesen mit Verhaltensweisen hervorbringen, die der Ausbreitung eben dieser Gene nützen, überleben, während solche Gene, die ein Verhalten erzeugen, durch das diese Gene nur wenig verbreitet werden, sich selbst auslöschen.

---

7 Zu diesem Paradigmenwechsel von der Verhaltensforschung zur Soziobiologie vgl. die Darstellung bei: Manfred Waltl, Eigennutz und Eigenwohl. Ein Beitrag zur Diskussion zwischen Soziobiologie und theologischer Ethik, Frankfurt am Main u.a. 1996, 115–198.

In der Sicht der Soziobiologie haben also die einzelnen Organismen, die von den Genen hervorgebracht und in ihrem Verhalten gesteuert werden, lediglich die Funktion, dieselben Gene zu reproduzieren, zu vermehren und weiter zu verbreiten. Die Organismen werden von den Genen gebildet, um noch mehr Gene der eigenen Art zu erzeugen. Sie sind nichts anderes als »Überlebensmaschinen«, die blind programmiert sind zur Erhaltung und Verbreitung der »selbstsüchtigen« Gene.[8] Auf diese Weise lässt sich nicht nur die Erklärungslücke der Verhaltensforschung schließen. Die Soziobiologie beansprucht vielmehr, auch das gesamte Verhalten des Menschen, insbesondere auch sein ethisches Handeln, mit dem »Egoismus der Gene« erklären zu können (vgl. 3. Kapitel, 1.2).

Dann aber bleibt für die Freiheit des Menschen kein Raum mehr. Für Edward O. Wilson gibt es Freiheit nur in dem Sinne, dass die Struktur des Gehirns und die sozialen Einflüsse so komplex und undurchschaubar sind, dass das Handeln von Menschen faktisch nicht vorausgesagt werden kann.[9] Entsprechend gibt es auch keine Geschichte des Menschen oder der Menschheit mehr, sondern nur noch eine Geschichte der Gene, die sich des Menschen als Überlebensmaschinen bedienen. Der Organismus des Menschen ist nichts anderes als eine Erscheinungsweise des Erbguts (der DNA), die dazu dient, noch mehr DNA zu produzieren. Er führt blind die Befehle der Gene aus. Freiheit dagegen ist für Wilson eine bloße Illusion.

1.3 Neuronale Ströme statt Freiheit – Der Einwand der Hirnforschung

Von Seiten einiger Vertreter der Hirnforschung – in Deutschland vor allem von Gerhard Roth, Wolf Singer und Wolfgang Prinz[10] – ist in jüngster Zeit der Einwand erhoben worden, dass der Eindruck, unser Wille oder wir selbst könnten unsere Handlungen entscheidend steuern, eine bloße Illusion sei. Denn unser Gehirn habe bereits entschieden, bevor uns diese

8 Vgl. Richard Dawkins, Das egoistische Gen, Hamburg [7]2005,18: »Wir sind Überlebensmaschinen – Roboter, blind programmiert zur Erhaltung der selbstsüchtigen Moleküle, die Gene genannt werden.«

9 Vgl. dazu: Edward O. Wilson, Biologie als Schicksal. Die soziobiologischen Grundlagen menschlichen Verhaltens, Frankfurt am Main/Berlin/Wien 1980, 76.

10 Vgl. etwa: Gerhard Roth, Fühlen – Denken – Handeln. Wie das Gehirn unser Verhalten steuert, Frankfurt am Main 2003; Wolf Singer, Ein neues Menschenbild? Gespräche über Hirnforschung, Frankfurt am Main 2003; Wolfgang Prinz, Kritik des freien Willens. Bemerkungen über eine soziale Institution, in: R. Rosenzweig/H. Fink (Hgg.), Freier Wille – frommer Wunsch?, Paderborn 2006.

Entscheidungen selbst zum Bewusstsein kommen. Die neuronalen Ströme und Verschaltungen der Nervenzellen determinierten all das, was wir wollen und tun, und spiegelten uns zugleich vor, dass wir selbst es sind, die entscheiden.

Das Libet-Experiment

Erste empirische Grundlage für diese These sind die Experimente des amerikanischen Physiologen Benjamin Libet (*1916) aus den 1980er Jahren.[11] In diesen Experimenten bekam eine Versuchsperson die Instruktion, innerhalb eines bestimmten Zeitraums aus dem Ruhezustand heraus einen Finger zu bewegen, wann immer sie dies tun möchte. Sie soll sich dabei den Zeitpunkt merken, zu dem ihr die Entscheidung, den Finger zu bewegen, bewusst wird und zu dem sie ihre Intention, den Finger zu bewegen, zum ersten Mal spürt. Gleichzeitig wurden die entsprechenden Hirnaktivitäten gemessen bzw. sichtbar gemacht. Das Ergebnis machte deutlich: Die Versuchspersonen spüren den Wunsch, den Finger zu bewegen, ca. 0,2 Sekunden, bevor sie die Bewegung ausführen, aber schon 0,5–0,7 Sekunden vor Beginn der Bewegung lässt sich im Gehirn ein *Bereitschaftspotenzial* zur Durchführung der Handlung messen. Offenbar beginnt das Gehirn schon 0,5 Sekunden, bevor die Entscheidung bewusst wird, mit der Vorbereitung der Fingerbewegung. Das bedeutet, dass zu dem Zeitpunkt, zu dem die Versuchsperson den Wunsch spürt, den Finger zu bewegen, die Entscheidung bereits getroffen ist. In der Konsequenz heißt das: Nicht ich entscheide frei, wann ich meinen Finger bewegen will, sondern das Gehirn hat bereits entschieden, wann ich den Finger bewege. Das Bewusstsein läuft den eigentlichen Entscheidungsprozessen hinterher. Wolfgang Prinz folgert daraus: »Wir tun nicht, was wir wollen, sondern wir wollen, was wir tun.«[12]

Bewusstsein und Freiheit als Konstrukte unseres Gehirns

Ausgehend von diesem Experiment und weiteren Ergebnissen der Hirnforschung behaupten einige Neurowissenschaftler, dass all unser Handeln, Wollen, Erkennen und Fühlen durch die neuronale Tätigkeit des Gehirns bereits getätigt ist, bevor es uns zu Bewusstsein kommt. Auch das

---

11 Vgl. dazu: Benjamin Libet, Haben wir einen freien Willen?, in: Hirnforschung und Willensfreiheit, hg. von Chr. Geyer, Frankfurt am Main 2004, 268–289 (Original: Do we have a free will?, in: Journal of Consciousness Studies 6 [1999] 47–57). – Die Experimente von Libet wurden in letzter Zeit vor allem von P. Haggard und M. Eimer verbessert. Vgl. dazu: Patrick Haggard/Martin Eimer, On the Relation between Brain Potentials and the Awareness of Voluntary Movements, in: Experimental Brain Research 126 (1999) 128–133.

12 Wolfgang Prinz, Freiheit oder Wissenschaft?, in: M. von Cranach/K. Foppa (Hgg.), Freiheit des Entscheidens und Handelns, Heidelberg 1996, 98ff.

Bewusstsein selbst und die Erfahrung des Ichs sei nur eine Vorspiegelung durch unser Gehirn. Was wir aus der »Erste-Person-Perspektive« als unser Bewusstsein, unser Denken, Wollen und Fühlen erleben, lässt sich aus der »Dritte-Person-Perspektive« vollständig auf die Tätigkeit von Nerven *reduzieren* und aus ihr *ableiten.*[13] Es sind Konstrukte unseres Gehirns bzw. »emergente Eigenschaften neuronaler Vorgänge«.[14]

Im Blick auf die Unterscheidung von freiem und unfreiem Handeln, die wir gewöhnlich auf unser Tun anwenden, geht Wolf Singer davon aus, dass sie lediglich auf dem Grad der Bewusstheit beruhe, mit dem die Handlungen ausgeführt werden. In Wirklichkeit werden die Handlungen in beiden Fällen durch das Gehirn vorbereitet und bestimmt. Sie basieren in beiden Fällen auf neuronalen Vorgängen und folgen deterministischen Naturgesetzen.[15] Dass wir zwischen freien und unfreien Entscheidungen unterscheiden, obwohl doch beide determiniert sind, hänge dabei von der jeweiligen Art der Variablen und der Art ihrer Verhandlung ab. Wir beurteilen Entscheidungen dann als frei, wenn sie auf einer bewussten Abwägung von Variablen beruhen. Solche Entscheidungen rechnen wir uns zu. Aus der Sicht der Hirnforschung aber müssen die bewussten Motive keineswegs die wirklich entscheidenden gewesen sein. Tatsächlich liefen solche Entscheidungsprozesse schon ab, bevor sie uns bewusst werden.

> So weist Wolf Singer darauf hin, dass Argumente und Gründe für das eigene Handeln auch nachträglich erfunden werden (Rationalisierung). Es ist möglich, einer Person durch Stimulierung bestimmter Hirnareale Handlungsanweisungen zu geben, ohne dass sie sich dieser bewusst wird. Führt die Person dann diese Handlung aus und soll erklären, warum sie das getan hat, so gibt sie zwar plausible, rationale Gründe an, in Wirklichkeit aber werden sie erst nachträglich erfunden. Solche passenden Argumente werden zum Zweck der Kohärenz mit dem sonstigen Erfahrungskontext ad hoc erfunden.[16]

Neuronale Erklärung bewusster Entscheidungsprozesse

Die Entscheidungen unseres Gehirns folgen demnach oft anderen Kriterien als denen, die uns bewusst sind. Singer beschreibt den Entscheidungsprozess so, dass unser Gehirn die Erregungsmuster, die in den verschiedenen Hirnarealen von unterschiedlichen äußeren Anreizen

13 Wolf Singer, Verschaltungen legen uns fest: Wir sollten aufhören, von Freiheit zu sprechen, in: Hirnforschung und Willensfreiheit, hg. von Chr. Geyer, Frankfurt am Main 2004, 35.

14 Ebd., 36.

15 Vgl. ebd., 52.

16 Vgl. ebd., 61.

(»Attraktoren«) hervorgerufen werden, miteinander vergleicht, auf Kompatibilität hin prüft und, falls sie sich widersprechen, einem kompetitiven Prozess aussetzt, in dem sich schließlich dasjenige Erregungsmuster durchsetzt, das den verschiedenen im Gehirn ankommenden Attraktoren am besten entspricht. Dieser Wettbewerbsprozess komme dabei ohne übergeordneten Schiedsrichter (das »Ich«) aus. Er organisiere sich selbst und dauere so lange, bis sich ein stabiler Zustand ergibt, der dann für das Individuum als Handlungsintention in Erscheinung tritt.[17] In diesen allein nach den inneren Gesetzen der neuronalen Funktionen ablaufenden Prozessen bleibe dann aber kein Raum mehr für wirklich freie Entscheidungen. Das, was uns als unser eigener Wille erscheint, ist vielmehr vollständig determiniert.

2. Freiheit trotz Determinismus?

Angesichts der skizzierten Einwände des Behaviorismus, der Soziobiologie und der Hirnforschung scheint kein Raum mehr für die menschliche Willensfreiheit zu bleiben. Sie scheint als Illusion entlarvt zu sein, der keine Wirklichkeit entspricht. Im Gegensatz dazu steht jedoch weiterhin die Erfahrung des Menschen, frei entscheiden und handeln zu können. Um in dieser Frage Klarheit zu bekommen, soll im Folgenden das Verständnis von Willensfreiheit, das die genannten Bestreitungen zugrunde legen und dann ablehnen, kritisch geprüft und in Auseinandersetzung mit den vorgebrachten deterministischen Einwänden ein tragfähiges Konzept der Willensfreiheit entwickelt werden.

2.1 Willensfreiheit – Unabhängigkeit von Gründen?

Ein erster grundlegender Einwand gegen die Realität der Willensfreiheit, der in allen drei dargestellten Bestreitungen leitend ist, lässt sich so zusammenfassen: Wenn wir zwischen zwei oder mehr Handlungsalternativen wählen können, haben wir zwar das Gefühl, frei entscheiden zu können. In Wirklichkeit jedoch lassen sich, egal welche Handlungsalternative wir wählen, immer Gründe angeben, die – auch wenn sie uns vielleicht

17 Vgl. ebd., 56f.

nicht bewusst sind – die tatsächlich getroffene Entscheidung vollständig erklären und sie damit als eine für uns notwendige und zwingende Entscheidung aufweisen. Wenn diese Gründe vorher bekannt gewesen wären, hätte man erkennen können, dass wir gar nicht anders entscheiden konnten, als wir es tatsächlich getan haben. Für den Behaviorismus etwa bestehen solche Gründe in der Vermeidung aversiver und in der Verstärkung positiver Reize. Die Soziobiologen würden davon ausgehen, dass unser Handeln stets von der Strategie der Verbreitung unserer Gene geprägt und geleitet ist. Und manche Vertreter der Hirnforschung würden unsere Entscheidung darauf zurückführen, dass unser Gehirn einen Gleichgewichtszustand zwischen den unterschiedlichen Attraktoren herstellt. Doch ist mit diesem Einwand die Möglichkeit menschlicher Willensfreiheit tatsächlich widerlegt?

Freiheit besteht nicht im Zufall oder in grundloser Willkür

Gegen diesen Einwand lässt sich zunächst geltend machen, dass die Einsicht, dass unsere Entscheidungen immer von Gründen bestimmt sind, keineswegs die Möglichkeit von Willensfreiheit ausschließt, sondern eher eine Grundbedingung für Willensfreiheit darstellt. Wirkliche Freiheit jedenfalls ist nicht erst dann gegeben, wenn man die eine oder auch die andere Handlungsalternative *ohne jeden Grund* wählen kann. Wenn es keine Gründe gäbe, die einen zum Wollen bewegen, wäre die jeweilige Entscheidung nicht mehr von bloßem Zufall und von grundloser Willkür zu unterscheiden.

Ein solches Verständnis von Willensfreiheit hat Johannes Burridanus (1304–1360?) angeblich am Beispiel des nach ihm benannten Burridan'schen Esels verdeutlicht, den er zwischen zwei gleich große und gleich beschaffene Heuhaufen in gleicher Entfernung platzierte. In Analogie dazu bestünde Freiheit darin, ohne jeden äußeren Grund – denn es gibt keine Hinsicht, unter der es rational begründet erscheint, den einen Heuhaufen dem anderen vorzuziehen – sich selbst zum Wollen zu entschließen. In Wirklichkeit jedoch hat die Entscheidung für eine der Alternativen, ohne dass man für die Entscheidung auch einen Grund angeben kann, nichts mit Freiheit zu tun, sondern ist bloßer Zufall.

Ein solches Verständnis von Willensfreiheit als Vermögen, völlig spontan und frei von allen äußeren Gründen eine Entscheidung treffen zu können, scheinen aber auch jene Neurowissenschaftler vorauszusetzen, die die Willensfreiheit aufgrund der Libet-Experimente für widerlegt halten. In diesen Experimenten nämlich geht es gerade um Entscheidungen, die überhaupt keinen äußeren Grund zu haben scheinen. Ob die Versuchsperson ihren Finger jetzt oder erst im nächsten Moment bewegt, ist eine Entscheidung, für die sie keinen Grund angeben kann.

Anfragen an das Libet-Experiment

Das eigentliche Problem des Libet-Experiments scheint aber darin zu bestehen, dass die Entscheidungssituation von allen sonstigen Lebenszusammenhängen völlig isoliert betrachtet wird. Löst man den Vorgang dagegen aus seiner Isolierung, lässt sich Folgendes sagen: Die eigentliche Entscheidung, den Finger zu bewegen, ist bereits dann gefallen, wenn sich die Versuchsperson bereit erklärt, an dem Experiment überhaupt teilzunehmen.[18] Die Versuchspersonen haben beim Experiment bereits den ganzen Ablauf im Gehirn gespeichert. Sie sind hochkonzentriert und richten ihre Aufmerksamkeit auf die Apparate und den Zeitpunkt, wann sie innerhalb von drei Sekunden den Finger bewegen werden. Mit dieser Konzentration auf eine unmittelbar bevorstehende Aufgabe wird das Bereitschaftspotenzial zu der auszuführenden Handlung gebildet. Der letzte Willensruck, den Finger jetzt zu bewegen, ist nur noch der Exekutivakt. Er ist nur noch eine kleine Teilentscheidung, und zwar nicht mehr über das »Ob«, sondern nur noch über das »Wann«, und das ist noch eingeengt auf eine festliegende Zeitspanne von drei Sekunden. Die Experimente lassen sich also so deuten, dass die Planung und Entscheidung zu einer Handlung bewusst erfolgen kann, dass sich das Bereitschaftspotenzial dann unbewusst als Voraktivierung aufbaut und dass schließlich der bewusste Willensakt »jetzt handeln« dem aufgebauten Bereitschaftspotenzial folgt. Desweiteren wurde inzwischen darauf aufmerksam gemacht, dass bereits die der Versuchsperson gestellte Aufgabe, auf den Zeitpunkt der Absicht zum Handeln zu achten, die Entstehung der Bereitschaftspotenziale selbst und damit das Messergebnis deutlich beeinflusst.[19]

Ein weiterer Einwand, den übrigens B. Libet selbst durch die weiterführende Deutung seiner Experimente nahe gelegt hat[20], besteht darin, dass zwischen dem Aufbau des Bereitschaftspotenzials und der Ausführung noch ein *Veto* des Handelnden die Ausführung der Handlung stoppen kann. Das bloße Vorhandensein eines Bereitschaftspotenzials ist deshalb noch kein geeigneter Indikator dafür, dass wir nicht auch anders handeln können und durch selbstständige Vorentscheidungen des Gehirns determiniert sind.

Gründe ermöglichen Entscheidungen

Dass man für eine Willensentscheidung einen Grund benennen kann, der darin besteht, dass man von etwas angezogen wird, bedeutet also kei-

---

18 Zu diesem Einwand vgl.: Herbert Helmerich, Wir können auch anders: Kritik der Libet-Experimente, in: Hirnforschung und Willensfreiheit, a.a.O., 92–97.

19 Vgl. dazu: Hakwan C. Lau/Robert D. Rogers/Richard E. Passingham, Manipulating the Experienced Onset of Intention after Action Execution, in: Journal Cognitive Neuroscience 19 (2007) 1–10; dies., On Measuring the Perceived Onsets of Spontaneous Actions, in: Journal of Neuroscience 26(27) (2006) 7265–7271.

20 Vgl. dazu: Benjamin Libet, a.a.O., 278–281.

neswegs, dass damit die Willensfreiheit ausgeschlossen wäre. Im Gegenteil: Willensfreiheit ist gerade erst dadurch möglich, dass wir Gründe für unsere Entscheidungen haben. Wir können uns nur dann zu etwas frei entscheiden, wenn wir Gründe dafür haben, aufgrund derer wir die eine Handlungsmöglichkeit der anderen vorziehen. Nur dadurch können wir uns für dasjenige entscheiden, was wir in der betreffenden Situation als das für uns erstrebenswertere und attraktivere Gut wahrnehmen. Das Vorhandensein von Gründen, die uns anziehen und unseren Willen bestimmen, hebt mithin die Möglichkeit freier Entscheidungen nicht auf, sondern ermöglicht diese erst.

2.2 Willensfreiheit – Wahlmöglichkeit zwischen Alternativen?

Willensfreiheit darf also nicht mit der Vorstellung verwechselt werden, sie sei das Vermögen, ohne alle Gründe zu wählen. Sie besteht vielmehr darin, nach Gründen zu entscheiden. Mit dieser Einsicht ist allerdings der oben genannte Einwand noch nicht wirklich entkräftet. Immer noch könnte man einwenden, dass die Prozesse, nach denen wir die Gründe abwägen, von unbewussten Motiven oder auch von eigenständigen Vorgängen im Gehirn nach internen Regeln und Gesetzmäßigkeiten gesteuert werden und damit determiniert sind. Was lässt sich dazu sagen?

Freiheit als Undurchschaubarkeit oder Unvorhersagbarkeit?

(1) Unbefriedigend ist der Versuch, das Problem durch den Hinweis lösen zu wollen, unsere Entscheidungen seien deshalb frei, weil das Zustandekommen dieser Entscheidung in unserem Gehirn so komplex und undurchschaubar sei, dass wir nie zu einer Voraussage kommen können.[21] Mit einer solchen Antwort wird lediglich der subjektive *Eindruck* der Freiheit erklärt, nicht aber die Möglichkeit *realer* Freiheit aufgewiesen. Der Zusammenhang natürlicher Determination ist damit gerade nicht überschritten. Dasselbe gilt auch für das Argument, unser Handeln sei deshalb frei, weil wir – wenn uns jemand unser Handeln voraussagen würde – in Reaktion darauf anders handeln könnten und würden.[22] Durch die Prognose unseres Verhaltens wird dies gerade noch einmal de-

---

21 Vgl. dazu: Heinz von Forster, Wissen und Gewissen. Versuch einer Brücke, Frankfurt am Main 1993; ders., KybernEthik, Berlin 1993.

22 So etwa: Donald McKay, Freiheit des Handelns in einem mechanistischen Universum, in: Seminar: Freies Handeln und Determinismus, hg. von U. Pothast, Frankfurt am Main 1978, 303–321.

terminiert. Auch dieser Versuch, die Freiheit zu retten, überwindet den Determinismus nicht grundsätzlich.

Dilemma der Wahlfreiheit

Im Unterschied zu solchen Lösungsansätzen scheint die Einsicht weiterführend zu sein, dass auch die Form der Wahlfreiheit zwischen Alternativen nicht die ursprüngliche Form der Willensfreiheit ist. Zwar gehen wir gewöhnlich davon aus, dass die Willensfreiheit in der Möglichkeit besteht, zwischen zwei oder mehreren Alternativen zu wählen, darin also, dass wir uns auch für etwas anderes hätten entscheiden können, als wir es dann tatsächlich getan haben. Allerdings ergibt sich, wenn man die Willensfreiheit so versteht, folgendes Dilemma: Entweder können wir für die getroffene Wahl auf ein zugrunde liegendes – uns bewusstes oder auch unbewusstes – Kriterium verweisen, nach dem wir wählen; dann ist die Wahl zwar rational, erfolgt aber ausgehend von diesem Kriterium mit *Notwendigkeit.* Wenn es uns etwa darum geht, ein gutes Examen zu machen, ist es rational, aber auch zwingend, dass wir lernen. Das Gegenteil wäre irrational oder nur unter der Annahme zu verstehen, dass wir in Wahrheit doch ein anderes Kriterium zugrunde legen. Oder aber wir legen überhaupt kein Kriterium zugrunde und wählen völlig willkürlich; dann aber kann man nicht mehr von Freiheit und von einer freien Wahl sprechen, weil sie nicht von Gründen geleitet ist, sondern rein zufällig erfolgt. Im ersten Fall ist die Wahl zwar rational begründet, aber auch zwingend, im zweiten Fall ist sie nicht zwingend, aber auch nicht rational begründet, sondern willkürlich.

Die Antwort des Thomas von Aquin

(2) Angesichts dieses Dilemmas lässt sich darauf verweisen, dass im Vorfeld zu dieser Form der Wahlfreiheit von einer noch grundlegenderen Form der Freiheit gesprochen werden kann, die auch die Wahlfreiheit erst möglich macht. Eine maßgebliche Analyse dieser – der Wahlfreiheit vorausliegenden – Freiheit hat bereits Thomas von Aquin vorgelegt. Im Verlauf seiner Überlegungen zur Willentlichkeit der Handlung stellt er die Frage, ob der Wille des Menschen von seinem Gegenstand mit Notwendigkeit bewegt wird. Die Antwort lautet folgendermaßen:

> »Der Wille wird auf zweifache Weise bewegt: auf die eine Weise hinsichtlich der Ausübung des Aktes, auf die andere Weise hinsichtlich der Spezifikation des Aktes, die vom Objekt her besteht. Auf die erste Weise wird der Wille von keinem Objekt mit Notwendigkeit bewegt. Jemand kann nämlich an irgendein Objekt nicht denken und es folglich auch nicht durch einen Akt wollen. Aber hinsichtlich der zweiten Weise der Bewegung wird der Wille von einigen Objekten mit Notwendigkeit bewegt, von einigen aber nicht. ... Wenn dem Willen irgendein Objekt vorgelegt wird, das schlechthin und unter jeder Hinsicht gut ist, strebt der Wille mit Notwendigkeit zu diesem hin, wenn er etwas will; er kann nämlich das Gegenteil

nicht wollen. Wenn ihm aber ein Objekt vorgelegt wird, das nicht in jeder beliebigen Hinsicht gut ist, wird der Wille nicht mit Notwendigkeit zu jenem hingeführt. – Und weil der Mangel eines beliebigen Gutes die Bedeutung des Nicht-Guten hat, deshalb ist allein jenes Gute, das vollkommen ist und dem nichts fehlt, ein solches Gut, das der Wille nicht nicht wollen kann: das ist das Glück. Die anderen beliebigen einzelnen Güter können, sofern ihnen irgendetwas Gutes fehlt, als Nicht-Gutes aufgefasst werden: und gemäß dieser Betrachtung können sie vom Willen verworfen oder gebilligt werden, der sich auf dasselbe gemäß verschiedenen Betrachtungsweisen beziehen kann.« (Summa theologiae I-II, q. 10, a. 2)

libertas exercitii/ libertas specificationis

Thomas greift in diesem Text zunächst die Unterscheidung zwischen Ausübung (exercitium) und Artbestimmung (specificatio) des Willensaktes auf.[23] Unter der Ausübung versteht er die Fähigkeit zu wollen und nicht zu wollen, zu handeln und nicht zu handeln, während er unter der Artbestimmung die Fähigkeit versteht, dies oder jenes zu wollen oder zu tun. Entsprechend wurde in der Tradition unterschieden zwischen der *libertas exercitii* – also der Freiheit, wollen und nicht wollen zu können – und der *libertas specificationis* – also der Freiheit, dies oder jenes wählen zu können. Für sich genommen jedoch führen diese beiden Formen der Freiheit in Probleme. Nimmt man die *libertas exercitii* als eigentliche Form der Freiheit, entsteht das Problem, das bereits im Zusammenhang mit dem Esel des Burridanus deutlich wurde: Es lässt sich kein Grund mehr angeben, warum man will und warum nicht. Die Freiheit wird damit zur Willkür. Nimmt man dagegen die libertas specificationis als eigentliche Form der Freiheit, kommt es zu dem Dilemma, dass dann die Wahl entweder rational, aber auch zwingend, oder nicht zwingend, aber auch nicht rational ist.

In seinem Text geht Thomas aber gerade über diese Formen der Freiheit hinaus, indem er zeigt, dass Freiheit darin grundgelegt und dadurch ermöglicht ist, dass der Wille *bereits jedem einzelnen der zur Wahl stehenden Güter* für sich gesehen in Freiheit gegenübersteht. Das liegt daran, dass wir bereits von jedem einzelnen der Güter, die zur Wahl stehen, erkennen können, dass es einerseits zwar ein *Gut* ist, sodass wir damit einen Grund haben, es zu wollen, zu erstreben und zu wählen, dass es andererseits aber auch nur ein *relatives, endliches* und *begrenztes* Gut ist, das immer auch einen Aspekt des Schlechten aufweist, sodass wir damit auch einen Grund haben, es nicht zu wollen, nicht zu erstreben und nicht zu wählen. Sowohl das Gut zu wollen und zu wählen als auch es nicht zu

23 Vgl. zu dieser Unterscheidung grundlegend: Thomas von Aquin, Summa theologiae I-II, q.9, a.1 c.

wollen und nicht zu wählen, hat so einen rationalen Grund und beruht auf Erkenntnis. Und doch ist dieser Grund nicht so, dass er den Willen dazu zwingen kann, das betreffende Gut zu wählen. Lediglich ein *absolutes* Gut, das den Aspekt des Guten schlechthin erfüllen würde, könnte – so Thomas – den Willen mit Notwendigkeit bewegen. Alle geschaffenen und endlichen Güter aber, die uns innerhalb der Wirklichkeit dieser Welt begegnen, erfüllen diese Bedingung nicht, sondern sind stets relative und deshalb nicht zwingend anzustrebende und zu wählende Güter. Wir werden von ihnen nicht so angezogen wie das Eisen vom Magnet, sondern können uns zu ihnen prinzipiell *frei* verhalten.

Grundfreiheit gegenüber jedem einzelnen Gut

Was Thomas mit dieser Überlegung zur Sprache bringt, ist die Einsicht, dass wir Menschen, bevor wir überhaupt zwischen verschiedenen konkreten Möglichkeiten wählen, allen Dingen und möglichen Gegenständen unseres Wollens und Wählens in einer grundlegenden Distanziertheit und Freiheit gegenüberstehen. Man kann hier auch – im Unterschied zur Wahlfreiheit – von einer voraus liegenden *Grundfreiheit* sprechen.[24] Für Thomas hat dieses Distanziertsein und diese Grundfreiheit ihren Grund darin, dass der Mensch letztlich – alles endliche Gute übersteigend – auf das Gute schlechthin ausgerichtet ist. Weil der Mensch auf dieses Gute schlechthin bezogen ist, zeigt sich alles, was uns in der weltlichen Wirklichkeit begegnet, als ambivalent.

(3) Was ist mit der Feststellung einer solchen Grundfreiheit des Menschen, also seiner grundlegenden Distanziertheit gegenüber allen einzelnen möglichen Gegenständen des Willens gewonnen? Kann man nicht immer noch einwenden, in der Situation, in der man sich zwischen zwei Handlungsmöglichkeiten entscheiden muss, werde man eben doch von dem Gut angezogen und in seinem Wollen bestimmt, das für den Handelnden das jeweils höhere Gut darstellt? Oder anders, im Sinne des Behaviorismus gesagt: Wählen wir nicht doch faktisch diejenige Handlungsalternative, von der wir voraussehen, dass sie uns am meisten positive und am wenigsten aversive Reize bereitet?

Wir sind bei der Wahl beeinflusst

Sicher ist damit nicht gezeigt, dass wir in unseren Entscheidungen und Handlungen in den meisten Fällen nicht tatsächlich von äußeren, bewussten oder unbewussten Motiven beeinflusst und geleitet sind. Dies

24 Vgl. dazu auch: Emerich Coreth, Was ist der Mensch?, Grundzüge einer philosophischen Anthropologie, Innsbruck 1973, 103; 108–110. Auf den Gedanken der *Grundfreiheit*, also der Indeterminiertheit des Willens aufgrund der Ambivalenz der Objekte, nimmt auch Bezug: Josef Quitterer, Wie viel Freiheit braucht Verantwortung? Ethische Implikationen neurowissenschaftlicher Studien, in: ZWE 52 (2006) 52. – Zum Ganzen vgl. auch: Peter Knauer, Handlungsnetze, a.a.O., 69–71.

ist unbestreitbar der Fall und als Erkenntnis der empirischen Humanwissenschaften in unser Bild vom Menschen zu integrieren. Es ist auch durchaus sinnvoll, dass wir uns nicht bei allem, was wir tun, Gedanken über unsere Kriterien und Motive machen müssen. Würden nicht viele unserer Handlungen und Entscheidungen unbewusst und nach erlernten oder ererbten Mustern ablaufen, wären wir vermutlich gar nicht überlebensfähig. Ebenso ist es erforderlich, dass wir immer schon von irgendwelchen Gütern angezogen werden, die unseren Willen bestimmen. Wir wüssten sonst gar nicht, was wir überhaupt wollen sollen, und kämen wohl auch nie dazu, etwas zu wollen.

Wir können zu Wünschen Ja oder Nein sagen

Andererseits aber ist es mit der grundlegenden Distanziertheit des Menschen gegenüber allen endlichen Gütern, mit dieser Grundfreiheit also, gegeben, dass wir von dem, was uns erstrebenswert erscheint, *nicht gezwungen werden*, es auch tatsächlich zu wollen. Darin liegt gerade der Unterschied zwischen unseren Wünschen und unserem Begehren einerseits und einer Sucht andererseits. Wir können einerseits Ja dazu sagen und damit den Wunsch, der in uns erwacht und uns zu etwas antreibt, übernehmen und ihm – in einem Akt der Freiheit – zustimmen. Aber wir können auch, selbst wenn wir von etwas geradezu unwiderstehlich angezogen werden, prinzipiell Nein dazu sagen. Wir können dieses Nein etwa dann sagen, wenn wir sehen, dass das Streben nach dem Gut, das uns anzieht, nur um den Preis zu verwirklichen wäre, dass es langfristig gesehen und im Ganzen eher gemindert oder sogar zerstört wird. Oder anders gesagt: Wir können Nein sagen, wenn wir sehen, dass unser Handeln unverhältnismäßig und unverantwortlich wird. Auch und gerade darin besteht und zeigt sich unsere Freiheit.

2.3 Willensfreiheit – Fähigkeit, neue Ursachenketten in Gang zu setzen?

Bewusstsein und Freiheit – bloße Epiphänome?

(1) Mit den bisherigen Überlegungen ist ein Begriff von Willensfreiheit entwickelt worden, der damit vereinbar ist, dass die Humanwissenschaften für jede Entscheidung immer Gründe angeben können, die diese Entscheidung erklären. Dennoch bleibt ein zweiter grundlegender Einwand gegen die Willensfreiheit bestehen, der in prägnanter Form vor allem von einigen Vertretern der Hirnforschung vorgetragen worden ist. Dieser Einwand besteht darin, dass alle bewussten Entscheidungen, in denen wir uns in unserem Handeln von Gründen leiten lassen, die wir mit unserem Geist intentional, also bewusst als handlungsleitend erfassen und zu denen wir jeweils frei Ja oder Nein sagen können, bloß Illusion sind. Das nämlich, was uns als unsere eigene freie Entscheidung aus Gründen zu

Bewusstsein kommt, ist – wie auch überhaupt alle innere Erfahrung des Bewusstseins, des Ichs, des Wollens und Denkens – nichts weiter als ein bloßes *Epiphänomen*, das sich wohl als Auswirkung von Hirntätigkeit verstehen lässt, das aber selbst *keine reale Rückwirkung auf die Tätigkeit des Gehirns und damit auch keinen wirklichen Einfluss auf unser Handeln* hat. Es gibt keinen realen Einfluss des menschlichen Geistes und damit auch keinen Einfluss von intentional erfassten Gründen auf die Aktivität unseres Gehirns und damit auf die Tätigkeit unseres Körpers. Dies würde voraussetzen, dass der Geist oder unser Ich im Gehirn eine neue Kausalkette in Gang setzt, die sich nicht wieder auf eine vorhergehende Naturursache zurückführen lässt. Das Anfangen solcher neuer Kausalketten aber kann empirisch nicht festgestellt werden.

Diese These, dass geistige Phänomene der inneren Selbsterfahrung des Subjekts lediglich ein Epiphänomen der eigentlich entscheidenden biologischen Prozesse und Ursachen unseres Verhaltens sind, findet sich nicht nur bei Vertretern der Hirnforschung, sondern wird bereits in der Soziobiologie vertreten. Auch die Soziobiologie geht davon aus, dass geistig erfasste Gründe keinen realen Einfluss auf unser Wollen und Handeln haben, sondern dass es letztlich die genetische Struktur ist, die unser Gehirn so funktionieren lässt, dass sich die zugrunde liegenden Gene möglichst optimal verbreiten. Die Gene spiegeln uns vor, dass wir uns von Gründen bestimmen und leiten lassen können, weil auch dies ein Weg ist, der dazu führt, dass solche Gene, die genau dies bewirken, einen Verbreitungsvorteil haben. Aber auch im Behaviorismus begegnet dieser Gedanke. Der Behaviorismus in seiner strengen Form klammert methodisch den gesamten Bereich der inneren subjektiven Selbsterfahrung des Menschen aus. Er lehnt ausdrücklich eine Psychologie ab, die Begriffe wie Wille, Vernunft, Freiheit, Gefühl als wissenschaftlich erfassbare und relevante Wirklichkeiten ansieht. Anspruch auf wissenschaftliche Erkenntnis könne demgegenüber nur das erheben, was der empirischen Beobachtung zugänglich ist. Der Mensch wird deshalb als »black box« aufgefasst, bei der sich nur »inputs« (Reize) und »outputs« (Reaktionen) und deren regelmäßige Verknüpfung wissenschaftlich erheben lassen.

Sokrates' Unterscheidung von Gründen und Ursachen

Doch: Widerspricht dies nicht unserer gesamten Selbsterfahrung? Ist es nicht doch so, dass wir – zumindest bei einem Teil unserer Handlungen – nicht durch äußere Ursachen bewegt werden, sondern uns selbst ganz bewusst von *intentional erfassten Gründen* bestimmen lassen und uns *aus diesen Gründen* zu dem entscheiden, was wir dann daraufhin tun? Bereits Platon führt diesen Unterschied zwischen Ursachen und Gründen in seinem Dialog »Phaidon« an. Darin spricht Sokrates an einer Stelle über die Welterklärung des Anaxagoras, der zunächst behaupte, es sei die Vernunft, die alles ordne und die Ursache aller Dinge sei. Im Weiterlesen aber habe er dann festgestellt,

> »... dass dieser Mann selbst keine Vernunft anwendet und dass er für die Anordnung der Dinge keine anderen Ursachen angibt als die Luft und den Äther und das Wasser und manches Ungereimte mehr. Es schien mir, als sei ihm etwas ganz Ähnliches unterlaufen, wie wenn jemand sagte: ›Sokrates tut alles, was er tut, mit Vernunft.‹ Wenn er aber nachher die Gründe für all meine Handlungen darzulegen versuchte, begänne er mit der Behauptung, ich sitze deswegen hier, weil mein Leib aus Knochen und Sehnen bestehe und weil die Knochen fest durch die Gelenke voneinander getrennt seien, während die Sehnen gespannt und wieder gelockert werden können, wobei sie die Knochen samt dem Fleisch und der Haut, die das zusammenhält, rings umgeben. Während nun die Knochen in ihren Gelenken hängen, würden die Sehnen bald gelockert, bald wieder angespannt und setzten mich dadurch instand, meine Glieder zu biegen – und das sei der Grund, weshalb ich so zusammengekauert hier sitze. Und für mein Gespräch mit euch würde er andere Gründe dieser Art namhaft machen; er würde die Laute und den Atem und das Gehör und eine ganze Menge ähnlicher solche Dinge als Ursache angeben und sich dabei gar nicht bemühen, die wahren Gründe zu nennen: dass es nämlich die Athener für besser befanden, mich zu verurteilen, und dass ich es daher auch meinerseits für besser befunden habe, hier zu sitzen, und für richtiger, da zu warten und die Strafe auf mich zu nehmen, welche sie auch verhängt haben mögen. Denn beim Hunde, ich glaube, die Sehnen und Knochen wären schon längst in Megara oder bei den Boiotiern, fortgetragen von der Vorstellung des Besten, hätte ich nicht geglaubt, es sei gerechter und schöner, statt zu fliehen und wegzulaufen, das Gericht der Stadt über mich ergehen zu lassen, mag es ausfallen, wie es will.«[25]

Wenn aber somit die These, dass geistige Phänomene nichts anderes als Vorspiegelung unseres Gehirns und seiner nach Kausalursachen ablaufenden internen Prozesse seien, der Selbsterfahrung offensichtlich widerspricht, wie lässt sich gegen diesen Einwand auch argumentieren?

Unterscheidung der Teilnehmer- und der Beobachterperspektive

(2) Ein erster Versuch, die Wirklichkeit der Freiheit aufrecht zu erhalten, könnte darin bestehen, dass man die beiden Perspektiven, nämlich die *Erste-Person-* bzw. *Teilnehmerperspektive*, in der wir uns als frei erfahren, und die *Dritte-Person-* bzw. *Beobachterperspektive*, in der wir die kausale Determiniertheit der Vorgänge in unserem Gehirn erkennen, in ihrer nicht mehr weiter aufeinander rückführbaren Dualität und gleichen Berechtigung anerkennen. Beides, auch die naturwissenschaftliche Betrachtungsweise, seien Konstruktionen, von denen weder die eine noch die andere zu Recht einen Vorrang gegenüber der jeweils anderen beanspruchen könne. Man solle deswegen nicht mehr die Legitimität der jeweils

25 Platon, Phaidon, 98b–99a.

anderen Sichtweise in Abrede stellen.[26] – Andererseits lassen sich Zweifel an der Plausibilität einer solchen Symmetrie anmelden. Verbürgt die intersubjektive Überprüfbarkeit und Nachvollziehbarkeit naturwissenschaftlicher Erklärungen und Konstruktionen nicht doch eine höhere Gewissheit als ein bloß subjektives Gefühl? Zwar ist es sicher richtig, dass sich nicht positiv zeigen lässt, wie der Geist auf den Körper einwirkt. Aber müsste sich nicht doch im Rahmen der Beobachterperspektive wenigstens negativ zeigen lassen, dass das Gebundensein von Bewusstsein und Wille an neuronale Prozesse als empirisch-naturwissenschaftliche Basis *nicht ausschließt*, dass sich der Mensch von geistig erfassten Gründen bestimmen lassen und dies auch reale Auswirkungen auf sein körperliches Handeln haben kann?

Lebenspraktische Unhintergehbarkeit der Annahme von Freiheit

Ein weiterer Versuch, die Wirklichkeit der Freiheit aufrecht zu erhalten, besteht deshalb in dem Aufweis, dass die Beschreibung und Erklärung unseres Wollens und Handelns aus der Erste-Person- bzw. Teilnehmerperspektive als *freies* Wollen und Handeln für uns lebenspraktisch *unhintergehbar* ist. Wir können in der alltäglichen Kommunikation gar nicht anders, als uns selbst und auch alle anderen Kommunikationspartner als freie Subjekte vorauszusetzen und entsprechend zu behandeln. Wenn wir etwas für richtig halten und andere dafür gewinnen wollen, appellieren wir an die freie Einsicht der anderen; wir versuchen, sie zu überzeugen, und empfinden jede Form von Manipulation und Zwang als unstatthaft.[27] Dem entsprechend lässt sich argumentieren, dass man zwar theoretisch die Freiheit des Menschen in Frage stellen oder auch leugnen kann. Aber bereits dann, wenn derjenige, der die Freiheit aufgrund humanwissenschaftlicher Einsichten für Illusion hält, einen anderen von der Wahrheit seiner These überzeugen will, *kann er gar nicht anders als an dessen eigene freie Einsicht zu appellieren.* Und wenn dieser dann, durch die Argumente etwa des Neurobiologen überzeugt, seine ursprüngliche Auffassung aufgibt und zum Determinismus konvertiert, hat er seine neue Überzeugung durch eben diese Tat bereits widerlegt.[28] – Doch auch

26 So etwa unter Berufung vor allem auf Max Planck: Michael Rosenberger, Determinismus und Freiheit. Das Subjekt als Teilnehmer, Darmstadt 2006. – Ebenso: Ulrich Eibach, Gott im Gehirn? Ich – eine Illusion? Neurobiologie, religiöses Erleben und Menschenbild aus christlicher Sicht, Wuppertal 2006, 128f.

27 So bereits: Emerich Coreth, a.a.O., 105–108.

28 Vgl. dazu: Eberhard Schockenhoff, Wir Phantomwesen. Über zerebrale Kategorienfehler, in: Hirnforschung und Willensfreiheit, a.a.O., 170; ders., Wer oder was handelt. Überlegungen zum Dialog zwischen Neurobiologie und Ethik, in: G. Rager (Hg.), Ich und mein Gehirn, Freiburg/Basel/Wien 2000, 256f; ders., Theologie der Freiheit, Freiburg/Basel/Wien 2007, 69–74. – In einer ähnlichen Figur argumentiert auch Jürgen Habermas (Freiheit und Determinismus, in: ders., Zwischen Naturalismus und

der Verweis auf die Unhintergehbarkeit der Teilnehmerperspektive scheint noch kein wirklich schlagendes Argument gegen die These darzustellen, dass intentional erfasste Gründe keinen realen Einfluss auf unser tatsächliches Handeln haben, sondern auch unsere mentalen Prozesse determiniert sind. Es ist immer noch möglich, dass es sich um eine unhintergehbare Illusion handelt, die selbst neuronal erklärt werden kann und ihre Funktion in einer besseren Anpassung an die Umwelt besitzt. Auch spricht die Annahme, dass das Zustandekommen jener Theorie, nach der alle mentalen Vollzüge durch das Gehirn determiniert sind, selbst auch auf determinierte Prozesse zurückzuführen ist, nicht schon gegen die Wahrheit der Theorie. Der Hinweis auf die lebenspraktische Unhintergehbarkeit der Teilnehmerperspektive scheint also die Wirklichkeit der Freiheit nicht zwingend zu belegen und auch die Frage, wie Gründe im Handeln wirksam werden können, nicht befriedigend zu beantworten.

Dualistisches Menschenbild als falsche Voraussetzung

(3) Eine weiterführende Antwort scheint jedoch möglich zu sein, wenn man die in den Bestreitungen der Freiheit vorausgesetzte Anthropologie und ihre Sicht des Leib-Seele-Verhältnisses betrachtet.[29] Das Problem, wie der menschliche Geist (das Subjekt oder Ich), der von Gründen bewegt wird und nach Gründen entscheidet, auf das Gehirn einwirken und damit Bewegungen des Körpers hervorbringen soll, scheint sich nämlich nur dann zu stellen, wenn man von vornherein das Ich und das Gehirn strikt getrennt versteht. Nur unter der Voraussetzung eines solchen dualistischen Menschenbilds, wie es beispielhaft etwa bei René Descartes begegnet, in dem Geist und Körper als zwei unterschiedliche, voneinander getrennte Substanzen (res cogitans – res extensa) verstanden werden, ergibt sich das Problem, wie die geistige Substanz auf die körperliche Substanz einwirken soll, wie also der Geist, der frei entscheidet, die frei ge-

---

Religion. Philosophische Aufsätze, Frankfurt am Main 2005, 174) dahingehend, dass die Objektivität der Welt erst in der intersubjektiven Verständigung konstituiert und deshalb Verständigungsprozesse »nicht im Ganzen auf die Objektseite gebracht, also nicht vollständig als innerweltlich determiniertes Geschehen beschrieben und auf diese Weise objektivierend ›eingeholt‹ werden können«.

29 Zum Folgenden vgl. u.a.: Ansgar Beckermann, Biologie und Freiheit. Zeigen die Ergebnisse der Neurobiologie, dass wir keinen freien Willen haben?, in: H. Schmiedinger/C. Sedmak (Hgg.), Der Mensch – ein freies Wesen? Autonomie – Personalität – Verantwortung, Darmstadt 2005, 111–124; Tobias Kläden, Mit Leib und Seele ... Die mind-brain-Debatte in der Philosophie des Geistes und die anima-formacorporis-Lehre des Thomas von Aquin, Regensburg 2005; ders., Thomas von Aquin und die mind-brain-Debatte, in: F. Hübner (Hg.), Dimensionen der Person: Genom und Gehirn, Paderborn 2006, 199–222.

troffene Entscheidung anschließend in körperliche Aktivität überführen kann. Nur unter dieser Voraussetzung lässt sich argumentieren, es gebe im Gehirn keinen Ort, der dem Ich entspricht und an dem alle Informationen zusammenlaufen; es gebe keinen Ort, an dem das Ich eingreifen könne; die neuronalen Abläufe des Gehirns liefen nach immanenten und in sich geschlossenen physikalischen Kausalgesetzen ab und ließen keinen Raum für das Eingreifen des Ich oder des Geistes.

Ganzheitliche Anthropologie als Lösungsansatz

Gegenüber einem solchen dualistischen Menschenbild lässt sich das Verhältnis von Geist und Körper aber auch – im Anschluss an den Grundansatz des Hylemorphismus bei Aristoteles oder auch in der anima-forma-corporis-Lehre des Thomas von Aquin – so verstehen, dass der Mensch ein Lebewesen ist, das aufgrund seiner evolutionären Entwicklungsstufe und der dabei entwickelten Komplexität des Gehirns Fähigkeiten entwickelt hat, die über diejenigen anderer, auch höher entwickelter Säugetiere hinausgehen. Aufgrund der Komplexität seines Gehirns kann der Mensch wahrnehmen und fühlen, nachdenken und überlegen, er kann in der Kommunikation mit anderen die Bedeutungen von Symbolen erfassen und damit – weil Symbole von der symbolisierten Wirklichkeit unterschieden werden – auch Richtigkeit und Wahrheit. Jürgen Habermas spricht davon, dass die evolutiv verlaufene Entwicklung des Menschen und seines Gehirns dazu geführt habe, dass er – der »subjektive Geist« – an einem »objektiven Geist«, d.h. an symbolisch gespeichertem kollektivem Wissen, teilhaben kann. Damit aber sei der Raum eröffnet, in dem ein Handeln nach Gründen und damit Freiheit möglich ist, insofern nämlich die im »objektiven Geist« gespeicherten Inhalte Einfluss auf die Gehirne der Beteiligten nehmen können.[30]

Genauer müsste man sagen: Die Möglichkeit, in der Kommunikation mit anderen die Bedeutung von Symbolen zu erfassen, macht es zugleich auch möglich – bzw. setzt es bereits voraus –, dass man die Dinge, die einen anziehen oder auch abstoßen, von sich distanziert, dass man sie *als etwas* erfasst. Damit aber wird es wiederum möglich, sie als ein Gut, aber auch als ein nur begrenztes Gut zu erfassen. Und damit ist es möglich, zu ihnen jeweils begründet Ja oder Nein sagen zu können. – Entsprechend können dann auch in der Hirntätigkeit nicht nur äußere Eindrücke (Attraktoren oder Reize) aufgenommen und nach internen Regeln des Gehirns verarbeitet werden. Vielmehr ist nicht auszuschließen, dass das Gehirn auch *Verarbeitungsregeln* für äußere Eindrücke von außen aufnehmen, lernen und anwenden kann.

30 Vgl. Jürgen Habermas, Freiheit und Determinismus, a.a.O., 177–181.

> Dass ideelle Gründe in die Prozesse der Hirntätigkeit einfließen und damit einen Einfluss auf die körperlichen Handlungen haben können, lässt sich auch dadurch plausibel machen, dass die Hirntätigkeit auf unterschiedlichen Ebenen beschrieben wird. So kann man zunächst auf einer ersten Ebene der Beschreibung sagen, dass die Hirntätigkeit in komplexen Nervenfunktionen (Feuern der Neuronen) besteht, die ständig zu unterschiedlichen Konfigurationen koordiniert werden. Dies lässt sich beobachten und empirisch feststellen. Auf einer zweiten Ebene der Beschreibung lassen sich diese neuronalen Funktionen aber auch aus der Innenperspektive als Wahrnehmung eines Gegenstands, als Sich-Erinnern oder als Entscheidung, als Ja- oder Nein-Sagen zu etwas beschreiben.

Ausgehend von diesem Modell ist es durchaus möglich, einerseits zu sagen, dass in unseren Entscheidungen auch intentional erfasste und gegeneinander bewusst abgewogene Gründe einfließen können, und andererseits zugleich daran festzuhalten, dass all dies allein durch neuronale Tätigkeit *realisiert* wird, eben so wie auch ein Sinneseindruck durch neuronale Tätigkeit realisiert wird, damit aber nicht einfach identisch ist. Der Mensch entscheidet sich nicht zuerst für eine Alternative und steht dann vor der Frage, wie er seinen Körper dazu bringt, die Entscheidung auszuführen. Vielmehr wird die jeweilige Entscheidung immer schon auf der Grundlage der Hirntätigkeit vollzogen, die dann über die efferenten, vom Gehirn zu den Muskeln führenden Nervenbahnen ganz selbstverständlich Auswirkungen auf unser Handeln hat.

Neuronale Realisierung – keine Reduzierung auf neuronale Tätigkeit

(4) So lässt sich zusammenfassend sagen: Selbstverständlich ist alle geistige Tätigkeit, alles Überlegen und Abwägen von Gründen, an neuronale Tätigkeit gebunden und wird nur durch sie und auf ihrer Grundlage *realisiert.* Aber das bedeutet noch nicht notwendig, dass sie sich auch auf neuronale Prozesse *reduzieren* ließe. Eine »*neuronale Realisierung* von Gedanken muss eine gedankliche *Programmierung* des Gehirns nicht ausschließen«.[31] Jedenfalls ist eine vollständige und eindeutige Reduktion geistiger Prozesse und mentaler Erfahrungen auf neuronale Tätigkeit von Seiten der Hirnforschung bislang in keiner Weise geleistet und auch überhaupt nicht in Sicht. Die neuronalen Prozesse sind also zwar *notwendige,* aber *nicht hinreichende Bedingung* für mentale Zustände.[32]

---

31 Vgl. Jürgen Habermas, a.a.O., 178.

32 Vgl. Tobias Klaeden, Thomas von Aquin und die mind-brain-Debatte, a.a.O., 220; ders., Mit Leib und Seele..., a.a.O., 315.

3. Menschliche Willensfreiheit als bedingte und konkrete Freiheit

Ausgehend von den bisherigen Überlegungen lässt sich festhalten: Menschliche Willensfreiheit besteht nicht darin, dass wir völlig unabhängig von äußeren Gründen, die unser Streben und Begehren anziehen und hervorlocken und die uns schließlich zum Wollen bewegen, entscheiden können. Auf der anderen Seite aber sind – wie die grundlegende Distanziertheit gegenüber allen einzelnen Gütern der weltlichen Wirklichkeit deutlich macht – unsere Entscheidungen durch solche Gründe auch nicht unwiderruflich und zwingend festgelegt. Zwischen bloßem Zufall und unerbittlichem Zwang ist Willensfreiheit vielmehr immer *bedingte* Freiheit.

Bedingte Freiheit zwischen Zufall und Zwang

(1) Bedingte Freiheit besteht zunächst darin, dass freie Willensentscheidungen nur auf der Grundlage all der Vorgegebenheiten und unter den Bedingungen möglich und zu verwirklichen sind, die unsere konkrete Existenz bestimmen. Solche Vorgegebenheiten und Bedingungen unserer Existenz sind etwa ganz grundlegend die Geltung des Nichtwiderspruchsprinzips und des Kausalitätsprinzips sowie der Verlässlichkeit der Naturgesetze und der entsprechenden Determiniertheit aller natürlichen Ereignisse. Es sind dann aber auch der konkrete geographische Ort und die geschichtliche Zeit, in der wir geboren wurden und leben. Es sind die jeweiligen gesellschaftlichen Verhältnisse, in denen wir groß geworden sind, die Eltern und Verwandten sowie die Bekanntschaften, die wir schließen, durch die unser Leben und unser Denken, Wollen und Fühlen ständig beeinflusst wird. Es sind schließlich auch unsere Charaktereigenschaften und Begabungen, unsere biologischen Vorgaben, unser Aussehen und unsere körperliche Beschaffenheit, die uns auf bestimmte Verhaltensweisen festlegen, die uns manches leicht und vieles andere wieder schwer machen.

Äußere Bedingungen begrenzen und ermöglichen die Freiheit

Solche Vorgaben *begrenzen* uns einerseits in unserer Freiheit, weil wir dadurch viele Möglichkeiten, die wir uns wünschen und von denen wir träumen, in unserem Leben nicht oder nur sehr schwer verwirklichen können. Sie begrenzen uns, indem wir etwa Chancen, die andere aufgrund günstigerer Umstände haben, einfach nicht geboten bekommen. Andererseits aber *ermöglichen* diese Vorgaben und Bedingungen überhaupt erst freie Entscheidungen. Freie Entscheidungen nämlich sind nur möglich, wenn es nicht unendlich viele, sondern nur eine begrenzte Anzahl von Möglichkeiten gibt. Willensfreiheit und Selbstbestimmung bestehen auch nicht darin, dass wir uns die Bedingungen unseres Daseins aussuchen und schaffen, sondern darin, unter den vorgegebenen Bedingungen das zu wählen, was der eigenen Einsicht in das, was richtig ist, entspricht. Menschliche Freiheit ist nicht *unbedingte* oder *absolute* Freiheit, die sich selbst und ihre Bedingungen überhaupt erst setzt. Sie besteht vielmehr darin, sich selbst unter den gegebenen Umständen zu bewähren, die Vorgegebenheiten zu nutzen und das Beste daraus zu machen. Nur so bleibt die Willensfreiheit nicht nur eine *abstrakte* Möglichkeit, sondern verwirklicht sich *konkret* in einzelnen Entscheidungen unseres Lebens. Wollte man erst dann von Freiheit und Selbstbestimmung sprechen, wenn wir uns auch die Umstände unserer Existenz selbst setzen könnten, wären wir Menschen tatsächlich nicht frei. Aber eine solche Freiheit würde auch nie zu einer Entscheidung kommen und somit sich nie verwirklichen.

Freie Entscheidungen führen zu Festlegungen

(2) Willensfreiheit ist aber auch in dem Sinne bedingt, dass man mit jeder einzelnen Entscheidung immer andere Möglichkeiten ausschließt und nicht oder nur in geringerem Maß verwirklichen kann, als es grundsätzlich möglich wäre. Auch legt man sich mit jeder einzelnen getroffenen Entscheidung im Verlauf des Lebens immer mehr auf einen bestimmten Weg fest. Diese *zunehmende Festlegung* aber hat ihrerseits wiederum Auswirkung auf künftige Entscheidungen, bedingt sie mit und engt so die Freiheit weiter ein. Wer sowohl eine Begabung für Sprachen, für Sport und für Musik hat, wird sich – vielleicht aus beruflichen Gründen – für einen Bereich entscheiden müssen und kann die anderen Tätigkeiten gar nicht mehr oder nicht mehr in dem Maß pflegen, wie er es gern tun würde. Möglicherweise muss er manche Begabungen ganz brachliegen lassen oder kann verborgene Fähigkeiten gar nicht entdecken. Die Bedingtheit der Willensfreiheit zeigt sich weiterhin darin, dass man sich in vielen Fällen zwar zunächst frei für einen Weg entscheiden kann, zugleich damit aber auch bestimmte Zwänge mitwählt, die sich als weitere Folgen ergeben. Wer sich etwa frei dafür entscheidet, eine Familie zu gründen und Kinder zu haben, muss möglicherweise Einschränkungen im bisherigen Lebensstandard oder der Freizeit in Kauf nehmen und kann künftig über Jahre hinaus nicht mehr außerhalb der Schulzeiten in Urlaub fahren. Umgekehrt aber muss auch der, der »frei« und ledig bleiben will, Einschränkungen anderer Art in Kauf nehmen.

Festlegungen gehören zur Identitätsbildung

Jede freie Entscheidung bedeutet so immer auch Festlegung auf einen bestimmten, konkreten Weg und damit zunehmende Einschränkung der Freiheit. Andererseits muss dies nicht notwendig eine zunehmende Unfreiheit bedeuten, sondern kann auch aus einer *freien Selbstbindung* hervorgehen. Gerade in der Festlegung auf einen bestimmten Weg bildet sich auch die *eigene Identität* heraus, in deren Rahmen Einschränkungen nicht mehr als Unfreiheit, sondern als die Weise der *Selbstbestimmung* – als der eigene Weg – erfahren werden. Andererseits bedeutet die zunehmende Festlegung nicht, dass der Lebensweg notwendigerweise immer enger wird, bis er schließlich nur noch eine oder wenige Handlungs- und Entscheidungsmöglichkeit bietet. Es gibt im Leben immer wieder auch die Möglichkeit, noch einmal etwas Neues anzufangen und sich damit für neue Lebenswege und Lebensmöglichkeiten zu öffnen.

Dialektik von Freiheit und Unfreiheit

(3) Schließlich kann es auch vorkommen, dass man sich für einen Weg entscheidet, von dem man sich größere Freiheit verspricht, der aber in der Folge in eine weit größere Abhängigkeit und Unfreiheit hineinführt, als man geahnt oder gewollt hat. Wer etwa einen hoch dotierten Posten in der Industrie erstrebt, weil er sich davon große finanzielle Unabhängigkeit und einen hohen und angenehmen Lebensstandard verspricht, stellt möglicherweise mit der Zeit fest, dass ihn die Arbeit auffrisst, seine Beziehungen zerstört und seine Gesundheit geschädigt werden. Wer ein eigenes Haus baut, gewinnt damit eine Reihe von Freiheiten im Vergleich zu einem Mietverhältnis. Andererseits bringt man sich möglicherweise durch die Verschuldung in bedrängende Abhängigkeit. Umgekehrt kann derjenige, der auf vieles freiwillig verzichtet, zwar nicht alle Möglichkeiten des Lebens genießen, dafür aber innerlich ungebunden und frei sein. So entscheidet man durch die jeweiligen einzelnen freien Entscheidungen mit darüber, ob man seine Freiheit *bewahrt* oder ob man sie *verspielt und verliert.*

Eine weitere Dialektik von Freiheit und Unfreiheit zeigt sich am Beispiel des Lernens oder der Arbeit. Wer etwas lernt und arbeitet, macht sich damit zunächst von einem Lehrer oder von einem Arbeitgeber abhängig und nimmt viele Mühen und Unbequemlichkeiten auf sich, opfert seine Freizeit und gibt damit auch seine Freiheit auf. Andererseits erwirbt er durch diese Mühe des Lernens und Arbeitens Fähigkeiten, die es ihm dann wieder ermöglichen, andere Freiheiten zu gewinnen, anerkannt zu sein und selbst entscheiden zu können. Ebenso bedeutet die Tatsache, dass wir im gesellschaftlichen Zusammenleben von vielen anderen Menschen und ihrer Arbeit abhängig sind, nicht eine Beeinträchtigung unserer eigenen Freiheit und Selbstbestimmung, sondern macht diese dadurch, dass viele Bedingungen unseres Lebens bereits durch andere bereitgestellt werden, überhaupt erst möglich.

Den dialektischen Zusammenhang von Freiheit und Bedingtheit hat Igor Strawinsky für den Bereich des musikalischen Schaffens folgendermaßen formuliert:

> »Meine Freiheit besteht also darin, mich in jenem engen Rahmen zu bewegen, den ich mir selbst für jedes meiner Vorhaben gezogen habe. Ich gehe noch weiter: meine Freiheit wird umso größer und umfassender sein, je enger ich mein Aktionsfeld abstecke und je mehr Hindernisse ich ringsum aufrichte. Wer mich eines Widerstandes beraubt, beraubt mich einer Kraft. Je mehr Zwang man sich auferlegt, umso mehr befreit man sich von den Ketten, die den Geist fesseln.«[33]

So bedeutet menschliche Freiheit gerade nicht Unabhängigkeit von allen Vorgaben, sondern ist überhaupt nur auf dieser Grundlage möglich. Nur im Medium äußerer Bedingungen kann sich Willensfreiheit als Selbstbestimmung konkret verwirklichen. Allerdings ist sie damit aber immer auch in der Gefahr, um eines vermeintlichen Gewinns an Freiheit sich selbst neuen und größeren Zwängen zu unterwerfen und Spielräume der freien Entscheidung zu verlieren.

Zusammenfassende Thesen:

1. Während in der Neuzeit die äußere *Handlungsfreiheit* hohe Wertschätzung und Absicherung erfährt, wird die innere *Willensfreiheit* von den Humanwissenschaften – z.B. von der behavioristischen Psychologie, der Soziobiologie und der Hirnforschung – immer wieder in Frage gestellt.
2. Willensfreiheit meint jedoch keine Unabhängigkeit von Gründen. Sonst liefe Freiheit auf bloßen Zufall und grundlose Willkür hinaus.
3. Willensfreiheit besteht aber auch nicht primär in der freien Wahl zwischen verschiedenen Alternativen. Dieses Verständnis der Freiheit als *Wahlfreiheit* führt in das Dilemma, dass die Wahl entweder rational, aber zwingend, oder nicht zwingend, aber auch nicht rational und damit willkürlich ist.
4. Der Wahlfreiheit liegt vielmehr eine *Grundfreiheit* voraus, die nicht in der Wahl zwischen zwei oder mehreren Gütern besteht, sondern darin, bereits zu jedem einzelnen Gut – aufgrund seiner Struktur als einem *endlichen* Gut – Ja oder Nein sagen zu können. Diese Grundfreiheit ist die ursprüngliche Form der Willensfreiheit.

33 Igor Strawinsky, Musikalische Poetik, übers. von H. Strobel, Mainz 1949, 46.

5. Das Problem, wie der Wille Einfluss auf das Gehirn nehmen kann, stellt sich nur auf der Basis eines Leib-Seele-Dualismus. In einem ganzheitlichen Verständnis des Menschen lässt sich sagen, dass Bewusstsein und Willensentscheidungen zwar durch neuronale Tätigkeit *realisiert* werden, dass sie aber nicht darauf *reduziert* werden können.
6. Willensfreiheit kann somit als Selbstbestimmung oder Selbstdetermination verstanden werden. Die äußeren Bedingungen der individuellen Existenz eines Menschen schränken die Freiheit zwar ein, machen sie aber andererseits auch überhaupt erst möglich.
7. Freie Entscheidungen bringen immer auch Festlegungen mit sich. So entsteht die Frage, wie man seine Freiheit bewahren kann.

8. KAPITEL

Unterdrückung der Freiheit – Die Macht von Schuld und Sünde

Im vorangegangenen Kapitel wurde gezeigt, dass trotz der deterministischen Erklärungen menschlichen Handelns durch Behaviorismus, Soziobiologie und Hirnforschung die Willensfreiheit des Menschen und damit ethisches und verantwortliches Handeln denkbar und möglich ist. Andererseits ist mit der Willensfreiheit auch die Möglichkeit gegeben, dass einem unverantwortliches Handeln zugerechnet und man durch das eigene Tun im ethischen Sinne schuldig wird. Man kann seine Freiheit sogar verspielen und verlieren.

Im Blick auf diese Möglichkeiten der Freiheit geht der christliche Glaube von einer weiteren Unfreiheit des Menschen aus, die über den bloßen physischen Determinismus hinausgeht. Denn so sehr der christliche Glaube zunächst grundsätzlich davon ausgeht, dass der Mensch als freies Wesen geschaffen ist, so sehr bekennt er doch zugleich, dass alle Menschen von sich her gar nicht anders können als zu sündigen. So spricht Paulus davon, dass alle Menschen von Anfang an unter der »Macht der Sünde« (Röm 6,18.22) stehen und »Sklaven der Sünde« (Röm 6,6.17) sind. Sie stehen unter der »Herrschaft der Sünde« (Röm 3,9), durch die der Mensch auf das Tun des Bösen festgelegt ist und von der er sich allein nicht befreien kann. In diesem Bekenntnis geht es also nicht – wie beim Determinismus – um die Behauptung einer *prinzipiellen* Unfreiheit des Menschen, die ihren Grund im geschlossenen Kausalzusammenhang der Natur hat und deswegen keine wirkliche Wahlmöglichkeit zulässt, sondern um die Behauptung einer *faktischen* Unfreiheit zum Tun des Guten, der aber *alle Menschen* unterliegen und die – im Sinne einer *Ursünde* – aus der Freiheit des Menschen selbst hervorgegangen ist. Dieses Bekenntnis des christlichen Glaubens hat zentrale Bedeutung, weil nur unter dieser Voraussetzung die Befreiung allein durch Jesus Christus ausgesagt werden kann.

Doch: Widerspricht dieses zentrale Bekenntnis des christlichen Glaubens nicht radikal unserer sonstigen Wirklichkeitserfahrung? Steht es nicht sehr wohl in unserer Macht, nicht nur Schlechtes, sondern auch Gutes zu tun, mitmenschlich und verantwortlich zu handeln, wenn wir nur wollen? Und auch wenn es uns vielleicht in den meisten Fällen schwer fällt, das Gute zu tun, so scheint doch die Behauptung, dass *alle* Menschen *immer schon* unter der Knechtschaft der Sünde stehen, zu radikal und auch nicht zu beweisen. Wie also lässt sich die Behauptung einer solchen Unfreiheit verstehen?

Dazu kommt, dass von Schuld und insbesondere von Sünde zu sprechen, in unserer Gesellschaft heute auf unübersehbare Schwierigkeiten stößt. Solche Schwierigkeiten zeigen sich etwa in einer deutlichen Trivialisierung der Rede von Sünde: das Wort »Sünde« kommt nur noch – neben seiner verniedlichenden Verwendung im Bereich des Sexuellen – in Ausdrücken vor wie »Verkehrssünder«, beim Diäthalten »gesündigt« haben, »sündhaft« teuer sein usw. Zu dieser Trivialisierung hat sicher die Beichtpraxis und Moralverkündigung der Kirche in der Vergangenheit beigetragen. Doch auch das Wort »Schuld« scheint – auch wenn es eine Sensibilität für Versagen und eine Sehnsucht nach Versöhnung durchaus gibt – negativ besetzt zu sein. Es scheint zu hoch angesetzt zu sein für das, was wir als unser Versagen mit all seinen Verflechtungen und Bedingtheiten erleben.

Im Folgenden soll deshalb – ausgehend von den Kriterien für gutes und schlechtes Handeln und den Überlegungen zur Willensfreiheit – zunächst ein Begriff von Schuld im ethischen Sinne erarbeitet werden (1). Auf dieser Basis wird dann ein Zugang zur theologischen Rede von Sünde (2) und von der Macht der Sünde (3) gesucht.

1. »Schuld« im ethischen Sinne – Anthropologische Grundlegung

Schuld sein – einen Schaden verursachen

Von »Schuld« oder »schuld sein« sprechen wir im Alltag zumeist in dem Sinn, dass jemand oder etwas *einen Schaden verursacht hat:*[1] Das kalkhaltige Wasser ist schuld, dass die Kaffeemaschine nicht mehr funktioniert, die Bahn ist schuld, dass ich zu spät komme, der Nebel ist schuld, dass ich den Radfahrer nicht gesehen habe, das Fernsehen ist schuld, dass wir nicht mehr lesen oder miteinander reden, der Hund ist schuld, dass das Beet im Vorgarten verwüstet ist, usw. Die Rede von Schuld hat hier noch keinen ethischen Sinn, sondern bedeutet lediglich, dass jemand oder etwas die *Ursache für einen Schaden* ist. Dass ein Schaden entstanden ist, ist dabei der entscheidende Grund dafür, dass von Schuld gesprochen wird. Ohne dass ein Schaden entstanden wäre, würde man nicht davon sprechen, dass der Kalk, die Bahn, der Nebel, das Fernsehen oder der Hund schuld an etwas sind oder Schuld an etwas haben. Man würde lediglich sagen, dass sie etwas *tun*: Das Wasser kocht, die Bahn bringt uns schnell zum Ziel, der Nebel senkt sich, das Fernsehen unterhält, der Hund bellt usw. In den genannten Beispielen hat das Wort »Schuld« noch keine ethische Bedeutung. Allerdings baut auf dieser *nicht-ethischen* Bedeutung die Rede von *ethischer* Schuld auf.

1.1 Bedingungen für ethisch schuldhaftes Handeln

Nicht jede Verursachung eines Schadens bedeutet ethische Schuld

Wenn wir jemandem Schuld im ethischen Sinne zuschreiben oder davon sprechen, dass sein Handeln im ethischen Sinne schuldhaft ist, setzen wir also immer voraus, dass er einen Schaden verursacht hat. Ohne dass ein Schaden verursacht wurde, kann man auch im ethischen Sinne nicht von Schuld sprechen. Aber nicht immer dann, wenn jemand einen Schaden verursacht, entsteht auch schon eine ethische Schuld. Dafür sind viel-

1 Mit diesem Ansatz bei der nicht-ethischen Rede von »Schuld« und »schuld sein« wählen wir bewusst einen voraussetzungsloseren Weg zum Verständnis von ethischer Schuld als es der Ansatz der bereits ethischen Erfahrung einer grundlegenden Schuldigkeit des Menschen im Sinne der geschuldeten Verpflichtung (debitum) ist. So etwa bei: Antonellus Elsässer, Sünde und Schuld – Umkehr und Versöhnung, in: Leben aus christlicher Verantwortung. Ein Grundkurs der Moral, hg. von J. Gründel, Bd. 1: Grundlegungen, Düsseldorf 1991, 166–176. Ebenso bei: Franz Böckle, Sünde – Was ist das? Das Böse als Schuld und Sünde, in: H. Halter (Hg.), Wie böse ist das Böse? Psychologische, philosophische und theologische Annäherungen an ein Rätsel, Zürich 1988, 85–103.

mehr eine Reihe weiterer Bedingungen erforderlich. So trifft denjenigen, der einen Schaden verursacht hat, erst dann auch ethische Schuld, wenn er den Schaden 1) ohne einen rechtfertigenden Grund, 2) im Wissen darum, dass es keinen rechtfertigenden Grund gibt, und 3) aus freiem Willensentschluss, also ohne äußeren oder inneren Zwang, verursacht hat. Fehlt eine dieser Bedingungen ganz, ist keine ethische Schuld gegeben, ist eine dieser Bedingungen nur eingeschränkt erfüllt, ist das Maß der Schuld gemindert.

1.1.1 Verursachung eines Schadens ohne rechtfertigenden Grund

Ethisch schuldhaftes Handeln setzt als erste Bedingung voraus, dass ein Schaden *ohne rechtfertigenden Grund* verursacht wird (vgl. 6. Kapitel). Zugrunde liegt die Einsicht, dass in vielen unserer Handlungen zwar ein Schaden oder ein Übel verursacht wird, dass diese Handlungen aber dennoch nicht als unverantwortlich oder ethisch schlecht gelten, weil es für die Verursachung des Schadens einen rechtfertigenden Grund gibt und die Unterlassung der entsprechenden Handlung *langfristig und im Ganzen gesehen* nur noch mehr Schaden anrichten, also kontraproduktiv würde. Es kann sogar Situationen geben, in denen es gerade aus ethischen Gründen notwendig und geboten ist, einem anderen Menschen einen Schaden oder ein Übel zuzufügen.

> So muss ein Arzt seinem Patienten unter Umständen Unannehmlichkeiten, Schmerzen und Leid zufügen, um auf diese Weise seine Gesundheit wiederherzustellen oder sein Leben zu retten. Ebenso darf die Polizei bei der Verbrechensbekämpfung oder der Abwehr von terroristischen Anschlägen in begrenztem Maß Gewalt einsetzen. Solche Vorgehensweisen, die Schäden und Übel verursachen, sind dann gerechtfertigt, wenn sie erforderlich sind, um langfristig und im Ganzen gesehen noch größeren Schaden zu verhindern. Selbst eine gezielte Tötung hat dann einen verhältnismäßigen und damit ethisch rechtfertigenden Grund, wenn sie die letzte Möglichkeit ist, wie das Leben von Menschen gegen eine willkürliche Bedrohung geschützt werden kann. Unverantwortlich sind solche Maßnahmen erst dann, wenn dabei Schäden entstehen, die nicht notwendig gewesen wären und deshalb unverhältnismäßig sind. In solchen Fällen wird dann auch zu Recht die Frage nach der Schuld im ethischen Sinne gestellt.

In der Wahl zwischen zwei Übeln wird man nicht in jedem Fall schuldig

Dass ethische Schuld nicht schon dann entsteht, wenn man überhaupt einen Schaden verursacht, sondern erst dann, wenn es sich um einen unverhältnismäßigen Schaden ohne rechtfertigenden Grund handelt, ist gegenüber der bisweilen begegnenden Auffassung zu betonen, man würde, wenn man einen Schaden oder ein Übel verursacht, *immer und in jedem Fall* ethisch schuldig, also auch dann, wenn es sich um einen notwendigen Eingriff handelt, um einen größeren Schaden zu verhindern. In den allermeisten Situationen besteht verantwortliches Handeln gerade nicht darin, das *nur* Gute zu wählen und allen Schaden zu vermeiden, sondern darin, von mehreren Übeln das geringere – das »minus malum« – zu wählen. Dass man dabei gezwungen ist, ein Übel zu verursachen, ist dann zwar *bedauerlich* oder *tragisch* und kann Schuld*gefühle* nach sich ziehen, bedeutet aber noch nicht, dass man unverantwortlich handelt und damit im ethischen Sinne schuldig wird.

1.1.2 Wissentliche Verursachung eines Schadens ohne rechtfertigenden Grund

Objektive und subjektive Bedingungen für Schuld

Um von ethischer Schuld sprechen zu können, ist es jedoch nicht nur notwendig, einen unverhältnismäßigen Schaden ohne rechtfertigenden Grund zu verursachen. Es reicht nicht, etwas *objektiv* moralisch Schlechtes zu tun. Man muss auch – *subjektiv* – selbst darum *wissen*, dass durch das eigene Handeln ein nicht zu rechtfertigender Schaden entsteht. Ohne zu wissen, dass man unverantwortlich handelt, kann man auch nicht im ethischen Sinne schuldig sein.

Nachlässigkeit

Das kann freilich nicht bedeuten, dass man sich vor einer Entscheidung erst gar nicht über mögliche Schäden und problematische Auswirkungen seines Handelns kümmert und informiert. Es gibt auch eine Verantwortung dafür, sich über die Bedingungen und über die Folgen seines Tuns Gedanken zu machen und Rechenschaft abzulegen (vgl. die Ausführungen zum irrenden Gewissen im 3. Kapitel, 2.3). Wer heute gentechnisch veränderte Pflanzen oder Bakterien in die Natur ausbringen will, muss vorher gründlich alle möglichen Folgen bedenken. Wer ein neues Medikament auf den Markt bringen will, muss zuvor in Versuchsreihen die Unbedenklichkeit und die möglichen Nebenwirkungen erforschen. Wer dies nicht tut und so Schäden verursacht, die bei gründlicher Abschätzung der Folgen hätten vermieden werden können, wird wegen dieser *Nachlässigkeit* auch im ethischen Sinne schuldig. Bei schwer wiegenden Entscheidungen werden deshalb Expertengremien eingesetzt, die systematisch und umfassend die möglichen Folgen ermitteln (vgl. 6. Kapitel, 3.1).

Unvorhersehbarkeit

Andererseits kann es vorkommen, dass sich auch bei noch so gründlicher Abschätzung der Folgen Schäden einstellen, die man im Voraus nicht absehen konnte. Dass Röntgenstrahlen auf Dauer schwere Schädigungen des Organismus und Krebs hervorrufen, war für Konrad Röntgen unmittelbar nach seiner Entdeckung nicht abzusehen. Es wurde erst im Lauf der Zeit mit der Anwendung deutlich. Auch kann man sich in der Einschätzung und Gewichtung der Folgen irren. In solchen Fällen, in denen die schädlichen Folgen beim besten Willen nicht vorhersehbar sind, trifft den Handelnden keine ethische Schuld. Allerdings ist man dann, wenn sich problematische Folgen zeigen, verpflichtet, sein Handeln zu ändern und die Schäden zu begrenzen oder zu beseitigen. Tut man dies nicht, sondern lässt die Sache im Wissen um die schädlichen Folgen weiterlaufen – etwa weil dies wirtschaftliche Vorteile bringt –, wird man im ethischen Sinne schuldig.

Zeitdruck und Risiko

Allerdings ist auch zu bedenken, dass ein bestehender *Zeitdruck* dazu führen kann, dass es einem nicht gelingt, alle Folgen genau abzuschätzen, sondern dass man trotz eines verbleibenden *Risikos* handeln muss. In Katastrophenfällen etwa muss die Planung des Vorgehens irgendwann abgebrochen werden, weil jedes weitere Überlegen die katastrophale Situation nur verschärfen würde. Auch im medizinischen Bereich kann es manchmal verantwortlicher sein zu handeln, selbst wenn die optimale Diagnose noch nicht vorliegt. Es könnte sein, dass man schließlich zwar mit Sicherheit weiß, woran der Patient leidet, dass diesem aber inzwischen nicht mehr geholfen werden kann. Stattdessen ist es besser, sich mit der Wahrscheinlichkeit zufrieden zu geben und ein Risiko einzugehen. Passiert dann etwas, ist dies zwar *tragisch*, begründet aber *keine ethische Schuld.*

1.1.3 Freiwillige Verursachung eines Schadens ohne rechtfertigenden Grund

Aber auch das Wissen um die Unverantwortlichkeit des eigenen Handelns reicht noch nicht dafür aus, dass jemand im ethischen Sinne schuldig wird. Ethische Schuld setzt weiterhin auf der subjektiven Seite voraus, dass man das, was man als unverantwortlich erkannt hat, dennoch *frei* und *ohne äußeren und inneren Zwang* will. Wer etwas, das er als unverantwortlich erkannt hat und eigentlich nicht tun will, unter äußerem Zwang, aufgrund von Gewaltandrohung, Gewaltzufügung, Notlage, Erpressung, oder unter innerem Zwang, aufgrund von Angst, Sucht oder einer psychischen Erkrankung, dennoch tut, kann nicht im selben Maß als ethisch schuldig gelten wie derjenige, der dasselbe ohne jeden Zwang tut. Seine ethische Schuld wird in dem Maß geringer, in dem der äußere oder innere Zwang stärker wird.

Äußerer Zwang – moralischer Druck

Auch dann, wenn man beispielsweise einen Schwangerschaftsabbruch für ethisch unerlaubt hält, kann es im konkreten Fall vorkommen, dass man der Frau, die dem Abbruch zugestimmt hat, subjektiv keine oder nur geringe Schuld zuschreiben kann, dann nämlich, wenn sie unter dem Druck – möglicherweise auch unter dem moralischen Druck – ihrer Umwelt gehandelt hat. Die Schuld wäre dann eher bei den Personen und Institutionen zu suchen, die sie unter Druck gesetzt haben. Ähnliches gilt auch für die meisten Fälle von Suizid. Auch wird man Menschen kaum im vollen Maß als ethisch schuldig ansehen können, die unter einem totalitären Regime sich nicht gegen Ungerechtigkeiten aufgelehnt haben, sondern aus Angst vor Repressionen, Folter oder Tod »mitgelaufen« sind.

Feigheit und Unterlassen

Andererseits kann man sich nicht schon dadurch von Schuld freisprechen, dass man von anderen unter Druck gesetzt worden sei. Es gibt Situationen, in denen es ethisch geboten ist, Zivilcourage zu zeigen, seine Gewissensüberzeugung gegen den Einfluss der Umgebung zu behaupten und nicht einfach das zu tun, was alle tun, nur um nicht aufzufallen oder Repressionen zu vermeiden. Man kann ein Unrecht nicht nur in der Weise begehen, dass man selbst *aktiv* handelt, sondern auch in der Weise, dass man es *passiv* zulässt, obwohl man es hätte verhindern können. Man kann auch dadurch schuldig werden, dass man wegsieht statt etwas zu unternehmen, dass man schweigt statt seine Stimme zu erheben. Deshalb kann ethische Schuld nicht nur durch *Tun*, sondern auch durch *Unterlassen* entstehen.

Kollektivschuld?

Problematisch ist allerdings die Rede von einer *Kollektivschuld.* Dahinter steht der Versuch, die Verantwortung für eine Unrechtstat – etwa die Verbrechen in der Zeit des Nationalsozialismus – der Gemeinschaft im Ganzen und damit allen einzelnen Mitgliedern dieser Gemeinschaft allein aufgrund ihrer Zugehörigkeit zu dieser Gemeinschaft anzulasten. Richtig daran ist, dass die Schuld an einem Unrecht oft nicht nur einem Einzelnen zugeschrieben werden kann, sondern das Unrecht erst durch das Zusammenwirken vieler Einzelner zustande kommt. Zwar kann es eine kollektive Haftung für Verbrechen eines Staates geben. Durch die Vorstellung der Kollektivschuld wird jedoch die unterschiedliche Beteiligung oder Nicht-Beteiligung der Einzelnen nicht berücksichtigt und stellt damit selbst eine ungerechte Beschuldigung dar.[2] Auch entbindet das Argument, die nachgeborene Generation könne nicht für die Schuld ihrer Eltern und Großeltern verantwortlich gemacht werden, nicht von der Pflicht, gerade angesichts der Vergangenheit des eigenen Volkes sich der besonderen Verantwortung für Frieden, Gewaltlosigkeit und Versöhnung bewusst zu bleiben.

Triebe im Menschen

Ähnlich differenziert ist auch das Verhältnis des Menschen zu seinen biologischen und psychischen Antrieben zu bestimmen, die er in sich vorfindet und die ihn bisweilen auch zu unverantwortlichem Tun bewegen. Das Vorhandensein solcher Antriebe, Neigungen und Strebungen als solches bedeutet noch keine ethische Schuld. Dass es im Menschen Aggressivität oder sexuelles Begehren gibt, macht den Menschen nicht schon schuldig und kann auch – theologisch – nicht als »Sünde« bezeichnet

2 Vgl. dazu: Karl Jaspers, Die Schuldfrage, München 1965, 25 und 40.

werden. Im Gegenteil, solche Antriebe sind für den Menschen notwendig zum Überleben. Sie machen überhaupt erst das Zugehen auf die Welt und andere Menschen möglich und können die Grundlage und die innere Dynamik gerade für unser gutes Handeln bilden. So bildet das sexuelle Begehren die emotionale bzw. affektive Grundlage auch dafür, dass Menschen sich mögen oder sogar lieben, und Aggressivität bildet die affektive Grundlage dafür, dass man sich – im Sinne eines »heiligen Zorns« gegen Unrecht empört und einsetzt. Schuld im ethischen Sinne kommt erst dann zustande, wenn man diese Antriebe, sofern sie zu einem ethisch schlechten Tun – etwa zu einer Vergewaltigung oder zu einem Mord – veranlassen, aus freiem Willen *zulässt* oder ihnen *zustimmt*. Andererseits können solche Antriebe – etwa wenn man vor Zorn außer sich gerät – auch die freie Entscheidung beeinträchtigen und damit die Schuld mindern. Insgesamt ist es deshalb Aufgabe des Menschen, seine Antriebe zu kultivieren und so zu gestalten, dass sie nicht zerstörerisch werden.

Wille und Tat

Eine weitere Frage besteht darin, ob bereits der *Wille* zu einer schlechten Tat schuldig machen kann, auch wenn er nicht in die Tat umgesetzt wird und kein Schaden entsteht. Grundsätzlich lässt sich dazu sagen, dass nicht jeder Gedanke und jeder Wunsch nach einer schlechten Tat bereits schuldig macht. Anders sieht es aus, wenn sich ein solcher Wunsch festsetzt und handlungsbestimmend wird oder wenn man seinen Wunsch nur deshalb nicht in die Tat umsetzt, weil man zufällig nicht in der Lage dazu ist oder sich vor den Konsequenzen fürchtet.

Ethische Schuld – juristische Schuld – psychologische Schuldgefühle

Abschließend sei noch darauf hingewiesen, dass sich *ethische Schuld*, *juristische Schuld* und *psychologische Schuldgefühle* nicht immer decken müssen. Wer ohne Absicht und ohne jede Fahrlässigkeit bei einem Autounfall ein Kind verletzt oder sogar zu Tode bringt, wird zwar juristisch nach dem Verursacherprinzip schuldig gesprochen und zur Verantwortung gezogen. Dennoch bedeutet dies nicht, dass der Betreffende auch im ethischen Sinne schuldig ist. Es gibt auch tragische Unglücksfälle, ohne dass eine ethische Schuld vorliegt. Auch ist es wahrscheinlich, dass der Betreffende unter schweren Schuldgefühlen leiden wird. Sie dürfen aber nicht mit einer Schuld im ethischen Sinne verwechselt werden. Zu einer Aufarbeitung solcher Schuldgefühle kann es vielmehr gerade gehören, sich darüber klar zu werden, dass man nichts versäumt hat und für das Geschehene tatsächlich nichts konnte. Dasselbe gilt auch für Schuldgefühle, wie sie bei zerbrochenen Beziehungen auftreten. Auch hier gehört es zur Aufarbeitung, die Schuld weder allein dem anderen noch allein sich selbst zuzuschreiben, sondern sich darüber klar zu werden, was jeder beigetragen hat. – Wie es aber juristische Schuld und Schuldgefühle geben kann, ohne dass eine ethische Schuld besteht, so kann umgekehrt auch jemand im ethischen Sinne schuldig sein und dennoch weder juristisch belangt werden – etwa aufgrund von Gesetzeslücken – noch von Schuldgefühlen geplagt sein.

1.2 Mitwirken und Mitschuld am schlechten Handeln anderer

Ethisch schuldhaftes Handeln kann aber nicht nur dadurch zustande kommen, dass man selbst wissentlich und freiwillig ein Übel ohne rechtfertigenden Grund verursacht, sondern auch dadurch, dass man sich am unverantwortlichen Handeln anderer beteiligt. Indem man am schlechten Tun anderer *mitwirkt*, kann es zu einer *Mitschuld* kommen. Dabei stellt sich die Frage, wie eng die Beteiligung sein muss, damit sie eine Mitschuld begründet. Werden wir etwa durch Waffenexporte an Länder Afrikas oder des Mittleren Ostens mitschuldig daran, wenn in dort geführten Kriegen Menschen umgebracht werden? Werden wir durch den Kauf von preiswertem Kaffee mitschuldig an der Ausbeutung der Kaffeebauern der Dritten Welt? Oder: Macht sich die Kirche mitschuldig an Abtreibungen, wenn sie den Beratungsschein ausstellt? Macht sich der Angestellte einer Firma, die unlautere oder umweltschädliche Geschäftspraktiken hat, mitschuldig, wenn er weiter bei dieser Firma arbeitet, um nicht seine Existenzgrundlage zu verlieren? Oder kann er sich dadurch von einer Mitschuld freisprechen, dass er selbst nur ein »Rädchen im Getriebe« war, durch das insgesamt ein Unrecht begangen wurde?

Traditionelle Unterscheidung: formelle und materielle Mitwirkung

In der moraltheologischen Tradition wurde im Blick auf solche und ähnliche Fragen unterschieden zwischen *formeller* Mitwirkung, die immer schuldig macht, und bloß *materieller* Mitwirkung, die entschuldbar ist.

> Die Differenz wurde etwa so erläutert[3]: Formelle Mitwirkung liegt dann vor, wenn man die schlechte Tat des anderen *innerlich ausdrücklich bejaht* (cooperatio explicita) oder die eigene Handlung bereits *von ihrer Natur her* eine Bejahung der schlechten Tat des anderen einschließt (cooperatio implicita). Materielle Mitwirkung liegt dagegen dann vor, wenn man etwas Gutes oder Indifferentes tut, von dem man aber sicher oder wahrscheinlich *voraussehen* kann, dass es missbraucht wird. Eine solche bloß

3 Vgl. dazu etwa: Joseph Mausbach/Gustav Ermecke, Katholische Moraltheologie, Bd. I: Die allgemeine Moral, Münster [9]1959, 358–361; Bernhard Häring, Das Gesetz Christi, Freiburg 1954, 913–918.

materielle Mitwirkung kann *aus wichtigen Gründen gerechtfertigt*, ja sogar geraten oder verpflichtend sein. Solche wichtigen Gründe liegen vor, wenn ein höheres Gut geschützt oder ein größeres Übel vermieden werden soll.

Unklar bleibt an dieser Bestimmung freilich, worin genau das Kriterium für Mitschuld oder Entschuldigung liegt. Entscheidend kann wohl kaum die jeweilige *psychologische* Absicht sein. Sonst könnte man sich immer damit herausreden, man habe ja nichts Böses gewollt, sondern es nur gut gemeint. Ebenso schwierig ist es zu klären, ob eine Handlung *von sich her*, also physisch, einen Beitrag zur schlechten Tat des anderen darstellt oder ob dieser die eigene Handlung nur missbraucht. Auch wenn sie der andere nur missbraucht, muss die Handlung nämlich für die Durchführung der schlechten Tat eine geeignete Voraussetzung darstellen.

Neue Deutung vom rechtfertigenden Grund her

Eine Deutung dieser Unterscheidung, die die genannten Schwierigkeiten umgeht, kann von der Bestimmung ausgehen, dass eine Mitwirkung dann nicht schuldig macht, ja sogar verpflichtend sein kann, wenn ein wichtiger Grund vorliegt. Ausgehend von dieser Bestimmung lässt sich sagen, dass das Mitwirken an der schlechten Handlung eines anderen dann bloß *materiell* ist und nicht schuldig macht, wenn ein *rechtfertigender* Grund vorliegt, wenn also die Verweigerung der Mitwirkung das entsprechende Übel nicht verringern, sondern noch vergrößern würde. Genau dann – und nicht aufgrund dessen, was man psychologisch gerade möchte – ist die schlechte Handlung des anderen nicht beabsichtigt und bleibt *außerhalb der Intention.* Gibt es dagegen keinen rechtfertigenden Grund, warum man sich an der schlechten Handlung eines anderen beteiligt, handelt es sich um *formelle* Mitwirkung, die grundsätzlich schuldig macht, wobei das Maß der Schuld nach den genannten Bedingungen zu differenzieren wäre.

Ausgehend von dieser Unterscheidung wäre kritisch zu fragen, ob sich für Waffenexporte, von denen absehbar ist, dass sie in Kriegen eingesetzt werden, wirklich ein rechtfertigender Grund nennen lässt. Auch die Unterstützung eines Wirtschaftssystems, das zu Armut in den Ländern der Dritten Welt führt, ist nur dann keine formelle, schuldig machende Mitwirkung, wenn ohne dieses Wirtschaftssystem noch mehr Armut entstünde. Umgekehrt kann die Mitwirkung daran, dass der Staat Abtreibungen nach einer eingehenden Beratung strafrechtlich nicht verfolgt, darin einen rechtfertigenden Grund haben und somit bloß materielle Mitwirkung sein, dass sich auf diese Weise Abtreibungen effektiv verhindern lassen und die Zahl der Abtreibungen ohne Beteiligung am Beratungssystem noch höher wäre.

1.3 Schuldhaftes Handeln und die zugrunde liegende Entscheidung des Handelnden über sich selbst

Eine Frage der Grundentscheidung

Damit von Schuld im ethischen Sinne gesprochen werden kann, muss man wissentlich und freiwillig einen unverhältnismäßigen Schaden verursachen, für den man keinen rechtfertigenden Grund angeben kann. Mit diesen drei Bedingungen ist freilich noch nicht alles gesagt, was in der Erfahrung ethischer Schuld enthalten ist. In jeder einzelnen Handlung nämlich wird immer auch – wenn auch zumeist nicht bewusst – implizit eine *grundsätzliche Wahl* oder eine *Grundentscheidung* des Handelnden getroffen, in der er auch über sich selbst entscheidet. Schuld bedeutet hier jeweils, dass man hinter dem Anspruch an die eigene Freiheit und Verantwortung zurückbleibt, dass man eine Entscheidung, die dieser Verantwortung entspricht, *schuldig* bleibt.

1.3.1 Willkür oder Vernunft – Die Grundalternative in allem Wollen

Bereitschaft, sein Handeln zu begründen – Bereitschaft, nach Willkür zu verfahren

(1) Wenn ich etwa vor der Entscheidung stehe, ob ich mir durch einen Betrug auf Kosten des Allgemeinwohls oder auf Kosten einzelner Mitmenschen finanzielle Vorteile verschaffen will oder ob ich ehrlich bleiben sollte, so geht es darin immer auch um die Frage, ob ich *grundsätzlich bereit* bin, einen im Ganzen nicht mehr zu rechtfertigenden Schaden zu verursachen, nur weil es mir selbst nützt oder Nachteile erspart, oder ob ich dazu grundsätzlich *nicht bereit* bin. Es stellt sich die Frage, ob ich bereit bin, so zu handeln, dass ich es – prinzipiell jedenfalls – mit Gründen jedermann gegenüber, der nach dem Grund meiner Handlungsweise fragt, begründen und verantworten könnte, oder ob ich bereit bin, allein um des eigenen Vorteils oder der eigenen Lustbefriedigung willen Schäden zu verursachen, die ich anderen gegenüber auf ihre Nachfrage hin nicht rechtfertigen könnte. Es stellt sich die Frage, ob ich grundsätzlich bereit bin, nach *objektiven und unparteilichen* Gesichtspunkten und *nach allgemein einsichtigen Gründen im Blick auf das Ganze* zu handeln, oder ob ich rücksichtslos gegenüber allen anderen und allein nach *egoistischen* Gesichtspunkten – ausschließlich zum eigenen Vorteil oder zur Vermeidung von Nachteilen und Unannehmlichkeiten – handeln will. Auf eine kurze Formel gebracht, kann man sagen: Es stellt sich die Frage, ob ich grundsätzlich bereit bin *verantwortlich* zu handeln oder ob ich *nach Willkür* verfahren will.

Zum rechten Verständnis ist hinzuzufügen, dass es bei der Bereitschaft, verantwortlich zu handeln, um eine *grundsätzliche* Bereitschaft geht. Das bedeutet, dass ich dazu nicht nur dann bereit bin, wenn es mit meinen eigenen Interessen in Einklang steht oder wenn es mit einem

Vorteil für mich verbunden ist – auch wenn dies der Fall sein kann. Es bedeutet vielmehr, dass ich dazu auch dann bereit bin, wenn es für mich mit Einschränkungen oder Nachteilen verbunden ist. Nur dann kann die Rede davon sein, dass ich *wirklich* bereit bin, verantwortlich und unparteiisch, nach vernünftigen, allgemein einsichtigen Gründen und nicht nach Willkür zu handeln. Wäre dies nicht der Fall, wäre ich nur dann bereit, verantwortlich zu handeln, wenn es meinem Vorteil dient, dann wäre die Entscheidung bereits gefallen, sich von Willkür und vom eigenen Egoismus leiten zu lassen.

Willkür als Egoismus, Hochmut und Lieblosigkeit

Ausgehend von dieser grundsätzlichen Wahl lässt sich sagen: Jeder einzelnen ethisch schuldhaften Tat liegt die – vielleicht nicht bewusst getroffene oder gewollte, aber implizit dennoch mitvollzogene – Entscheidung zugrunde, seine Mitmenschen, aber auch Tiere oder die Mitwelt, *willkürlich* zu behandeln, anstatt sich unter das *Maß der Vernunft* zu stellen. Denn Vernunft im eigentlichen Sinne bedeutet nicht nur Zweckrationalität – in diesem Sinne handelt auch ein Verbrecher in seiner Sicht vernünftig –, sondern beinhaltet gerade die *Sicht auf das Ganze.* Ethische Schuld hat ihre Wurzeln darin, dass man bereit ist, willkürlich Schäden anzurichten, anstatt sich dem Anspruch zu unterstellen, der von der Vernunft ausgeht, nämlich nach der langfristigen Verwirklichung und Erhaltung von Gütern im Ganzen zu streben. Anders ausgedrückt: Ethische Schuld hat ihre Wurzel im Egoismus, in Selbstsucht und im Hochmut und damit in Lieblosigkeit.

Am anderen schuldig werden – Verletzung seiner Würde

(2) Ausgehend von dieser Grundentscheidung zwischen Willkür und Vernunft lässt sich nun auch verdeutlichen, worin die *interpersonale Dimension* ethischer Schuld besteht, von der ausgehend man davon spricht, dass man *am anderen* schuldig wird. Zur Erfahrung ethischer Schuld gehört nämlich nicht nur, dass man etwas schädigt, das dem anderen gehört, sondern auch, dass man, indem man etwas von ihm beschädigt, zugleich auch *ihn selbst als Person* verletzt und beleidigt. Man verletzt ihn in seiner *Würde* als Person und wird so an ihm schuldig. Die Beziehung zu ihm wird beschädigt oder zerstört. Was damit gemeint ist, lässt sich vom Gedanken der Willkür her so verstehen, dass man den anderen, indem man ihn willkürlich behandelt, nicht als ein Gegenüber ernst nimmt und respektiert, auf dessen Anfragen man eingehen und dem gegenüber man sein eigenes Handeln mit Gründen rechtfertigen und verantworten müsste. Genau darin aber besteht die Verletzung seiner Würde als Person.

In ähnlicher Weise hat auch Immanuel Kant das, was *Achtung der Personwürde* des anderen bedeutet, in der zweiten Formulierung des Kategorischen Imperativs auf den Punkt gebracht: »Handle so, dass du die

> Menschheit, sowohl in deiner Person, als in der Person eines jeden andern, jederzeit zugleich als Zweck, niemals bloß als Mittel gebrauchest«.[4] Dass man einen Menschen als Zweck an sich selbst behandeln soll, bedeutet für Kant dabei, »ihn keiner Absicht zu unterwerfen, die nicht nach einem Gesetz, welches aus dem Willen des leidenden Subjekts selbst entspringen könnte, möglich ist.«[5] Damit ist gesagt: Den anderen seiner Würde als Person entsprechend zu behandeln bedeutet, ihn so zu behandeln, wie er *vernünftigerweise* behandelt werden will. »Die Selbstzweckformel fordert also, ein vernünftiges Wesen so zu behandeln, daß es *als vernünftiges* in seine Behandlung einstimmen kann.«[6] Das aber heißt, ihn so zu behandeln, dass man bereit ist, die Weise, wie man ihn behandelt, ihm gegenüber mit Vernunftgründen zu rechtfertigen, die er selbst als Vernunftgründe anerkennen kann.

Wer den anderen also nicht nach Vernunft, sondern nach Willkür behandelt, wird an ihm schuldig. Doch nicht nur gegenüber dem anderen kann man das eigene Handeln dann nicht rechtfertigen, sondern auch nicht gegenüber sich selbst. Auch *vor sich selbst* muss man sich letztlich eingestehen, dass man sein Handeln nicht mehr vor der eigenen Vernunft begründen kann. Das ist gemeint, wenn im Blick auf ethische Schuld davon die Rede ist, dass der Mensch darin *sich selbst verfehlt* oder sich selbst widerspricht.

1.3.2 Lust an der Willkür oder Flucht vor der eigenen Verantwortung – Die Frage nach dem Grund der Willkür

Liegt so einzelnem schuldhaftem Handeln die Bereitschaft zugrunde, nach Willkür statt nach Vernunft zu verfahren, so stellt sich weiter die Frage nach dem Grund, warum Menschen oft lieber willkürlich vorgehen als dem Anspruch der Vernunft zu folgen.

Willkür aus reiner Lust an der Willkür: Bosheit und Sadismus

(1) Eine erste mögliche Antwort besteht im Verweis auf die Lust an der Willkür selbst. Menschen sind gewalttätig gegenüber anderen und handeln zerstörerisch, sie wissen darum, dass sie keinen rechtfertigenden Grund für ihr Tun angeben können, sind sich also der reinen Willkür ihres Vorgehens bewusst und wollen es dennoch ohne jeden äußeren Zwang allein deswegen, weil es ihnen Lust bereitet und Spaß macht. Ein solches Handeln ist dann nicht nur als ethisch schlecht, unerlaubt oder unverantwortlich zu bezeichnen, sondern im eigentlichen Sinne als *böse*. Hinter der Willkür wird die *Bosheit* des Handelnden sichtbar.

4 Immanuel Kant, Grundlegung zur Metaphysik der Sitten, BA 66/67.
5 Immanuel Kant, Kritik der praktischen Vernunft, A 156.
6 Zu dieser Interpretation vgl. Friedo Ricken, Allgemeine Ethik, Stuttgart/Berlin/Köln ²1989, 106.

Fragt man nach dem Grund dafür, danach also, warum die Ausübung reiner Willkür Lust bereitet, bieten die Analysen von Erich Fromm eine einleuchtende Erklärung. Im Rahmen seiner Überlegungen zum Sadismus macht er deutlich, dass es zu seiner Erklärung nicht ausreicht, wie die klassische Psychoanalyse aus der Schule Freuds auf die innere Triebstruktur des Menschen – genauer auf eine Mischung aus Eros und Todestrieb – zu verweisen. Für Fromm besteht der Grund für die Lust an der eigenen Willkür vielmehr darin, dass man dadurch die – wenn auch illusorische – Erfahrung der eigenen Allmacht machen kann. Ausgehend vom Beispiel sadistischen Verhaltens bei Jossif Stalin sieht Erich Fromm den Kern des Sadismus – sowohl des sexuellen als auch des physischen und des seelischen Sadismus – in der Leidenschaft, »absolute und uneingeschränkte Herrschaft über ein lebendes Wesen auszuüben, ob es sich nun um ein Tier, ein Kind, einen Mann oder eine Frau handelt. Jemanden zu zwingen, Schmerz oder Demütigung zu erdulden, ohne sich dagegen wehren zu können, ist eine Manifestation absoluter Herrschaft.«[7] Fromm führt dabei seine Erklärung dahingehend weiter, dass das Bedürfnis nach der Erfahrung der Allmacht und die Lust an dieser Erfahrung darin begründet sind, dass auf diese Weise die Ohnmacht, die mit der menschlichen Existenz verbunden ist, kompensiert werden kann.

> »Der Sadismus ist eine der Antworten auf das Problem, als Mensch geboren zu sein, wenn keine besseren Lösungen zur Verfügung stehen. Das Erlebnis der absoluten Herrschaft über ein anderes Wesen, das Erlebnis der Allmacht gegenüber diesem Wesen schafft die Illusion, die Grenzen der menschlichen Existenz zu überschreiten besonders für jemand, dessen wirklichem Leben Schöpferkraft und Freude abgehen. Der Sadismus besitzt seinem Wesen nach kein praktisches Ziel; er ist nicht ›trivial‹, sondern ›devotional‹. Er ist die Verwandlung der Ohnmacht in das Erlebnis der Allmacht.«[8]

Willkür aus Flucht vor der Verantwortung und Freiheit

(2) Häufiger wird jedoch eine zweite Antwort zutreffend sein. Sie besteht darin, dass Menschen deswegen nicht dem Anspruch der Vernunft folgen, sondern in ihrem Handeln willkürlich werden, weil sie vor der eigenen Verantwortung und Freiheit davonlaufen. Sie scheuen sich, das eigene Leben selbst in die Hand zu nehmen und zu gestalten und so sich selbst zu verwirklichen. Denn dann müssten sie Stellung beziehen, Zivilcourage und Profil zeigen und könnten damit Anstoß erregen. Die eigene Freiheit

7 Erich Fromm, Gesamtausgabe, hg. von R. Funk, Bd. VII: Agressionstheorie. Anatomie der menschlichen Destruktivität, München 1989, 262.
8 Ebd., 263.

wahrzunehmen und zu ergreifen, ihr zu entsprechen, erweist sich allzu oft als riskant und anstrengend, ja als gefährlich. Sie scheuen sich davor, möglicherweise auch gegen äußere Widerstände das zu tun, was ihnen ihr Gewissen sagt und was sie aus eigener Einsicht für richtig halten. Sie scheuen sich davor, eine eigene Meinung zu wagen und auf die eigene Einsicht zu vertrauen.

Kierkegaard: Der Mensch muss die Synthese, die er ist, vollziehen

Sören Kierkegaard hat diese Flucht vor sich selbst eingehend analysiert. Für ihn ist der Mensch wesentlich eine *Synthese* aus Gegensätzen. So ist der Mensch einerseits ein endliches und bedingtes Wesen, andererseits aber findet er – insofern er Geist ist und alle Endlichkeit und Bedingtheit überschreiten kann – in sich auch die Dimension des Unendlichen vor. Er ist ein Wesen, das aufgrund seiner Freiheit Möglichkeiten besitzt, das aber andererseits auch den Notwendigkeiten der Welt unterworfen ist.[9]

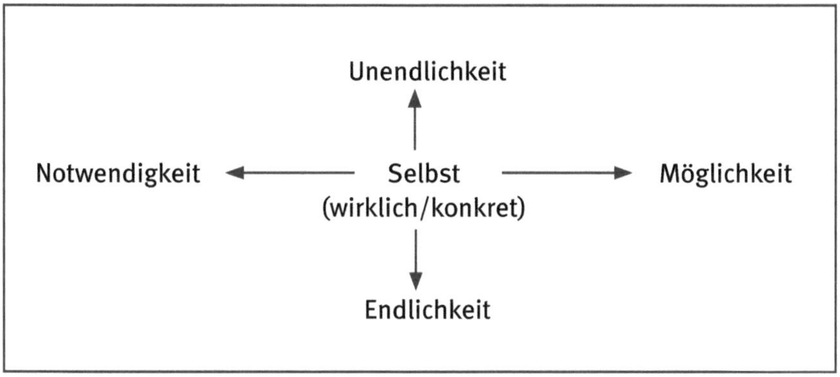

Anspruch, ein Selbst zu werden

Der Mensch *ist* aber für Kierkegaard nicht nur eine solche Synthese, er steht vielmehr auch unter dem *Anspruch*, sich als diese Synthese zu verwirklichen und so er selbst zu *werden*. Er steht unter dem Anspruch, die verschiedenen Dimensionen, die ihn ausmachen, in seinem Leben zu einer Einheit zusammenzuführen und nicht irgendeine Dimension auszublenden oder überzubetonen. Er steht vor der Aufgabe, in seinem Handeln *konkret* zu werden, indem er seine Endlichkeit anerkennt, ohne seine Bestimmung zum Unendlichen aufzugeben, und indem er seine Bestimmung zur Unendlichkeit vollzieht, ohne dabei den Kontakt zur Endlichkeit zu verlieren.[10] Und er steht vor der Aufgabe, in seinem Handeln *wirk-*

---

9 Vgl. Sören Kierkegaard, Die Krankheit zum Tode (Gesammelte Werke, hg. von E. Hirsch und H. Gerdes, 24. und 25. Abteilung), Düsseldorf/Köln 1954, 8; 25.
10 Vgl. ebd., 25f.

lich zu werden, indem er nicht nur bei den Möglichkeiten stehen bleibt, sondern sie im Kontext der Notwendigkeiten des Lebens und der Welt verwirklicht und indem er – umgekehrt – in den Notwendigkeiten und Zwängen des Alltags nicht den Blick für das Mögliche verliert.[11] Gerade so vollzieht er sich als diejenige Synthese, die er immer schon ist, und verwirklicht sich als ein *Selbst.*

Vier Formen der Flucht vor sich selbst

Allerdings zeigt die Erfahrung, dass der Mensch diese Aufgabe, sich als ein Selbst zu verwirklichen, lieber loswerden als erfüllen will. Er versucht vor der Aufgabe, sich selbst zu verwirklichen, davonzulaufen. Kierkegaard nennt dieses – freilich aussichtslose – Unternehmen »Verzweiflung«. Dabei unterscheidet er verschiedene Formen der Verzweiflung. Grundsätzlich nämlich gibt es vier Wege, wohin der Mensch vor sich selbst fliehen kann:[12]

- Die *Verzweiflung der Unendlichkeit*, die in einem Mangel an Endlichkeit besteht, beschreibt Kierkegaard als Leben im Phantastischen oder Grenzenlosen. Man fasst einen unendlich großen Vorsatz oder Entschluss, der sich aber im konkreten Leben nicht realisieren lässt. Man leidet gefühlsmäßig zwar mit der Menschheit im Ganzen und im Abstrakten mit, nicht aber mit einem einzelnen konkreten Menschen.
- Die *Verzweiflung der Endlichkeit*, die in einem Mangel an Unendlichkeit besteht, beschreibt Kierkegaard als verzweifelte Begrenztheit und Borniertheit. Der Mensch lässt sich sein Selbst von anderen abluchsen. Er verschwindet in der Menge, im »Man«, anstatt einen eigenen Entschluss und Vorsatz zu fassen und zu verwirklichen. Er hat sich in der Endlichkeit und Banalität des Alltags eingerichtet, ohne das Bedürfnis danach zu verspüren, seine Welt zu sprengen und zu übersteigen.
- Die *Verzweiflung der Möglichkeit*, die in einem Mangel an Notwendigkeit besteht, beschreibt Kierkegaard so, dass sich der Betreffende allein in den Möglichkeiten des Lebens aufhält, ohne je wirklich zu werden. Er ist nur mit dem beschäftigt, was er sein könnte (Konjunktivexistenz), ohne es jemals in die Wirklichkeit zu überführen; denn dazu müsste er sich unter die Notwendigkeiten des Lebens und der Welt stellen. Vor diesen Notwendigkeiten aber flieht er. Stattdessen läuft er dem bloß Möglichen nach und achtet darauf, dass es im Möglichen bleibt, verliert sich dabei zugleich in den Möglichkeiten und vollzieht sich nicht als ein wirkliches Selbst.
- Die *Verzweiflung der Notwendigkeit*, die in einem Mangel an Möglichkeit besteht, bedeutet entweder, dass einem alles notwendig oder trivial

11 Vgl. ebd., 33.
12 Zum Folgenden vgl. ebd., 25–39.

geworden ist. Dass einem alles notwendig geworden ist, führt in einen Determinismus oder Fatalismus. Man hält sich an das, was man tun muss. Die Trivialität dagegen zeigt sich in der Spießbürgerlichkeit, der jeder Gedanke über das Vorgegebene und Vorgeschriebene hinaus und jede Phantasie fehlt.

Kierkegaard macht bei diesen vier verschiedenen, vielleicht vertrauten Lebensentwürfen jeweils darauf aufmerksam, dass sie in der Welt kaum auffallen und schon gar nicht als Verzweiflung angesehen werden.[13] Diejenigen, die ihr Leben nach diesen Lebensentwürfen führen, können in der Welt durchaus angesehen und geehrt sein, ihr Leben kann bequem und behaglich verlaufen. Und dennoch verwirklichen sie in diesen Lebensformen nicht sich selbst, sondern geben das eigene Selbst und die eigene Freiheit auf, indem sie im Vorgegebenen oder im Vorgestellten aufgehen.

2. »Sünde« – Ethische Schuld unter theologischem Vorzeichen

Auf der Grundlage der bisher erarbeiteten anthropologischen Bestimmung der Schuld kann nun auch ein Verstehenszugang zu dem gefunden werden, was in der Sprache des Glaubens und der Theologie mit *Sünde* gemeint ist.

2.1 »Gegen dich habe ich gesündigt« – Sünden als Vergehen gegen Gott

Sünde – zwischenmenschliche Schuld in ihrer Dimension vor Gott

Mit dem Wort »Sünde« ist zunächst ein Vergehen gegen Gott gemeint. »Gegen dich allein habe ich gesündigt, ich habe getan, was dir missfällt.« (Ps 51,6) Allerdings bedeutet das nicht, dass es neben denjenigen Vergehen, die wir unseren Mitmenschen, der Umwelt oder auch uns selbst antun, eine weitere Gruppe von Vergehen gäbe, die sich allein auf Gott beziehen und spezielle Verletzungen der Gottesbeziehung darstellen. Mit dem Wort »Sünde« wird vielmehr zum Ausdruck gebracht, dass das Un-

13 Vgl. ebd., 18–24.

recht, das Menschen einander antun, nicht nur ein Vergehen gegen den Mitmenschen darstellt und eine Schuld ihm gegenüber begründet, sondern dass es – im Glauben gesehen – zugleich immer auch ein Vergehen gegen Gott darstellt und damit auch ihm gegenüber eine Schuld begründet. Als Vergehen gegen Gott wird das ethisch schlechte Handeln gegenüber den Mitmenschen nicht nur Schuld, sondern auch *Sünde* genannt. Mit dem Ausdruck »Sünde« ist also *inhaltlich* nichts anderes als das ethisch schuldhafte Handeln des Menschen gegenüber den Mitmenschen gemeint. Wenn von Schuld und Sünde die Rede ist, geht es nicht um Verstöße gegen unterschiedliche Arten von Geboten oder Verboten, sondern jeweils um dieselben Handlungen. Aber durch die Bezeichnung als Sünde wird das zwischenmenschliche Unrecht der Schuld im Glauben – *formal* – in seiner Dimension *vor Gott* zur Sprache gebracht.

So gelten bereits in der Frühzeit Israels nicht nur kultische Verstöße wie das Berühren der Bundeslade als Vergehen gegen Jahwe (2 Sam 6,6f), sondern auch Vergehen von Menschen gegen ihre Mitmenschen. In der Erzählung von David und Batseba (2 Sam 11,1–12,14) etwa wird moralisches Unrecht gegen den Mitmenschen ausdrücklich *als Sünde gegen Gott* bezeichnet. Nachdem David zum König gesalbt war und die Verheißung der ewigen Herrschaft seiner Dynastie erhalten hatte, wird berichtet, dass er die Frau des Urija, eines seiner Feldherren, begehrt. David veranlasst, dass Urija in einer Schlacht den Tod findet, und nimmt anschließend Batseba zur Frau. Als ihn der Prophet Natan daraufhin mit seiner Tat konfrontiert und ihm vor Augen führt, was er getan hat, sieht dieser seine Schuld ein und sagt zu Natan: »Ich habe mich gegen den Herrn versündigt« (2 Sam 12,13). Auch werden alle ethischen Weisungen des Alten Testaments als Weisungen Jahwes für sein Volk verstanden, sodass ein Verstoß gegen diese Gebote zugleich auch ein Vergehen gegenüber Gott (Sünde) darstellt. So nennen die Propheten Israels in aller Deutlichkeit das soziale Unrecht und die Unmenschlichkeit im Volk Israel beim Namen und prangern sie *als Sünden und Abfall vom Glauben an Jahwe* an.

Sünde – nicht Schädigung Gottes, sondern Selbstschädigung des Menschen

Entscheidend für das rechte Verständnis ist dabei, dass der Verstoß gegen die Weisungen des Gesetzes nicht deshalb als Vergehen gegen Gott verstanden wird, weil dadurch einem Befehl Gottes der Gehorsam verweigert und damit seine Autorität nicht anerkannt würde. Ausgehend von der Erfahrung des Glaubens, dass Jahwe ein Gott ist, der sich seinem Volk in Barmherzigkeit zuwendet und dem es um das Wohlergehen seines Volkes geht, ist der Verstoß gegen seine Gebote vielmehr deshalb ein Vergehen gegen Gott, weil er ein Verstoß gegen das Wohl der Menschen ist, um das es Jahwe zu tun ist.

Dies ist im Blick auf die Frage zu betonen, was es theologisch gesehen überhaupt heißen kann, sich gegen Gott zu vergehen. Gott begegnet ja nicht in der Wirklichkeit wie alle anderen Dinge und Wesen, sodass man ihn direkt verletzen oder beleidigen könnte. Auch kann ihm selbst durch unser Handeln kein Schaden zugefügt werden, der ihm gegenüber eine Schuld begründen würde. Von *Sünde* als Vergehen gegen Gott kann vielmehr immer nur auf der Grundlage gesprochen werden, dass ein Verstoß gegen das Wohl der Menschen, also unverantwortliches Handeln und damit eine ethische *Schuld* gegenüber den Mitmenschen vorliegt. Thomas von Aquin fasst diesen Zusammenhang so zusammen:

> »Gott nämlich wird von uns nur dadurch verletzt, dass wir gegen unser eigenes Wohl handeln.«[14]

Individualisierung und Verinnerlichung von Schuld und Sünde im AT

In der Bibel lässt sich weiterhin eine zunehmende *Individualisierung* und *Verinnerlichung* von Sünde und Schuld erkennen. Sünde wird zunehmend als ein Vergehen verstanden, das der Einzelne und nicht das gesamte Volk begeht und das in seinem Inneren, in seinen Absichten und Gedanken, seinen Grund hat. In der Frühzeit Israels ist zunächst nur von der Abkehr und den Vergehen des Volkes im Ganzen die Rede. So heißt es in Jos 7,11: »Israel hat gesündigt. Sie haben meinen Bund gebrochen, den ich mit ihnen geschlossen habe.« Die Tat als solche – auch wenn sie weder wissentlich noch willentlich begangen wurde – steht im Vordergrund (Gen 20,9; Num 22,34). Erst in späterer Zeit, vor allem ab der Zeit des Exils und in der Zeit nach dem Exil, werden Sünde und Schuld dem Einzelnen zugewiesen. »In jenen Tagen sagt man nicht mehr: Die Väter haben saure Trauben gegessen, und den Söhnen werden die Zähne stumpf. Nein jeder stirbt nur für seine eigene Schuld; nur dem, der saure Trauben isst, werden die Zähne stumpf« (Jer 31,29f; vgl. auch Ez 18). Zugleich werden Sünde und Schuld nicht mehr als äußerlicher Verstoß gegen ein Gebot oder Gesetz verstanden, sondern als eine *im Herzen* des Menschen, in seinem innersten Wollen und in seiner Gesinnung vollzogene Abkehr von Gott. Diese Verinnerlichung im Verständnis von Schuld und Sünde wird deutlich, wenn das Alte Testament davon spricht, dass Gott das Herz des Menschen kennt (Ps 17,3; Ps 139,23), dass Gott das Herz des Menschen erneuern wird, dass er das Herz aus Stein herausnehmen und ein Herz von Fleisch geben wird (Ez 36,26).

---

14 Thomas von Aquin, Summa contra gentiles III, c. 122, n. 2: »Non enim Deus a nobis offenditur nisi ex eo quod contra nostrum bonum agimus.«

2.2 »Wie Gott sein wollen« – Die eine Wurzel der vielen Sünden

Die Bibel thematisiert aber nicht nur einzelne sündhafte Handlungen, sondern auch, worin in den einzelnen sündhaften Handlungen das Vergehen gegen Gott *im Grunde* besteht. Angesichts der *vielen einzelnen Sünden* kommt *die eine Sünde* als Wurzel aller anderen – die Ursünde (peccatum originale) – in den Blick. Worin diese eine, grundlegende Sünde besteht, erschließt sich in der *Erzählung vom Sündenfall* (Gen 3,1–7). Hier besteht das Vergehen gegen Gott nicht mehr darin, dass der Mensch gegen eine der vielen Weisungen des Gesetzes verstößt, sondern darin, dass er *wie Gott sein will.* Doch was bedeutet es, dass der Mensch wie Gott sein will?

Eigene Willkür als Maß des Handelns

Ein Verstehenszugang lässt sich vom Gedanken der in allen Einzelentscheidungen immer *mitvollzogenen* grundlegenden Wahl zwischen Willkür und Vernunft finden. Von demjenigen nämlich, der in seinem Leben nach Willkür verfährt, lässt sich sagen, dass er nicht mehr bereit ist, sich in seinem Handeln unter ein vorgegebenes Maß zu stellen und einem vorgegebenen Anspruch zu entsprechen, sondern *sich selbst und sein Gutdünken zum obersten Maß seines Handelns macht.* Er ist nicht bereit, sich unter das vorgegebene Maß und den vorgegebenen Anspruch der Vernunft zu stellen. Weil sich aber dieses vorgegebene Maß und dieser vorgegebene Anspruch der Vernunft – theologisch gesehen – auch als der dem Menschen von Gott durch die Schöpfung vorgegebene »Anspruch« und Sinn verstehen lässt, kann die Grundentscheidung, nach eigener Willkür zu verfahren und damit sich selbst zum Maß des eigenen Handelns zu machen, auch so verstanden werden, *dass man sich selbst über das Maß Gottes stellen will, also selbst das Maß und damit Gott sein will.*

Stolz als Wurzel der vielen Sünden

In der Tradition der Theologie wird die eine, ursprüngliche Sünde, die die Wurzel aller anderen Einzelsünden ist (Ursünde), entsprechend im *Stolz* und im Hochmut des Menschen (superbia) gesehen:

- *Augustinus* sieht im Stolz und im Hochmut den Anfang des bösen Willens und aller Sünde. Der Hochmut aber sei nichts anderes als das Streben nach verkehrter Hoheit, die darin besteht, den eigenen Urgrund zu verlassen und sich selbst zum Urgrund zu werden.[15] Demgegenüber ist die Demut, die der Sohn Gottes als Mensch geübt und erwiesen hat, das Heilmittel, das nicht nur das Symptom der Krankheit der Sünden behandelt, sondern sie von der Wurzel her kuriert.[16]

---

15 Vgl. Augustinus, De civitate Dei, XIV, 13–14.

16 Vgl. ebd., XIV, 13; in Ev. Joh., XXV, 16–18.

- *Anselm von Canterbury* erkennt die ursprüngliche Sünde darin, dass der Wille völlig autark sein will, dass er sich in ungeordneter Weise Gott gleich setzen wollte, indem er etwas aus eigenem, niemandem untergeordneten Willen wollte.[17]
- *Thomas von Aquin* sieht die erste Sünde des Menschen nicht darin, dass er etwas Schlechtes erstrebt hat, sondern darin, dass er etwas Gutes *auf ungeordnete Weise* (inordinate) erstrebt hat. »Auf ungeordnete Weise« bedeutet aber: nicht entsprechend dem Maß, das ihm von Gott her vorgegeben ist, sondern über dieses Maß hinausgehend. Genau in dieser Haltung bestehen für Thomas der Stolz und der Hochmut des Menschen, in der er Gott gleich sein wollte.[18]

Eigendynamik der Sünde und des schlechten Tuns

Die biblische Urgeschichte zeigt mit ihrer Erzählung vom Sündenfall Adams und Evas aber nicht nur, worin die ursprüngliche Sünde des Menschen besteht. Sie macht auch deutlich, wie sich aus dieser einen, ersten Sünde der Ureltern alle weiteren Vergehen und Sünden ergeben. Sie macht deutlich, wie sich aus der grundsätzlichen Weigerung des Menschen, sich unter ein vorgegebenes Maß zu stellen, und der Bereitschaft, nach der eigenen Willkür zu verfahren, weitere Willkürtaten des Menschen folgen.

Noch innerhalb der Sündenfallserzählung wird geschildert, dass Adam und Eva nach dem Essen der Frucht erkannten, dass sie nackt waren, und sich einen Schurz machten. Offenbar geht ihnen ihre Schutzlosigkeit auf, in der sie der Willkür des jeweils anderen ausgesetzt sind. Die Willkür zeigt sich im Brudermord Kains an Abel (Gen 4,3–16), nach dem Kain auf die Frage Gottes, wo sein Bruder ist, keine Rechenschaft geben kann, sondern mit einer Lüge ausweicht. Die Willkür zeigt sich aber auch in der Ankündigung maßloser Rache durch Lamech, einem der Nachkommen Kains (Gen 4,23f). Während Gott festgesetzt hat, dass der, der Kain erschlägt, siebenfacher Rache verfallen soll, droht Lamech dem, der Lamech tötet, siebenundsiebzigfache Rache an. Schließlich heißt es summarisch, dass der Herr sah, dass die Schlechtigkeit des Menschen auf der Erde zunahm und dass alle Gedanken seines Herzens den ganzen Tag nur böse waren (Gen 6,5). Auch nach der Sintflut, die allein Noach und seine Familie in der Arche überleben, heißt es immer noch im Urteil Gottes,

17 Vgl. dazu Anselm von Canterbury, Vom Fall des Teufels, 4. Kap., in: ders., Wahrheit und Freiheit, übers. und eingel. von Hansjürgen Verweyen, Einsiedeln 1982, 106–108.

18 Vgl. Thomas von Aquin, Summa theologiae II-II, q. 163, a. 1 und 2.

dass das Trachten des Menschen böse ist von Jugend an (Gen 8,21). Die Verfluchung Kanaans (Gen 9,25) lässt sich schließlich ebenso in diese Reihe stellen wie die Erzählung vom Turmbau zu Babel (Gen 11,1–9). Diese Erzählung vom Turmbau lässt sich dabei wieder als Zeichen der Ursünde des Stolzes lesen, in dem sich der Mensch nicht unter ein Maß stellen, sondern sich selbst zum Maß seines Handelns machen will.

Hinter diesen Erzählungen steht die menschliche Erfahrung, dass ethisch schlechtes Handeln in eine Eigengesetzlichkeit hineinführen kann: Schlechte Taten bringen weitere schlechte Taten hervor, nicht zuletzt auch deshalb, weil man die eigene Willkür vertuschen muss. Eine Lüge oder Ungerechtigkeit muss man durch weitere Lügen und weiteres Unrecht verdecken.

2.3 Lässliche Sünden, schwere Sünden, Todsünden – Das Problem traditioneller Einteilungen

Ausgehend von der Unterscheidung zwischen der ursprünglichen Sünde und den vielen einzelnen Sünden lässt sich auch ein Verstehenszugang zu einer Einteilung der Sünden finden, die in der Tradition der Moraltheologie und der Beichtpraxis eine große Rolle gespielt hat: die Einteilung in lässliche Sünden, schwere Sünden und Todsünden.

Traditionelles Verständnis der schweren Sünde: materia gravis

Die Erfordernisse der Beichtpastorale mit ihrer Festsetzung bestimmter Bußübungen haben in der Moraltheologie zu Versuchen geführt, eine Einteilung der Sünden nach der Schwere ihrer Schuld an die Hand zu geben. Unterscheidungskriterien waren der Tatbestand, die Erkenntnis und der freie Wille, jene Kriterien also, die wir bereits als Bedingungen moralischer Schuld entfaltet haben. Aufgrund dieser Kriterien lag eine schwere Sünde bzw. eine Todsünde vor, wenn es sich um die Übertretung eines wichtigen Gebots und damit um eine *schwerwiegende Angelegenheit* (materia gravis) handelte, die *im vollen Bewusstsein* der Unrechtmäßigkeit und *mit freier Zustimmung* begangen wurde. Eine lässliche Sünde dagegen lag entweder dann vor, wenn es sich um eine geringfügige Angelegenheit handelte, oder wenn die klare Erkenntnis oder der freie Wille beeinträchtigt waren.

Konsequenzen der Betonung des objektiven Tatbestands

Problematisch wurde diese Unterscheidung dadurch, dass die Schwere des objektiven Tatbestands zunehmend zum zentralen Kriterium für das Maß der Schuld wurde. In der Konsequenz konnte eine schwere Sünde bzw. Todsünde auch dann vorliegen, wenn der objektiv schwere Schaden ohne Kenntnis oder unfreiwillig verursacht wurde. Insbesondere im

Bereich des »sechsten Gebots«, unter dessen Überschrift das gesamte Sexualverhalten peinlich genau geregelt wurde, galt jede Abweichung vom lehramtlich festgelegten Ideal von vornherein, unabhängig von innerer Beteiligung, Wissensstand oder Lebenssituation, als »schwerer Tatbestand« (materia gravis) und damit als Todsünde. Nicht zuletzt solche Entwicklungen haben in der modernen Gesellschaft zu einer tiefen Skepsis gegenüber der kirchlichen Einschätzung von Schuld und Sünde und gegenüber kirchlicher Sexualmoral geführt.

Veränderte Vorzeichen: Betonung der subjektiven Beteiligung des Handelnden

In einem erneuerten Verständnis wird für die Gewichtung moralischer Schuld und Sünde zwar auch der *objektive Tatbestand* eine unaufgebbare Rolle spielen; es ist eben nicht bedeutungslos, ob man seinem Nachbarn lediglich eine Birne aus seinem Garten stiehlt oder ob man ihn um seinen ganzen Besitz bringt. Zentrale Bedeutung aber kommt insbesondere der *subjektiven Beteiligung des Handelnden* zu. Wie die Rückführung der vielen Einzelsünden auf die zugrunde liegende eine Sünde gezeigt hat, wird die jeweilige in der konkreten Handlung wirksame Grundentscheidung eine zentrale Rolle für die Gewichtung der Schuld haben. Eine *schwere Sünde* kann nur dann vorliegen, wenn hinter der Unrechtstat die Bereitschaft steht, Schäden willkürlich, d.h. ohne rechtfertigenden Grund, wissentlich und freiwillig zu verursachen. Von *leichten oder lässlichen Sünden* wäre dann auszugehen, wenn zwar eine grundlegende Bereitschaft zum verantwortlichen Handeln gegeben ist, aber aus Unachtsamkeit, Unkenntnis oder auch unter innerem und äußerem Druck, aus Angst oder Zwang, ein nicht zu rechtfertigender Schaden verursacht wird.

Todsünde als Entschiedenheit zur Willkür

Darüber hinaus wird ein erneuertes Verständnis nicht schon – wie in der Tradition häufig der Fall – bei jeder schweren Sünde von *Todsünde* sprechen. Der Ausdruck »Todsünde« legt vielmehr nahe, dass es um einen tief greifenden und bewussten Verstoß gegen Gott geht. Von einem solchen die Beziehung zu Gott tötenden Verstoß wird man erst dort sprechen können, wo die Bereitschaft zur Willkür und der Wille, sich selbst zum Maß des eigenen Handelns zu machen, zu einer festen Haltung und ausdrücklichen *Entschiedenheit* geworden ist.

Werden für die Gewichtung der Schuld solche Kriterien angelegt, so mag dies vielleicht den Nachteil haben, dass eine klare und eindeutige Gewichtung einzelner schuldhafter Handlungen nicht mehr möglich ist. Selbst beim eigenen Handeln kann man über das Maß der Schuld nur schwer Klarheit gewinnen. Andererseits führt dies zu einem vorsichtigeren und toleranteren Umgang mit Menschen, die anscheinend ethisch schlecht und unverantwortlich gehandelt haben, zu einem Umgang nämlich, in dem Menschen wegen ihres Handelns nicht vorschnell verurteilt werden.

3. »Macht der Sünde« und »Erbsünde« – Biblische Grundlage und theologische Verstehenszugänge

Mit den bisherigen Überlegungen ist aber ein zentraler Aspekt im christlichen Verständnis der Sünde noch nicht zur Sprache gekommen. Gemeint ist das Bekenntnis, dass wir Menschen nicht nur gelegentlich und vereinzelt sündigen, sondern dass *alle* Menschen von Anfang an *immer schon* Sünder sind und so unter der Macht der Sünde stehen und in der Sünde gefangen sind, dass sie sich nicht selbst daraus befreien können. Dieser Gedanke der Allgemeinheit der Sünde, der schon in den Aussagen der biblischen Urgeschichte anklingt (vgl. 2.2), wird vor allem von Paulus zur Geltung gebracht und in der theologischen Tradition in der Lehre von der Erbsünde entfaltet.

3.1 Universalität und Macht der Sünde bei Paulus

Gerechtigkeit allein durch Glauben an Christus, nicht durch Werke des Gesetzes

Paulus entwickelt den Gedanken der Universalität und der Macht der Sünde vor allem im Römerbrief. Hier geht es ihm darum, das Evangelium Jesu Christi zu verkünden und seinen Adressaten zu erläutern. Diese Frohe Botschaft besteht darin, dass alle Menschen, Juden wie Heiden, durch Jesus Christus vor Gott gerecht gemacht wurden und nicht durch Werke des Gesetzes. Allein im Glauben an Jesus Christus haben sie an dieser Gerechtigkeit teil, allein im Glauben ist allen Menschen die Gewissheit gegeben, dass sie von Gott angenommen sind (vgl. Röm 1,17). Um aber begründen zu können, dass Gerechtigkeit vor Gott *allein* durch Jesus Christus und den Glauben an ihn vermittelt ist, dass sie unverdient aus Gnade und nicht aus Werken des Gesetzes kommt, muss Paulus die Universalität der Sünde und die Macht der Sünde, unter der alle Menschen gefangen sind, betonen.

> »Jetzt aber ist unabhängig vom Gesetz die Gerechtigkeit Gottes offenbart worden, bezeugt vom Gesetz und von den Propheten: die Gerechtigkeit Gottes aus dem Glauben an Jesus Christus, offenbart für alle, die glauben. Denn es gibt keinen Unterschied: Alle haben gesündigt und die Herrlichkeit Gottes verloren. Ohne es verdient zu haben, werden sie gerecht, dank seiner Gnade, durch die Erlösung in Jesus Christus.« (Röm 3,21–24)

Gesetz deckt die Sünde auf und macht sie lebendig

Dabei bietet auch das jüdische *Gesetz* nach Paulus keinen Vorteil gegenüber den Heiden, die dieses Gesetz nicht haben. Denn durch Werke des Gesetzes wird niemand vor Gott gerecht (Röm 3,20; 7,7). Im Gegenteil:

Durch das Gesetz wurde die Sünde aufgedeckt (Röm 3,20), sie wurde lebendig und übermächtig (Röm 5,20; 7,9). Für Paulus stehen deshalb – wie er durch zahlreiche Stellen aus dem Alten Testament belegt (Röm 3,10–18) – alle Menschen, Juden wie Griechen, unter der Herrschaft der Sünde (Röm 3,9). Im Weiteren untermauert Paulus seine Aussage, dass alle Menschen gesündigt haben, durch Rückgriff auf die Sünde Adams.

> »Durch einen einzigen Menschen kam die Sünde in die Welt und durch die Sünde der Tod, und auf diese Weise gelangte der Tod zu allen Menschen, weil alle sündigten. … Wie es also durch die Übertretung eines einzigen [nämlich Adam] für alle Menschen zur Verurteilung kam, so wird es auch durch die gerechte Tat eines einzigen für alle Menschen zur Gerechtsprechung kommen, die Leben gibt. Wie durch den Ungehorsam des einen Menschen die vielen zu Sündern wurden, so werden auch durch den Gehorsam des einen die vielen zu Gerechten gemacht werden.« (Röm 5,12.18f)

3.2 Erbsünde als Bestimmung der Natur des Menschen: Augustinus und Thomas von Aquin

Die Aussagen über die Universalität und Macht der Sünde sind freilich nicht selbstverständlich. Sicher ist es plausibel, dass viele Menschen Unrecht begehen und damit an anderen Menschen schuldig werden und vor Gott sündigen. Dass aber *alle* Menschen *immer schon* Sünder sind und sich aus eigener Kraft nicht daraus befreien können, dies sind Behauptungen, die sich mithilfe menschlicher Erfahrung nicht belegen lassen. Es handelt sich um ein Bekenntnis, das aus dem Glauben an Jesus Christus als dem alleinigen Erlöser folgt. Dennoch muss sich von einem solchen Bekenntnis zeigen lassen, dass es der sonstigen Selbsterfahrung des Menschen nicht widerspricht. Es muss gezeigt werden, worin es begründet ist, dass alle Menschen gar nicht anders können als zu sündigen. In der Theologiegeschichte wurde versucht, eine solche Begründung durch die Lehre von der Erbsünde zu geben.

(**1**) Die entscheidende Weichenstellung wird dabei im 5. Jahrhundert von Augustinus in der Auseinandersetzung mit Pelagius gelegt.[19]

19 Einen guten Überblick über den Streit zwischen Pelagius und Augustinus sowie über die unterschiedlichen Deutungen in der neueren theologischen Literatur bietet: Karl-Heinz Menke, Das Kriterium des Christseins. Grundriss der Gnadenlehre, Regensburg 2003, 47–75.

Augustinus und der Gnadenstreit mit Pelagius

Für *Pelagius*[20] ist der Mensch als Bild Gottes geschaffen, als Bild Gottes soll er sich verwirklichen. Dazu ist ihm die Freiheit gegeben, mit der er diese Bestimmung verwirklichen, sich aber auch zur Sünde entscheiden kann. Auf dem Weg zu Gott kann ihm die Gnade Gottes das eigene Tun *erleichtern.* Aber es ist die Freiheit des Menschen selbst, aus der heraus die Entscheidung für Gott und zum Guten möglich ist. Diese Freiheit ist auch durch die Sünde Adams nicht völlig gebunden. Die Sünde Adams ist lediglich im Sinne eines *schlechten Beispiels* zum Ausgangspunkt der Sünde aller anderen Menschen geworden. Sie ist aber nicht die Ursache, die die Sünde aller Menschen in ihnen, unabhängig von ihrer freien Entscheidung, hervorbringt. Denn Sünde kann für Pelagius nur dann wirklich Sünde sein, wenn sie aus der eigenen Freiheit des Handelnden hervorgeht. Wie Adam aber nur schlechtes Beispiel ist, so versteht Pelagius Christus als ein *gutes Beispiel*, dem die Menschen – erleichtert durch die Gnade – aus eigener Kraft und Freiheit folgen können.

Unmöglichkeit, nicht zu sündigen

Augustinus wendet sich gegen diese Lehre des Pelagius, weil sie in der Konsequenz die *Notwendigkeit* der Gnade und der Erlösung durch Jesus Christus in Frage stellt. Um die Unverzichtbarkeit der Erlösung durch Jesus Christus und die Angewiesenheit aller Menschen auf die Gnade Gottes festhalten zu können, besteht Augustinus deshalb darauf, dass der Mensch zwar grundsätzlich von Gott zur Freiheit geschaffen und bestimmt ist, dass aber faktisch *alle* Menschen *von vornherein* unter der Knechtschaft der Sünde stehen und nicht anders können als zu sündigen. So kommt dem Willen des Menschen zwar ursprünglich – im Urstand – die Freiheit zu, sündigen und nicht sündigen zu können (posse peccare et posse non peccare), nach dem Sündenfall aber geriet er in eine solche Unfreiheit, dass er nur noch die Möglichkeit besaß zu sündigen und nicht nicht sündigen konnte (posse peccare et non posse non peccare). Erst die Erlösung durch Jesus Christus stellt die ursprüngliche Freiheit auch zum Nicht-sündigen wieder her.[21]

---

20 Zum Verständnis der Position des Pelagius vgl. die wegweisende Arbeit von: Gisbert Greshake, Gnade als konkrete Freiheit. Eine Untersuchung zur Gnadenlehre des Pelagius, Mainz 1972.

21 Zum »posse non peccare« und »posse peccare« im Urstand vgl.: Augustinus, De civitate Dei XXII,30 (CCSL XLVIII, 863,56–61), De correptione et gratia 33 (CSEL 92, 259); zum »non posse non peccare« nach dem Sündenfall vgl.: De natura et gratia 56f.59 (CSEL 60,275f); zum eschatologischen »non posse peccare« vgl.: De civitate Dei XXII,30 (CCSL XLVIII, 864,67f), Contra Iulianum opus imperfectum 6,12 (CSEL 85/2, 321).

Nicht durch Nachahmung, sondern durch Vererbung sündigen alle

Dass alle Menschen nach dem Sündenfall Adams nicht anders können als zu sündigen, lässt sich für Augustinus aber nicht dadurch hinreichend erklären, dass die Menschen – wie Pelagius meinte – das schlechte Beispiel Adams einfach *nachahmen*, sondern allein dadurch, dass die Sünde selbst *vererbt* wird. Durch die Sünde Adams ist für Augustinus nicht nur ein schlechtes Beispiel gegeben, das zum Schlechten anregt und verführt, vielmehr wird sie bereits mit der Zeugung an die Nachkommen weitergegeben und übertragen. Nur so lässt sich verstehen, dass die Sünde jeden Menschen und seine Freiheit von vornherein und ausnahmslos bestimmt.

Eine Bestätigung und Begründung für diese Deutung sieht Augustinus dabei in der Stelle Röm 5,12 gegeben. Hier ist im griechischen Originaltext die Rede davon, dass durch einen einzigen Menschen die Sünde in die Welt kam, »*weil* alle sündigten«. In der lateinischen Bibelübersetzung, die Augustinus – wegen fehlender Griechischkenntnisse – benutzte, wurde dies allerdings mit »*in dem* alle sündigten« übersetzt. Während also der eigentliche Text bei Paulus die eigene freie Tat jedes Einzelnen voraussetzt, musste Augustinus diese Stelle im Sinne einer inneren Verbundenheit aller Menschen mit Adam in der Ursünde verstehen. Die Erklärung besteht für ihn dann in der Annahme der Vererbung der Sünde.

Diese Deutung ging nachhaltig in die kirchliche Lehre ein. So entschied die 2. Synode von Orange (529):

> »Wer behauptet, die Übertretung Adams habe nur ihm, nicht auch seinen Nachkommen geschadet, oder versichert, jedenfalls sei nur der Tod des Leibes, der die Strafe für die Sünde ist, nicht aber auch die Sünde, die der Tod der Seele ist, durch *einen* Menschen auf das ganze menschliche Geschlecht übergegangen, der wird Gott ein Unrecht zuschreiben, da er dem Apostel widerspricht, der sagt: Durch *einen* Menschen ist die Sünde in die Welt gekommen, und durch die Sünde der Tod, und so ging er [der Tod] auf alle Menschen über; in ihm haben alle gesündigt (Röm 5,12).« (DH 372)

Konkupiszenz und ihre Weitergabe durch Zeugung

Dass die Sünde durch die *Zeugung* an alle Menschen weitergegeben wird, legt sich für Augustinus von seinem Verständnis der ursprünglichen Sünde selbst nahe. Die Ursprungssünde (peccatum originale) nämlich besteht für Augustinus darin, dass sich die Menschen von Gott im Stolz abgewandt (vgl. 2.2) und den geschaffenen Dingen verabsolutierend zugewandt haben (»aversio ab incommutabili bono, inordinata conversio ad mutabilia bona«).[22] Während die ursprüngliche Ordnung des Men-

22 Vgl. Augustinus, De libero arbitrio II, 53–54 (CSEL 74, n. 199–205). Vgl. ebenso: Thomas von Aquin, Summa theologiae I-II, q. 87, a. 5.

schen darin bestand, dass der Mensch allein Gott genießen (frui) und die geschaffenen Dinge allein gebrauchen (uti) sollte, besteht die Sünde gerade darin, das Geschaffene – an Stelle Gottes und wie Gott – zu genießen. Damit aber hat sich zugleich auch das Begehren des Menschen verselbständigt. Es lässt sich nicht mehr durch die Vernunft leiten und beherrschen, da die Vernunft selbst sich nicht mehr Gott unterordnet. Das Begehren des Menschen ist so zum *ungeordneten Begehren*, zur *Konkupiszenz*, geworden. Für Augustinus ist dabei gerade das sexuelle Begehren des Menschen deutlichster Ausdruck dieser verselbständigten und ungeordneten Antriebsstruktur des Menschen. Dies aber verstärkt für ihn die Annahme, dass die in ungeordnetem und deshalb sündhaftem sexuellen Begehren vollzogene Zeugung selbst jenen Vorgang darstellt, durch den die Sünde von den Eltern auf das gezeugte Kind übertragen wird.

Ursünde und Konkupiszenz nach Thomas von Aquin

(**2**) Der Ansatz der Erbsündenlehre des Augustinus, dass nämlich die Sünde Adams durch die Zeugung auf alle Menschen übertragen wird, wird im Mittelalter weitestgehend übernommen, aber unter Bezugnahme auf den Natur-Begriff klarer gefasst. Ihre klassische Darstellung gewinnt sie bei Thomas von Aquin.[23]

Thomas stellt zunächst heraus, dass die Konkupiszenz selbst nicht formell, sondern nur materiell die Ursünde ist. Die eigentliche formelle Sünde besteht vielmehr in der vom Stolz getragenen Abkehr von Gott und der Hinwendung zu den Geschöpfen, was eine Desintegration der menschlichen Natur zur Folge hat: Das begehrende Vermögen folgt nicht mehr einfach der Vernunft und dem Willen des Menschen und wird so zur Konkupiszenz.[24]

Verdorbene Natur – verlorene Ursprungsgerechtigkeit

Thomas spricht im Blick auf diese Folgen der Ursünde auch von der *verdorbenen Natur* (natura corrupta) des Menschen. Damit ist gemeint, dass der Mensch – im Unterschied zu seiner ursprünglichen Verfasstheit aufgrund der Schöpfung Gottes – die ihm im Urstand von Gott gegebene Ursprungsgerechtigkeit (iustitia originalis) verloren hat. Diese dem Menschen im Urstand als übernatürliche Gnadengabe geschenkte Ursprungsgerechtigkeit bewirkte und ermöglichte es, dass die Vernunft des Menschen sich Gott unterordnete und dadurch in der Lage war, vermittels des freien Willens die Antriebe im Menschen zu beherrschen und zu ord-

23 Vgl. dazu: Otto Hermann Pesch, Frei sein aus Gnade. Theologische Anthropologie, Freiburg/Basel/Wien 1983, 134–143; ders., Thomas von Aquin. Grenze und Größe mittelalterlicher Theologie. Eine Einführung, Mainz [3]1995, 273–279.

24 Vgl. Thomas von Aquin, Summa theologiae I-II, q. 82, a. 3. – Worin genau die Verderbnis der Natur im Einzelnen besteht, erläutert Thomas in: ebd. I-II, q. 85, a. 1–6.

nen.[25] Auf diese Weise hätte der Mensch die innere Zielbestimmung seiner Natur, die zuhöchst in der Schau Gottes besteht, verwirklichen können. Nach dem Verlust dieser Gnadengabe durch die Sünde jedoch hat die Natur des Menschen aus eigener Kraft nicht mehr die Möglichkeit, sich die »iustitia originalis« zurückzugeben[26] und so ihre eigene übernatürliche Bestimmung zu erreichen. Er kann nur noch natürliche Ziele verwirklichen, wie Häuser bauen, Weinberge anpflanzen etc.[27] Genau diese innere Unfähigkeit der Natur, die eigene Zielbestimmung zu erlangen, meint die Rede von der »natura corrupta«. Der Mensch kann sein Ziel erst dann wieder erreichen, wenn Gott es ihm durch die gerecht machende Gnade ermöglicht, sich für die helfende Gnade Gottes zum Tun des Guten wieder zu öffnen.

Übertragung der Sünde – Gemeinschaft in der Natur

Die *Übertragung* der Sünde deutet Thomas dann im Schema von Leib und Seele als Materie und Form (anima est forma corporis). Grundsätzlich gilt dabei: Form und Materie verhalten sich so, dass die Form die Materie zu dem bestimmt, was es jeweils ist, während die Materie die Form selbst noch einmal begrenzt und in ihrer Konkretheit bestimmt. Übertragen auf die Weitergabe der Sünde Adams bedeutet dies, dass durch die Ursünde die Leiblichkeit so desintegriert ist, dass sie nicht mehr durch Vernunft und Wille beherrscht werden kann. Wird nun diese so bestimmte Leiblichkeit durch die Zeugung weitergegeben, so infiziert sie in dem Moment, wenn Gott dem Leib die Seele als Form eingibt, die Seele des Menschen, sodass sie durch die Verbindung mit der Leiblichkeit von vornherein sündhaft verfasst ist.[28] Auf die Frage, warum sich aber nur die erste Sünde überträgt, antwortet Thomas, dass Adam nicht nur als Einzelmensch, sondern als Stammvater und Repräsentant der ganzen Menschheit die Urgerechtigkeit verloren habe. Alle Menschen, die von Adam abstammen, können als *ein* Mensch betrachtet werden, insofern sie in der Natur zusammenkommen, die sie von den ersten Eltern empfangen haben.[29]

25 Vgl. ebd. I-II, q. 82, a. 3. – Vgl. auch: Summa theologiae I, q. 95. Vgl. ebenso: Thomas von Aquin, Quaestiones disputatae de malo, q. 4, a. 1.
26 Vgl. Summa theologiae I-II, q. 109, a. 7.
27 Vgl. ebd. I-II, q. 109, a. 2.
28 Vgl. Otto Hermann Pesch, Thomas von Aquin, a.a.O., 274–276.
29 Vgl. dazu: Summa theologiae I-II, q. 81, a. 1 und 3.

3.3 Unfreiheit des Willens zum Guten: Martin Luther

Reformation: Erbsünde als Bestimmung des Wollens, nicht der Natur

In der Zeit der *Reformation* gerät die mittelalterliche Erbsündenlehre in die Diskussion. Die Reformatoren können nicht mehr nachvollziehen, dass die Erbsünde durch die *Natur* des Menschen weitergegeben werden soll. Für sie ist der Selbstvollzug des Subjekts im *Willen* das, was das Sein des Menschen ausmacht. Dann aber lässt sich die Erbsünde nicht mehr als Bestimmung der Natur verstehen, sondern nur noch als radikale Verkehrung des menschlichen Wollens selbst. Die Konkupiszenz ist entsprechend nicht mehr nur das ungeordnete Begehren der Leiblichkeit, das sich gegen Vernunft und Wille kehrt, sondern die grundlegende Widerwilligkeit des Menschen im Ganzen gegen Gott.[30]

Luther: Mensch kann von sich her keine Gemeinschaft mit Gott begründen

(1) Der zentrale Text, in dem dieses Verständnis entwickelt wird, ist Martin Luthers berühmte Schrift »De servo arbitrio« von 1525 gegen Erasmus von Rotterdam[31], in der er programmatisch seine These vom unfreien Willen entfaltet. In dieser Schrift geht es Martin Luther nicht darum, eine *prinzipielle* Unfreiheit des Menschen zu behaupten. Er geht sehr wohl davon aus, dass der Mensch in seinem alltäglichen Leben frei entscheiden kann. Es geht ihm vielmehr darum, dass der Mensch aus eigener Kraft nicht frei dazu ist, von sich her die Liebe Gottes zu gewinnen und Gemeinschaft mit Gott zu begründen.[32]

Der Mensch ist in seinem Wollen immer schon vom Guten oder Bösen bestimmt

Grundlegend für Luthers Argumentation ist die Anthropologie. Der Wille des Menschen wird nicht mehr – wie in der scholastischen Theologie des Mittelalters – als ein Vermögen neben der Vernunft und dem sinnlichen Streben verstanden. Für Luther ist der Mensch vielmehr im Ganzen und unhintergehbar Wille. Er existiert als Wollen. Ausgehend von dieser Konzeption des menschlichen Wollens ist der Mensch immer schon entweder für das Gute oder gegen das Gute entschieden. Er kann sich nicht einfach vom Wollen des Guten oder Bösen distanzieren und aus einer neutralen Perspektive und Position zwischen gutem und schlechtem Tun wählen, sondern er findet sich immer schon in einer der beiden Ausrichtungen seines Wollens vor. Luther vergleicht deshalb den Willen mit einem Reittier, das immer schon entweder vom Teufel oder von Gott geritten wird und nicht von einem neutralen Standpunkt aus sich seinen Reiter selbst auswählen kann:

---

30 Vgl. Otto Hermann Pesch, Frei sein aus Gnade, a.a.O., 145.

31 Martin Luther, Dass der freie Wille nichts sei (De servo arbitrio), Ausgewählte Werke, hg. von H. H. Borcherdt/G. Merz, Ergänzungsreihe, 1. Band, München 1975. – Luther antwortet mit dieser Schrift auf: Erasmus von Rotterdam, Vom freien Willen (De libero arbitrio), verdeutscht von O. Schumacher, Göttingen [4]1979.

32 Vgl. dazu einführend: Otto Hermann Pesch, Frei sein aus Gnade, a.a.O., 273.

> »So ist der menschliche Wille in der Mitte hingestellt wie ein Lasttier; wenn Gott drauf sitzt, will er und geht, wohin Gott will, wie der Psalm sagt: ›Ich bin wie ein Lasttier geworden, und ich bin immer bei dir.‹ Wenn der Satan darauf sitzt, will er und geht, wohin Satan will. Und es liegt nicht in seiner freien Wahl, zu einem von beiden Reitern zu laufen und ihn zu suchen, sondern die Reiter selbst kämpfen darum, ihn festzuhalten und in Besitz zu nehmen.«[33]

Es geht Luther also um die Ausrichtung der Grundentscheidung, die allen Einzelentscheidungen immer schon zugrunde liegt.

Im Versuch des Willens, sich zum Guten zu wenden, geht es dem Menschen um sich selbst

Dabei stellt sich jedoch die Frage, warum der Mensch nicht in der Lage sein sollte, sich auf der Ebene der Grundentscheidung auch zum Guten wenden zu können. Luther führt dazu aus, dass der Mensch immer wieder glaubt, er könne sich als freien Willen vollziehen und aus eigener Kraft etwas Gutes wollen und vollbringen, etwa indem er Werke des Gesetzes tut. Er glaubt, er könne aus eigener Freiheit heraus etwas zu seiner Gerechtigkeit vor Gott beitragen und aus Freiheit heraus wahrhaft gute Werke tun. Er glaubt, er könne seine Grundausrichtung gegen das Gute aus eigener Freiheit aufheben und zur Grundausrichtung auf das Gute hin umwandeln. Für Luther aber gibt es diese Freiheit nicht. Denn gerade dann, wenn der Mensch aus eigener Kraft und Freiheit seinen Willen zum Guten verändern will, baut er dabei auf sich selbst, vertraut auf sich selbst und will damit das Gute aus eigennützigen Motiven. Er will nicht das Gute um des Guten willen, sondern um seines eigenen Vorteils und um der eigenen Rechtfertigung willen. Damit aber bleibt das umfassende Wollen des Subjekts in seiner Ausrichtung gegen das Gute und in seiner Unfreiheit befangen. Luther schreibt:

> »... so ist es zugleich gewiss, dass der freie Wille nichts anderes als der größte Feind der Gerechtigkeit und des menschlichen Heiles ist, da unbedingt einige unter den Juden und Heiden mit der größten Kraft des freien Willens gehandelt und sich bemüht haben und dennoch eben damit nur Krieg gegen die Gnade führten. ... Was bleibt also übrig, als dass der freie Wille, während er am besten ist, am schlechtesten ist, und je mehr er sich bemüht, um so schlechter wird und sich verhält?«[34]

Die entscheidende Einsicht Luthers besteht also darin, dass der Mensch deswegen in der Macht der Sünde gefangen und deswegen unfrei ist, weil es ihm in jedem Versuch, aus eigener Kraft der Sünde zu entkommen und Gutes zu tun, letztlich gerade um sich selbst geht. Gerade das Bauen des

33 Martin Luther, Dass der freie Wille nichts sei, a.a.O., 46f = WA 18,635.
34 Ebd., 207–209 = WA 18,759f.

Menschen auf die eigene Freiheit ist es für Luther, das jenen erst recht in die Unfreiheit treibt, nicht wirklich gut handeln zu können.

Eigene Befreiung aus der Verstrickung in Schuld und Sünde nicht möglich

(2) Mit dem Ansatz Luthers ist ein Verstehenszugang gewonnen, der über das Verständnis der Erbsünde als Defekt der Natur wesentlich hinausgeht. Der Mensch ist eben noch nicht dadurch aus seiner Verstrickung in Schuld und Sünde befreit, dass er beginnt, faktisch unverhältnismäßiges oder kontraproduktives Handeln zu unterlassen. Auch und gerade dann, wenn der Mensch versucht, Gutes zu tun, tut er dies nämlich letztlich deshalb, weil es ihm um sich selbst geht. Es mag dann zwar sein, dass jemand äußerlich gesehen verantwortlich und ethisch richtig handelt, dass er es aber innerlich allein deshalb tut, weil er selbst einen Vorteil davon hat. Damit aber ist die Grundeinstellung, letztlich nach Willkür zu verfahren, noch nicht überwunden. Es mag zwar sein, dass es mit der eigenen Willkür übereinstimmt, sich anständig zu verhalten. Aber in Situationen, in denen ethisches und verantwortliches Handeln mit dem Verlust des eigenen Vorteils oder mit spürbaren Nachteilen oder Angst verbunden wäre, ist man dann doch nicht mehr bereit, nach Vernunftgründen zu handeln, sondern verfährt nach Willkür. Daran zeigt sich aber, dass hinter aller Fassade des richtigen Handelns der eigentliche Grund der Schuld und Sünde noch nicht überwunden ist.

Kants Lehre vom radikalen Bösen

In ähnlicher Weise bestimmt auch Immanuel Kant in seiner Religionsschrift das *radikale Böse* im Menschen. Es besteht für ihn nicht einfach darin, dass man faktisch gegen das Sittengesetz handelt, also in seinem konkreten Handeln gegen das verstößt, was der Kategorische Imperativ inhaltlich als konkretes Gebot vorschreibt. Es besteht auch nicht darin, dass man offen gegen das Sittengesetz Sturm läuft. Das radikal Böse besteht vielmehr darin, dass man die Befolgung des Sittengesetzes der Selbstliebe bzw. der Erfüllung der eigenen Neigung *unterordnet*, also das Sittengesetz nicht mehr unbedingt und kategorisch erfüllt, sondern nur unter bestimmten Bedingungen.[35] Der entscheidende Gesichtspunkt, der für Kant das radikal Böse ausmacht, ist also nicht der, dass man faktisch ethisch Schlechtes und Verbotenes tut, sondern dass man es nur deswegen nicht tut, weil es dem eigenen Vorteil dient oder dazu beiträgt, Nachteile zu vermeiden. Dann nämlich – so Kant – hat der Mensch sich im Grunde überhaupt noch nicht entschlossen, dem Sittengesetz wirklich zu entsprechen, den kategorischen Anspruch des Sittlichen in kategorischer Weise, um seiner selbst willen, die Pflicht um der Pflicht willen, zu erfül-

35 Vgl. dazu: Immanuel Kant, Die Religion innerhalb der Grenzen der bloßen Vernunft, A 29–32.

len. In der Wurzel (radix) ist er nicht vom Sittengesetz geleitet, sondern vom Egoismus. Dass aber *alle* Menschen faktisch den Hang zum radikalen Bösen unterliegen, begründet Kant damit, dass – auch empirisch gesehen – alle Menschen immer auch gelegentlich schlecht handeln. Bereits dann aber kann darauf geschlossen werden, dass sie es sich noch nicht zu ihrem obersten Grundsatz gemacht haben, sich *allein* vom Sittengesetz bestimmen zu lassen, sondern dass sie es, sobald es möglich ist, den eigenen Neigungen und der Selbstliebe unterordnen.

Eine wirklich freie Entscheidung zum Guten würde dagegen bedeuten, dass man unabhängig vom eigenen Vorteil oder Nachteil das Verantwortliche tut, einfach deswegen, weil es richtig ist, und das Unverantwortliche lässt, weil es falsch ist. Es würde bedeuten, dass man dem Anspruch der Vernunft entspricht, nicht weil man dadurch einen Vorteil hat, sondern weil es vernünftig ist, dass man das Gute deswegen tut, *weil es das Gute ist* und aus sonst keinem anderen Grund.

3.4 Soziale Verstrickung und Existenzangst des Menschen – Ansätze zum Verständnis der Macht der Sünde

Doch wie kommt es, dass alle Menschen dazu neigen, im Zweifelsfall dem eigenen Egoismus zu folgen und nach Willkür zu handeln? Wie kommt es, dass sie gar nicht anders können als gerade so zu handeln?

Erster Erklärungsansatz: Strukturelle Sünde

(**1**) Ein heute verbreiteter Verstehensansatz geht von der Erfahrung aus, dass schuldhaftes Handeln von einzelnen Menschen nicht im individuellen, privaten Bereich bleibt, sondern zu ungerechten gesellschaftlichen Strukturen und Gegebenheiten führt. Diese Strukturen bringen neues schuldhaftes Handeln hervor, durch das die Strukturen wiederum verfestigt werden. Wir Menschen finden uns so immer schon in einer geschichtlichen und gesellschaftlichen Situation vor, die durch das schuldhafte Handeln anderer Menschen vor uns und mit uns geprägt ist und die uns selbst unweigerlich auch zu schuldhaftem Handeln veranlasst. Zwar besitzt jeder Mensch zunächst seine individuelle Freiheit, und doch ist seine Freiheit durch die von anderen vorgeprägte geschichtliche und soziale Welt beeinflusst und genötigt.[36]

---

36 Vgl. dazu den grundlegenden Ansatz bei: Piet Schoonenberg, Theologie der Sünde. Ein theologischer Versuch, Einsiedeln 1966, bes. 121. – Dazu auch: Michael Sievernich, Schuld und Sünde in der Theologie der Gegenwart, Frankfurt am Main 1982, 69–103. Eine ausgezeichnete Zusammenfassung bietet auch: Konrad Hilpert, Artikel: »B. Soziale Sünde«, in: Neues Handbuch theologischer Grundbegriffe, Bd. 5, München 1991, 93–100.

Entsprechend wird auch von »struktureller« oder »sozialer« Sünde gesprochen.

> Der Begriff der »strukturellen« oder »sozialen Sünde« hat seinen Ursprung in der Befreiungstheologie Lateinamerikas.[37] Von hier fand er aber sehr bald auch Eingang in offizielle Dokumente des kirchlichen Lehramts. So wird bereits 1984 in dem Apostolischen Schreiben »Reconciliatio et paenitentia« von Papst Johannes Paul II. neben der »personalen Sünde« auch von der »sozialen Sünde« gesprochen.[38] In seiner Sozial-Enzyklika »Sollicitudo rei socialis« (1987) spricht der Papst auch von »Strukturen der Sünde«.[39] Auch der Katechismus der Katholischen Kirche spricht von »sündigen Strukturen« und von »sozialer Sünde«.[40]

Ausgehend vom Begriff der strukturellen Sünde meint die Rede von der Erbsünde jene Situation des Menschen, in der er immer schon – vorgängig zu seinem eigenen freien Wollen und Tun – in einen vorgegebenen gesellschaftlichen und geschichtlichen Zusammenhang der Schuld und Sünde verstrickt ist, der ihn neues, eigenes Unrecht tun lässt. Im Unterschied zum traditionellen Verständnis der Erbsünde wird hier also die schuldhafte Vorgegebenheit für den einzelnen Menschen nicht mehr als Beschädigung seiner *Natur* verstanden, sondern als eine durch die Freiheit der Menschen geprägte unheilvolle *soziale und geschichtliche Situation*, die das Handeln des Einzelnen bestimmt und die der Einzelne durch sein Handeln ratifiziert und weiter verfestigt. Sie wird also auf der Ebene der Freiheit und nicht auf der Ebene der Natur gedacht.

Einwand: Macht der Sünde nicht radikal genug gedacht

Allerdings bleibt auch bei dieser Deutung die Frage, ob damit die »Knechtschaft der Sünde« und die »Macht der Sünde«, von der Paulus spricht, wirklich radikal genug gedacht wird. Es mag zwar sein, dass es in einer geschichtlich und gesellschaftlich von menschlicher Schuld geprägten Situation für den Einzelnen *sehr schwer* ist, moralisch gut zu handeln. Aber das bedeutet nicht, dass es *unmöglich* ist. Grundsätzlich könnte es möglich sein, dass einzelne Menschen tatsächlich aufgrund ihrer freien Entscheidung sich gegen das gesellschaftliche Umfeld stel-

---

37 Vgl. dazu Michael Sievernich, Schuld und Sünde in der Theologie der Gegenwart, a.a.O., 232–282.

38 Vgl. Johannes Paul II., Apostolisches Schreiben »Reconciliatio et paenitentia«, 1984 (Verlautbarungen des Apostolischen Stuhls, Nr. 82, hg. vom Sekretariat der Deutschen Bischofskonferenz), n. 16.

39 Vgl. Johannes Paul II., Enzyklika »Sollicitudo rei socialis«, 30.12.1987 (Verlautbarungen des Apostolischen Stuhls, Nr. 82, hg. vom Sekretariat der Deutschen Bischofskonferenz), n. 35–40.

40 Vgl. Katechismus der Katholischen Kirche, n. 1869.

len, dass sie den Kreislauf des Unrechts und der Gewalttätigkeit durchbrechen und sich zum Tun des Guten und Verantwortlichen entschließen. Der Grund, der den Menschen zur konkreten Sünde und Schuld bringt, bleibt in dieser Sicht der Freiheit des Einzelnen äußerlich und ist nicht zwingend.

Zweiter Erklärungsansatz: Existenzangst des Menschen

(**2**) Eine weitere Deutung knüpft deshalb noch einmal beim einzelnen Menschen und seiner inneren Selbsterfahrung an. Ausgehend nämlich von den Gründen, die sich für willkürliches Handeln gezeigt haben – zum einen die Flucht vor der eigenen Verantwortung, zum anderen die Lust an der eigenen Allmachtserfahrung – stellt sich die Frage, was diesen Bedürfnissen jeweils zugrunde liegt. Woher kommt es, dass Menschen aus reiner Lust an der Willkür und am Bösen zerstörerisch und gewalttätig handeln? Woher kommt es, dass sie vor ihrer Verantwortung davon laufen und ihre Freiheit loswerden wollen? Eine weiterführende Antwort auf diese letzte Frage nach dem Grund von Willkür und unverantwortlichem Handeln besteht in dem Hinweis auf die *grundlegende Existenzangst* des Menschen.

Angst, sich selbst zu verlieren

Bereits Erich Fromm führt den Sadismus, die Lust also an der eigenen Willkür und am Erleben der eigenen Allmacht, auf die Angst vor dem Leben zurück. Es ist die Angst vor der Ungewissheit, Unplanbarkeit und Unvoraussagbarkeit des Lebens, die Menschen dazu bringt, selbst absolute Macht über andere ausüben zu wollen. Weil man sich auf andere angewiesen und von ihnen abhängig erlebt, weil man Angst davor hat abgelehnt zu werden, wird man dazu gebracht, durch die eigene Machtausübung die Anerkennung der eigenen Person zu sichern.[41] Grundsätzlich gefasst, ließe sich sagen, dass der Wunsch, die eigene Allmacht und die Lust an der eigenen Willkür zu erleben, in der Angst begründet ist, dass man selbst untergeht, nicht beachtet wird und letztlich nichts wert ist. Stattdessen muss man sich seinen Selbstwert beweisen, indem man über andere herrscht, gewalttätig wird und willkürlich mit anderen verfährt.

Angst vor sich selbst und dem Anspruch der Freiheit

Aber auch die Flucht vor der eigenen Verantwortung lässt sich auf die grundlegende Existenzangst zurückführen. Dass man es aufgibt, selbst über sein Leben zu bestimmen und so selbstbestimmt zu leben, dass man sich stattdessen lieber auf andere verlässt, seine Existenz auf fremden Vorgaben aufbaut und sich daran klammert, nur um nicht selbst entscheiden zu müssen, dass man andere oder anderes »vergöttert« und sich selbst und seine eigene Freiheit und Verantwortung aufgibt, hat seinen

41 Vgl. dazu: Erich Fromm, a.a.O., 264f.

Grund darin, dass die Übernahme von Verantwortung dazu führen kann, sich in der Gesellschaft exponieren und gegen den Strom schwimmen zu müssen. Damit aber wird man angreifbar, man wird möglicherweise abgelehnt und schließlich sogar bedroht, kann die Grundlage der eigenen Existenz verlieren. All dies aber macht Angst, Angst davor, sich selbst behaupten und durchsetzen zu müssen. Deshalb gibt man lieber sich selbst auf und überlässt sich der Willkür, statt nach eigener Einsicht zu handeln.

Im ersten Fall also hat man Angst davor, selbst keinen Wert mehr zu haben und seine Freiheit zu verlieren, im zweiten Fall hat man Angst vor der Herausforderung, die die eigene Entscheidung und Freiheit darstellt.

Sören Kierkegaard nennt entsprechend zwei Grundeinstellungen, aus denen der Mensch sein Selbst nicht verwirklicht, sondern sich selbst verfehlt. Entweder will sich der Mensch selbst loswerden, oder er will sich selbst so vollziehen und setzen, wie er selbst sein möchte, nicht aber nach der vorgegebenen Synthese, die er ist. Entweder will der Mensch »verzweifelt nicht er selbst sein«, oder aber er will »verzweifelt er selbst sein«.[42]

Fritz Riemann hat demgegenüber in seiner bekannten Studie zu den »Grundformen der Angst« vier Hauptängste unterschieden: 1) Die Angst vor der Selbsthingabe, als Ich-Verlust und Abhängigkeit erlebt; 2) Die Angst vor Selbstwerdung, als Ungeborgenheit und Isolierung erlebt; 3) Die Angst vor der Wandlung, als Vergänglichkeit und Unsicherheit erlebt; 4) Die Angst vor der Notwendigkeit, als Endgültigkeit und Unfreiheit erlebt.[43] Dabei lassen sich diese vier Ängste letztlich auf die Angst vor Selbstverlust (1, 3 und 4) sowie auf die Angst vor dem Anspruch des eigenen Selbst (2) zurückführen. – Eugen Drewermann hat seinerseits die von Riemann genannten Ängste mit den vier Grundformen der Neurosen und den vier Formen der Verzweiflung bei Kierkegaard in Verbindung gebracht.[44]

Endlichkeit und Verletzbarkeit als Grund der Angst

Beide Formen der Angst lassen sich aber noch einmal zurückführen auf eine grundlegende Existenzangst: auf die Angst des Menschen *um sich*

42 Vgl. Sören Kierkegaard, Die Krankheit zum Tode, a.a.O., 47–74.

43 Vgl. Fritz Riemann, Grundformen der Angst. Eine tiefenpsychologische Studie, München/Basel 1961 (Neuauflage 1997), 15.

44 Vgl. dazu: Eugen Drewermann, Sünde und Neurose. Versuch einer Synthese von Dogmatik und Psychoanalyse, in: ders., Psychoanalyse und Moraltheologie, Bd. 1: Angst und Schuld, Mainz 1982, 128–162. Drewermann führt hier die verschiedenen Arten, vor sich selbst zu fliehen, auf die Angst vor der eigenen Freiheit zurück (134).

selbst,[45] die aus seiner Verletzbarkeit und Sterblichkeit[46] resultiert. Die Angst vor dem *Selbstsein* erklärt sich daraus, dass man gerade durch die Selbstbestimmung, durch Entscheidung und Freiheit, zugleich auch angreifbar und verletzbar wird. Und die Angst vor dem *Selbstverlust* erklärt sich daraus, nicht genügend geachtet und angenommen zu sein und so ebenfalls verletzt zu werden. So lässt sich die Bereitschaft, nach Willkür zu verfahren statt sich dem Anspruch der Vernunft zu unterstellen, letztlich auf die grundlegende Existenzangst des Menschen zurückführen, die mit seiner endlichen, sterblichen und verletzlichen Natur verbunden ist.

Die Existenzangst, die in der Sterblichkeit und Verletzlichkeit des Menschen begründet ist, ist so letztlich der Grund, warum Menschen willkürlich handeln, anstatt sich dem Anspruch der Vernunft zu unterstellen. Diese Angst bringt den Menschen dazu, sich gegen all das zu sichern, was ihn in seiner Verletzlichkeit und Sterblichkeit bedroht und bedrohen könnte. Die Sicherung der eigenen Existenz kann die Angst zwar beruhigen, aber sie kann die Angst nicht aus der Welt schaffen. Untergründig ist sie immer da und kann wieder aufbrechen, sobald die Sicherungen der Existenz (etwa der Arbeitsplatz, die Beziehung oder das Eigentum) bedroht werden oder zerbrechen. Weil aber hinter dem Bedürfnis nach Sicherung die Grundangst des Menschen um die eigene Existenz steht, kommt es dazu, dass Menschen sich *um jeden Preis* zu sichern versuchen. Sie wollen sich, wenn es sein muss, auch auf Kosten anderer oder auch um den Preis der Unmenschlichkeit und der Ungerechtigkeit sichern. Aus der Angst um die eigene Existenz werden Menschen deshalb dazu gebracht, nicht mehr so zu handeln, dass sie es vernünftig anderen gegenüber begründen können, sondern nach eigener Willkür und nach eigenem Gutdünken zu verfahren. So entstehen aus dieser Angst alle Unrechtstaten, die Menschen einander antun: Lüge, Verleumdung, Intrigen, Diebstahl, Mord und alle schlechten Grundhaltungen wie Neid, Missgunst, Eitelkeit, Habgier, Geiz.

Vererbt wird die endliche und verletzbare Natur, die Grund der Angst ist

Ausgehend von dieser Deutung erhält die Rede von *Erb*-sünde einen präzisen Sinn. Denn das, was ein Mensch durch Vererbung erhält, was ihm durch Zeugung und Geburt weitergegeben wird, ist nichts anderes

45 Vgl. Peter Knauer, Der Glaube kommt vom Hören. Ökumenische Fundamentaltheologie, Freiburg/Basel/Wien 1991, 22; ders., Handlungsnetze, Frankfurt 2002, 141–143. – Vgl. auch den Verweis auf: Rudolf Bultmann, Neues Testament und Mythologie, in: Kerygma und Mythos I, 1951, 28f.

46 Gerade auch die moderne psychologische Angstforschung sieht den grundlegenden Faktor für alle möglichen Arten von konkreten Angststörungen in der biologischen Vulnerabilität, die durch negative Lebensereignisse aktiviert wird. Vgl. dazu etwa: Gudrun Satory, Angststörungen. Theorien, Befunde, Diagnostik und Behandlung, Darmstadt 1997, 151.

als seine endliche, verletzliche und sterbliche Natur. *Solange sich der Mensch allein von seiner endlichen und sterblichen Natur – und nicht von Gottes Zuwendung – her versteht*, kann er gar nicht anders als im Umgang mit den Mitmenschen und der Mitwelt unmenschlich und willkürlich zu werden, wenn er sich bedroht erfährt.

Todverfallenheit und Angst

In dieser Sicht lässt sich auch der Zusammenhang von Sünde und Tod verstehen, den Paulus thematisiert, wenn er davon spricht, dass mit der Sünde der Tod in die Welt kam. Offenbar besteht die Wurzel aller konkreten einzelnen schuldhaften Taten darin, dass sich der Mensch vom Tod als der letzten Perspektive leiten lässt. Wenn aber der Tod, wenn Sterblichkeit und Verletzlichkeit das letzte Wort haben, wird der Mensch unweigerlich in die Angst und damit zur Willkür und Sünde getrieben. Er lebt dann, wie es in Hebr 2,15 heißt, in der Todverfallenheit, in der man aus Angst vor dem Tod sich gerade mit allen Mitteln gegen den Tod zu sichern und sich den Tod zu verbergen versucht. Gerade so aber wird er zu dem, was unser Handeln letztlich leitet und unmenschlich werden lässt.

Zusammenfassende Thesen:

1. Von Schuld im ethischen Sinne kann nur dann gesprochen werden, wenn jemand a) einen Schaden ohne rechtfertigenden Grund verursacht, b) darum weiß und es c) dennoch freiwillig tut.
2. Den einzelnen schuldhaften Entscheidungen und Handlungen liegt die Bereitschaft zugrunde, willkürlich statt vernünftig zu handeln. Diese Bereitschaft kann in der Lust an der Willkür oder in der Flucht vor der eigenen Verantwortung begründet sein.
3. Mit »Sünde« sind *inhaltlich* keine anderen Vergehen als die schuldhaften Handlungen selbst gemeint. Sie werden jedoch *formal* in ihrem Bezug zu Gott thematisiert. Ein Vergehen gegen Gott gibt es dabei nur als schuldhaftes Handeln gegenüber Menschen und Mitwelt.
4. Die den vielen einzelnen Sünden zugrunde liegende *eine* Sünde, die in der Tradition im Hochmut des Menschen gesehen wird, lässt sich als jene Bereitschaft zur Willkür verstehen, in der man sich nicht unter das – theologisch gesehen von Gott – vorgegebene Maß der Vernunft stellen will.

5. Die paulinische Rede von der Universalität und *Macht der Sünde* hat in der Tradition zur Lehre von der Erbsünde geführt. Während sie seit Augustinus als Bestimmung der menschlichen Natur gedeutet wurde, wird sie in der Neuzeit (Luther, Kant) als Verkehrung des Willens verstanden.
6. Verkehrung des Willens bedeutet: Von sich aus kann sich der Mensch nicht aus der Macht der Sünde befreien. In jedem Versuch, Gutes zu tun, geht es ihm letztlich um sich selbst, womit die Bereitschaft zur Willkür gerade nicht überwunden ist.
7. Der Grund, warum es dem Menschen immer um sich geht, lässt sich durch den strukturellen Schuldzusammenhang nicht ausreichend erklären. Der Bereitschaft zur Willkür liegt vielmehr die *Existenzangst* des Menschen zugrunde, die mit der Endlichkeit und Verletzlichkeit seiner Natur verbunden ist.

9. KAPITEL

Befreiung der Freiheit – Die Bedeutung des Glaubens für das Handeln

Im vorangehenden Kapitel wurde – auf dem Hintergrund, dass Willensfreiheit möglich ist – versucht, einen Verstehenszugang zur Rede von Schuld und Sünde zu gewinnen. Dabei wurde deutlich, dass jeder unverantwortlichen Tat, die bewusst und freiwillig begangen wird und damit Schuld begründet, eine Bereitschaft zugrunde liegt, sich in seinen Entscheidungen und in seinem Handeln nicht an Vernunftgründe zu halten, sondern nach Willkür zu verfahren. Diese Bereitschaft zur Willkür – so wurde weiterhin deutlich – hat ihre letzte Ursache in der grundlegenden Existenzangst des Menschen, die aus seiner endlichen und verletzbaren Natur hervorgeht und die dazu führt, dass es dem Menschen stets um sich selbst geht. In dieser Existenzangst liegt auch der Grund dafür, dass – wie der christliche Glaube bekennt – alle Menschen immer schon unter der Macht der Sünde stehen und von sich selbst her nicht anders können als zu sündigen. Jeder Versuch, aus eigener Kraft das Gute zu tun, ist letztlich wieder vom Eigennutz motiviert, nicht aber dadurch, das Richtige und Verantwortliche um seiner selbst willen zu tun: weil es richtig und verantwortlich ist. Damit aber ist die Bereitschaft zur Willkür nicht *grundsätzlich* überwunden. Solange die Angst durch äußere Absicherung zugedeckt ist, mag es sein, dass wir uns den Regeln der gesellschaftlichen Moral und Konvention gemäß verhalten. Sobald aber die Angst in einer bedrohlichen Situation aufbricht, setzt sich die Bereitschaft zur Willkür wieder durch.

Mit der Einsicht in diese faktische Unfreiheit des Menschen ist nun der Punkt erreicht, an dem deutlich werden kann, worin die *eigentliche Bedeutung des christlichen Glaubens für das ethische Handeln* besteht. Wenn Paulus in Gal 5,1 schreibt: »Zur Freiheit hat uns Christus befreit«, so macht er damit deutlich, dass der Glaube an Jesus Christus die Macht hat, uns gerade aus dieser Grundsituation der Unfreiheit und der Unterdrückung durch die Macht der Sünde herauszuholen und uns zum Tun des Guten zu befähigen. Nicht aus uns selbst heraus, sondern durch den Glauben an Jesus Christus wird es möglich, die Bereitschaft zur Willkür zu überwinden und zu einem versöhnten Zusammenleben mit uns selbst, den Mitmenschen und der Mitwelt zu gelangen. Durch den Glauben an Jesus Christus werden Menschen dazu befreit, wirklich *selbstlos* zu handeln und *das Gute allein deswegen zu tun, weil es gut ist.*

Doch: Worin besteht die von Paulus behauptete befreiende und humanisierende Kraft des Glaubens? Als Antwort auf diese Frage ist auf die Botschaft des christlichen Glaubens selbst zu verweisen, die in ihrem Kern darin besteht, dass wir Menschen – unabhängig von all unseren Qualitäten und trotz aller Schuld – ohne Vorbedingung und verlässlich von Gott angenommen und geliebt sind. Auf dieser Grundlage wird es möglich, Verfehlungen einzusehen und diese dem eigenen Versagen zuzuschreiben, es wird möglich, umzukehren, sich mit seinen Mitmenschen zu versöhnen und wahrhaft selbstlos zu handeln. Im Folgenden soll zunächst diese innere Wandlung des Menschen durch den Glauben etwas näher betrachtet werden (1). In einem zweiten Schritt wird dann gezeigt, wie diese innere Wandlung des Menschen im Rahmen der Tugendlehre zur Sprache gebracht wurde (2).

1. Gottes unbedingte Zuwendung als Grundlage der Befreiung des Menschen

Dass Gottes Zuwendung zum Menschen nicht an Bedingungen oder Vorleistungen, an Umkehr und gute Werke geknüpft ist, sondern *voraussetzungslos und verlässlich* gilt, ist die zentrale Erfahrung des Glaubens, die in der Offenbarungsgeschichte des Alten und Neuen Testaments zur Sprache gebracht wird. Einige Stationen dieser Offenbarungsgeschichte sollen im Folgenden benannt werden.

1.1 Das biblische Zeugnis von der unbedingten Zuwendung und Vergebungsbereitschaft Gottes

Befreiung aus Ägypten und Bund mit Israel

(1) Als grundlegende Erfahrung Israels lässt sich auf das Ereignis des *Exodus* verweisen, auf die Befreiung der Israeliten aus der Knechtschaft in Ägypten (Ex 3ff). Hier wird Jahwe ursprünglich als ein Gott erfahren, der sich seinem Volk zuwendet, der auf sein Klagen hört und sich als ein befreiender Gott erweist. Diese Zuwendung gründet dabei nicht in einer besonderen Qualität des Volkes Israel, sondern liegt ganz in der Freiheit Jahwes, der sein Volk ohne erbrachte Vorleistung erwählt und in Freiheit setzt. Immer wieder wird in Israel die Erinnerung an dieses Ereignis festgehalten, um daraus die Hoffnung und das Vertrauen zu schöpfen, dass Jahwe auch weiterhin an seinem Volk befreiend handeln wird.

In dieser Erfahrung des Exodus und des befreienden Handelns Gottes hat auch die für das Alte Testament zentrale Rede vom *Bund Jahwes mit seinem Volk* (Ex 19f) ihre Grundlage. In diesem Bund, den Jahwe – nach der gläubigen Deutung Israels – bereits mit den Urvätern geschlossen hat (Gen 17,1–7), ja den er bereits mit der Schöpfung grundgelegt hat (Gen 9,8–17), hat sich Jahwe in unbedingter und verlässlicher Treue an sein Volk gebunden. Besonders unterstrichen wird diese unwiderrufliche Treue Jahwes etwa in der Verheißung Natans an David, sein Thron werde ewigen Bestand haben (2 Sam 7). An diesem Bund hält Jahwe – so die gläubige Deutung der Geschichte – auch dann noch in Treue fest, wenn Israel dem Bund untreu wird, wenn sich das Volk von Jahwe abkehrt und seine Weisungen missachtet. Jahwe lässt sein Volk auch dann nicht fallen, wenn es sich anderen Göttern zuwendet und wenn Ungerechtigkeit und Hass in Israel herrschen. Vielmehr ruft Jahwe sein Volk durch die Propheten immer wieder zur Umkehr auf, dazu, den Bund wieder zu halten, sich Jahwe zuzukehren und Gerechtigkeit unter den Menschen walten zu lassen (z.B. Jes 1; Jer 3–4,4; Hos 6,4–6; Am 5,10–15; Am 5,21–24). Selbst die Eroberung des Nord- und des Südreichs und die damit verbundenen Deportationen der Bevölkerung, die als Gericht Jahwes gedeutet werden, werden nicht als Aufkündigung des Bundes verstanden, sondern als letzte Möglichkeit, wie Jahwe sein Volk, um das es ihm immer noch geht, zur Umkehr bewegen will (Am 3,2).

Freilassung aus dem Exil als Erfahrung unbedingter Vergebung durch Gott

(2) Wie unbedingt und verlässlich die Zuwendung Gottes gilt, erfährt Israel vor allem darin, dass Jahwe durch das Gericht des Exils hindurch zu seinem Volk hält und ihm ohne Verdienst, allein aus souveräner Freiheit heraus, einen neuen Anfang gewährt. In der *Freilassung Israels aus dem Babylonischen Exil* durch den persischen König Kyros (Jes 45,1–8) erweist sich Jahwe für den Glaubenden wiederum als befreiender Gott, der an seinem Bund mit Israel festhält, der die Schuld und Sünden seines Volkes vergibt und Israel einen neuen Anfang und eine neue Zukunft eröffnet. Diese Erneuerung des Bundes ist nicht auf die Umkehr und die neue Gerechtigkeit des Volkes zurückzuführen, sondern geschieht aus reinem, souveränem Erbarmen Gottes. Jahwe – der nun auch als Schöpfer der Welt und Herr aller Menschen verstanden wird – handelt nicht um Israels willen, sondern *um seiner selbst willen*, in Treue zu sich selbst und zu seinem Bund: »Doch ich, ich tilge um meinetwillen deine Vergehen aus, ich denke nicht mehr an deine Sünden.« (Jes 43,25) Dabei verkünden die Propheten nicht nur die unverdiente Vergebungsbereitschaft Gottes. Sie verkünden auch, dass Jahwe selbst das Herz der Menschen erneuern und die Umkehr in ihnen bewirken und so seinen Bund mit den Menschen verwirklichen wird (Ez 36,17–28; vgl. Jer 31,31–34; Jer 33,8). Zugleich weitet sich die Hoffnung Israels über das eigene Volk hinaus dahingehend, dass Jahwe durch Israel das universale Heil und den umfassenden Frieden für alle Menschen herbeiführen wird (Jes 2,1–5). Die Apokalyptik spricht davon, dass Jahwe nach der Geschichte in einem neuen Äon sein Reich endgültig aufrichten und damit den Bund verwirklichen wird (Dan 7; Dan 12).

Jesu Botschaft vom Reich Gottes und seine Zuwendung zu den Sündern

(**3**) Hat sich in der Geschichte Israels gezeigt, dass Jahwe sein Volk trotz seiner Sünden nicht verwirft, sondern die Schuld vergibt und aus freier Zuwendung einen neuen Anfang schenkt, so wird im Neuen Testament endgültig offenbar, wie weit diese Vergebungsbereitschaft und Zuwendung Gottes geht.

Charakteristisch für die Verkündigung Jesu ist, dass nicht zuerst eine Verhaltensänderung des Menschen (Umkehr) gefordert, sondern zuerst das *Kommen des Reiches Gottes* zugesagt wird (Mk 1,15). Der Anbruch der Gottesherrschaft wird damit nicht von der Umkehr abhängig gemacht, weder vom Halten der Tora, noch vom Tempelkult. Auch wird der Beginn der Gottesherrschaft nicht mehr für eine neue Welt nach unserer Geschichte erwartet. Gottes Herrschaft und sein Reich sollen vielmehr bereits *hier und jetzt* anbrechen und sich für den Menschen als heilvoll erweisen. Gott geht also ohne Vorbedingungen auf die Menschen zu und bietet ihnen schon jetzt Gemeinschaft mit sich an. Erst dann – auf der Grundlage dieser *Frohen Botschaft (Evangelium)* – folgt als zweites die Aufforderung, umzukehren, die eigene Schuld zu erkennen und sich von den Sünden abzukehren (vgl. dazu 2. Kapitel, 2.1).

Gemäß dieser Botschaft wendet sich Jesus gerade den Sündern und Ausgestoßenen zu. Ihnen will er, auch ohne vorher Umkehr und Buße verlangt zu haben, die Nähe, Zuwendung und Vergebungsbereitschaft Gottes erfahrbar machen. So folgt Jesus der Einladung von Zöllnern und Sündern zum Mahl (Mt 9,9–13; Mk 2,13–17; Lk 5,27–32) und begründet sein Handeln mit den Worten, er sei gekommen, die Sünder zu berufen und nicht die Gerechten. Jesus heilt Menschen und spricht ihnen die Vergebung ihre Sünden zu (etwa Mk 2,1–12; Lk 7,36–50), fordert sie aber zugleich auch auf, in Zukunft nicht mehr zu sündigen (Joh 8,11).

Kreuz als Zeugnis der unendlichen Vergebungsbereitschaft Gottes

Wie weit die Zuwendung und Vergebungsbereitschaft Gottes geht, wird in letzter Konsequenz jedoch erst im Tod Jesu am Kreuz offenbar. Nicht zuletzt auch seine Zuwendung zu den Sündern und Ausgestoßenen bringt Jesus in Konflikt mit den führenden Vertretern des Judentums, den Hohenpriestern und Schriftgelehrten. Wenn Jesus den Sündern ohne vorhergehende Sühneleistung die Vergebung Gottes zusprach und selbst Sünden vergab, so war damit – neben dem impliziten Selbstanspruch, der in Jesu Verhalten zum Ausdruck kam – die Angewiesenheit der Sünder auf die Sühne durch den Tempelkult aufgehoben und die zentrale Bedeutung des Tempels und der Tora als Heilsmittlerin in Frage gestellt.[1] Dieser Konflikt bildet einen zentralen Grund, aus dem es – unter Einbeziehung der römischen Besatzungsmacht – schließlich zur Hinrichtung Jesu am Kreuz kam.

Jesus aber hielt trotz dieser radikalen Ablehnung der Menschen bis in den Tod an seinem Vertrauen auf Gott und an seiner Sendung und Botschaft, die ihn zu den Sündern und Verlorenen geführt hatte, fest und erlitt für seine Überzeugung und seine Botschaft von Gottes Zuwendung das Martyrium.[2] Wenn dann aber – in der Sicht des nachösterlichen Glaubens – Jesus mit seiner Botschaft und seinem Handeln nicht gescheitert ist, sondern von Gott selbst bestätigt wird, so wird damit klar, dass Gott auch dann seine Zuwendung zu den Menschen und seine Vergebungsbereitschaft aufrechterhält, wenn die Menschen diese Vergebungsbereitschaft radikal ablehnen. Dass Jesus in Lk 23,34 am Kreuz betet: »Vater vergib ihnen, denn sie wissen nicht, was sie tun!«, bringt diese Grenzenlosigkeit der Zuwendung und Vergebungsbereitschaft Gottes zum Ausdruck. Damit wird der Tod Jesu am Kreuz als das Geschehen gedeutet, in dem Jesus auch gegen den äußersten Widerspruch und die äußerste Ablehnung der Menschen bezeugt, dass Gottes Zuwendung zu den Sündern unendlich ist und *unbedingt* gilt. Gottes Liebe und Vergebungsbereitschaft zu den Menschen zeigt sich hier *in unüberbietbarer Weise*. Es gibt grundsätzlich keine Sünde bzw. Schuld, durch die wir Menschen aus der Zuwendung und Vergebungsbereitschaft Gottes herausfallen könnten.[3]

---

1 Vgl. dazu etwa: Meinrad Limbeck, Das Gesetz im Alten und Neuen Testament, Darmstadt 1997, 104–114. Ebenso: Gerd Theißen/Annette Merz, Der historische Jesus, Göttingen [3]2001, 380f; 408–410.

2 Gerd Theißen/Annette Merz, a.a.O., 387–414.

3 Vgl. dazu grundlegend: Thomas Pröpper, »Daß nichts uns scheiden kann von Gottes Liebe …« Ein Beitrag zum Verständnis der »Endgültigkeit« der Erlösung, in: ders., Evangelium und freie Vernunft. Konturen einer theologischen Hermeneutik, Freiburg/Basel/Wien 2001, 40–56, bes. 44f.

Demgegenüber scheint ein Verständnis der Erlösung durch den Tod Jesu am Kreuz unangemessen zu sein, wie es der mittelalterlichen *Satisfaktionslehre* zugrunde liegt, die die Vorstellung vieler Gläubiger bis in die Gegenwart hinein noch prägt. Nach dieser Auffassung ist Gott durch die Sünden der Menschen in seiner Ehre unendlich beleidigt worden. Diese unendliche Schuld können die Menschen selbst nicht wieder gut machen, weil sie von sich her immer nur Endliches oder Sündhaftes geben können. Da Gott aber aufgrund seiner Gerechtigkeit die Schuld nicht ohne angemessene Genugtuung erlassen kann, muss Gott selbst, nämlich der Sohn Gottes, Mensch werden und sich als Opfer darbringen, um so die Ehre Gottes wiederherzustellen und Gott mit den Menschen zu versöhnen. – Diese Vorstellung ist unangemessen, weil ihr das Bild eines unerbittlichen Gottes zugrunde liegt, der das Blut seines Sohnes als Genugtuung für die ihm zugefügte Beleidigung verlangt. Sie ist unangemessen, weil sie davon ausgeht, dass die Menschen aufgrund der Sünde aus der ursprünglichen Zuwendung Gottes herausgefallen sind und sie erst durch die Leistung eines Opfers wieder neu erwerben müssen.

Versöhnung und Rechtfertigung bei Paulus

(**4**) Paulus fasst die Einsicht in die unüberbietbare Vergebungsbereitschaft Gottes im Begriff der »Versöhnung« zusammen. Für ihn ist der Tod Jesu am Kreuz Sühne für unsere Sünden (Röm 3,25). Gott selbst ist es, der Jesus Christus dazu bestimmt hat, diese Sühne zu leisten durch sein Blut (ebd.). Damit aber erweist Gott seine – den Menschen nicht richtende und verurteilende, sondern gerecht machende – Gerechtigkeit, indem er die Vergebung der Sünden selbst leistet. An dieser Vergebung der Sünden können wir durch den Glauben an Jesus Christus teilhaben (Röm 3,26–28). Paulus kann daher auch vereinfacht sagen, dass Gott in Christus die Welt mit sich versöhnt hat, indem er den Menschen ihre Verfehlungen nicht anrechnete. Die Menschen müssen nicht erst gute Werke tun, um dann mit Gott versöhnt zu werden. Vielmehr bietet Paulus an Christi Statt den Menschen die Vergebung Gottes an.

> »Ja, Gott war es, der in Christus die Welt mit sich versöhnt hat, indem er den Menschen ihre Verfehlungen nicht anrechnete und uns das Wort von der Versöhnung (zur Verkündigung) anvertraut hat. Wir sind also Gesandte an Christi Statt, und Gott ist es, der durch uns mahnt. Wir bitten an Christi Statt: Lasst euch mit Gott versöhnen!« (2 Kor 5,19f)

Nicht wir müssen also Gott versöhnen. Vielmehr ist es Gott selbst, der in Jesus Christus die Welt mit sich versöhnt hat. Im Glauben an Jesus Christus gehören wir zu ihm und sind selbst »Kinder Gottes« (Röm 8,16 u.ö.). Um seinetwillen sind wir von Gott mit derselben Liebe angenommen, mit der er seinem eigenen Sohn zugewandt ist. Paulus fasst dies im Römerbrief so zusammen:

> »Denn ihr habt nicht einen Geist empfangen, der euch zu Sklaven macht, sodass ihr euch immer noch fürchten müsstet, sondern ihr habt den Geist empfangen, der euch zu Söhnen macht, den Geist, in dem wir rufen: Abba, Vater! So bezeugt der Geist selber unserem Geist, dass wir Kinder Gottes sind.« (Röm 8,15–16; vgl. auch 1 Kor 4,4–7)

Durch das Geschehen des Kreuzes wird so für Paulus offenbar: Welt und Mensch gehören immer schon in die Liebe zwischen Vater und Sohn hinein. Der Vater liebt uns Menschen mit der selben Liebe, mit der er seinem eigenen Sohn zugewandt ist, in der selben Verlässlichkeit und Unbedingtheit (vgl. 1. Kapitel, 3).

1.2 Befreiung zur Umkehr und zum Tun des Guten

So wenig die Zusage der Zuwendung Gottes zum Menschen an Voraussetzungen wie Umkehr und gute Werke gebunden ist, so sehr bildet sie ihrerseits aber die Voraussetzung dafür, dass Menschen, wenn sie sich – angesprochen vom Wort Gottes – im Glauben auf Gottes Zusage verlassen, ihr Leben grundlegend ändern, dass sie umkehren und zum selbstlosen Tun des Guten befreit werden.

Bekehrung des Zachäus

(1) Das Neue Testament selbst bezeugt diese befreiende und wandelnde Wirkung der Zuwendung Gottes exemplarisch in der Erzählung vom Zöllner Zachäus (Lk 19,1–10). Auf die Nachricht hin, dass Jesus nach Jericho kommt, ist Zachäus, der sehr reich, aber klein von Statur war, auf einen Baum gestiegen, um Jesus zu sehen. Dann heißt es weiter:

> »Als Jesus an die Stelle kam, schaute er hinauf und sagte zu ihm: Zachäus, komm schnell herunter! Denn ich muss heute in deinem Haus zu Gast sein. Da stieg er schnell herunter und nahm Jesus freudig bei sich auf. Als die Leute das sahen, empörten sie sich und sagten: Er ist bei einem Sünder eingekehrt. Zachäus aber wandte sich an den Herrn und sagte: Herr, die Hälfte meines Vermögens will ich den Armen geben, und wenn ich von jemand zu viel gefordert habe, gebe ich ihm das Vierfache zurück. Da sagte Jesus zu ihm: Heute ist diesem Haus das Heil geschenkt worden, weil auch dieser Mann ein Sohn Abrahams ist. Denn der Menschensohn ist gekommen, um zu suchen und zu retten, was verloren ist.«

Dass Jesus völlig unverhofft bei Zachäus, dem Zöllner und Sünder, einkehren will und ihm damit Gottes Zuwendung und Aufmerksamkeit erfahrbar macht, lässt die Wandlung seines Herzens und seines ganzen Lebens geschehen. Es wird ihm nicht nur möglich, seine bisherige Schuld zu sehen und einzugestehen. Er wird auch frei dazu, allen Schaden, den er verursacht hat, wieder gut zu machen. Er wird frei dazu, künftig nicht mehr – obwohl ihm seine Position als Zollbeamter dies leicht möglich macht – andere nach Willkür und zu seinem Vorteil auszunutzen, sondern gerecht und fair zu handeln.

Mit dieser Wandlung des Menschen erreicht die Botschaft von der unendlichen Vergebungsbereitschaft Gottes ihr eigentliches Ziel. In ihr nämlich geht es nicht darum, dass die bisherige Schuld des Menschen einfach vergessen wird, sondern darum, dass der Mensch innerlich zum Guten befreit und gewandelt wird.

> »Du erbarmst dich aller, weil du alles vermagst, und siehst über die Sünden der Menschen hinweg, damit sie sich bekehren.« (Weish 11,24)

Doch wie lässt sich diese befreiende Verwandlung des Menschen aus der Erfahrung der Zuwendung Gottes verstehen? Wie lässt sich die Wandlung seines Handelns zu wahrer Selbstlosigkeit von Seiten des Menschen her – im Rahmen der Anthropologie – verstehen?

(2) Paulus beschreibt die Gewissheit des Glaubens, die aus dem Hören auf die Botschaft des Evangeliums kommt (Röm 10,17), folgendermaßen:

> »Was kann uns scheiden von der Liebe Christi? Bedrängnis oder Not oder Verfolgung, Hunger oder Kälte, Gefahr oder Schwert? ... all das überwinden wir durch den, der uns geliebt hat. Denn ich bin gewiss: Weder Tod noch Leben, weder Engel noch Mächte, weder Gegenwärtiges noch Zukünftiges, weder Gewalten der Höhe oder Tiefe noch irgendeine andere Kreatur können uns scheiden von der Liebe Gottes, die in Christus Jesus ist, unserem Herrn.« (Röm 8,35–39)

Gewissheit des Glaubens – stärker als alle Macht der Welt

Der Glaube, der im festen Vertrauen darauf besteht, dass Gott selbst sich uns Menschen um Jesu Christi willen *in unbedingter Liebe* zugewandt hat, führt – so bezeugt Paulus mit diesen Worten – in eine unerschütterliche *Gewissheit*, von Gott angenommen und gehalten zu sein, in eine Gewissheit, dass auf Gott in allen Situationen des Lebens Verlass ist. Diese Gewissheit ist stärker als alle Macht der Welt, stärker als alles Geschaffene, stärker sogar als der Tod. Durch keine Macht der Welt kann uns die Zuwendung Gottes genommen werden.

Stärker als die Angst des Menschen

Ist aber die Gewissheit des Glaubens stärker als all das, was uns in unserer Existenz bedroht, so ist damit im Glauben auch die beherrschende Macht der grundlegenden Existenzangst, die auf unserer Verletzbarkeit und Sterblichkeit beruht, gebrochen. Die grundlegende Angst des Menschen, er müsse sich Anerkennung und Zuwendung erst dadurch erwerben, dass er sich durch entsprechende Werke als anerkennens- und liebenswert erweist, ist genommen. Er ist damit von dem Wahn befreit, zunächst außerhalb der Zuwendung Gottes zu stehen und sie sich erst erwerben zu müssen.

Die Angst ist freilich nicht ausgeschaltet; der Glaube ist kein Psychopharmakum, das unsere Angst einfach wegnimmt. Die Angst kann in den bedrohlichen Situationen unseres Lebens auch weiterhin aufbrechen. Die Evangelien schildern ausdrücklich, dass auch Jesus selbst im Angesicht des Todes am Ölberg Angst gehabt hat (Mt 26,37f parr). Aber die Angst hat über den, der an Gottes Zuwendung glaubt und aus der Gewissheit des Glaubens lebt, keine Macht mehr.

> Als Metapher für diese Kraft des Glaubens, die uns über unserer Angst hält, kann die Erzählung vom Seewandel des Petrus gelesen werden (Mt 14,22–33). Solange Petrus auf Christus schaut und ihm vertraut, kann er über dem Wasser gehen, sobald aber die Angst überhand gewinnt, versinkt er in den Fluten all dessen, was Angst macht.

Befreiung von Angst – wiedergewonnene Grundfreiheit

(3) Das bedeutet, dass uns im Glauben die Angst nicht mehr so sehr beherrscht und lähmt, dass wir nicht mehr frei sind zu tun, was wir eigentlich als human und ethisch richtig und gut ansehen. Im Glauben ist das Grundproblem des Menschen gelöst, das ihn daran hindert, sich dem Anspruch der Vernunft zu stellen, und das ihn dazu bringt, andere nach Willkür zu behandeln. Ausgehend von der Gewissheit, unbedingt und verlässlich angenommen zu sein, muss es einem nicht mehr nur um sich selbst gehen. Sowohl die Angst davor, dass man selbst untergeht oder nicht anerkannt wird, als auch die Angst davor, dass man selbst in die Verantwortung gezogen wird, ist relativiert. Es muss einem deshalb weder darum gehen, sich in sich selbst zu gründen und aufzubauen, noch muss man vor sich selbst weglaufen. Es muss einem weder darum gehen, sich selbst um jeden Preis zu behaupten und zu beweisen, noch darum, sich selbst loszuwerden. Auch muss es einem nicht mehr darum gehen, sich selbst oder etwas anderes, woraus man seinen Selbstwert zieht und worauf man seine Sicherheit baut, an die Stelle Gottes zu setzen und zu verabsolutieren. Man kann vielmehr Gott Gott sein lassen und die eigene Geschöpflichkeit und Endlichkeit anerkennen. Man muss sein Herz weder an irgendein geschaffenes Gut noch an sich selbst hängen, sondern kann alles Geschaffene in seiner Relativität belassen. Die *Grundfreiheit* gegenüber allem Geschaffenen (vgl. 7. Kapitel, 2.2) ist wieder gewonnen, die es möglich macht, sich der Wirklichkeit und ihrem Anspruch unvoreingenommen und vorbehaltlos zu stellen und zu jedem einzelnen Gut Ja, aber auch Nein sagen zu können.

Damit aber wird es möglich, auch dann nach Vernunftgründen zu handeln, wenn man selbst Nachteile in Kauf nehmen muss und in Angst machende Situationen gerät. Es wird möglich auch »unter Stress, d.h. in moralisch relevanten Handlungskonflikten«,[4] die eigenen ethischen Maximen durchhalten und so *grundsätzlich* nach Vernunftgründen und nicht nach Willkür zu handeln. Indem der Glaube die Existenzangst des Menschen relativiert, befreit er den Menschen aus der Macht der Sünde und macht ihn frei zum selbstlosen Tun des Guten. Man hilft dann einem anderen in seiner Not nicht mehr nur, weil man selbst etwas davon hat – etwa eine Belohnung, ein positives Erscheinungsbild, ein Zufriedenheits- oder Lustgefühl aufgrund der Befriedigung einer letztlich zufälligen altruistischen Neigung – oder weil man dadurch Nachteile wie Ansehensverlust, Vergeltung, rechtliche Sanktionen usw. vermeiden kann, sondern einfach deshalb, weil er in Not ist und ihm geholfen werden muss. Als Beispiel dafür kann die Erzählung vom Barmherzigen Samariter (Mt 22,35–40 parr) dienen, der aus keinem anderen Grund hilft als dem, dass der andere in Not ist.

Glaube ermöglicht Werke der Nächstenliebe

Auf der Grundlage des Glaubens werden so wahrhaft Werke der *Nächstenliebe* möglich. Denn die Liebe zum Nächsten – wie auch die Liebe zu sich selbst – erweist sich gerade in der grundsätzlichen Bereitschaft, den anderen bzw. sich selbst nicht willkürlich zu behandeln, sondern so, dass man sein Handeln auf die Nachfrage hin, warum man so handelt, rechtfertigen kann. Erst in dieser Bereitschaft zeigt sich, dass man sich selbst und den anderen tatsächlich in seiner Personenwürde achtet.

Anerkennung eigener Schuld

In der Gewissheit, unbedingt – trotz aller Schuld – angenommen zu sein, wird es auch möglich, die *eigene Schuld anzuerkennen und zuzugeben.* Auf der Basis der Zusage, dass einem vergeben wurde, muss man die eigene Schuld nicht mehr – aus Angst, die Anerkennung der anderen zu verlieren – abstreiten und von sich weisen. Es ist nicht mehr notwendig, sich selbst gegen Schuldvorwürfe zu *rechtfertigen*, weil man sich bereits von Gott her gerechtfertigt weiß. Weil es einem nicht mehr um seine eigene Anerkennung gehen muss, kann man seine Fehler und sein Versagen einsehen und zugeben. Man kann sich selbst annehmen und verändern. Zugleich kann man, weil einem selbst alle Schuld vergeben ist, auch *andere trotz ihrer Schuld annehmen und ihnen vergeben* (Mt 18,23–35).

Reue – Wiedergutmachung – Versöhnung

Die grundsätzliche Bereitschaft zu verantwortlichem und nicht willkürlichem Handeln erweist sich weiterhin darin, dass einem – rückblickend – das in der Vergangenheit begangene Unrecht *leid tut.* Sie erweist sich darin, dass man sich um die *Wiedergutmachung* des angerichteten Schadens bemüht. Und sie erweist sich schließlich darin, dass man ver-

4 Dazu: Jürgen Habermas, Zur Rekonstruktion des Historischen Materialismus, Frankfurt am Main 1976, 86f.

sucht, sich mit demjenigen, den man willkürlich behandelt und dadurch geschädigt hat, zu *versöhnen.* Das bedeutet, dass man wieder ein solches Verhältnis zu ihm aufbaut, das von gegenseitigem Vertrauen, von gegenseitiger Anerkennung und Achtung geprägt ist, ein Verhältnis also, in dem man sich gegenseitig als ein Gegenüber achtet, vor dem man sein Handeln begründen können muss.

Umkehr als radikaler Wandel von der Willkür zur Vernunft

(4) Mit diesen Überlegungen zur befreienden Kraft des Glaubens ist zur Sprache gebracht, was im Sinne des Evangeliums *Umkehr* (griech.: metánoia) bedeutet. Gemeint ist damit nicht ein langsamer Prozess der Besserung, in dem man sich nicht mehr so oft etwas zu Schulden kommen lässt und immer weniger gegen ethische Gebote verstößt, sondern die Entscheidung für die Nachfolge Jesu und für das Reich Gottes hier und jetzt im Sinne eines Entweder-oder. Es gilt: »Wer nicht für mich ist, der ist gegen mich« (Mt 12,30; Lk 11,23). Umkehr meint also die Abwendung des ganzen Menschen vom bisherigen Leben und die Hinwendung der gesamten Existenz auf Gott hin. Dies lässt sich aber nicht auf der Ebene der einzelnen Entscheidungen und Handlungen vollziehen, sondern nur als *radikaler* – die Wurzel (lat.: radix) aller einzelnen Handlungen betreffender – Wandel der Grundeinstellung. Es geht um eine *grundlegende* Sinnesänderung[5], durch die man bereit wird, in seinem Handeln nicht mehr mit anderen nach eigener Willkür zu verfahren, sondern sie verantwortlich zu behandeln, sodass man das eigene Handeln ihnen gegenüber mit Vernunftgründen rechtfertigen kann.

Die Umkehr muss dabei nicht bereits vollzogen sein, damit Gott den Menschen annimmt, vielmehr ist umgekehrt Gottes Zuwendung die Grundlage, auf der es dem Menschen möglich wird, die Umkehr zu vollziehen. In Jesu Verkündigung wird zuerst das Kommen des Reiches Gottes angesagt und erst dann zur Umkehr aufgefordert (Mk 1,15). Der *Indikativ* – die Zusage der Zuwendung Gottes – steht vor dem *Imperativ*, der Aufforderung zur Umkehr und zu mitmenschlichem Handeln. Die Umkehrforderung ist dabei nicht als Forderung einer Gegengabe für Gottes Zuwendung zu verstehen; sonst wäre Gottes Zuwendung nicht unbedingt. Die Umkehrforderung besteht vielmehr – als ethischer Anspruch – immer schon auch außerhalb des Glaubens. Aber ihr zu entsprechen, ist erst auf der Grundlage der Zuwendung Gottes möglich. Im Evangelium

5 Immanuel Kant spricht in seiner »Religion innerhalb der Grenzen der bloßen Vernunft« (B 54) im Blick auf diese Umkehr auf der Ebene der Grundentscheidung treffend von der »Revolution der Denkungsart«. Vgl. dazu auch: 8. Kapitel, 3.3 und die hier erwähnte Lehre Kants vom radikal Bösen.

wird sie zur Sprache gebracht, um überhaupt verständlich machen zu können, worum es in der Frohen Botschaft Jesu geht.

Sünde wider den Heiligen Geist

Allerdings gibt es auch die Möglichkeit, sich der Vergebungsbereitschaft und Zuwendung Gottes zu verweigern. In diesem Sinne lässt es sich verstehen, wenn im Neuen Testament von der *Sünde wider den Heiligen Geist* gesprochen wird, die nicht vergeben werden kann (Mt 12,31f; Lk 12,10; Mk 3,28f). Entscheidend für das Verständnis ist die Einsicht, dass der Glaube, in dem man sich vertrauend auf Gottes unbedingte Vergebungsbereitschaft einlässt und daraus lebt, Werk des Heiligen Geistes ist. Dann bedeutet die Sünde wider den Heiligen Geist, dass man auf Gottes Zuwendung nicht vertrauen will, sondern sie ablehnt. Im Grunde besteht die Sünde wider den Heiligen Geist darin, dass sich der Mensch die Vergebung von Gott nicht schenken lassen will. Der Mensch will seine Anerkennung nicht von Gott empfangen, sondern aus sich selbst heraus etwas sein. In der Theologie des Mittelalters sprach man vom »in sich selbst verkrümmten Menschen« (homo incurvatus in se ipsum). Diese Ablehnung Gottes und seiner Vergebung aber ist eine Sünde, die bereits von ihrer Definition her nicht vergeben werden kann. Die Rede von der Sünde wider den Heiligen Geist zieht so die Konsequenz daraus, dass die Vergebungsbereitschaft Gottes zwar unbedingt gilt, dass sie aber den Menschen nicht dazu zwingt, sich vergeben zu lassen. Der Mensch kann die Vergebung immer auch ablehnen. Er kann sich gegenüber dem Geschenk der Sündenvergebung verweigern.

Glaube – Keine Erweiterung und Verschärfung des ethischen Anspruchs …

(5) Die eigentliche Bedeutung des christlichen Glaubens für das ethische Handeln besteht also – so lässt sich zusammenfassen – nicht darin, angesichts der faktischen Unmenschlichkeit des Menschen über die Vorgaben etwa einer philosophischen Ethik hinaus noch weitere, zusätzliche ethische Gebote und Verbote vorzulegen oder den ethischen Anspruch selbst noch einmal zu verschärfen, indem man entsprechende Verstöße mit zusätzlichen Strafen (z.B. Höllendrohungen) belegt. Dadurch würde die Unfreiheit des Menschen, in der er nicht menschlich handeln kann, gerade nicht gelöst, sondern nur verschärft.

… sondern Befähigung zu seiner Erfüllung

Stattdessen setzt der Glaube bei der Wurzel und dem ursprünglichen Grund dessen an, was es dem Menschen unmöglich macht, menschlich zu handeln. Indem das Evangelium dem Menschen zuspricht, dass er im Vorhinein zu all seinem Tun und Versagen unbedingt angenommen ist, eröffnet es ihm ein völlig neues Selbstverständnis, das er aus seiner eigenen Wirklichkeit und aus der Wirklichkeit der Welt als solcher nicht ableiten kann. Es muss ihm eigens mitgeteilt werden und kann allein im glaubenden Vertrauen auf diese Zusage – in der letztlich Gott selbst sich den Menschen offenbart – erfasst werden. Als Gewissheit, unbedingt angenommen zu sein, befreit der Glaube von der grundlegenden Existenzangst und befähigt dazu, den bereits unabhängig vom Glauben bestehenden ethischen Anspruch zu erfüllen, und dies nicht wieder nur um des eigenen Vorteils, sondern um des Guten selbst willen. Er befreit und befähigt zu wahrhaft selbstlosem Handeln oder zu Werken der Liebe.

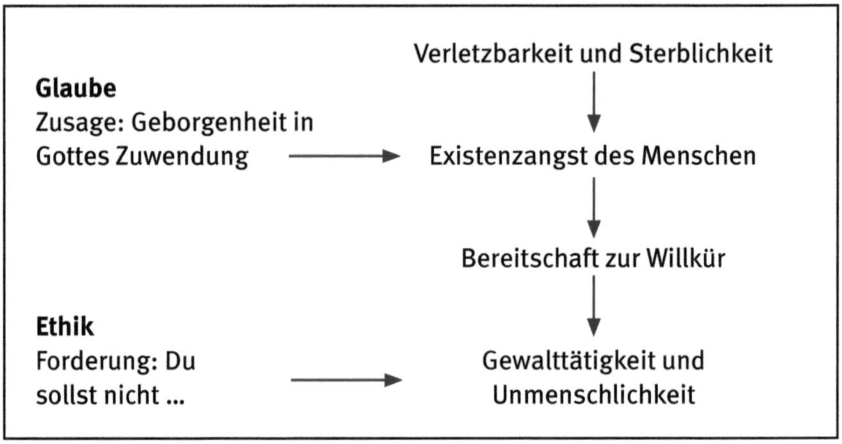

2. Der Gottesbezug als Befähigung zu wahrhaft gutem Handeln im Rahmen der traditionellen Tugendlehre

Die Bedeutung des Glaubens, zu wahrhaft gutem Handeln zu befreien, besteht nach den bisherigen Überlegungen darin, einen radikalen Wandel in der Grundeinstellung des Menschen zu ermöglichen: An die Stelle der Bereitschaft zur Willkür tritt die Bereitschaft zu vernunftgeleitetem ethischen und verantwortlichen Handeln.

Doch – so lässt sich einwenden – bleibt in dieser Sicht der Grund des guten Handelns dem Handelnden nicht rein äußerlich? Dass man zum guten und verantwortlichen Handeln kommt, scheint nicht das Resultat des eigenen Bemühens zu sein, sondern etwas, das mit einem plötzlich und durch ein äußeres Ereignis geschieht. Kann dann aber noch im eigentlichen Sinne von ethischem, aus der eigenen Freiheit und Einsicht entspringendem Handeln gesprochen werden? Dazu kommt der Einwand, dass wir im konkreten alltäglichen Leben die Erfahrung machen, dass die plötzliche und völlige Umkehr von Menschen und ihren Verhaltensweisen eher die Ausnahme ist. Normalerweise scheint es eher so zu sein, dass wir Menschen uns im Verlauf des Lebens – wenn überhaupt – darum bemühen, gut und verantwortlich zu handeln, dass es uns bisweilen auch gelingt, dass wir aber immer auch Rückschläge und Versagen erleben. Wir werden nicht plötzlich, von heute auf morgen, aus einem schlechten zu einem guten Menschen, vielmehr machen wir die Erfahrung, dass wir im günstigsten Fall nach und nach im Tun des Guten und Verantwortlichen wachsen können.

In der Tradition der Moraltheologie wurde deshalb die Bedeutung des Glaubens für das ethische Handeln gewöhnlich im Rahmen der Tugendlehre thematisiert. Im Modell der Tugendlehre nämlich, in dem es um die ethischen Grundhaltungen eines Menschen geht, die er sich durch gutes und verantwortliches Tun erwirbt, in denen er wachsen kann und durch die er schließlich selbst zu einem guten Menschen wird, konnte deutlich werden, dass das Geschehen der Rechtfertigung des Menschen nicht nur seine äußere Befreiung aus der Macht der Sünde beinhaltet, sondern auch den Menschen selbst innerlich wandelt und ihn selbst zum Tun des Guten befähigt. Von zentraler Bedeutung war dabei die Bestimmung des Verhältnisses, in dem die *theologischen Tugenden* (Glaube, Hoffnung, Liebe), in denen der Mensch seine Beziehung zu Gott vollzieht, zu den *Kardinaltugenden* (Klugheit, Gerechtigkeit, Tapferkeit, Maß) stehen, in deren Zusammenhang das gesamte ethische Handeln des Menschen in Welt und Gesellschaft zur Sprache gebracht wurde.

2.1 Grundlegende Aspekte des Tugendbegriffs

In der theologischen Tradition wird das Verständnis dessen, was ethische Tugend ist, zunächst aus der Überlieferung der antiken Philosophie aufgegriffen. Maßgeblich waren dabei vor allem die Überlegungen geworden, die Aristoteles in seiner Nikomachischen Ethik vorgelegt hat.

Tugend als Weg zum Glück des Menschen

(1) Aristoteles geht in seiner Ethik davon aus, dass alle Menschen nach etwas Gutem als dem Ziel ihres Handelns streben. Dasjenige Gute, nach dem dabei alle Menschen letztlich streben, ist das Glück bzw. die Glückseligkeit (eudaimonía). Es ist das Endziel, das die Menschen um seiner selbst willen erstreben, während sie alles andere Gute, das sie im Leben erreichen wollen, um dieses Glücks willen erstreben. Für Aristoteles kann der Mensch dieses Glück erreichen, wenn er beständig die dem Menschen eigentümliche und wesentliche Leistung vollbringt, die in der Tätigkeit der Seele aufgrund ihrer – gegenüber den anderen Lebewesen – besonde-

ren Befähigung besteht, nämlich ihrer Vernunftbegabtheit. Diese Tätigkeit, also das vernunftgemäße Leben und Handeln, setzt Aristoteles auch mit der tugendgemäßen Tätigkeit gleich. Sie sind für die Verwirklichung der Glückseligkeit entscheidend. Inhaltlich bestimmt Aristoteles das Glück zunächst als Leben in Wohlergehen und Anerkennung in der Gemeinschaft der Menschen.[6] Dann aber sieht er das eigentlich *vollkommene* Glück in der Betrachtung (theoría), gegenüber dem das politische Glück des Wohlergehens als *unvollkommenes* Glück erscheint.[7]

Verstandestugenden – Ethische Tugenden

Die Tugenden – so lässt sich aus diesen Überlegungen entnehmen – befähigen also zu Tätigkeiten, in denen der Mensch seinem eigenen Wesen gemäß lebt. Dabei unterscheidet Aristoteles noch einmal die *verstandesmäßigen* von den *ethischen* Tugenden. Während die verstandesmäßigen Tugenden (wie etwa Klugheit oder Auffassungsgabe) durch Belehrung zustandekommen, entstehen die ethischen Tugenden (z.B. Gerechtigkeit, Tapferkeit, Besonnenheit) durch Übung im guten Tun. Die ethischen Tugenden sind also *keine natürlichen Anlagen und Vermögen* des Menschen, sondern feste Grundhaltungen und Fähigkeiten, die er *durch Übung* seiner natürlichen Anlagen und Vermögen *erwerben* kann und die es ihm – im Sinne einer Disposition – möglich machen, auch im Einzelfall *mit Leichtigkeit*, also ohne Schwierigkeit und Überwindung, das zu tun, wozu er von seiner Vernunft her aufgefordert ist.[8] Es sind Fähigkeiten, die es dem Menschen möglich machen, ethisch richtig und gut zu handeln, und die auch ihn selbst zu einem guten Menschen machen.

Tugenden werden durch Übung erworben

Dass man die Tugenden durch Übung erwirbt, erläutert Aristoteles in Parallelität dazu, wie wir auch sonst alle nicht angeborenen Fertigkeiten und Fähigkeiten erwerben. Denn all das, was wir durch Lernen zu tun fähig werden, lernen wir eben dadurch, dass wir es tun: Durch Bauen werden wir Baumeister, und durch Kitharaspielen werden wir Kitharameister. Ebenso werden wir dadurch gerecht, dass wir immer wieder gerecht zu handeln versuchen, besonnen dadurch, dass wir anfangen, besonnen zu handeln, und tapfer werden wir dadurch, dass wir uns in tapferem Handeln üben. Tugenden werden also – wie alle anderen erlernbaren Fähigkeiten des Menschen – dadurch erworben, dass man beginnt, ethisch zu handeln. Durch das entsprechende Handeln im Einzelfall übt man sich und erwirbt auf diese Weise eine grundlegende Fähigkeit, die es einem möglich macht, leicht und ohne Schwierigkeiten in ähnlichen und

---

6 Vgl. Aristoteles, Nikomachische Ethik, Buch I. Die Definition der Tugend findet sich 1098 a 15–20.

7 Vgl. dazu: Aristoteles, ebd., Buch X, 6–9.

8 Vgl. ebd., Buch II, 1–2.

anderen Fällen entsprechend zu handeln. Man wächst in eine Entschiedenheit und in eine Leichtigkeit im Wollen und im Tun des Ethischen hinein.

> Die lateinische scholastische Tradition hat im Blick auf diese Fähigkeit, die man sich durch einen solchen Prozess der Übung erwirbt, davon gesprochen, dass sich der Mensch auf diese Weise einen *habitus* – näherhin einen *habitus operativus bonus*[9] – erwirbt, der es dem Menschen möglich macht, leicht, ohne Überlegung und geradezu selbstverständlich ethisch zu handeln. Es kostet keine Überwindung mehr, ethisch zu handeln, sondern ist zur zweiten Natur geworden.

Tugend als Mitte zwischen Zuviel und Zuwenig

Über die Bestimmung als feste Grundhaltung hinaus ist für die ethischen Tugenden wesentlich, dass sie dazu befähigen, im Handeln das Richtige und Vernunftgemäße zu treffen. Das Richtige und Vernunftgemäße wiederum bestimmt Aristoteles als die Mitte zwischen zwei Schlechtigkeiten, die es im Handeln zu wahren gilt: zwischen einem Zuviel und einem Zuwenig. Er schreibt:

> »Die Tugend ist also ein Verhalten der Entscheidung, begründet in der Mitte im Bezug auf uns, einer Mitte, die durch Vernunft bestimmt wird und danach, wie sie der Verständige bestimmen würde. Die Mitte liegt aber zwischen zwei Schlechtigkeiten, dem Übermaß und dem Mangel.«[10]

Eines der Beispiele, die Aristoteles anführt, besagt, dass im Blick auf das, was Furcht verursacht und Angst macht, die Tapferkeit die angemessene und richtige Verhaltensweise darstellt. Sie bildet die Mitte zwischen einem Zuviel und einem Zuwenig: zwischen Feigheit auf der einen und Tollkühnheit auf der anderen Seite. Ein anderes Beispiel: Beim Umgang mit Geld und Besitz ist das angemessene und ethisch richtige Verhalten die Großzügigkeit, die die Mitte bildet zwischen der Verschwendung als dem Übermaß und dem Geiz als dem Mangel.

Tugendethik – Strebensethik statt Sollensethik

(2) Bereits in diesen grundlegenden Bestimmungen der ethischen Tugend wird die besondere Eigenart der *Tugendethik* deutlich. Denn das Modell einer Tugendethik bietet gerade die Möglichkeit, zur Geltung zu

9 Vgl. dazu: Thomas von Aquin, Summa theologiae I-II, q. 55, a. 2 und 3.

10 Vgl. Aristoteles, Nikomachische Ethik II 6 (1107 a 1). Den Ausdruck »Verhalten der Entscheidung«, durch den Olof Gigon (Aristoteles, Die Nikomachische Ethik, übers. und hg. von O. Gigon, München 1972) das griechische »héxis prohairetiké« wiedergibt, übersetzt Franz Dirlmeier (Aristoteles, Nikomachische Ethik, Darmstadt 1964) passender mit »auf Entscheidung hingeordnete Haltung«.

bringen, dass man das Richtige nicht nur gelegentlich in einzelnen Handlungen und als gesollte Pflicht erfüllt, sondern dass der Mensch selbst mit all seinen Strebungen zum freiwilligen Tun des Guten befähigt ist. Tugendethik ist von ihrem Ursprung her eine *Strebensethik*, die davon ausgeht, dass der Mensch immer schon nach dem Guten strebt. Sie hat damit nicht das Problem der Motivation und verspricht so, ein geeignetes Modell zu bieten, um die aus eigener Freiheit entspringende Sittlichkeit des Menschen, wie sie der Freiheit aus dem Glauben entspricht, zur Geltung bringen zu können. Eine *Sollensethik* bzw. eine *Pflichtenethik* dagegen geht von einem unbedingten Anspruch des Ethischen aus, sie entspricht damit der Einsicht, dass das Sollen nicht aus dem Sein abgeleitet werden kann, hat dafür aber das Problem, wie der Mensch zur Erfüllung des Sollens motiviert werden kann.

> In der gegenwärtigen Ethik wird das Modell der Tugendethik, das in der Antike und im Mittelalter gleichermaßen den grundlegenden Ansatz und die zentrale Gestalt der Ethik gebildet hat und erst in der Neuzeit durch eine Pflichtethik abgelöst wurde, wiederentdeckt.[11] Der Grund für diese Neuentdeckung der Tugenden lässt sich dabei – mit Dietmar Mieth – in der Erfahrung sehen, dass eine funktionsfähige Gesellschaft und ein gelingendes Leben ohne positive Solidarität und ohne persönliches mitmenschliches Engagement der Einzelnen nicht möglich ist. Tugenden werden »umso mehr zum Bedürfnis, je weniger das Gelingen des Lebens gleichsam von außen hergestellt und garantiert werden kann. Je größer also die Grenzerfahrung an den Möglichkeiten rein struktureller Bewältigung von Notlagen und Krisen, umso mehr wird die Verantwortung eingefordert, die nicht mehr aus dem Zwang, sondern aus der Freiheit hervorgehen kann.«[12]

Grenzen der Tugendethik

Andererseits ist aber zu sehen, dass im Rahmen der Tugendethik allein nicht bestimmt werden kann, worin das jeweils Vernünftige und ethisch richtige und verantwortliche Handeln liegt. Zwar geht es beim tugendhaften Handeln darum, dass jeweils die Mitte gewahrt wird zwischen einem Zuviel und einem Zuwenig. Mit dieser Bestimmung ist jedoch noch nicht viel gewonnen. Dass ein Zuviel und ein Zuwenig immer schlecht sind, ist bereits durch das »Zu-« ausgesagt. Und dass Geiz und Verschwendung, dass Feigheit und Tollkühnheit immer schlecht sind, ist in den jeweiligen Bezeichnungen bereits von vornherein mit enthalten. Es handelt

11 Vgl. dazu grundlegend: Alasdair MacIntyre, Der Verlust der Tugend, Frankfurt am Main 1987.

12 Dietmar Mieth, Die neuen Tugenden. Ein ethischer Entwurf, Düsseldorf 1984, 12.

sich bereits um negativ wertende Wörter. Die normative Frage aber, wo nämlich genau die Grenze zwischen dem richtigen Verhalten der Tapferkeit und dem schlechten Verhalten der Feigheit und der Tollkühnheit verläuft, wo die Grenze zwischen der angemessenen Form der Großzügigkeit und dem schlechten Verhalten von Geiz und Verschwendung liegt, ist damit noch nicht beantwortet.

Angewiesenheit der Tugendethik auf normative Ethik

Eine mögliche Antwort auf diese Frage besteht darin, dass Fehlformen des Handelns im Sinne eines Zuviel und Zuwenig dann vorliegen, wenn das Verhalten im Blick auf das, worum es in der Handlung jeweils geht, *unverhältnismäßig bzw. kontraproduktiv* ist (vgl. 6. Kapitel, 2.3):

- So ist Tollkühnheit dadurch gekennzeichnet, dass man sich in eine Gefahr auch dann stürzt, wenn man keine Chance hat und in der Gefahr umkommt. Feigheit dagegen besteht darin, sich vor der Gefahr verbergen und schützen zu wollen, führt aber in Wirklichkeit dazu, dass sie sich noch mehr ausbreitet. Man will die Angst machende Situation umgehen, trägt dadurch aber mit dazu bei, dass diejenigen, die Angst verbreiten, mehr Raum gewinnen. Tapferkeit würde dagegen darin bestehen, einer Angst machenden Gefahr entgegenzutreten, wenn realistische Aussicht besteht, dass man sie besiegen kann.
- Ähnlich ist der Geiz dadurch als Fehlform charakterisiert, dass der Geizige seinen Besitz in einer solchen Weise hüten und zusammenhalten will, dass er ihn schließlich gar nicht mehr nutzen und sich nicht mehr an ihm freuen kann. Umgekehrt besteht Verschwendung darin, seinen Besitz in einer Weise zu nutzen, dass man ihn in kürzester Zeit verbraucht und dann verloren hat, ihn also nicht dauerhaft nutzen kann. Die Haltung der Großzügigkeit besteht dagegen darin, seinen Besitz so zu nutzen, dass man sich an ihm freuen kann, ohne ihn zugleich zu vernichten.

Sich ergänzende Tugendpaare

Ausgehend von dieser Erläuterung ist es ratsam, für jede Tugend eine ergänzende und sichernde Tugend auszuweisen, etwa der Tugend der Tapferkeit die Tugend der Vorsicht zur Seite zu stellen, die dafür sorgt, dass man nur dann einer Gefahr begegnet, wenn abzusehen ist, dass man sie auch besiegen kann. Die Vorsicht kann so die Tapferkeit davor bewahren, zur Tollkühnheit zu werden, und die Tapferkeit kann die Vorsicht davor bewahren, zur Feigheit zu werden. Ebenso lässt sich der Großzügigkeit die Tugend der Sparsamkeit zuweisen. Sie besteht darin, dass man auch andere am eigenen Besitz teilhaben lässt oder soziale Hilfsmaßnahmen unterstützt. So kann die Großzügigkeit die Sparsamkeit davor bewahren, dass man nur den eigenen Nutzen sieht und so schließlich geizig an seinem Besitz »klebt«, und die Sparsamkeit kann die Großzügigkeit davor bewahren, dass man unbesonnen seinen Besitz mit anderen durchbringt und dann alles verloren hat.

So ist die Tugendethik auf die Ergänzung durch die normative Ethik angewiesen, die das richtige Handeln nach einem bestimmten Verfahrensprinzip ermittelt. Nur von hierher lässt sich Tugend als ethische Tugend verstehen.

2.2 Kardinaltugenden und theologische Tugenden

In der Tradition der Moraltheologie wurde nun die philosophische Tugendlehre in den Zusammenhang der christlichen Wirklichkeitsdeutung und vor allem der christlichen Ethik integriert. Das bedeutet, dass zu den vier Kardinaltugenden, die bereits von der philosophischen Tradition als zentrale Tugenden ausgewiesen wurden, die drei theologischen Tugenden hinzugefügt und in Beziehung gesetzt wurden:

- Die *Kardinaltugenden* werden bereits in der antiken philosophischen Ethik genannt.[13] Gemeint sind damit zentrale ethische Grundhaltungen des Menschen, um die sich alle anderen einzelnen Tugenden wie um eine »Türangel« (lat.: cardo) drehen. Auf sie lassen sich alle anderen Tugenden wie z.B. Ehrlichkeit, Treue oder Toleranz als spezielle Ausformungen zurückführen. In systematischer Form wird dies allerdings erst im Mittelalter unternommen, wobei Thomas von Aquin eine vollständig begründete systematische Einordnung aller Tugenden nach dem Schema der Kardinaltugenden bietet. Klugheit meint dabei die Fähigkeit, die Sinnhaftigkeit und Vernünftigkeit der Wirklichkeit zu erfassen. Gerechtigkeit ist die Fähigkeit, jedem Menschen in seiner Weise das zu geben, was zu seinem Wohl dient. Tapferkeit besteht darin, das Richtige auch gegen Widerstände und Ängste zu tun, Maßhaltung dagegen darin, sich auch durch unkontrollierte Antriebe, durch eigenen Vorteil oder Bequemlichkeit nicht vom Tun des Richtigen abbringen zu lassen.
- Die Rede von den *theologischen Tugenden* Glaube, Hoffnung, Liebe hat ihre biblische Grundlage vor allem bei Paulus (1 Thess 1,3; 5,8; 1 Kor 13,13). Paulus nennt sie als die wesentlichen Charakteristika der christlichen Existenz. Glaube, Hoffnung und Liebe legen das Verhältnis des Menschen zu Gott aus, in dem er aus der Gewissheit der unbedingten Zuwendung Gottes und im Vertrauen, von Gott verlässlich gehalten zu sein, lebt. Als theologische Tugenden nämlich – so die Tradition – befähigen sie den Menschen zu Akten, die Gott selbst zum Gegenstand haben. – Der *Glaube* besteht dabei darin, die Wahrheit der Zusage Gottes zu erfassen. Dies ge-

13 Vgl. Platon, Politeia IV (427d–444a).

schieht nicht allein in einem intellektuellen Akt des Fürwahrhaltens der Existenz Gottes (credere Deum) bzw. seiner Offenbarung (credere Deo), sondern in einem Akt des Vertrauens und der liebenden Selbsthingabe (credere in Deum). – Die *Liebe* bringt gerade diesen Aspekt der ganzheitlichen Selbsthingabe an Gott zum Ausdruck, der aus der Erfahrung der Liebe Gottes zum Menschen entspringt und den Glauben als intellektuellen Akt (fides informis) zu einem durch die Liebe geformten Glauben (fides caritate formata) macht. – Die *Hoffnung* schließlich besteht darin, auch in den Situationen der Not und Angst darauf zu bauen, von Gott angenommen und in seiner Hand geborgen zu sein.

Vollkommenes Glück übersteigt die natürlichen Fähigkeiten des Menschen

(1) Zu den bedeutendsten Entwürfen einer solchen integralen Sicht gehört die Tugendlehre des Thomas von Aquin, die er im Zweiten Teil seiner *Summa theologiae* entfaltet. Ausgangspunkt seiner Tugendlehre ist für Thomas – ähnlich wie für Aristoteles – die Frage nach dem Glück des Menschen.[14] Ebenso wie Aristoteles unterscheidet auch er eine doppelte Glückseligkeit des Menschen, eine vollkommene und eine unvollkommene.[15] Und auch für ihn besteht die unvollkommene Glückseligkeit im Glück dieses Lebens, das der Mensch aufgrund seiner Natur und seiner natürlichen Fähigkeiten in diesem Leben bereits erreichen kann. Dieses weltliche Glück kann freilich den Menschen nicht endgültig erfüllen. Dies vermag – und hier unterscheidet sich der Theologe Thomas von Aristoteles – erst die vollkommene Glückseligkeit, die in der Gemeinschaft mit Gott besteht, *die aber die Natur des Menschen übersteigt und die er aufgrund seiner natürlichen Fähigkeiten allein nicht erreichen kann.* So sehr aber dieses übernatürliche Ziel der vollkommenen Glückseligkeit seine natürlichen Fähigkeiten überschreitet, so sehr ist der Mensch für Thomas doch von vornherein darauf hin als sein letztes Ziel geschaffen, auch wenn dies nicht mithilfe der Philosophie, sondern erst im Glauben aufgrund der Offenbarung erkennbar ist.

Erworbene und eingegossene Tugenden

Entsprechend zu diesen beiden Stufen der Glückseligkeit unterscheidet Thomas dann die vom Menschen *erworbenen* sittlichen Tugenden (virtutes acquisitae) und die von Gott *eingegossenen* Tugenden (virtutes infusae). Die sittlichen Tugenden, die in den vier Kardinaltugenden zusammengefasst werden, sind diejenigen Tugenden, die der Mensch selbst – wie Aristoteles ausführte – durch Übung seiner natürlichen Vermögen im Tun des Guten herauszubilden vermag, durch die er die Leidenschaften (passiones) seiner Seele ordnet und durch die er so die Glückseligkeit

14 Vgl. dazu: Thomas von Aquin, Summa theologiae I-II, q. 1–5.
15 Vgl. ebd. I-II, q. 3, a. 6.

dieses Lebens erlangen kann. Die theologischen Tugenden Glaube, Hoffnung und Liebe, die es dem Mensch ermöglichen, die vollkommene Glückseligkeit in der Gemeinschaft mit Gott zu erreichen, kann der Mensch dagegen nicht aus eigener Anstrengung und Übung erwerben, weil sie auf ein übernatürliches Ziel hingeordnet sind und deshalb die natürlichen Kräfte des Menschen übersteigen. Sie müssen deshalb von Gott durch Gnade und Zuwendung *eingegossen* werden.

> Die Rede von eingegossenen Tugenden geht auf Röm 5,5 zurück, wo es im Zusammenhang mit der Hoffnung der Glaubenden heißt: »Die Hoffnung lässt uns nicht zugrunde gehen; denn die Liebe Gottes ist ausgegossen in unsere Herzen durch den Heiligen Geist, der uns gegeben ist.«

(2) Wie bestimmt Thomas nun den Zusammenhang zwischen den erworbenen und den eingegossenen Tugenden?

Neue Zielausrichtung durch eingegossene Tugenden

Ein *erster Aspekt* besteht darin, dass die theologischen Tugenden das gesamte sittliche Handeln des Menschen in dieser Welt, das von sich her zunächst auf das Ziel des innerweltlichen Wohlergehens ausgerichtet ist, auf das übernatürliche Endziel des Menschen, nämlich Gott, ausrichten. Alles Tun des Menschen in dieser Welt, alles Bemühen um richtiges und verantwortliches Handeln in der Gesellschaft, wird durch die theologischen Tugenden und vor allem durch die Liebe noch einmal in die Freundschaft mit Gott, von der Thomas ausdrücklich als Ziel der Gottesliebe spricht, eingebunden. Es wird in die Ausrichtung des Handelnden auf Gott einbezogen, die die gesamte Existenz des Menschen prägt und durchformt. Entsprechend kommt Thomas zu dem Schluss: Wenn man – mit Aristoteles – davon ausgeht, dass wahre Tugend auf das letzte Ziel des Menschen hinordnet, kann es keine wahre Tugend ohne Liebe zu Gott geben.[16] Dem entspricht, dass Thomas als vollkommene Definition der Tugend ausschließlich die von Petrus Lombardus formulierte »theologische« Tugenddefinition anführt:

> »Tugend ist eine gute Beschaffenheit des Geistes, durch die man in richtiger Weise lebt, die keiner schlecht gebrauchen kann, die Gott in uns ohne uns bewirkt.«[17]

---

16 Vgl. ebd. II-II, q. 23, a. 7.

17 Ebd. I-II, q. 55, a. 4. – Die Definition hat Thomas übernommen von: Petrus Lombardus, Sententiae, lib. II, dist. 27, cap. 1 (Ed.: SpicBon IV, 480, 8–10), der sie seinerseits aus verschiedenen Stellen bei Augustinus kompiliert hat, nämlich aus: De libero arbitrio II, c. 19, n. 50 (CSEL 74,85); Retractationes I, c. 8, n. 4 (CSEL 36,42) und I, c. 8, n. 6 (CSEL 36,46).

Dabei erläutert er, dass zwar die ersten drei Glieder der Definition auch auf die erworbenen Tugenden zutreffen, die vierte Bestimmung aber nur den eingegossenen Tugenden zukommt.[18]

Eingegossene sittliche Tugenden

Ein *zweiter Aspekt*, der eine Besonderheit der thomasischen Tugendlehre darstellt, besteht darin, dass die theologischen Tugenden die sittlichen Tugenden (Kardinaltugenden) nicht nur auf Gott als das Endziel des Menschen ausrichten, sondern dass mit den theologischen Tugenden zugleich auch die sittlichen Tugenden eingegossen werden.[19] Thomas spricht von den »virtutes morales infusae«.[20] Er meint damit, dass dann, wenn in einem Menschen – getragen von der Zuwendung und Gnade Gottes – Glaube, Hoffnung und Liebe erwachen, damit zugleich auch die Bereitschaft und Befähigung des Menschen grundgelegt ist, im Blick auf die Welt und die Menschen sittlich zu handeln.

Thomas sagt dies so, dass mit der Eingießung der drei theologischen Tugenden diese nun an die Stelle der natürlichen Prinzipien treten, die den sittlichen Tugenden jeweils zugrunde liegen.[21] Damit ist aber nicht gesagt, dass die Übung in den Kardinaltugenden dadurch überflüssig wäre. Vielmehr bringt Thomas damit zum Ausdruck, dass mit der Eingießung der theologischen Tugenden die *Befähigung* des Menschen zu sittlicher Tugend gegeben ist.

Während also die Kardinaltugenden auch ohne die theologischen Tugenden erworben und im Menschen verwirklicht sein können, auch wenn sie dann nicht im vollkommenen Sinne Tugenden genannt werden, so können doch umgekehrt die theologischen Tugenden nicht gegeben und im Menschen verwirklicht sein, ohne dass damit zugleich auch eine Grundlegung der Sittlichkeit des Menschen verbunden wäre. Wem es in seiner ganzen Existenz um Gott geht, der wird auch bereit sein, in der Welt und Gesellschaft verantwortlich und ethisch gut zu handeln. Dabei unterscheiden sich die eingegossenen von den erworbenen sittlichen Tugenden nicht in inhaltlicher Hinsicht, sondern allein dadurch, dass die eingegossenen sittlichen Tugenden auf ein umfassenderes Ziel hingeordnet sind als die erworbenen sittlichen Tugenden.

18 Vgl. Thomas von Aquin, Summa theologiae I-II, q. 55, a. 4.
19 Vgl. ebd. I-II, q. 65, a. 3.
20 Vgl. dazu ausführlich: Eberhard Schockenhoff, Bonum hominis. Die anthropologischen und theologischen Grundlagen der Tugendethik des Thomas von Aquin (TTS 28), Mainz 1987, 286–354.
21 Vgl. dazu: Thomas von Aquin, Summa theologiae I-II, q. 63, a. 3.

> »Der Gegenstand jeglicher Tugend ist das Gute im eigenen Bereich; so ist der Gegenstand der Maßhaltung das Gut der Lust in den Begierlichkeiten des Tastsinns. Der Form gebende Grund in diesem Gegenstande stammt von der Vernunft, welche das Maß dieser Begierden bestimmt; der stoffliche Grund dagegen liegt auf Seiten der Begierden selbst. Es ist aber klar, dass das aufgrund der Richtschnur der menschlichen Vernunft in diesen Begierden aufgestellte Maß ein anderes ist als das, was der göttlichen Richtschnur gemäß ist. So wird z.B. in der Nahrungsaufnahme durch die menschliche Vernunft als Maß festgesetzt, dass sie der Gesundheit des Leibes nicht schade und die Tätigkeit des Verstandes nicht hindere; nach der Richtschnur des göttlichen Gesetzes aber ist verlangt, dass der Mensch ›seinen Leib züchtige und ihn in Botmäßigkeit bringe‹ (vgl. 1 Kor 9,27) durch Enthaltung von Speise und Trank u.a. dergleichen Dingen. Daher ist klar, dass die eingegossene Maßhaltung und die erworbene sich der Art nach unterscheiden; dasselbe gilt von den anderen Tugenden.«[22]

Mit diesen beiden Aspekten macht Thomas einerseits deutlich, dass die theologischen Tugenden den Menschen und sein Tun auf ein weiteres und umfassenderes Ziel seines Lebens ausrichten. Andererseits zeigt er auch auf, dass die theologischen Tugenden nicht nur einen religiösen Überbau darstellen, sondern den Menschen im Ganzen verändern und ihn zur Sittlichkeit befähigen.[23] Als weiterführende Erklärung dafür, wie der Glaube wirkliche Sittlichkeit ermöglicht, lässt sich dann wieder auf die bereits (vgl. 1.2) entfaltete Bedeutung des Glaubens verweisen, die grundlegende Existenzangst des Menschen entmachten, ihn damit von seiner Fixiertheit auf sich selbst lösen und so zum Tun des Guten befreien zu können.

3. Anfragen an die traditionelle Tugendlehre und Neuansätze

Mit der Lehre von den theologischen Tugenden und ihrer Bedeutung für die Kardinaltugenden ist es Thomas gelungen, nicht nur – negativ – die aus der Macht der Sünde befreiende, sondern auch – positiv – die zum Tun des Guten befähigende Kraft des christlichen Glaubens einsichtig zu

22 Ebd. I-II, q. 63, a. 4.

23 Vgl. dazu auch genauer: Eberhard Schockenhoff, Grundlegung der Ethik. Ein theologischer Entwurf, Freiburg/Basel/Wien 2007, 162–168.

machen. Dennoch ergeben sich angesichts dieses Entwurfs auch einige Anfragen.

3.1 Können Glaube, Hoffnung und Liebe wirklich Tugenden sein?

Theologische Tugenden – Besitz des Menschen?

(1) Eine erste Anfrage betrifft das Verständnis von Glaube, Hoffnung und Liebe als *Tugenden* des Menschen. Von reformatorischer Seite wurde dazu eingewendet, dass die Anwendung des Tugendverständnisses als *habitus*, wie es in der scholastischen Theologie des Mittelalters entfaltet worden war, auf Glaube, Hoffnung und Liebe die Gefahr beinhaltet, dass diese theologischen Tugenden als *Besitz* des Menschen oder als eine dem Menschen *eigene* Qualität verstanden werden, durch die er einen Anspruch auf Lohn und damit auf die Gnade und Zuwendung Gottes begründen könnte. Dagegen wurde geltend gemacht, dass der Mensch Gottes Gnade und Zuwendung nicht aufgrund eigener Leistung erwerben könne, sondern in jedem Moment neu – aktuell – von Gott zu empfangen habe. Unter Berufung auf Röm 4,3; Gal 3,6 (jeweils mit Bezug auf Gen 15,6) wurde geltend gemacht, dass dem Menschen die Gerechtigkeit Christi *angerechnet* werde (Imputationslehre), sodass er zwar – wie Luther betont – in den Augen Gottes gerechtfertigt, aus sich selbst heraus aber zugleich immer Sünder sei.

Bloße Anrechnung oder innere Wandlung des Menschen?

Gegen diese Position wurde von katholischer Seite betont, dass es sich bei der Rechtfertigung des Menschen durch Gott nicht nur um eine dem Menschen *äußerlich bleibende* Anrechnung (Imputation) der Gerechtigkeit Christi handle, sondern dass der Mensch selbst durch die Gnade und Zuwendung Gottes *innerlich verwandelt* werde (sanctificatio bzw. sanatio). So heißt es programmatisch im Rechtfertigungsdekret des Konzils von Trient (1545–1563):

> »Dieser Zurüstung bzw. Vorbereitung folgt die Rechtfertigung selbst, die nicht nur Vergebung der Sünden ist [Kan. 11], sondern auch Heiligung und Erneuerung des inneren Menschen durch die willentliche Annahme der Gnade und der Gaben, aufgrund derer der Mensch aus einem Ungerechten ein Gerechter und aus einem Feind ein Freund wird, sodass er ›Erbe gemäß der Hoffnung auf ewiges Leben‹ (Tit 3,7) ist.« (DH 1528)

In dem angegebenen Kanon 11 heißt es präzisierend:

> »Wer sagt, die Menschen würden entweder allein durch die Anrechnung (imputatione) der Gerechtigkeit Christi oder allein durch die Vergebung der Sünden ohne die Gnade und Liebe gerechtfertigt, die in ihren Her-

> zen durch den Heiligen Geist ausgegossen wird und ihnen einwohnt; oder auch, die Gnade, durch die wir gerechtfertigt werden, sei nur die Gunst Gottes: der sei mit dem Anathem belegt.« (DH 1561)

Das Konzil hebt also einerseits darauf ab, dass der Mensch durch das Rechtfertigungsgeschehen selbst innerlich gerecht wird, betont zugleich aber auch, dass es sich um die eigene Gerechtigkeit des Menschen nur insofern handle, als sie dem Menschen fundamental von Gott her zukomme.[24]

Christus als Grund der Zuwendung Gottes zum Menschen

(2) Was lässt sich zu dieser Anfrage und der damit verbundenen Kontroverse sagen? Zunächst ist der reformatorischen Position darin Recht zu geben, dass der Mensch selbst, sein Handeln und seine Eigenschaften, nicht Grund für die Zuwendung Gottes zu ihm sein können. Der Mensch ist nicht aufgrund eigener Qualitäten oder Leistungen ein Gegenüber und ein Bezugspunkt der Zuwendung Gottes, sondern nur aufgrund dessen, dass er immer schon zu Christus gehört und damit von vornherein in die Liebe zwischen Vater und Sohn hineingenommen ist. In diesem Sinne betont auch das Konzil von Trient – das übrigens nicht definiert hat, dass die rechtfertigende Gnade als *habitus infusus* zu verstehen sei –, dass die Gerechtigkeit dem Menschen fundamental von Gott her zukommt und nicht einfach seine eigene Gerechtigkeit ist.

Vergebung als reale Befreiung des Menschen zum Guten

Ebenso aber ist es richtig, dass die Sündenvergebung und Rechtfertigung des Sünders durch Gott nicht nur »in den Gedanken Gottes« stattfindet, sondern den Menschen selbst innerlich wandelt und zum Guten befähigt. Es geht in der Rechtfertigung durch Gott nicht darum, dass in einem Sündenregister Gottes die Vergehen des Menschen durchgestrichen und von Gott vergessen werden. Vielmehr geht es darum, dass durch die Gerechtsprechung der Mensch selbst innerlich gerecht wird. Es geht um eine *reale Befreiung seiner Freiheit* zum Tun des Guten, zu wahrer Selbstlosigkeit und Nächstenliebe. Darum aber geht es auch den Reformatoren. So sehr Luther die Unfreiheit des Willens unter der Macht der Sünde betont, so sehr macht er deutlich, dass der Mensch im Glauben an Christus zur inneren »Freiheit des Christenmenschen« gewandelt wird, in der er einerseits nichts und niemandem untertan ist, sondern allem in grundlegender Freiheit gegenübersteht, andererseits aber aus eigener Freiheit heraus sich selbst zum Diener anderer machen kann. Allerdings

24 Vgl. DH 1547.

ist diese Freiheit des Christenmenschen bleibend eine zu empfangende Freiheit. Es scheint also eher ein Missverständnis der Imputationslehre zu sein, sie in einem rein äußerlichen Sinn zu interpretieren. Vielmehr ist sie im Sinne eines *Beziehungsgeschehens* als Empfangen einer neuen Lebensgrundlage und eines neuen Selbstverständnisses im Glauben zu verstehen, das den Menschen selbst und sein Handeln verändert.

Gerechtigkeit kommt dem Menschen verlässlich von Gott her zu

Die Gerechtigkeit und damit die Freiheit des Menschen zum Guten ist so zwar ganz und gar eine in der Beziehung zu Gott empfangene Gerechtigkeit und Freiheit zum Guten. Der Mensch besitzt sie nicht als Eigentum, sie kommen ihm vielmehr von Gott her aufgrund seiner Zugehörigkeit zu Christus zu und müssen von ihm stets empfangen werden. Andererseits aber ist diese Zuwendung Gottes, gerade weil sie dem Menschen um Christi willen und aufgrund seiner Zugehörigkeit zu Christus zukommt, *unbedingt verlässliche Grundlage des eigenen Lebens und Handelns*, verlässlicher als jede durch eigene Anstrengung und Übung erworbene Qualität und Fähigkeit. Im Glauben geht so eine neue, von Gott – im Sinne einer relationalen Ontologie – empfangene Seinsbestimmung auf: das »In-Christus-Geschaffensein«.

3.2 Kann Gott wirklich Gegenstand menschlicher Handlungen sein?

(1) Eine zweite Anfrage an die Lehre von den theologischen Tugenden besteht darin, ob Gott überhaupt direkter Gegenstand menschlicher Vollzüge und menschlichen Handelns sein kann. Diese Bestimmung gehört ja in der Tradition – neben der Bestimmung, dass sie von Gott eingegossen und geoffenbart sind – mit zu den wesentlichen Charakteristika, die Glaube, Hoffnung und Liebe zu *theologischen* Tugenden machen. Sie findet sich bei Thomas von Aquin ebenso wie in den traditionellen Handbüchern der Moraltheologie.[25]

Trennung der Pflichten gegenüber Gott und den Menschen

Allerdings ist mit dieser Bestimmung die Gefahr verbunden, dass die theologischen Tugenden allein als Pflichten gegenüber Gott interpretiert werden, die mit den Pflichten gegenüber dem Mitmenschen und sich selbst nichts zu tun haben. Insbesondere in den Handbüchern der Neuscholastik lässt sich eine solche Trennung zwischen dem Bereich der innerweltlichen Sittlichkeit und dem Bereich des Gottesbezugs des Men-

25 Vgl. dazu: Summa theologiae I-II, q. 62, a. 1. – Ebenso: Joseph Mausbach/Gustav Ermecke, Katholische Moraltheologie, Bd. II: Die spezielle Moral, 1. Teil: Der religiöse Pflichtenkreis, Münster [10]1954, 12.

schen feststellen. Glaube, Hoffnung und Liebe wurden als Pflichten ausgelegt, die man direkt Gott gegenüber hat, während die Bedeutung der theologischen Tugenden für das sittliche Handeln in der Welt nicht mehr zum Thema wurde. So wurde etwa die Hoffnung – im Sinne des »Rette deine Seele« – individualistisch allein als Hoffnung auf das eigene jenseitige Heil bei Gott, nicht mehr aber – gemäß der biblischen Grundlage – in ihrer Relevanz für die Vollendung der Welt und für die Entwicklung einer menschlichen Gesellschaft ausgelegt.[26] Ebenso wurde die Liebe zu Gott nicht mehr hinreichend im neutestamentlichen Sinne als *Einheit* von Gottes- und Nächstenliebe verstanden. Die Konsequenz war, dass die Religiosität zu einem eigenen Bereich des menschlichen Handelns wurde, der seine Relevanz für das ethische Handeln des Menschen in der Welt und im Alltag verlor.

Karl Rahner: Einheit von Gottes- und Nächstenliebe

Gegen diese Trennung hat bereits *Karl Rahner* in einem Neuansatz ausdrücklich die Einheit der Gottes- und Nächstenliebe herausgearbeitet.[27] Rahner macht dazu deutlich, dass Gott selbst *kein Gegenstand menschlicher Intentionalität* sein kann so wie jeder andere kategoriale Gegenstand innerhalb der Welt. Gott kann lediglich als Horizont verstanden werden, der in allen konkreten Vollzügen des Menschen und in seinem Streben nach einzelnen konkreten Gegenständen *mitintendiert* wird. Für Rahner lässt sich dann nur so von der Liebe zu Gott sprechen, dass sie *in konkreten Handlungen der Nächstenliebe* – in Rahners Terminologie »unthematisch« – *mitvollzogen* wird.

Entsprechend ließe sich formulieren: Wirkliche Liebe zu Gott ist dort gegeben, wo jemand so fest auf Gottes Zuwendung vertraut und in seinem Leben so fest von Gottes Zuwendung ausgeht, dass er nicht mehr sich selbst vergöttern oder etwas anderes Geschaffenes an die Stelle Gottes setzen muss, sondern Gott Gott sein lassen kann und damit bereit wird, andere – und auch sich selbst – nach Vernunft zu behandeln und nicht willkürlich zu werden, selbst dann nicht, wenn man dafür Nachteile, Angst und Unbequemlichkeiten in Kauf nehmen muss. Gerade in dieser Bereitschaft, den anderen nicht willkürlich, sondern vernünftig zu behandeln, besteht aber auch die Achtung der Menschenwürde und die Liebe zum Nächsten. Umgekehrt ließe sich aber auch sagen, dass dort, wo Menschen nicht mehr willkürlich handeln, sondern sich ihrer Vernunft

26 Dagegen wendet sich auch Papst Benedikt XVI., Enzyklika »Spe salvi«, 30. November 2007 (Verlautbarungen des Apostolischen Stuhls Nr. 179, hg. vom Sekretariat der Deutschen Bischofskonferenz), 21–24.

27 Vgl. Karl Rahner, Über die Einheit von Nächsten- und Gottesliebe, in: ders., Schriften zur Theologie, Bd. 6, Einsiedeln/Zürich/Köln 1965, 277–298.

unterstellen, sie nichts Geschaffenes verabsolutieren und somit – wenn auch anonym – offen sind für die Transzendenz Gottes.

Alfons Auer: Theologische Tugenden als Sinnhorizont des Handelns in der Welt

(2) Ausgehend von solchen Überlegungen hat sich im Bereich der Moraltheologie insbesondere *Alfons Auer* unter ausdrücklichem Rückbezug auf Thomas um eine Neuformulierung der Lehre von den theologischen Tugenden bemüht, die die Gefahr der Verjenseitigung und Vertikalisierung dieser Tugenden vermeidet.[28] Der Ansatz Auers besteht darin, dass Glaube, Hoffnung und Liebe den Menschen und sein Handeln in dieser Welt in einen *neuen, christlichen Sinnhorizont* einbeziehen. Dieser Sinnhorizont kann das ethische Handeln des Menschen in dieser Welt inspirieren und gibt ihm eine neue, umfassendere Zielausrichtung. Für das Verständnis der theologischen Tugenden wiederum bedeutet dies, dass sie in ihrer Bedeutung für die welthaft-gesellschaftliche Dimension der Existenz des Menschen verdeutlicht und durchbuchstabiert werden müssen.

Auer beschreibt dazu zunächst den neuen christlichen Sinnhorizont anhand der drei Dimensionen der Zeit, die den umfassenden Horizont der Existenz des Menschen bildet. So ist die *Gegenwart* von der Erlösung durch Jesus Christus geprägt, in dem Gott die Welt endgültig angenommen und den Menschen Gemeinschaft mit sich eröffnet hat. Die *Vergangenheit* und Herkunft der Welt und des Menschen verdankt sich der Schöpfung und dem Plan Gottes, der die Sinnhaftigkeit der Wirklichkeit verbürgt. Und schließlich wächst, ausgehend von der Gewissheit der Zuwendung Gottes, im Blick auf die *Zukunft* die Hoffnung auf die Vollendung der Welt durch Gott.

Bedeutung des christlichen Sinnhorizonts für das Engagement des Christen

Ausgehend von dieser Beschreibung charakterisiert Auer die Bedeutung dieses Sinnhorizonts für das ethische Handeln in dieser Welt. Sie besteht darin, den Menschen frei zu machen und zu motivieren, das bereits immer schon ethisch Gebotene zu erfüllen. Auer konkretisiert dies für das christliche Engagement in Welt und Gesellschaft folgendermaßen:

- Christliches Engagement bedeutet im Glauben erkannte Partnerschaft mit dem Gott der *Erlösung*. Weltliches Handeln kann zwar nicht selbst das Heil des Menschen schaffen, aber es kann Raum dafür schaffen, dass Gottes Zuwendung und Gemeinschaft erfahrbar werden. Der Glaube,

28 Vgl. Alfons Auer, Glaube, Hoffnung und Liebe. Die Öffnung eines traditionellen moraltheologischen Traktats in die Dimension des Gesellschaftlichen, in: J. Hepp/E. Mielenbrink/H. Pompey (Hg.), Funktion und Struktur christlicher Gemeinde (FS für H. Fleckenstein), Würzburg 1971, 91–114.

dass Gott alle Menschen und jeden Einzelnen unbedingt angenommen hat, radikalisiert den Einsatz für eine menschenwürdige Welt, für eine menschenwürdige Gesellschaft.

- Christliches Engagement ist im Glauben erkannte Partnerschaft mit dem Gott der *Vollendung*. Der Christ stellt sich deshalb in den Dienst an der erwarteten und erhofften Vollendung der Welt durch Gott. Es geht nicht nur um das eigene Heil, sondern um Heil für die gesamte Welt, Natur und Gesellschaft. Die Gewissheit und die Hoffnung auf Gottes Vollendung hilft dabei, alle Enttäuschung und Zweifel am Menschen und an der Sinnhaftigkeit des Lebens zu überwinden und solidarisch zur Verbesserung der Welt beizutragen.
- Christliches Engagement ist im Glauben erkannte Partnerschaft mit dem Gott der *Schöpfung*. Dies bedeutet, sich selbst und die Welt als Geschenk und Auftrag, als Gabe und Aufgabe zu verstehen und in Liebe anzunehmen. Es geht darum, die Möglichkeiten, die in diesem Geschenk stecken, auszukundschaften und in der jeweils möglichen Form zu verwirklichen und durchzusetzen. Dabei ist der Mensch wesentlich auf seine Vernunft und seine Erfahrung verwiesen, um sachgerecht mit der Welt umzugehen.

Drei Funktionen des Glaubens für die weltliche Sittlichkeit

An dieser Entfaltung des christlichen Sinnhorizonts wird deutlich, dass die Bedeutung des Glaubens für das ethische Handeln nicht darin besteht, spezifisch christliche Einzelnormen der weltlichen Sittlichkeit hinzuzufügen. Die Bedeutung des Glaubens für das ethische Handeln lässt sich vielmehr in drei Funktionen beschreiben:

- *Integrierende Funktion*: Die autonome Sittlichkeit dieser Welt wird nicht ersetzt oder ergänzt. Sie wird voll in ihrer Geltung anerkannt und gewahrt, aber in eine umfassendere Zielausrichtung des Lebens eingebunden.
- *Stimulierende Funktion*: Durch den christlichen Glauben werden zentrale ethische Prinzipien in der Geschichte immer wieder neu zur Geltung gebracht und in Erinnerung gerufen. So hat die christliche Vorstellung von der unverfügbaren Würde der menschlichen Person in der Geschichte zur Entfaltung der wesentlichen Freiheitsrechte und Gleichheitsrechte der Menschen geführt. Der christliche Glaube begründet zwar nicht erst die Gültigkeit der Würde des Menschen, aber mahnt ihre Anerkennung in der Geschichte immer wieder an. Dabei gibt sich der Glaube nie mit einem real erreichten Zustand der Gesellschaft zufrieden, sondern ruft weiter zu Veränderung auf. Von der erhofften Zukunft Gottes her wird der Einsatz für immer bessere soziale Zustände stimuliert.
- *Kritisierende Funktion*: Aus dem christlichen Sinnhorizont kann es zur Kritik an Weltanschauungen kommen, die den Anspruch auf um-

fassende Sinnerfüllung des Menschen erheben, die keine Offenheit auf einen umfassenden Sinn mehr wahren, sondern letztlich eine innerweltliche Wirklichkeit verabsolutieren. Gemeint ist also die Kritik an jeder Form des Totalitarismus, am reinen Materialismus und Konsumismus, am Fortschrittsglauben usw., die alle auch ganz konkrete Auswirkungen auf das ethische Handeln im Einzelfall haben, etwa auf den Umgang mit menschlichem Leben.

(**3**) Ausgehend von diesem Grundansatz bei Alfons Auer hat vor allem *Dietmar Mieth* den Versuch einer Konkretisierung unternommen und zeitgemäße ethische Tugenden und Haltungsbilder im Kontext des christlichen Glaubens beschrieben. So werden Haltungsbilder im Blick auf sich selbst wie etwa Gelassenheit, Selbstzucht und Hingabe, Kreativität und Abschiedlichkeit, aber auch Haltungsbilder der Weltoffenheit und Verantwortung genannt wie Möglichkeitssinn, Gerechtigkeit, Courage und Parteinahme. Ausführlich beschreibt Mieth dann die heute, angesichts der globalen Krisen und Herausforderungen notwendigen Grundhaltungen der Lebensförderlichkeit, der Friedensbereitschaft, der Selbstbegrenzung im Blick auf Natur und Umwelt sowie die Wahrhaftigkeit, Aufrichtigkeit und Glaubwürdigkeit im Bereich der Kultur und Politik.

Zusammenfassende Thesen:

1. Die Bedeutung des Glaubens für das ethische Handeln besteht darin, den Menschen aus der Macht der Sünde zu *befreien* und zum selbstlosen Tun des Guten um des Guten willen zu befähigen.
2. Die zentrale Erfahrung der Offenbarungsgeschichte ist, dass Gottes Zuwendung zum Menschen voraussetzungslos und verlässlich gilt. Im Tod Jesu am Kreuz zeigt sich die Unendlichkeit der Liebe und der Vergebungsbereitschaft Gottes in unüberbietbarer Weise.
3. In der Gewissheit des Glaubens, von Gott unbedingt angenommen und gehalten zu sein, ist die Macht der Existenzangst des Menschen gebrochen. Er muss deshalb nicht mehr sich selbst behaupten und nicht mehr vor sich fliehen, und er muss nichts Geschaffenes mehr vergöttern, sondern wird – im Sinne der *Umkehr* – grundsätzlich bereit, andere nach Vernunftgründen zu behandeln (Nächstenliebe) und nicht mehr mit ihnen nach Willkür zu verfahren.

4. In der Tradition der theologischen Ethik ist die Bedeutung des Glaubens für das ethische Handeln im Modell der *Tugendethik* thematisiert worden. Damit lässt sich nicht nur die Befreiung aus der Macht der Sünde, sondern auch die innere Befähigung des Menschen zum Tun des Guten verdeutlichen.
5. Grundlegend ist der Entwurf des Thomas von Aquin, der vom aristotelischen Verständnis der Tugend als durch Übung erworbener Befähigung zum Tun des Guten und Vernunftgemäßen ausgeht. Worin das Vernunftgemäße als Mitte zwischen Zuviel und Zuwenig genau besteht, lässt sich nur wieder – im Rahmen der normativen Ethik – vom Kriterium der Verhältnismäßigkeit und Nicht-Kontraproduktivität her bestimmen.
6. Zu den *erworbenen* (Kardinal-)Tugenden kommen in der christlichen Synthese des Thomas die theologischen Tugenden (Glaube, Hoffnung, Liebe) hinzu, die nicht erworben werden können, sondern von Gott *eingegossen* werden. Dabei werden die erworbenen Tugenden und das ethische Handeln des Menschen durch die Liebe auf Gott als letztes Ziel des Menschen ausgerichtet. Umgekehrt werden mit den theologischen Tugenden dem Menschen auch die sittlichen (Kardinal-)Tugenden geschenkt.
7. Glaube, Hoffnung und Liebe sind als Geschenk Gottes *kein Besitz* des Menschen. Andererseits geht es in der Rechtfertigung um eine *wirkliche innere Wandlung* des Menschen. Die Befähigung zur Liebe gewinnt er dabei aus der Gemeinschaft mit Christus, deren Unverlierbarkeit verlässliche Grundlage des menschlichen Handelns ist.
8. Gegen eine Trennung der theologischen Tugenden vom Handeln in der Welt ist zu betonen, dass die Gottesliebe nur in der Nächstenliebe realisiert wird. Die theologischen Tugenden bilden den christlichen Sinnhorizont, von dem her das ethische Handeln in Welt und Gesellschaft integriert, stimuliert und kritisiert werden kann.

10. KAPITEL

Vermittlung der Freiheit – Aspekte christlicher Spiritualität

Die Überlegungen des vorangegangenen Kapitels haben deutlich gemacht, worin die eigentliche Bedeutung des christlichen Glaubens für das ethische Handeln besteht: Im Vertrauen, von Gott unbedingt gehalten zu sein, wird die Existenzangst des Menschen relativiert und damit das überwunden, was ihn hindert, verantwortlich und gut zu handeln. Im Vertrauen auf die Zuwendung und Vergebungsbereitschaft Gottes wird der Mensch aus der Macht der Sünde befreit und dazu befähigt, aus innerer Freiheit heraus das Gute um des Guten willen zu tun und aus selbstloser Liebe zu handeln. Deutlich wurde dabei, dass der Gottesbezug des Menschen eine grundlegende Bedeutung für diese innere Freiheit hat. Gründet diese Freiheit aber in der Gewissheit des Glaubens, so lässt sich nun – aus der Sicht der theologischen *Ethik* – weiterfragen, wie dieser Gottesbezug im Leben konkret vermittelt wird und wie man sich um diese Vermittlung des Glaubens bemühen kann. Müssen wir als Christen nicht auch unser Gottesverhältnis pflegen, wenn wir bestrebt sind, in Welt und Gesellschaft verantwortlich und gut zu handeln? Ist die Sorge um eine *christliche Spiritualität* und ihre Entfaltung nicht auch eine Aufgabe, die in unsere Verantwortung fällt und zu der wir geradezu verpflichtet sind?

In der Tradition der Moraltheologie jedenfalls wurde stets betont, dass auch das Gottesverhältnis des Menschen Gegenstand seiner Verpflichtung ist. Die entsprechenden Weisungen wurden in den Handbüchern im Rahmen der Speziellen Moraltheologie als *Religiöser Pflichtenkreis* vor der Entfaltung des irdischen Pflichtenkreises behandelt. Innerhalb dieses Religiösen Pflichtenkreises wurde – im Anschluss an die drei göttlichen Tugenden – die Tugend der Gottesverehrung thematisiert, die ihrerseits in die Vollzüge des Gebets und des Gelübdes, die Weihe der Zeit durch heilige Tage, den Empfang der Sakramente und in weitere religiöse Grundhaltungen wie Demut, Gehorsam, Dankbarkeit aufgegliedert wurde. In der theologisch-ethischen Reflexion nach dem Zweiten Vatikanischen Konzil spielt diese Thematik freilich kaum eine Rolle, und dies, obwohl die Suche nach christlicher Spiritualität für viele Menschen heute große Bedeutung hat.

Zu diesem Defizit hat sicher auch die Art beigetragen, wie dieses Thema in der Tradition behandelt wurde. Im Zentrum stand nicht die Bedeutung, die die Gottesbeziehung für das ethische Handeln in dieser Welt hat. Vielmehr wurde – nach einer dogmatischen Definition der jeweiligen Tugenden und religiösen Vollzüge – lediglich eine Fülle von juridisch formulierten Vorschriften und Verboten vorgelegt, die in den Vollzügen der Gottesbeziehung unbedingt zu beachten und peinlich genau einzuhalten waren, etwa die kasuistisch präzise vorgegebenen Fasten- und Abstinenzregeln oder die Nüchternheitsgebote. Es handelt sich um Ausführungen, die – auch wenn sie vielleicht für die pastorale Praxis ihrer Zeit hilfreich gewesen sind – in ihrer Präzision und Skrupelhaftigkeit heute eher befremden und dazu beigetragen haben dürften, dass innerhalb der gegenwärtigen Moraltheologie darüber lieber geschwiegen wird.

Die Moraltheologie konzentrierte sich stattdessen auf die Frage der Normbegründung sowie auf die Erarbeitung konkreter Optionen zu einzelnen Bereichen des individuellen und sozialen Lebens. Ihre Aufmerksamkeit war weniger auf ihre im Glauben begründeten Voraussetzungen gerichtet als auf den Dialog mit den anderen Wissenschaften, mit denen sie sich auseinandersetzen musste, sowie auf den gesellschaftlichen und politischen Diskurs, in den sie sich einbringen wollte.

In den folgenden Überlegungen soll nun – wenigstens ansatzweise – versucht werden, den Bereich der christlichen Spiritualität fundamentalethisch wieder neu zu verorten; eine vollständige Entfaltung der Bedeutung der *Kirche* für die Verwirklichung humanen Handelns in dieser Welt kann dabei freilich nicht erfolgen. Nach einer kurzen grundsätzlichen Verständigung darüber, was sich unter christlicher Spiritualität und Mystik verstehen lässt (1), soll aber wenigstens am Beispiel einiger zentraler Vollzüge christlicher Spiritualität – des Gebets (2), der Geistlichen Übungen (3) und der Eucharistie (4) – deren Bedeutung für das ethische Handeln aufgezeigt werden. Daraus kann schließlich auch klar werden, dass das Bemühen um eine lebendige Gottesbeziehung, das Bemühen also, sich für Gottes Kommen und seine Zuwendung zu öffnen, für den Christen nicht unerheblich ist, sondern auch in seine Sorge und Verantwortung fällt (5).

1. Aus dem Glauben leben – Christliche Spiritualität und Mystik

Spiritualität – Offenheit für Sinn und Transzendenz

(**1**) Die Rede von Spiritualität hat heute Konjunktur. Kaum ein Glaubensgespräch, kaum ein religiöses Buch, kaum eine Analyse der gesellschaftlichen und pastoralen Situation der Kirche kommt ohne dieses Wort aus. Dabei stellen die Angebote *christlicher* Spiritualität – Wochenenden im Kloster, Meditationskurse etc. – nur den geringeren Teil des Marktes dar. Die Mehrzahl der Angebote stammt aus dem Bereich der Esoterik, der Neuen Religiosität oder des Lifestyles. Entsprechend ist die Bedeutung des Ausdrucks »Spiritualität« unklar und unpräzise. Er steht geradezu dafür, eine inhaltlich klar durch Dogmen, Riten und Institutionen definierte Religion zu überschreiten hin zu einem freien, inhaltlich nicht festgelegten, sondern nach individuellen Bedürfnissen gestaltbaren Vollzug der *Offenheit für Sinn und Transzendenz.* In diesem Sinne ließe sich Spiritualität allgemein als praktische und existenzielle Grundhaltung eines Menschen verstehen, in der sich seine Letzteinsichten und Überzeugungen im Blick auf den Sinn des Daseins ausdrücken und die sein konkretes alltägliches Leben durchstimmen.[1]

Das Bedürfnis nach Spiritualität gerade auch außerhalb von Christentum und Kirche kann als Zeichen verstanden werden, dass es im Rahmen des kirchlichen Christentums offensichtlich an wirklicher, das Leben prägender Glaubenserfahrung mangelt und dass in diesem Bereich von christlicher Seite Nachholbedarf besteht. Auf der anderen Seite ist aber nicht zu übersehen, dass die Rede von Spiritualität eigentlich christliche Wurzeln hat. Dem Ursprung nach geht dieses Wort auf das neutestamentliche »pneumatikós« zurück, das im Lateinischen mit »spiritualis« wiedergegeben wird und die christliche Existenzweise kennzeichnet. In der Tradition wird entsprechend das Leben des Christen im Glauben und in der Nachfolge Jesu Christi als ein »Leben aus dem Geist« charakterisiert. Erst am Beginn des 20. Jahrhunderts wurde dann aus dem Adjektiv »spiritualis« zunächst im französischen Sprachraum das Substantiv »spiritualité« und dann im deutschen Sprachraum das Pendant »Spiritualität« gebildet.

Christliche Spiritualität

Christliche Spiritualität lässt sich als existenzielle Grundhaltung eines Menschen verstehen, die vom Glauben an Jesus Christus und von

1 Vgl. dazu: Hans-Urs von Balthasar, Das Evangelium als Norm und Kritik aller Spiritualität in der Kirche, in: ders., Spiritus Creator. Skizzen zur Theologie III, Einsiedeln 1967, 247.

seinem Geist geprägt ist und sein konkretes Leben im Alltag durchstimmt.[2] Christliche Spiritualität besteht darin, in seinem Leben grundlegend davon auszugehen und darauf zu bauen, unverlierbar zu Christus zu gehören und deshalb – wenn auch verborgen – in die innertrinitarische Liebe zwischen Vater und Sohn hineingenommen zu sein. Christliche Spiritualität bedeutet, sein Leben aus der Gewissheit zu führen, dass wir von Gott mit unbedingt verlässlicher Liebe angenommen sind. Da diese verborgene Wirklichkeit unserer Existenz freilich erst durch Gott selbst, durch sein Wort, geoffenbart werden muss, sind wir, damit wir aus dieser Wirklichkeit leben können, darauf angewiesen, dass uns die Zuwendung Gottes immer wieder neu zugesagt und erfahrbar gemacht wird. Deshalb ist die *Gemeinschaft der Glaubenden* – die Kirche – von vornherein konstitutiv für den Glauben des Einzelnen. Christliche Spiritualität beinhaltet entsprechend auch den Mitvollzug derjenigen Vermittlungsstrukturen – Hören und Lesen des Wortes Gottes, Meditation und Gebet, Empfang der Sakramente, Teilnahme an der Gemeinschaft der Glaubenden –, die unser Angenommensein von Gott verdeutlichen und erfahrbar machen und so ein Leben aus der Gewissheit des Glaubens ermöglichen und vertiefen.

Christliche Spiritualität und Esoterik

Ausgehend von dieser Bestimmung christlicher Spiritualität lassen sich auch schon grundlegende Differenzen zu den – hier typologisch angedeuteten – Inhalten esoterischer Spiritualität oder der Neuen Religiosität markieren:

- Christen gehen nicht davon aus, an einer – pantheistisch vorgestellten – kosmischen Energie teilhaben zu können, sondern an der personalen Gemeinschaft in Gott selbst, die den Kosmos im Ganzen noch einmal umgreift, an der Liebe nämlich zwischen Vater und Sohn, die der Heilige Geist ist.
- Erlösung besteht nicht in der Übersteigung des Ich und im Einswerden mit der kosmischen Energie, sondern darin, gerade als Ich selbst – trotz aller Unzulänglichkeiten, Vergehen und Schuld – unbedingt und voraussetzungslos angenommen zu sein. Erst durch die Erfahrung, angenommen zu sein, nicht durch Techniken der Selbsttranszendenz, wird es möglich, sich selbst so anzunehmen, dass man von sich selbst absehen, sein Ich loslassen und selbstlos handeln kann.
- Ausgehend von dieser Erfahrung erwarten Christen auch nicht den Kreislauf der Wiedergeburt oder eine Höherentwicklung des Bewusstseins, sondern hoffen darauf, dass auch der Tod nicht von der Zuwen-

2 Vgl. dazu grundlegend: Bernhard Fraling, Überlegungen zum Begriff der Spiritualität, in: ZKTh 92 (1970) 183–198.

dung und Liebe Gottes trennen kann, in der sie sich auch jetzt schon geborgen wissen.

Spiritualität und mystische Theologie

(2) Bedeutet christliche Spiritualität, aus dem Geist Gottes zu leben – aus der Gewissheit des Glaubens also, von Gott unbedingt angenommen zu sein –, so stellt sich die Frage, wie dieser Geist Gottes in unserem Leben wirksam und bestimmend werden kann. Können wir überhaupt etwas dafür tun? Kann unser Gottesverhältnis überhaupt Gegenstand unserer Verantwortung und ethischen Verpflichtung sein? Ist der Glaube als Erfülltsein vom Heiligen Geist nicht reines Geschenk Gottes, das wir in keiner Weise erwerben oder verdienen können? Andererseits ist es in der Tradition christlicher Spiritualität immer darum gegangen, Bedingungen zu schaffen, dass sich die Gegenwart des Heiligen Geistes im Menschen ereignen und auswirken kann. Dabei stellt die *mystische Theologie* einen zentralen Antwortversuch dar, der auch für unsere Gegenwart, in der spirituelle Erfahrung gesucht wird, Weg weisend sein könnte. Karl Rahner hat dies in einem viel zitierten Wort bereits 1966 angekündigt:

> »Der Fromme von morgen wird ein ›Mystiker‹ sein, einer, der etwas ›erfahren‹ hat, oder er wird nicht mehr sein.«[3]

Die Rede von »Mystik« ist freilich ebenso unklar und offen wie die Rede von Spiritualität und wird auch – vor allem in ihrer fernöstlichen Gestalt – im Zusammenhang von Esoterik und Neuer Religiosität aufgegriffen. Doch auch hier ist darauf zu verweisen, dass sich in der Geschichte des Christentums eine lange Tradition der mystischen Theologie entwickelt hat, die es heute wieder zu entdecken und fruchtbar zu machen gilt. Einige zentrale Merkmale sollen im Folgenden kurz skizziert werden.[4]

Gott will im Menschen Raum gewinnen

Christlicher Mystik geht es darum, dass Gott und Mensch eins werden (unio mystica), dass der Mensch zu Gott findet und dass Gott im Menschen ankommt. Entscheidend dafür ist, dass Gott im Menschen Raum gewinnt und Gottes Wille im Menschen zur Entfaltung kommt. Dazu aber muss alles Eigene des Menschen zurücktreten und zunichte werden: alles, was er sich selbst – seinem Ich – zuschreibt und zu Gute hält, und alles, was er selbst will und begehrt. Das Selbst, das Ich und der

3 Karl Rahner, Frömmigkeit früher und heute, in: ders., Gesammelte Schriften, Bd. VII, Einsiedeln ^{2}1971, 22.

4 Als Erstinformation ist zu empfehlen: Volker Leppin, Die christliche Mystik, München 2007; Saskia Wendel, Christliche Mystik. Eine Einführung, Kevelaer 2004. – Weiterhin: Josef Sudbrack, Mystik. Selbsterfahrung – Kosmische Erfahrung – Gotteserfahrung, Mainz/Stuttgart ^{2}1988.

»Eigenwille des Menschen« (Meister Eckhart) müssen losgelassen und aufgegeben werden.

Alles Hängen am Geschaffenen und am Ich muss zurücktreten

In der Theologie der Mystik wird dies so begründet, dass Gott nicht als ein Etwas, als ein »Dies oder Das« wie alles Geschaffene zu verstehen ist, sondern als das Eine, das alles *Etwas* in sich begreift, aber an nichts Geschaffenem und Begrenztem eine Grenze hat. Deswegen ist Gott auch im Unterschied zu allem Geschaffenen, das wegen seinem Etwas-Sein erkennbar, begreifbar und aussprechbar ist, selbst unerkennbar, unfassbar und unaussprechlich. Im Unterschied zu allem Geschaffenen, das ein Etwas ist, ist Gott gleichsam *Nichts*. Dann aber kann Gott nur so im Menschen ankommen und Raum gewinnen, dass im Menschen alles Etwas und alles Geschaffene zugunsten des Nichts zurücktritt. Johannes vom Kreuz etwa spricht von der *dunklen Nacht*, die der Mensch erleiden muss,[5] und meint damit, dass im Menschen alles zurücktreten und aufgegeben werden muss, wodurch er an etwas Geschaffenem und vor allem an sich selbst hängt. Darin besteht nach Auffassung der Tradition geradezu die Sünde, dass der Mensch sich dem Geschaffenen zuwendet, sein Herz ganz und gar daran hängt und dass er aus eigener Kraft etwas sein und sich selbst, dem Ich, etwas Gutes zuschreiben will. Diese Hinwendung des Menschen zum Geschaffenen, zum Etwas und zu sich selbst, dieses Hängen an sich selbst und am Eigenwillen aber hindert Gott, im Menschen anzukommen, und Gottes Willen, im Menschen wirksam zu werden.

Gelassenheit statt Eigenwille

Der Weg der Mystik besteht also darin, von aller Anhänglichkeit an das Geschaffene und an sich selbst loszukommen, alles Etwas und allen Eigenwillen loszulassen. »Sei lauter und gänzlich geschieden von dir selbst«, heißt es prägnant in der Theologia Deutsch.[6] Der Weg der Mystik besteht darin, frei zu werden von allem Begehren, von aller Selbstheit und Ichheit, entsprechend dem Vorbild und in der Nachfolge Christi, der in seiner Menschheit völlig frei von sich selbst und allem Hängen am Geschaffenen war. Es geht um die Haltung der *Gelassenheit* – wie Meister

---

5 Vgl. Johannes vom Kreuz, Die Dunkle Nacht, übertr. von H. U. von Balthasar, Einsiedeln 1978. Darin schildert Johannes vom Kreuz die dunkle Nacht der Sinne und die dunkle Nacht des Geistes, in der der Mensch sowohl im Blick auf seine Begierden und Emotionen, aber auch im Blick auf sein Denken und Wollen von allen Anhänglichkeiten an sich selbst und an die Dinge frei werden muss. – Vgl. ebenso: Johannes vom Kreuz, Empor den Karmelberg, übertr. von O. Schneider, Einsiedeln [2]1977. Johannes spricht hierin sogar von einer jeweils aktiven und passiven Nacht der Sinne und des Geistes, womit er das jeweils eigene Bemühen des Menschen einerseits und zugleich das darin immer schon wirksame Gezogenwerden durch Gott unterscheidet und zur Sprache bringt.

6 Vgl. »Der Franckforter«, Theologia Deutsch, 22. Kapitel (übers. und hg. von A. M. Haas, Einsiedeln 1980, 75).

Eckhart sagt –, um eine Gelassenheit zu den Dingen, in der man – ganz wörtlich – alles Irdische und alle eigenen Ansprüche *loslässt.* Je mehr nämlich das Begehren und das Hängen am eigenen Ich und dem Eigenwillen zurücktritt, um so mehr kann Gottes Ich im Menschen zunehmen und wirksam werden. Grundlegend für die Mystik ist daher bereits, was Paulus in Gal 2,20 schreibt: »So lebe nun nicht mehr ich, sondern Christus lebt in mir.«

Damit wird die Bedeutung des Wortes »Mystik« verständlich, das sich vom griechischen »myeîn« (= schließen) herleitet und sich auf das Schließen der Augen und des Mundes, also auf das Aufhören aller Wahrnehmung des Geschaffenen und alles Aussprechens von Etwas bezieht, damit Gottes Gegenwart im Menschen erfahren werden kann.

Im Erkennen, Wollen, Begehren frei werden von sich selbst

Dabei geht es nicht darum, erkenntnislos, begierdelos und willenlos zu werden, indem man seine Erkenntnis, seinen Willen und sein Begehren völlig auslöscht oder abtötet. Es geht in der Mystik nicht darum, dass der Mensch aufhört, Mensch zu sein, seine ihn wesentlich ausmachenden Vollzüge negiert und zum vernunftlosen Tier wird. Der Mensch soll vielmehr in seinem Erkennen, Wollen und Begehren frei werden von aller Anmaßung. Er soll frei davon werden, sich in seinem Erkennen, Wollen und Begehren *allein von sich selbst* leiten zu lassen, sodass es ihm darin allein um sich selbst geht. Er soll in seinem Erkennen, Wollen und Begehren *lauter* werden. Das bedeutet, dass es ihm in all dem nicht um eigenen Vorteil oder Nachteil, Nutzen oder Schaden, Ehre oder Unehre, Lob oder Tadel gehen soll, sondern allein um das in Wahrheit Beste.

Als Stufen auf diesem Weg werden in der mystischen Theologie – spätestens seit Dionysius Areopagita – immer wieder die Stufen der *Reinigung*, der *Erleuchtung* und der *Vereinigung* genannt, die in unterschiedlicher Weise erläutert und konkretisiert werden. Dabei muss – wie etwa Johannes vom Kreuz betont – auch das Bauen auf Übungen der Frömmigkeit losgelassen werden.[7] Auch das Hängen am Gottesdienst und am Gebet muss aufgegeben werden. Entscheidend ist dabei, dass nicht der Mensch selbst sich das Erreichen der einzelnen Stufen als sein Eigenes, seine Leistung und seinen Willen zurechnen kann, sondern dass Gott selbst es ist, der den Menschen zieht und der selbst sich im Menschen zum Durchbruch verhilft. Von Seiten des Menschen ist das Fortschreiten auf dem Weg der Mystik eher als ein Erleiden denn als ein Tun und Wirken zu beschreiben.

7 Vgl. Johannes vom Kreuz, Die dunkle Nacht I, 3, a.a.O., 30–32.

Grundlage: Gott ist bereits verborgen im Menschen da

Die entscheidende Grundlage dafür aber, dass Gott im Menschen Raum gewinnen und im Willen des Menschen zur Entfaltung kommen kann, besteht letztlich darin, dass Gott nicht erst in den Menschen kommen muss, sondern dass er bereits immer schon – wenn auch verborgen und unerkannt – im Menschen gegenwärtig ist. Meister Eckhart spricht auch vom »vünkelîn« auf dem Grund der Seele, in dem Gott bereits beim Menschen ist, von dem er aber immer wieder neu geboren werden will. Die entscheidende Grundlage ist also, dass wir Menschen immer schon – wenn auch verborgen – in Christus geschaffen sind und in die Liebe zwischen Vater und Sohn hineingehören (vgl. 1. Kapitel, 3). Diese Liebe aber kann in uns nur dann zur Erscheinung und zur Auswirkung kommen, wenn wir frei von allen unseren eigenen Vorlieben, Begierden und Interessen und damit offen und durchsichtig für Gott werden.

Aus dieser Skizze wird nun die Bedeutung des christlichen Glaubens für das ethische Handeln deutlich. Im 1. Kapitel war herausgestellt worden, dass eine Orientierung am Willen Gottes nicht darin bestehen kann, konkrete Entscheidungen kurzschlüssig mit dem Willen Gottes zu legitimieren. Nun lässt sich sagen – und damit schließt sich der Kreis unseres Nachdenkens über die Grundlagen theologischer Ethik: Der Wille Gottes kommt so zur Auswirkung im Menschen, dass im Menschen alles zurücktritt, was eigenes Interesse, eigene Vorlieben und Anhänglichkeiten ausmacht. Der Wille Gottes kommt dort zur Auswirkung im Menschen und wird dort gefunden, wo der Mensch – frei von sich selbst und in Gelassenheit gegenüber allen Dingen – allein der *inneren* Gesetzmäßigkeit (Autonomie) seiner Vernunft und Einsicht folgt und sich allein an der Wahrheit der Sache orientiert.

2. Verantwortung vor Gott tragen – Das Gebet um die rechte Entscheidung

Bereits im Zusammenhang mit der Frage, ob man sich bei ethischen Entscheidungen am Willen Gottes orientieren kann, war die Auffassung angesprochen worden, man solle in schwierigen Situationen die verschiedenen Handlungsmöglichkeiten im Gebet vor Gott bringen, um so zu einer Entscheidung zu finden (vgl. 1. Kapitel, 1). So könnte Karin L. durch ein Gebet Klarheit darüber finden, ob sie bei ihrem Kind in Erfurt bleiben oder die Ausbildung in Köln antreten soll. Dabei darf dies – so war deutlich geworden – nicht so verstanden werden, dass einem aufgrund des

Gebets durch göttliche Inspiration die eigene Entscheidung abgenommen wird. Gegen eine solche Auffassung sprach, dass sich kein rationales Kriterium angeben lässt, mit dessen Hilfe man solche göttlichen Eingebungen von momentanen Stimmungen und spontanen Intuitionen, von eigenen Vorlieben oder Ängsten, die sich unbewusst durchsetzen, allgemein nachvollziehbar unterscheiden kann. So besteht die Gefahr, dass man in Wahrheit die eigenen Interessen und subjektiven Überzeugungen als Anweisung Gottes ausgibt und fundamentalistisch verabsolutiert. Doch, wenn uns Gott nicht antwortet, wenn er uns nicht konkret sagt, was jeweils das Richtige ist und was wir tun sollen, welche Bedeutung kann dann das Gebet in schwierigen Entscheidungssituationen, in denen man in seiner Verantwortung gefordert ist, überhaupt haben?

2.1 Beten im Namen Jesu – Die Bedeutung des Bittgebets

Weiterführend kann eine Überlegung sein, die generell die Bedeutung des Bittgebets betrifft. Auch hier nämlich stellt sich die Frage, welchen Sinn das Beten haben kann, wenn unsere Bitten und Wünsche nur allzu oft unerfüllt bleiben. Ist die Verheißung Jesu »Bittet, dann wird euch gegeben« (Mt 7,7) nicht widerlegt, wenn angesichts des sinnlosen Leidens zahlloser Menschen so viele Bittgebete wirkungslos bleiben?

Bitten im Namen Jesu, nicht im eigenen Namen

Im Blick auf solche Fragen ist zu bedenken, dass es beim Bittgebet im Sinne des Evangeliums nicht darum geht, dass unsere privaten oder öffentlichen, eigennützigen oder allgemeinnützigen Wünsche durch ein unmittelbares Eingreifen Gottes in den Ablauf der Welt erfüllt werden. Dieser Vorstellung widerspricht nicht nur der Einwand, dass Gott dann auch einander ausschließende Wünsche erfüllen müsste, sondern vor allem die grundsätzliche theologische Einsicht, dass die Welt nicht als ein Gegenüber zu Gott zu verstehen ist, auf das Gott sich unmittelbar beziehen kann (vgl. 1. Kapitel, 2). Aber auch das Johannesevangelium widerspricht dieser Vorstellung, wenn es immer wieder betont: »Alles, um was ihr *in meinem Namen* bittet« (Joh 14,13f; 15,7.16; 16,24f). Entscheidend ist offenbar, dass es beim Bittgebet nicht um das geht, worum wir in unserem eigenen Namen oder auch im Namen anderer bitten, sondern um das, was wir *im Namen Jesu* vom Vater erbitten sollen. Worin aber die Gabe besteht, um die wir im Namen Jesu bitten sollen, lässt sich aus der Verheißung der Gebetserhörung bei Lukas entnehmen. Hier heißt es:

> »Darum sage ich euch: Bittet, dann wird euch gegeben; sucht, dann werdet ihr finden; klopft an, dann wird euch geöffnet. Denn wer bittet, der empfängt; wer sucht, der findet; und wer anklopft, dem wird geöffnet. Oder ist

unter euch ein Vater, der seinem Sohn eine Schlange gibt, wenn er ihn um einen Fisch bittet, oder einen Skorpion, wenn er um ein Ei bittet? Wenn nun schon ihr, die ihr böse seid, euren Kindern gebt, was gut ist, wieviel mehr wird der Vater im Himmel den Heiligen Geist denen geben, die ihn bitten.« (Lk 11,9–13)

Bitten um die Gabe des Heiligen Geistes

Die eigentliche Gabe, um die wir im Namen Jesu bitten sollen und die auch erfüllt wird, ist also der Heilige Geist, durch den wir an der Liebe des Vaters zum Sohn und des Sohnes zum Vater teilhaben. Die Gabe, um die wir bitten sollen, ist die Gemeinschaft mit Gott. Von hierher wird es dann auch verständlich, wenn es im Markus-Evangelium heißt:

»Alles, um was ihr betet und bittet – glaubt, dass ihr es empfangen *habt*, und es wird euch zuteil werden.« (Mk 11,24)

Bitte um den Geist ist bereits erfüllt – Gebet als Öffnung für den Geist

Bemerkenswert an dieser Stelle ist, dass wir von dem, worum wir bitten, nicht glauben sollen, dass wir es erst noch bekommen *werden*, sondern dass wir es bereits erhalten *haben*. Das, worum wir beten sollen – der Heilige Geist und die Gemeinschaft mit Gott –, ist uns bereits gegeben und wird uns nicht erst auf unser Bitten hin geschenkt. Gott muss nicht erst durch unser Gebet darauf aufmerksam gemacht werden, was wir brauchen, sondern hat uns das, worum wir letztlich in all unseren einzelnen Gebeten bitten, nämlich unsere Erfüllung in der Gemeinschaft mit ihm, grundsätzlich immer schon gegeben. Wir sind – wenn auch verborgen – in Christus geschaffen und mit ihm von Gott immer schon angenommen. Erst im Gebet öffnen wir uns für diese verborgene Wirklichkeit, sodass wir nun aus dieser Zuwendung Gottes heraus leben können. Das Gebet selbst ist deshalb die Weise, wie uns das, worum wir im Namen Jesu bitten sollen, gegeben wird und wie sich unser Bitten erfüllt.

Vor diesem Hintergrund, dass es im Beten eigentlich um die Bitte um Gemeinschaft mit Gott geht, erhält auch erst all unser Bitten um die Erfüllung der konkreten Wünsche und Anliegen unseres Lebens seinen Sinn. Wenn unsere weltlichen Anliegen, etwa dass wir gesund sind, dass wir eine Arbeit finden und das tägliche Brot haben, dass unsere Beziehungen gelingen usw., sich erfüllen, können wir dies – im Wissen um ihre Unselbstverständlichkeit – in Dankbarkeit als Gleichnis für die Gemeinschaft mit Gott entgegennehmen. Umgekehrt aber muss das Ausbleiben der Erfüllung unserer Wünsche nicht bedeuten, dass wir von Gott nicht angenommen sind und keine Gemeinschaft mit ihm haben. Im vertrauenden Gebet kann vielmehr die Erfahrung wachsen, dass wir auch in Krisen des Lebens, in Krankheit und Not nicht von Gott getrennt, sondern bei ihm geborgen sind.

2.2 Öffnung für Gott – Bereitschaft zu Vernunft und Unparteilichkeit

Beten um eine Entscheidung nach Vernunft und Sachgründen

Ausgehend von diesen Überlegungen zum Bittgebet generell lässt sich nun auch ein Verstehenszugang zum Beten um eine verantwortliche Entscheidung gewinnen. Auch hier geht es darum, dass wir uns im Gebet für die Gemeinschaft mit Gott und seinen Heiligen Geist öffnen. Das Gebet in Situationen der Entscheidung besteht im Grunde darin, um eine Entscheidung zu bitten, in der wir uns nicht von eigenen Interessen oder Ängsten leiten lassen, in der wir die Bereitschaft zur Willkür hinter uns lassen und uns allein an Vernunft- und Sachgründen orientieren.

Konkret kann ein solches Gebet darin bestehen, dass wir – in der Besinnung auf unser Geborgensein in Gott – von den jeweiligen Lebenszusammenhängen, in denen wir entscheiden müssen, zurücktreten, Abstand zu den verschiedenen Handlungsalternativen gewinnen und uns dabei angesichts der anstehenden Entscheidung – im Sinne einer *Gewissenserforschung* – über die eigenen Motive und Absichten klar werden.

Wirken des Heiligen Geistes in uns

Ausgehend von der Gewissheit, von Gott gehalten zu sein, können die eigenen Vorlieben und Ängste, die uns zur einen oder anderen Alternative drängen, relativiert und losgelassen werden. Es wird möglich, sachbezogene Gründe zuzulassen, auch wenn sie möglicherweise mit Nachteilen für uns verbunden sind. So wird es im Gebet möglich, zu einem Urteil aus der Grundhaltung der Unparteilichkeit und Objektivität zu kommen. Es wird möglich, aus einer Haltung heraus zu entscheiden, in der wir grundsätzlich bereit sind, unser Handeln anderen gegenüber zu rechtfertigen und nicht nach Willkür zu verfahren. Das Gebet kann dazu bereit machen, wahrhaft selbstlos zu entscheiden und das, was man als richtig erkannt hat, auch in die Tat umzusetzen. In dieser Grundhaltung zeigt sich die Anwesenheit des Heiligen Geistes: Wenn wir uns selbst loslassen, wenn wir offen werden für unparteiisches Urteilen und Handeln, für die Argumente anderer, für Korrekturen unserer Vorurteile, *dann ist Gottes Geist in uns am Werk.*

Mit der Öffnung für Gott im Gebet ist freilich noch keine konkrete Entscheidung getroffen. Sie wird uns von Gott nicht abgenommen, sondern ist von uns selbst zu treffen. Die Entscheidung selbst bleibt unserem Denken und Urteilen und schließlich unserem freien Handeln überlassen. Aber damit, dass wir uns aufgrund des Gebets nicht von unseren eigenen Interessen und Ängsten, sondern von unserer Vernunft und von der Sache, die zu entscheiden ist, leiten lassen, ist das *Fundament* dafür gelegt, dass wir unsere Entscheidung verantwortlich und gut treffen.

Für das rechte Verständnis des Betens in seiner Bedeutung für das ethische Handeln ist es also wichtig, dass die Antwort Gottes nicht in einer direkten Handlungsanweisung besteht, sondern dass es um einen *zweistufigen Prozess* geht. Die Erhörung des Gebets besteht darin, dass wir uns selbst zurücknehmen können und zur Vernunft kommen, mit der wir dann nach sachlichen Gesichtspunkten und nach unserer Erfahrung verantwortlich entscheiden. Im konkreten Vollzug des Gebets sind dabei beide Ebenen nicht getrennt, sie werden nicht nacheinander durchlaufen, sondern kommen in einem ganzheitlichen Vollzug zusammen. Theologisch aber ist es wichtig, beide Ebenen auseinander zu halten, damit wir nicht von der unrealistischen und zwangsläufig enttäuschenden Erwartung ausgehen, das Gebet könne Ersatz für unsere eigene Vernunft sein. Gebetserhörung bedeutet nicht, dass Gott unsere Vernunft und Erfahrung ersetzt, sondern besteht darin, dass wir frei werden, unsere Vernunft zu gebrauchen.

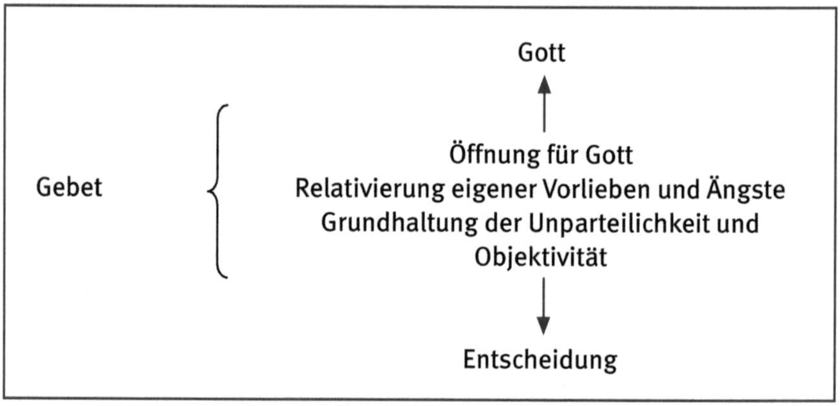

3. Indifferenz und Wahlentscheidung – Die Geistlichen Übungen des Ignatius von Loyola

Ähnlich wie das Gebet, stellen auch die Geistlichen Übungen (Exerzitien) des Ignatius von Loyola einen Weg dar, wie das Vertrauen auf Gott in Situationen der Entscheidung leitend sein kann. So ist es ausdrückliches Ziel der Geistlichen Übungen, den Willen Gottes im eigenen Leben und in den eigenen Entscheidungen zur Geltung kommen und Gestalt annehmen zu lassen.[8] Während aber das Gebet der Spontaneität des Einzelnen überlassen bleibt, bieten die Geistlichen Übungen einen methodisch strukturierten Prozess an, um den Willen Gottes zu finden. So sollen durch die Betrachtung und den Mitvollzug des Lebens Jesu in den vier Wochen der Geistlichen Übungen im Blick auf eine wichtige Lebensentscheidung der eigene Wille, die eigenen Wünsche und Vorstellungen, die eigenen Anhänglichkeiten und Vorlieben zurücktreten, damit eine Wahl getroffen werden kann, in der der Wille Gottes hervortritt. Dabei steht in der Mitte der Exerzitien, am Ende der Zweiten Woche, die »Wahlübung«, in der die anstehende Entscheidung getroffen oder auch eine schon getroffene Entscheidung noch einmal überprüft und vertieft angeeignet werden soll. Hier finden alle anderen Übungen ihre Mitte und ihr Ziel. Doch, wie gelangt man in dieser Wahlübung zur Einsicht in den Willen Gottes?

3.1 Grundlegende Begriffe: Indifferenz, Tröstung, Trostlosigkeit

Die Haltung der Indifferenz als Grundlage der Wahl

(1) Grundvoraussetzung dafür, in der Wahlübung den Willen Gottes zu finden, ist für Ignatius die Grundhaltung der *Indifferenz*, die er im »Prinzip und Fundament« der Geistlichen Übungen[9] erläutert. Ignatius geht hier von der Grunddifferenz zwischen Gott und allem Geschaffenen aus, die es in allem menschlichen Handeln anzuerkennen und zu wahren gilt. Es geht darum, allein Gott Gott sein zu lassen und nichts Geschaffenes an die Stelle Gottes zu setzen, indem man alles Geschaffene nur soweit gebraucht, wie es zum Lob Gottes – »ad maiorem Dei gloriam« – dient, und sich soweit davon loslöst, wie es einen daran hindert. Diese Grundeinstel-

8 Vgl. Ignatius von Loyola, Geistliche Übungen und erläuternde Texte, übers. und erklärt von P. Knauer, Leipzig 1978, Nr. 1.
9 Vgl. ebd., Nr. 23.

lung dem Geschaffenen gegenüber, in der man nicht mehr ein einzelnes geschaffenes Gut absolut setzt und um jeden Preis besitzen will, sondern in der man alles Geschaffene relativiert und sich – im Sinne des ignatianischen Grundsatzes »Deus semper maior« – offen hält für das wahrhaft erfüllende Gute der Gemeinschaft mit Gott selbst, bezeichnet Ignatius als Haltung der Indifferenz.

In der Haltung der Indifferenz verliert das Geschaffene nicht seinen Wert. Es wird nicht missachtet. Vielmehr geht es darum, sich von seinen eigenen Wünschen und Vorstellungen, Anhänglichkeiten und Vorlieben zu lösen, aufgrund derer wir von vornherein schon geneigt sind, bestimmte Dinge anderen vorzuziehen. Für Ignatius bedeutet das, sich auch von anscheinend natürlichen Wertvorstellungen – auch von den Zielen der natürlichen Neigungen (inclinationes naturales) – zu befreien, etwa: dass Reichtum besser ist als Armut, Ehre besser als Unehre, ein langes Leben besser als ein kurzes, Gesundheit besser als Krankheit usw. Damit meint er nicht, dass wir auf jeden Fall Reichtum, Ehre, langes Leben, Gesundheit verachten und nach Armut, Unehre, kurzem Leben und Krankheit streben sollten. Es geht vielmehr darum, dass es Situationen geben kann, in denen es um der Verantwortlichkeit der Entscheidung willen notwendig ist, den eigenen Reichtum oder die Ehre aufzugeben und das eigene Leben zu wagen, und nicht deshalb, weil man an all dem klebt, schließlich doch unverantwortlich zu handeln. In Zeiten von Katastrophen oder Epidemien etwa kann es erforderlich sein, dass man um der Heilung und Rettung anderer Menschen willen die eigene Gesundheit und das eigene Leben riskiert. Erst in dieser Haltung der Indifferenz ist eine Entscheidung möglich, die nicht schon durch unsere Wünsche und Bedürfnisse, Anhänglichkeiten und lieb gewordenen Gewohnheiten festgelegt ist, sondern in der man aus einem wahrhaft *freien* Verhältnis allen Dingen gegenüber, nämlich aus der *Grundfreiheit* des Menschen heraus (vgl. 7. Kapitel, 2.2), seine Wahl allein nach sachlichen Gründen treffen kann.

Tröstung und Trostlosigkeit – Zeichen, ob die Wahl dem Willen Gottes entspricht

(2) Ausgehend von der Haltung der Indifferenz lässt sich nun auch verständlich machen, was im Zusammenhang mit der Durchführung der Wahlentscheidung mit den zentralen Begriffen *Tröstung* und *Trostlosigkeit* gemeint ist. Sie bilden das Kriterium, an dem man erkennen kann, ob eine Entscheidung dem Willen Gottes entspricht oder nicht. Stellt sich nach einer Entscheidung Tröstung ein, entspricht sie dem Willen Gottes, stellt sich Trostlosigkeit ein, entspricht sie dem Willen Gottes nicht. Doch was meint Ignatius mit Tröstung und Trostlosigkeit?

Tröstung durch Indifferenz und Freiheit

Offensichtlich meint Ignatius damit eine innere Erfahrung des Menschen, die sich als Reaktion auf die jeweils getroffene Entscheidung einstellt. Es geht um eine Erfahrung der inneren Ruhe und des inneren Friedens bzw. um eine Erfahrung der inneren Unruhe und des inneren Unfriedens. Was aber innere Ruhe und innerer Friede meinen, kann nicht einfach auf gute oder schlechte Gefühle, auf ein Sich-wohl-Fühlen reduziert werden. Sonst könnte man den Willen Gottes gerade nicht von subjektiven Vorlieben unterscheiden. Ignatius selbst dagegen spricht von Tröstung dann, wenn durch die getroffene Entscheidung im Menschen eine Bewegung ausgelöst wird, durch die er in seinem Streben und Wollen allein auf Gott als sein letztes Ziel ausgerichtet wird *und sich allem Geschaffenen gegenüber in Indifferenz und damit auch in Freiheit befindet.* Diese Grundhaltung zu allem Geschaffenen, in der man allem in Freiheit gegenübersteht und an nichts klebt, führt tatsächlich zu Ruhe und Frieden, zum inneren *Einssein mit sich selbst und der Wirklichkeit im Ganzen.* Die Erfahrung der Tröstung ist also dann gegeben, wenn durch die Entscheidung die Indifferenz und innere Freiheit gewahrt oder gefördert wird.

> »Ich nenne es ›Tröstung‹, wann in der Seele irgendeine innere Regung verursacht wird, mit welcher die Seele dazu gelangt, in Liebe zu ihrem Schöpfer und Herrn zu entbrennen; und weiterhin, wann sie kein geschaffenes Ding auf dem Angesicht der Erde in sich lieben kann, sondern nur im Schöpfer von ihnen allen. … Überhaupt nenne ich ›Tröstung‹ alle Zunahme an Hoffnung, Glaube und Liebe und alle innere Freudigkeit, die zu den himmlischen Dingen ruft und hinzieht und zum eigenen Heil seiner Seele, indem sie ihr Ruhe und Frieden in ihrem Schöpfer und Herrn gibt.«[10]

Trostlosigkeit durch ungeordnete Anhänglichkeit an Geschaffenes

Die Trostlosigkeit dagegen resultiert für Ignatius aus der Verabsolutierung eines einzelnen geschaffenen Gutes oder einer geschaffenen Qualität. Ignatius spricht auch von den »ungeordneten Anhänglichkeiten«, die in Unruhe hineinführen, weil man im unangemessenen Vertrauen auf das jeweilige Gut von dessen Eigendynamik abhängig wird und allen anderen Gütern nicht mehr gerecht werden kann.

> »Ich nenne ›Trostlosigkeit‹ das ganze Gegenteil der dritten Regel, wie Dunkelheit der Seele, Verwirrung in ihr, Regung zu den niedrigen und irdischen Dingen, Unruhe von verschiedenen Bewegungen und Versuchungen, die zu Unglauben bewegen, ohne Hoffnung, ohne Liebe, wobei sich die Seele ganz träge, lau, traurig und wie von ihrem Schöpfer und Herrn getrennt findet.«[11]

---

10 Ebd., Nr. 316.
11 Ebd., Nr. 317.

3.2 Der Prozess der Entscheidung: Die drei Wahlzeiten

Auf der Grundlage der bisher erläuterten Begriffe lassen sich nun die drei Wahlzeiten, von denen Ignatius im Rahmen seiner Wahlübung spricht, verstehen. Bei diesen drei Wahlzeiten handelt es sich um Wege, wie man aufgrund der Kriterien der Tröstung und Trostlosigkeit zur Gewissheit in der Entscheidung gelangen kann. Wenn Ignatius dabei von Wahl*zeiten* spricht, macht er den Prozesscharakter der Wahlentscheidung deutlich. Die Wahl lässt sich nicht in kurzer Zeit treffen, sondern braucht Zeit um zu reifen. Sie braucht Zeit, in der sich die Entscheidung zum einen oder zum anderen in der eigenen Erfahrung bewährt oder nicht bewährt.

(**1**) Die erste Wahlzeit beschreibt Ignatius so:

> »Die erste Zeit ist: Wann Gott, unser Herr, den Willen so bewegt und anzieht, dass diese fromme Seele dem Gezeigten folgt, ohne zu zweifeln noch zweifeln zu können; so wie es der heilige Paulus und der heilige Matthäus getan haben, als sie Christus, unserem Herrn, nachfolgten.«[12]

Tröstung ohne vorhergehende Ursache

In der ersten Wahlzeit geschieht die Wahl also in der Weise, dass eine von Gott unmittelbar gewirkte Evidenz entsteht. Was kann damit gemeint sein? Ein Hinweis zum Verständnis lässt sich aus den »Regeln zur Unterscheidung der Geister für die Zweite Woche« entnehmen. Ignatius bezeichnet hier das Geschehen in der ersten Wahlzeit als *Tröstung ohne vorhergehende Ursache*, also als eine Tröstung, die nicht durch vorheriges Verspüren oder Erkennen irgendeines Gegenstandes begründet und vermittelt ist. Sie vermag – so Ignatius – allein Gott selbst zu geben, indem er den Menschen ganz zur Liebe zu seiner göttlichen Majestät hinzieht. In ihr gebe es daher auch *keine Täuschung*. An der Wahl in der ersten Wahlzeit könne man nicht zweifeln.

Zum Glauben kommen

Überblickt man diese Ausführungen, so liegt es nahe, dass mit der Wahl der ersten Wahlzeit das Geschehen gemeint ist, in dem jemand zum Glauben kommt. Dafür spricht die Erwähnung von Paulus und Matthäus und deren Bekehrung zur Nachfolge. Dafür spricht auch die Bestimmung der Tröstung ohne vorhergehende Ursache. Denn auf den Glauben trifft es zu, dass er nicht durch Vernunfterkenntnis des Geschaffenen noch durch eine Willensanstrengung des Menschen begründet werden kann. »Tröstung ohne vorhergehende Ursache« bedeutet also nicht, dass man

---

12 Ebd., Nr. 175 – Vgl. zum Folgenden auch: Peter Knauer, Die Wahl in den Exerzitien von Ignatius von Loyola, in: ThPh 66 (1991) 321–337.

plötzlich ohne Grund und völlig spontan eine Entscheidung fällt. Dies wäre von bloßem Zufall nicht zu unterscheiden und damit gerade von unbewussten Beweggründen abhängig. Gemeint ist vielmehr die wesentliche Unableitbarkeit des Glaubens. Auch lässt die Gewissheit des Glaubens *keinen Zweifel* zu. Denn die Gewissheit, von Gott geliebt zu sein, lässt sich gerade nicht an innerweltlichen Erfahrungen verifizieren oder falsifizieren. Die Selbstmitteilung Gottes bringt vielmehr das Maß ihrer Wahrheit selbst mit, indem sie zugleich auch den Glauben schenkt, der selbst die Gewissheit der Gemeinschaft mit Gott ist. Wenn Ignatius in der Charakterisierung der ersten Wahlzeit schreibt »ohne zu zweifeln noch zweifeln *zu können*«, dann handelt es sich nicht um eine bloß faktische Unbezweifelbarkeit, sondern um eine prinzipielle und wesenhafte Unbezweifelbarkeit, die allein in der Selbstmitteilung Gottes ihren Grund haben kann. Der Glaube enthält weiterhin die Erfahrung der *Tröstung*, weil man im Glauben an Gott, in dem man allein Gott Gott sein lässt, zugleich die Indifferenz und Freiheit gegenüber allem Geschaffenen bewahrt, eine Freiheit, in der man beispielsweise auch Übungen der Frömmigkeit – etwa Fasten und Verzicht auf Fleisch – nicht zum Selbstzweck werden lässt und sich nicht daran klammert.[13]

Entscheidungen, die sich aus der Entscheidung zum Glauben ergeben

In der ersten Wahlzeit geht es also nicht um eine Entscheidung zwischen Alternativen, sondern um die Entscheidung zum Glauben und um solche Entscheidungen, die sich unmittelbar aus der Entscheidung zum Glauben ergeben. Geht es jedoch um eine konkrete Wahl wie etwa im Fall der Karin L., so reicht die erste Wahlzeit nicht aus. Man muss die beiden weiteren Wahlzeiten durchlaufen, in denen die Unterscheidung der Geister vollzogen werden soll.

(**2**) Die zweite Wahlzeit charakterisiert Ignatius folgendermaßen:

> »Wann man aus der Erfahrung von Tröstungen und Trostlosigkeiten und aus der Erfahrung der Unterscheidung der Geister Klarheit und Erkenntnis gewinnt.«[14]

Unterscheidung der Geister

Im Unterschied zur Tröstung ohne vorhergehende Ursache handelt es sich hier um Entscheidungen aufgrund der Erfahrungen von Trost und Trostlosigkeit *mit Ursache*. Für Ignatius können sie von guten oder bösen Geistern bewirkt sein, sodass eine *Unterscheidung der Geister* notwendig

13 Vgl. ebd. (Bericht des Pilgers), Nr. 527.
14 Ebd. (Geistliche Übungen), Nr. 176.

ist.[15] Es geht um eine Entscheidung zwischen verschiedenen Lebensmöglichkeiten, die jeweils Trost, also Ruhe und Frieden und damit Erfüllung des Menschen verheißen, deren Verheißung aber erst auf ihre Wahrheit und Tragfähigkeit hin geprüft werden muss. Ignatius rechnet damit, dass es *scheinbare* Trosterfahrungen in der Wahl einer bestimmten Möglichkeit gibt, die einen in Wirklichkeit vom wahren Trost in der Indifferenz, Freiheit und Offenheit für Gott ablenken. In der Wahl zwischen zwei Lebensmöglichkeiten gibt es die Erfahrung, dass man der einen zuneigt und sich von ihr Erfüllung verspricht, in Wirklichkeit aber von eigenen Wünschen, Vorstellungen, Bedürfnissen und Interessen geleitet ist, die in Wirklichkeit in Trostlosigkeit und Unfreiheit führen.

Indifferenz als Kriterium für die Unterscheidung der Geister

Als Kriterium für die Unterscheidung der Geister nennt Ignatius wiederum die Haltung der Indifferenz. Man soll darauf achten, ob die Entscheidung in Übereinstimmung mit der Haltung der Indifferenz steht oder ob sie ihr abträglich ist. In der Wahl soll man sich – und sei es auch nur in der Vorstellung – auf eine der Handlungsmöglichkeiten einlassen und prüfen, welche Erfahrungen man mit diesem Weg macht. Die Unterscheidung der Geister geschieht in der zweiten Wahlzeit also nicht *vor* dem Handeln in einer Güterabwägung, sondern *durch die Lebenspraxis* selbst. Erst dann, wenn man sich auf eine Lebensmöglichkeit einlässt, wird man sehen und erfahren, ob sie Trost zu geben und die Indifferenz und Freiheit gegenüber allen Dingen zu fördern vermag oder nicht. Allerdings sieht Ignatius bei dieser Methode der Entscheidungsfindung die Gefahr, dass sie in subjektive Beliebigkeit führen kann. Wie lässt sich überprüfen und objektivieren, ob man tatsächlich in der Haltung der Indifferenz und Freiheit gefördert wird und es sich nicht bloß einbildet? Im Unterschied zur zweiten Wahlzeit schlägt Ignatius daher in der dritten Wahlzeit eine weitere Möglichkeit der Entscheidungsfindung vor.

(3) Diese dritte Wahlzeit beschreibt Ignatius wie folgt:

> »Die dritte Zeit ist ruhig, indem man zuerst erwägt, wofür der Mensch geboren ist, nämlich, um Gott, unseren Herrn zu loben und seine Seele zu retten. Und indem man dies wünscht, erwählt man als Mittel ein Leben oder einen Stand innerhalb der Grenzen der Kirche, um im Dienst für seinen Herrn und bei der Rettung seiner Seele Hilfe zu erlangen. Ich sage ›ruhige Zeit‹: wann die Seele nicht von verschiedenen Geistern bewegt wird und ihre natürlichen Fähigkeiten frei und ruhig gebraucht.«[16]

---

15 Vgl. ebd. (Regeln zum gleichen Zweck mit größerer Unterscheidung der Geister), Nr. 331.

16 Ebd. (Geistliche Übungen), Nr. 177.

Während es in der zweiten Wahlzeit um ein lebenspraktisches Ausprobieren und *subjektives* Bewähren eines gewählten Weges geht, hat die dritte Wahlzeit eine *objektivierende* und distanzierende Beurteilung derjenigen Handlungsalternativen zum Ziel, die sich bereits in der zweiten Wahlzeit gezeigt haben. Ignatius unterscheidet zwei Arten, wie die dritte Wahlzeit vollzogen werden kann:

Abwägung von Vor- und Nachteilen der Alternativen

- Die erste Art besteht darin, die Entscheidungsalternativen zu objektivieren. Für jede der Alternativen soll systematisch danach gesucht und schriftlich fixiert werden, welche Vor- und Nachteile – Gewinn und Verluste – sich im Blick auf die Liebe zu Gott ergeben. Voraussetzung ist wieder die Haltung der Indifferenz, in der man die einzelnen Alternativen erwägt. Sie soll verhindern, dass man Möglichkeiten des Handelns übersieht, weil man sie sich nicht wünscht; sie soll helfen, frei zu werden von Aversionen gegenüber unerwünschten Möglichkeiten; und sie soll dazu öffnen, sich auch um solche Alternativen zu bemühen, die nicht den eigenen Wünschen und Interessen entgegenkommen. Anschließend soll man sehen, wohin sich die Vernunft neigt. Die Haltung der Indifferenz ist für Ignatius offensichtlich die Grundlage für ein vernünftiges Urteil, in dem man sich nicht von den eigenen egoistischen Wünschen und Interessen leiten lässt.

Abwägung aus der Sicht auf das Ganze

- Die zweite Art, die dritte Wahlzeit zu vollziehen, stellt eine weitere Methode dar, die Haltung der Indifferenz zu wahren und sich in der Beurteilung der Trosterfahrung gegen Selbsttäuschungen zu schützen. Sie besteht darin, sich systematisch von der eigenen Person und den eigenen Wünschen zu distanzieren. Ignatius rät, man solle sich bemühen, die Dinge aus der Sicht eines völlig Unbekannten zu beurteilen; oder die Entscheidung von der eigenen Todesstunde her zu beurteilen, im Blick auf das Ganze des eigenen Lebens also; oder vom Tag des Gerichts her zu beurteilen, im Blick auf den Gesamtzusammenhang der Geschichte, im Blick darauf, wie man sich vor dem Richterstuhl Gottes für sein Handeln mit Gründen rechtfertigen könnte. Zu einem vernünftigen, unparteiischen Urteil aus der Haltung der Indifferenz gehört es für Ignatius somit, die eigene Entscheidung aus der *Sicht auf das Ganze*, unter universaler Perspektive also, zu beurteilen.

Objektivierung und existenzielle Erfahrung sollen sich ergänzen

(4) Dient die dritte Wahlzeit dazu, durch eine methodische Güterabwägung aus möglichst objektiver und unparteiischer Sicht die Entscheidung der zweiten Wahlzeit vor dem Einfluss subjektiver Vorlieben und Interessen zu bewahren, so ist es für Ignatius nun auch umgekehrt wichtig, dass die in rationaler Überlegung getroffene Entscheidung noch einmal der zweiten Wahlzeit ausgesetzt wird. Man soll sie noch einmal Gott anbieten, »damit seine Majestät sie annehme und bestätigen wolle«.[17] Denn die rational durch Abwägung getroffene Entscheidung muss noch einmal daraufhin überprüft werden, ob man auch Trost erfährt, wenn man sie in seinem Leben verwirklicht. Die zweite und dritte Wahlzeit sind also wechselseitig aufeinander verwiesen und stärken sich gegenseitig. Während die dritte Wahlzeit die Explikation und Objektivierung der auch in der zweiten Wahlzeit enthaltenen rationalen Gründe darstellt, geht es in der zweiten Wahlzeit darum, die rationalen Gründe nicht nur distanziert zu betrachten und im Kalkül abzuwägen, sondern mit der ganzen Existenz des Subjekts zu erfahren und zu bejahen. Es geht darum, in eine Entscheidung hineinzuwachsen, in der man die rational getroffene Wahl auch in Zeiten des Zweifels und der inneren oder äußeren Anfechtung durchtragen kann. Die dritte Wahlzeit schützt also die Wahl nach der Methode der zweiten Wahlzeit davor, eigene Gedanken und Glücksgefühle für den Willen Gottes zu halten. Und umgekehrt schützt die zweite Wahlzeit die Wahl nach der Methode der dritten Wahlzeit davor, lediglich aufgrund eines äußerlichen rationalen Kalküls zu wählen, wobei man dann aber hinter der getroffenen Entscheidung nicht mit der ganzen Person stehen kann. Insgesamt geht es auch hier – wie beim Gebet – darum, dass die Öffnung für den Willen Gottes in der Haltung der Indifferenz nicht die eigene Vernunft und die eigene Einsicht in die richtige Entscheidung ausschaltet, sondern freisetzt.[18]

4. Wandlung unserer Praxis – Der Zusammenhang von Eucharistie und mitmenschlichem Handeln

Nach dem Gebet und den Geistlichen Übungen soll als dritter Vollzug christlicher Spiritualität die Eucharistie auf ihre Bedeutung für das ethische Handeln hin bedacht werden. Dabei scheinen Eucharistie und Liturgie auf den ersten Blick kaum etwas mit dem Handeln im Alltag und mit den dort zu treffenden Entscheidungen zu tun zu haben. Es stellt sich eher die Frage, ob Themen unserer mitmenschlichen Verantwortung überhaupt in den Gottesdienst gehören oder hier erwünscht sind. Sind die alltäglichen Pflichten nicht allzu bekannt, belasten uns die Nöte der

---

17 Vgl. ebd., Nr. 183 und 188.

18 Vgl. dazu: Leo Bakker, Freiheit und Erfahrung, Würzburg 1970, 21.

Welt nicht schon genug, als dass sie uns in der Feier der Eucharistie noch einmal aufgeladen werden müssten? Soll die sonntägliche Eucharistiefeier nicht eine Auszeit jenseits aller Probleme und Konflikte sein, eine Unterbrechung, in der wir Atem holen können?

Andererseits ist aber auch zu fragen, ob mit einer solchen Trennung von Eucharistie und Ethik, von Liturgie und Diakonie, nicht die Erfahrung der Relevanz des Gottesdienstes für unser Leben und die Gesellschaft verloren geht. In der Enzyklika »Ecclesia de Eucharistia« jedenfalls unterstreicht Papst Johannes Paul II. die Bedeutung der Feier der Eucharistie für das ethische Handeln. Es sei eine bedeutsame Konsequenz der eschatologischen Spannung, die in die Eucharistie eingeschrieben ist, dass sie unseren Verantwortungssinn fördert und zum Engagement für eine bessere und humanere Welt anspornt. Der Papst nennt beispielhaft die Friedenssicherung, die Schaffung gerechter Beziehungen zwischen den Völkern, den umfassenden Schutz des menschlichen Lebens von der Empfängnis bis zum Tod, die Solidarität mit den Ärmsten und Schwächsten.[19] Wie lässt sich diese Beziehung zwischen Eucharistie und ethischem Handeln genauer bestimmen?

4.1 Die Verwiesenheit der Eucharistie auf das ethische Handeln

In einem ersten Zugang lässt sich zunächst – gegen jede Tendenz zur Privatisierung und Verinnerlichung des Gottesdienstes – die *wesentliche Verwiesenheit der eucharistischen Feier auf das mitmenschliche Tun* unterstreichen. So ist es eine immer wiederkehrende Aussage der Bibel, dass der Gottesdienst ohne entsprechendes mitmenschliches Handeln ohne Wert, ja geradezu verwerflich ist.

Kultkritik der Propheten

In der Kultkritik der Propheten werden die gottesdienstlichen Feiern und die Opfer Israels verworfen, weil ihnen nicht die Haltung der Barm-

19 Vgl. auch: Johannes Paul II., Enzyklika »Ecclesia de Eucharistia«, 17. April 2003 (Verlautbarungen des Apostolischen Stuhls Nr. 159, hg. vom Sekretariat der Deutschen Bischofskonferenz), Nr. 20: »Gerade in dieser Welt muss die christliche Hoffnung aufstrahlen! Auch deshalb wollte der Herr in der Eucharistie bei uns bleiben; in seine Gegenwart im Opfer und im Gastmahl ist die Verheißung einer Menschheit eingeschrieben, die durch sein Leben erneuert ist. [...] Den Tod des Herrn verkünden ›bis er kommt‹ (1 Kor 11,26), bringt für alle, die an der Eucharistie teilnehmen, den Auftrag mit sich, das Leben zu ›verwandeln‹, damit es in gewisser Weise ganz ›eucharistisch‹ werde. Genau diese Frucht der Verwandlung der Existenz wie auch der Auftrag, die Welt nach dem Evangelium umzugestalten, lassen die eschatologische Spannung der Eucharistie und des ganzen christlichen Lebens aufleuchten.«

herzigkeit und der Einsatz für die Gerechtigkeit gegenüber den Armen und Unterdrückten des Landes entspricht (Hos 6,6 – zitiert in Mt 9,13 und 12,7). Israel soll nicht nur äußerlich den Kult vollziehen, vielmehr kommt es auf die innere Hinwendung der Menschen zu Jahwe und auf die Erfüllung seines Willens an. Damit aber wird, weil dies Jahwes Wille ist, der Einsatz für die Verwirklichung des Rechts und der Gerechtigkeit unter den Menschen statt des veräußerlichten Kults gefordert (Am 5,21–24; Jes 1,11–17). Sinn dieser Aussagen ist es dabei nicht, den Kult abzuschaffen. Aber ein angemessener Gottesdienst ist nur dort gegeben, wo sich die Menschen innerlich um eine dem Willen Gottes entsprechende Lebensführung bemühen.

Kult und Versöhnung

Entsprechendes findet sich im Neuen Testament. So fordert die Bergpredigt denjenigen, der gerade seine Opfergabe zum Altar bringt und dem dabei einfällt, dass sein Bruder etwas gegen ihn hat, dazu auf, sich zuerst mit seinem Bruder zu versöhnen. Erst dann soll er kommen und seine Gabe opfern (Mt 5,23f). Sicher nicht ohne Bedacht und kritische Spitze sind es in der Erzählung vom Barmherzigen Samariter gerade ein Priester und Levit, die an dem Überfallenen teilnahmslos vorbeigehen (Lk 10,30–35). Aber auch Paulus geißelt im Blick auf die Praxis des Herrenmahls in der Gemeinde von Korinth das egoistische und unsoziale Verhalten im anschließenden Sättigungsmahl (1 Kor 11,20–22). Und in Röm 12,1 mahnt er seine Adressaten, der wahre und angemessene Gottesdienst bestehe darin, sich selbst als lebendiges und heiliges Opfer darzubringen. Der folgende Text (Röm 12,2–21) erläutert, was damit gemeint ist. Es geht darum, dass die Glaubenden *ein* Leib werden, ihre Gnadengaben einbringen und einander in brüderlicher Liebe und gegenseitiger Achtung zugewandt sind, dass sie das Böse verabscheuen und am Guten festhalten. Das ethische Handeln wird hier also nicht nur als Entsprechung zum Kulthandeln gesehen, sondern selbst als der wahre Gottesdienst bezeichnet.

Abendmahl und Fußwaschung

In diesem Sinne lässt sich schließlich auch die Tatsache deuten, dass im Johannes-Evangelium der Einsetzungsbericht fehlt – ein entsprechender Text findet sich allenfalls in der eucharistischen Brotrede (Joh 6) –, während die Fußwaschung ins Zentrum rückt (Joh 13,1–17). Vermutlich ist dies als kritisches Korrektiv zu verstehen, wodurch der Evangelist die johanneische Gemeinde gegen einen reinen Sakramentalismus auf die diakonale Dimension der Eucharistie aufmerksam machen will.[20]

---

20 Vgl. dazu: Jürgen Becker, Das Evangelium nach Johannes (Ökumenischer Taschenbuch-Kommentar zum Neuen Testament 4,1), Gütersloh ^{2}1985, 224–227.

Dieser Blick auf die biblischen Aussagen genügt, um deutlich zu machen: Der Gottesdienst und die Feier der Eucharistie werden zur leeren Farce und zum sinnlosen Hokuspokus, wenn in ihnen der Bezug zur ethischen Praxis und zu mitmenschlicher Verantwortung fehlt. Die Feier der Eucharistie ist nur dann nicht leer und wertlos, ja verwerflich, wenn der Vollzug der Kulthandlung durch mitmenschliches Handeln gedeckt ist und bewährt wird. Doch welche Konsequenzen ergeben sich daraus? Sollte in der Feier der Eucharistie mehr auf unsere Verantwortung für die Welt aufmerksam gemacht werden? Müssten die Herausforderungen für unser ethisches Handeln stärker im Gottesdienst thematisiert werden? Müssten also unsere Gottesdienste politischer werden? Oder muss man nicht sagen, dass damit die Feier der Eucharistie für weltliche Anliegen verzweckt und unerträglich moralisiert würde? Ist dann nicht der Gottesdienst nur noch eine Verzierung auf dem eigentlich Entscheidenden, nämlich dem moralischen Handeln? Wird damit nicht die Auffassung nahe gelegt, das Entscheidende am Christsein sei das ethische Handeln, auf den Gottesdienst aber könne man verzichten? Ist dagegen die Feier der Eucharistie nicht primär Danksagung an Gott und nicht der Ort für politische Propaganda und Agitation?

4.2 Die Verwiesenheit des ethischen Handelns auf die Eucharistie

Angesichts solcher Fragen ist zunächst darauf zu verweisen, dass sich – wie aus dem Glauben überhaupt – auch aus der Feier der Eucharistie keine spezifisch christliche Praxis ergibt, zu der wir nicht auch schon außerhalb der Eucharistie und im Vorhinein zum Glauben verpflichtet wären. Es kann in der Feier der Eucharistie nicht darum gehen, besondere Einsichten in das human Geforderte zu gewinnen, die nicht auch menschlicher Vernunft und Erfahrung zugänglich wären. Durch die Christusverbundenheit in der Eucharistie wird nicht ein über das natürliche Maß hinausgehendes, anspruchsvolleres und deshalb höherwertiges humanes Ethos einsichtig, das dem Nicht-Christen verschlossen bleibt. Auch die Rede von der Selbsthingabe und Liebe Jesu, die in der Eucharistie ansichtig wird, zielt auf nichts anderes, als auf die Haltung, am ethisch Richtigen und Verantwortlichen auch dann festzuhalten, wenn man bedroht wird. Auch erwächst aus der Feier der Eucharistie nicht eine höhere moralisch Verpflichtung als anderen Menschen. Vielmehr gilt der ethische Anspruch auch unabhängig vom Gottesdienst für alle Menschen unbedingt.

Gottesdienst – keine Einrichtung der ethischen Belehrung oder Legitimierung

Die Feier der Eucharistie ist also nicht eine Einrichtung, die der ethischen Belehrung und Erziehung der Gottesdienstbesucher dient. Sie ist weder ein Mittel, bestimmte ethischen Normen zu autorisieren oder uns unsere ethischen Verpflichtungen einzuschärfen, noch ist sie Medium, um konkrete politische Optionen zu legitimieren. Ihre eigentliche Bedeutung im Blick auf das ethische Handeln besteht vielmehr darin, Menschen dazu zu befreien und zu befähigen, das tatsächlich auch in ihrer alltäglichen Praxis zu tun und zu erfüllen, was sie bereits außerhalb des Gottesdienstes als ihre Verpflichtung erfahren. Ihre Bedeutung für das ethische Handeln besteht darin, Menschen für die Wahrnehmung ihrer Verantwortung zu öffnen, die sie – wie auch die Erfahrung, angesichts dieser Verantwortung versagt zu haben – bereits in die Eucharistiefeier mitbringen. In der Eucharistie nämlich – wie in den Sakramenten überhaupt – wird Gottes unbedingte und verlässliche Zuwendung zu uns Menschen zugesagt und erfahrbar gemacht. Im Geschehen der christlichen Verkündigung und ihrer gläubigen Annahme kommt den Sakramenten die Bedeutung zu, in zentralen Situationen des Lebens unsere Gemeinschaft mit Jesus Christus und Gottes unendliche Zuwendung zu uns zeichenhaft als Grundlage unseres Lebens und Handelns offenbar und präsent zu machen.

Anamnese – vergegenwärtigende Erinnerung der Lebenshingabe Jesu

In der Eucharistie geschieht dies auf besonders ausdrückliche Weise, weil hier durch die Zeichen von Brot und Wein gerade die Lebenshingabe Jesu am Kreuz (*Opfer*) selbst, in der sich die Grenzenlosigkeit der Zuwendung und Vergebungsbereitschaft Gottes erst endgültig erwiesen hat, vergegenwärtigend erinnert wird (*Anamnese*). Die Eucharistie hat so dasjenige Geschehen zum Thema, in dem sich Gottes unbedingte Zuwendung, die auch sonst in den Sakramenten vermittelt wird, letztlich gezeigt hat. Zugleich macht der Empfang der eucharistischen Speise deutlich, wie innig wir im Glauben mit Christus verbunden sind und wie gewiss uns daher auch die Liebe des Vaters gilt. Die Innigkeit der Gemeinschaft mit Christus ist dabei freilich – ebenso wie seine Präsenz – nicht auf die Eucharistie beschränkt, sondern ist auch sonst im Glauben unüberbietbar gegeben. Allerdings macht die Eucharistie in besonders ausdrücklicher Weise deutlich, wie innig die auch sonst im Glauben gegebene Gemeinschaft mit Christus ist. Die Eucharistie ist darüber hinaus das unser Leben kontinuierlich begleitende Sakrament und macht damit deutlich, dass sie unser Leben aus der Gemeinschaft mit Christus wie eine Nahrung erhalten und fördern soll.

Epiklese – Herabrufung des Geistes und Bitte um Wandlung der Feiernden

In der Eucharistiefeier geht es also nicht nur um die Verwandlung von Brot und Wein in Fleisch und Blut Jesu Christi im Sinne einer distanzierten Verzauberung. Es geht vielmehr wesentlich darum, *dass die Mitfeiernden selbst, ihr Leben, ihre Herzen und ihr Handeln verwandelt wer-*

den, indem die verborgene Voraussetzung der Gemeinschaft mit Christus und der Zuwendung Gottes für sie bestimmend wird. In der Liturgie wird dies dadurch verdeutlicht, dass im Hochgebet der Heilige Geist nicht nur auf die Gaben von Brot und Wein, sondern auch auf die Teilnehmenden an der Eucharistie herabgerufen wird (*Epiklese*), damit er sie verwandle. Am deutlichsten kommt dies im Vierten Hochgebet zum Ausdruck, wo es zunächst heißt:

> »Damit wir nicht mehr uns selber leben, sondern ihm, der für uns gestorben und auferstanden ist, hat er von dir, Vater, als erste Gabe für alle, die glauben, den Heiligen Geist gesandt, der das Werk deines Sohnes auf Erden weiterführt und alle Heiligung vollendet.«

Hier ist bereits als Ziel der Sendung des Geistes die Wandlung unseres Lebens und Handelns angegeben. Anschließend wird dann dieser Heilige Geist auf die Gaben von Brot und Wein herabgerufen:

> »So bitten wir dich, Vater: der Geist heilige diese Gaben, damit sie uns werden Leib und Blut unseres Herrn Jesus Christus, der uns die Feier dieses Geheimnisses aufgetragen hat als Zeichen des ewigen Bundes.«

Doch ist damit das Ziel noch nicht erreicht. Nach dem Einsetzungsbericht wird der Heilige Geist und seine wandelnde Kraft dann auch ausdrücklich auf die Teilnehmenden an der Eucharistie herabgerufen:

> »Sieh her auf die Opfergabe, die du selber deiner Kirche bereitet hast, und gib, dass alle, die Anteil erhalten an dem einen Brot und dem einen Kelch, ein Leib werden im Heiligen Geist, eine lebendige Opfergabe in Christus zum Lob deiner Herrlichkeit.«

Communio – Offenbarung der geschwisterlichen Beziehung

Den Mitfeiernden wird damit deutlich gemacht, dass sie zu Christus gehören, dass sie Söhne und Töchter Gottes sind und deshalb zu allen Menschen in geschwisterlicher Beziehung stehen. Diese Beziehung geht als *die eigentliche und fundamentale Beziehung aller Menschen zueinander* auf, die durch diejenigen Beziehungen, die durch gesellschaftliche Rollen, durch Besitz und Ansehen, Rasse und Volkszugehörigkeit gestiftet sind, lediglich überdeckt ist. Hinter all diesen in der Welt herrschenden und erfahrbaren gesellschaftlichen Beziehungen – so geht auf – sind wir mit allen Menschen in grundlegender Gleichheit als Kinder Gottes miteinander verbunden (Communio). Deutlich wird dies etwa im Friedensgruß, in dem wir alle, auch die uns Fremden, mit »Du« anreden. Dies ist nicht peinlich und eigentlich unpassend und ist nicht besser durch ein »Sie« zu ersetzen, sondern macht – gerade dadurch, dass man darüber stolpert – deutlich, wie wir eigentlich, wenn auch verborgen, zueinander stehen.

Eschatologische Perspektive – Hoffnung auf Vollendung der Schöpfung

Dieser Gedanke lässt sich dann auch kosmisch weiten. Insofern nämlich nicht nur die Menschen, sondern die Welt im Ganzen in Christus geschaffen und damit von Gott angenommene und geliebte Welt ist, wird in der Eucharistie auch die Verbundenheit des Menschen mit der ganzen Welt als Schöpfung Gottes deutlich. Dabei ist diese Gemeinschaft mit allen Menschen und mit der ganzen Schöpfung, so sehr sie in der Feier der Eucharistie schon als eigentliche, fundamentale Beziehung aller Menschen aufgeht, zwar noch nicht in den realen gesellschaftlichen Beziehungen verwirklicht. Aber die Voraussetzung ist offenbar gemacht, die Menschen dazu befreit, vorbehaltlos aufeinander zuzugehen und die geschwisterliche Beziehung im mitmenschlichen Handeln einzuholen und zu realisieren (*eschatologische Perspektive*).

4.3 Ethisches Handeln – Ein Thema in der Feier der Eucharistie?

Eucharistie setzt den ethischen Anspruch voraus

Im Gottesdienst geht es nach diesen Überlegungen weder darum, zusätzliche, neue ethische Normen zu verkünden oder zu legitimieren, noch darum, den Verpflichtungsgrad ethischer Weisungen zu erhöhen. Der ethische Anspruch an den Menschen ist vielmehr Anknüpfungspunkt der Eucharistie. Erst auf der Grundlage dieses Anspruchs kann verstanden werden, worum es in der Eucharistie geht: um die Befreiung des Menschen zu wahrer Mitmenschlichkeit und zum tatsächlichen Handeln. Aber in der Feier der Eucharistie wird nicht erst die Verantwortung offenbar gemacht, sondern diejenige verborgene Wirklichkeit, die Menschen dazu befreit, ihre ethische Verpflichtung anzunehmen und wahrhaft mitmenschlich zu handeln. Was ergibt sich daraus für den Ort, den Aussagen zu ethischen Verpflichtungen innerhalb der Feier der Eucharistie haben können?

Das eigentliche Thema der Eucharistiefeier, das zur Sprache gebracht werden muss, ist nicht der Aufruf zu ethischem Handeln, sondern die Erinnerung und Vergegenwärtigung der Selbsthingabe Jesu als Beweis der unendlichen Liebe Gottes zu uns Menschen. Aber diese Rede bleibt leer, wenn sie nicht zugleich in den Kontext unserer alltäglichen und sozialen Verpflichtungen und Aufgaben gestellt wird. Deshalb sollen auch die bestehenden Herausforderungen unserer Verantwortung in den Gottesdienst mit hinein genommen werden. In der Liturgie sind dazu entsprechende Ansätze etwa durch Schuldbekenntnis und Fürbitten vorgesehen. Allerdings lassen sich auch weitere Möglichkeiten – etwa in den Hochgebeten[21] – finden, den Kontext unseres Lebens, unserer Verantwortung und unseres Versagens in die Feier der Eucharistie hinein zu nehmen, um sich im Blick darauf Gottes Zuwendung und Dabeisein zusagen zu lassen.

Eucharistie und der Einsatz für soziale Gerechtigkeit

Eine – vielleicht für europäische Ohren anstößige – Definition der Eucharistie aus dem Kontext der lateinamerikanischen Befreiungstheologie lautet: Die Eucharistie »ist das gemeinsame Essen, das wir halten, bevor wir die revolutionäre Aktion beginnen.«[22] Gegen diese Formulierung lässt sich möglicherweise sagen, dass sie nicht alle Dimensionen einer Theologie der Eucharistie abdeckt oder eine problematische Nivellierung der Sprache darstellt. Es lässt sich einwenden, dass der Gottesdienst nicht für die Durchsetzung politischer Zwecke missbraucht werden darf. Auf der anderen Seite aber wird hier eindrücklich deutlich, wie die Feier der Eucharistie in einen konkreten Lebenskontext, nämlich in den Einsatz für soziale Gerechtigkeit unter den Bedingungen in Lateinamerika, eingebunden ist und darin befreiende Wirkung entfaltet. Dabei wird die Notwendigkeit, sich für die soziale Veränderung einzusetzen, nicht erst durch den Gottesdienst begründet und legitimiert, sondern bereits als legitim und bejaht vorausgesetzt. Die entscheidende Bedeutung der Feier der Eucharistie besteht vielmehr darin, dass sie auf dem Weg dieser Praxis als befreiend erfahren werden kann. Möglicherweise kranken unsere Eucharistiefeiern daran, dass genau dieser konkrete Bezug zu den uns wirklich bedrängenden Fragen des Handelns nicht mehr herzustellen gewagt wird, sondern alles im Allgemeinen bleibt.

21 Ein Versuch, diese Kontextbezogenheit der Eucharistiefeier in der Gestaltung liturgischer Texte zu realisieren, findet sich etwa in: Hochgebete. Texte zum Teilen von Brot und Wein, hg. von U. Eigenmann, Luzern 1996. In der Einführung zu diesen Texten wird die Eucharistiefeier als »subversive Symbolhandlung« bezeichnet, eine Formulierung, die der untrennbaren Zusammengehörigkeit von Mystik und Politik im Sinne von J. B. Metz Rechnung trägt.

22 Diese Definition führt an: Leo Scheffczyk, Die Heilszeichen von Brot und Wein. Eucharistie als Mitte des christlichen Lebens, München 1973, 108. Er kritisiert sie als Zeichen dafür, dass »heute Tendenzen aufkommen, die die Eucharistie durch äußere Umformung gänzlich ›einweltlichen‹ möchten, die sie zu einer Kundgebung menschlicher Gemeinsamkeit, sozialen Engagements oder gar revolutionärer Interessen machen möchten.«

5. Verantwortung der Spiritualität

Bereits an den wenigen vorgestellten Beispielen für Vollzugsformen christlicher Spiritualität ist deutlich geworden, dass es darin nicht um Weltflucht in die Kontemplation oder um das Ausweichen vor der eigenen Verantwortung geht, sondern dass christliche Spiritualität die eigene Verantwortung und das mitmenschliche Handeln zum Ziel hat. Sie will dazu befreien, von sich selbst los zu kommen, damit man aus dieser Freiheit von sich selbst verantwortlich leben und wahrhaft gut handeln kann.

Verantwortbarkeit christlicher Spiritualität

Durch diese wesentliche Ausrichtung auf das verantwortliche Handeln in der Welt, dadurch, dass sie die Vernunft des Menschen in ihrer Autonomie und Verantwortlichkeit nicht einengt, sondern freisetzt und fördert, erweist sich christliche Spiritualität nun aber auch selbst *als verantwortbar.* Sie unterscheidet sich damit sowohl von Formen der Spiritualität, die in einen Fundamentalismus mit inhumanen und gegenüber der Vernunft nicht mehr zu rechtfertigenden Auswirkungen führen, als auch von Formen der Spiritualität die – angesichts der Überforderung durch den Alltag – lediglich regressive Bedürfnisse des Menschen bedienen.

Dagegen ist es auch kein Einwand, dass in der Geschichte auch im Namen des Christentums faktisch Unmenschlichkeiten verübt worden sind.[23] Entscheidend für das Urteil kann nicht sein, dass Menschen sich für ihre Handlungsweise faktisch auf den christlichen Glauben berufen, sondern allein die Frage, *welches Handeln tatsächlich der christlichen Botschaft des Evangeliums selbst entspricht.*

Verantwortung für die eigene Spiritualität

Wenn es aber richtig ist, dass den verschiedenen Vollzügen christlicher Spiritualität befreiende Bedeutung für unser mitmenschliches und soziales Handeln zukommt, dann gehört es auch – gerade um des ethischen Handelns willen – zu unserer Verantwortung, für die spirituelle Grundlage und befreiende Ermöglichung solchen Handelns zu sorgen. Dann fällt es auch in unsere Verantwortung, die Vermittlungsformen spirituellen Lebens – für die Gebet, Geistliche Übungen und Eucharistie hier nur beispielhaft stehen – zu pflegen.

---

23 So etwa: Norbert Hoerster, Die Frage nach Gott, München 2005, 56–65.

Zusammenfassende Thesen:

1. Christliche *Spiritualität* besteht in einer vom Geist Jesu Christi geprägten Lebensweise, in dem man aus dem Vertrauen lebt, unverlierbar zu Christus zu gehören und deshalb unbedingt verlässlich vom Vater angenommen und geliebt zu sein.
2. Christliche *Mystik* lässt sich als Weg verstehen, auf dem alles Hängen des Menschen an etwas Geschaffenem, vor allem aber an sich selbst, aller Eigenwille also, aufgegeben und losgelassen werden und so Gott selbst und sein Wille im Menschen aufbrechen und wirksam werden können. Inhaltlich zeigt sich dieser Wille Gottes in den Entscheidungen, zu denen man kommt, wenn man sich – in der Freiheit von sich selbst und von allem Eigenwillen – allein von seiner Vernunft und von der Wahrheit der Sache bestimmen lässt.
3. Das *Beten* um die rechte Entscheidung ist nur sinnvoll, wenn es – ähnlich wie das Bittgebet auch – als Öffnung für die Gabe des Heiligen Geistes verstanden wird. Sie besteht darin, in Freiheit von sich selbst und seinen Vorlieben ein unparteiisches und objektives, also vernunftgeleitetes Urteil zu ermöglichen.
4. In den *Geistlichen Übungen* des Ignatius von Loyola geht es an zentraler Stelle darum, eine wichtige Wahlentscheidung so zu treffen, dass sie dem Willen Gottes entspricht. Entscheidende Grundlage dafür ist die Haltung der Indifferenz gegenüber allen geschaffenen Dingen (Grundfreiheit), also die Haltung der Unparteilichkeit, Objektivität und Vernünftigkeit.
5. In der Unterscheidung der Geister besteht für Ignatius das Kriterium darin, ob man mit der jeweils gewählten Alternative die Erfahrung von Trost oder Trostlosigkeit macht. Damit ist nicht gemeint, dass man die subjektiven Vorlieben zum Maßstab macht. Die Erfahrung von Trost besteht vielmehr darin, dass man in der Haltung der Indifferenz und Freiheit gefördert wird, die Erfahrung von Trostlosigkeit in der Unruhe aufgrund fehlender Indifferenz.
6. *Eucharistiefeier* und *Gottesdienst* sind wesentlich auf das ethische Handeln verwiesen. Ohne Bezug zur mitmenschlichen Praxis wird der Kult – wie AT und NT bezeugen – zur leeren Farce. Andererseits kann die Eucharistiefeier nicht dazu dienen, ethische Positionen oder Normen zu legitimieren und ihnen mehr Gewicht zu verleihen.

7. In der Eucharistie wird – wie in allen anderen Sakramenten auch – die unbedingte Zuwendung Gottes zum Menschen, wie sie sich zuhöchst im Kreuz Jesu erwiesen hat (Opfer), erinnernd gegenwärtig gesetzt (Anamnese) und erfahrbar. Die Gewissheit dieser Zuwendung kann – wie die Herabrufung des Geistes (Epiklese) verdeutlicht – die Mitfeiernden und ihre Praxis wandeln, ihre geschwisterliche Verbundenheit (communio) bewusst machen und zu selbstlosem Handeln befreien.
8. Wenn christliche Spiritualität die Freiheit zu verantwortlichem Handeln ermöglicht, besteht auch die Verpflichtung, die eigene Spiritualität zu pflegen.

ANHANG

Auswahl weiterführender Literatur

1. Nachschlagewerke

Handbuch der christlichen Ethik, hg. von A. Hertz u.a., Bd. 1, Freiburg/Basel/Wien 1978.

Neues Lexikon der christlichen Moral, hg. von H. Rotter/G. Virt, Innsbruck/Wien 1990.

Grundbegriffe der christlichen Ethik, hg. von D. Mieth/J.-P. Wils, Paderborn 1992.

Handbuch Ethik, hg. von M. Düwell/Chr. Hübenthal/M. H. Werner, Stuttgart/Weimar 2002.

Lexikon der Ethik, hg. von O. Höffe, München 1977, [6]2002.

Lexikon der christlichen Ethik, hg. von G. W. Hunold, Freiburg/Basel/Wien 2003.

Lexikon der Ethik, hg. von J. P. Wils/Chr. Hübenthal, Paderborn/München/Wien/Zürich 2006

2. Wichtige Entwürfe der theologischen Fundamentalethik nach dem Zweiten Vatikanischen Konzil

Alfons Auer, Autonome Moral und christlicher Glaube, Düsseldorf 1971, [2]1984, [3]1989.

Bruno Schüller, Die Begründung sittlicher Urteile. Typen ethischer Argumentation in der Moraltheologie, Düsseldorf 1973, [2]1980, [3]1987.

Bernhard Stöckle, Grenzen der autonomen Moral, München 1974.

Franz Böckle, Fundamentalmoral, München 1977, [6]1994.

Dietmar Mieth, Moral und Erfahrung. Beiträge zur theologisch-ethischen Hermeneutik, Freiburg (Schweiz)/Freiburg i. Br. [3]1982.

Klaus Demmer, Sittlich handeln aus Verstehen. Strukturen hermeneutisch orientierter Fundamentalmoral, Düsseldorf 1980.

Johannes Gründel, Normen im Wandel. Eine Orientierungshilfe für christliches Leben heute, München ²1984.

Peter Knauer, Handlungsnetze. Über das Grundprinzip der Ethik, Frankfurt am Main 2002.

3. Gegenwärtige Überblickswerke zur theologischen Fundamentalethik

3.1 Von katholischer Seite

Bernhard Häring, Frei in Christus. Moraltheologie für die Praxis des christlichen Lebens, Bd. 1: Das Fundament aus Schrift und Tradition, Freiburg/Basel/Wien 1979.

Rudolf Ginters, Werte und Normen. Einführung in die philosophische und theologische Ethik, Göttingen/Düsseldorf 1982.

Franz Furger, Einführung in die Moraltheologie, Darmstadt 1988, ²1997.

Helmut Weber, Allgemeine Moraltheologie. Ruf und Antwort, Graz/Wien/Köln 1991.

Eberhard Schockenhoff, Grundlegung der Ethik. Ein theologischer Entwurf, Freiburg/Basel/Wien 2007.

Josef Römelt, Christliche Ethik in moderner Gesellschaft, Bd. 1: Grundlagen, Freiburg/Basel/Wien 2008.

3.2 Von evangelischer Seite

Martin Honecker, Einführung in die theologische Ethik. Grundlagen und Grundbegriffe, Berlin 1990.

Wolfgang E. Müller, Argumentationsmodelle der Ethik. Positionen philosophischer, katholischer und evangelischer Ethik, Stuttgart 2003.

Johannes Fischer u.a., Grundkurs Ethik. Grundbegriffe philosophischer und theologischer Ethik, Stuttgart 2007.

3.3 Zur Geschichte der Ethik

Stephan H. Pfürtner u.a., Ethik in der europäischen Geschichte, 2 Bände, Stuttgart/Berlin/Köln/Mainz 1988.

Jan Rohls, Geschichte der Ethik, Tübingen 1991.

Geschichte der neueren Ethik, 2 Bände, hg. von A. Pieper, Tübingen/Basel 1992.

Michael Hauskeller, Geschichte der Ethik, Bd. 1: Antike, München 1997; Bd. 2: Mittelalter, München 1999.

Andreas Speer (Hg.), Thomas von Aquin: Die *Summa theologiae*. Werkinterpretationen, Berlin/New York 2005.

4. Zur biblischen Ethik

Rudolf Schnackenburg, Die sittliche Botschaft des Neuen Testaments, Bd. 1: Von Jesus zur Urkirche (HThK. S 1), Freiburg 1986.
Wolfgang Schrage, Ethik des Neuen Testaments, Göttingen 1989.
Werner H. Schmidt, Die Zehn Gebote im Rahmen der alttestamentlichen Ethik, Darmstadt 1993.
Frank Crüsemann, Bewahrung der Freiheit. Das Thema des Dekalogs in sozialgeschichtlicher Perspektive, Gütersloh 1993.
Eckart Otto, Theologische Ethik des Alten Testaments, Stuttgart/Berlin/Köln 1994.
Meinrad Limbeck, Das Gesetz im Alten und Neuen Testament, Darmstadt 1997
Hermann Deuser, Die Zehn Gebote. Kleine Einführung in die theologische Ethik, Stuttgart 2002.
Frank Crüsemann, Die Tora. Theologie und Sozialgeschichte des alttestamentlichen Gesetzes, Gütersloh ³2005.
Manfred Köhnlein, Die Bergpredigt, Stuttgart 2005.

5. Philosophische Ethik

Ursula Wolf, Die Philosophie und die Frage nach dem Guten Leben, Hamburg 1999.
Arno Anzenbacher, Einführung in die Ethik, Düsseldorf 2001.
Friedo Ricken, Allgemeine Ethik, Stuttgart 1983, ⁴2003.
Annemarie Pieper, Einführung in die Ethik, München 1985, Tübingen/Basel ⁵2003.
Dieter Birnbacher, Analytische Einführung in die Ethik, Berlin 2003.
Max Josef Suda, Ethik. Ein Überblick über die Theorien vom richtigen Leben, Wien/Köln/Weimar 2005.

6. Zu einzelnen Themen

Dietmar Mieth, Die neuen Tugenden. Ein ethischer Entwurf, Düsseldorf 1984.

Andreas Knapp, Soziobiologie und Moraltheologie. Kritik der ethischen Folgerungen moderner Biologie, Weinheim 1989.

Schuld und Schuldbewältigung. Keine Zukunft ohne Auseinandersetzung mit der Vergangenheit, hg. von G. Haeffner, Düsseldorf 1993.

Eberhard Schockenhoff, Naturrecht und Menschenwürde. Universale Ethik in einer geschichtlichen Welt, Mainz 1996.

Grundkurs Spiritualität, hg. vom Institut für Spiritualität Münster, Stuttgart 2000.

Peter Bieri, Das Handwerk der Freiheit. Über die Entdeckung des eigenen Willens, München 2001.

Eberhard Schockenhoff, Wie gewiss ist das Gewissen? Eine ethische Orientierung, Freiburg/Basel/Wien 2003.

Peter Fonk, Das Gewissen. Was es ist – wie es wirkt – wie weit es bindet, Kevelaer 2004.

Hirnforschung und Willensfreiheit. Zur Deutung der neuesten Experimente, hg. von Christian Geyer, Frankfurt am Main 2004.

Kees Waaijman, Handbuch der Spiritualität, 3 Bände, Mainz 2004–2007.

Eberhard Schockenhoff, Theologie der Freiheit, Freiburg/Basel/Wien 2007.

Sachregister

Namensregister

Ausführliches Inhaltsverzeichnis